한일공동정부

메이지 후예들의 야욕

한일공동정부

메이지 후예들의 야욕

글 조용준

55°

CONTENTS

CHAPTER 5

일본 왕실에게
전쟁은
비즈니스였다

'귀태'의
'한일공동정부'

'귀태鬼胎'라는 말이 한국 정치계를 발칵 뒤집어놓은 일이 있었다. 박근혜朴槿惠, 1952~ 정부 때인 2013년 7월 당시 야당이었던 민주당 홍익표洪翼杓, 1967~ 원내대변인은 고위정책회의 브리핑에서 이렇게 말했다.

"일본 제국주의가 세운 만주국의 귀태태어나지 말았어야 할 사람에 박정희朴正熙, 1917~1979와 기시 노부스케岸信介, 1896~1987 총리가 있는데, 아이러니하게도 귀태의 후손들이 한국과 일본의 정상으로 있다. 바로 박근혜 대통령과 아베 신조安倍晋三, 1954~ 총리다."

'귀태'라는 낯선 단어는 이렇게 해서 세간에 널리 알려지게 되었다. '귀태'는 일본 작가 시바 료타로司馬遼太郎, 1923~1996의 조어다. 시바 료타로는 그의 저서 『이 나라의 모습この国のかたち』에서 러일전쟁 이후의 일본의 어두운 역사를 가리켜 "일본 근대의 초연하고도 건장한 정신과 조금도 닮지 않은 '이태異胎'의

시대 혹은 '귀태'의 시대"라고 불렀다.

시바 료타로는 군국주의 일본의 광기에 대해 이렇게 말한다.

"그것은 일본 전체가 '통수권統帥權'이라는 마물魔物에 의해 농락당하고 마술의 숲에서 헤매는 것 같은, 제정신이라고는 생각되지 않는 액운과 재앙厄災의 시대였다. 마치 태반의 일부가 되는 융모막絨毛膜 조직이 이상증식해 태아를 죽음에 이르게 하는 것처럼, 발랄했던 메이지 국가의 유산은 러일전쟁 이후 그 내부에서 이상증식한 조직에 의해 숨통이 끊기고 말았던 것이다."[01]

도쿄대학교 강상중[02] 교수는 1932년에 건국 선언을 한 만주국 또한 '귀태'였다고 단언한다. '왕도락토王道樂土'[03]와 '오족협화五族協和'를 이념으로 내건 만주국은 후에 동아시아 침략을 정당화한 일본 제국의 슬로건 '팔굉일우八紘一宇'의 원형이었다는 것이다.

팔굉일우는 일본 천황제 파시즘의 핵심 사상이다. 태평양전쟁을 도발한 일본이 세계 정복을 위한 제국주의 침략 전쟁을 합리화하기 위해 내세운 구호로, '전 세계가 하나의 집'이라는 뜻을 갖고 있다. 다시 말해 세계만방이 모두 천황의 지배하에 있다는 이념으로, 황국사관의 근본사상이다.

---

01   강상중(姜尙中)·현무암(玄武岩), 『흥망의 세계사 18 : 대일본 만주제국의 유산(興亡の世界史 18 : 大日本·満州帝国の遺産)』, 고단샤(講談社), 2010년

02   강상중(姜尙中, 1950~) 교수는 일본 구마모토 현 출생의 재일 한국인 2세로, 대한민국 국적을 유지한 채 도쿄대학교 교수를 지낸 국제정치학자다.

03   왕도에 의하여 다스려지는 평화로운 나라

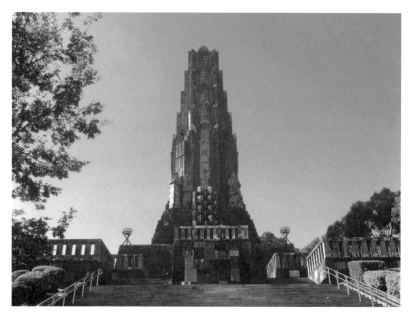

황기(皇紀) 2600년(1940년)을 맞아 미야자키(宮崎) 시에 건립된 팔굉일우 기념탑. 한국과 중국 등 점령지에서 가져온 돌로 세워졌다. 패전 후 철거당할 뻔했으나 '평화의 탑(平和の塔)'으로 명칭을 바꿔 겨우 살아남았다. 그러나 무늬만 평화의 탑이지 여전히 '팔굉일우의 탑'으로 불린다. 당연한 것이 가운데의 팔굉일우 글자는 그대로이기 때문이다.

　　이 말은 원래 고노에 후미마로^{近衛文麿, 1891~1945} 총리의 1940년 시정 방침 연설에서 유래했다. 그는 이 연설에서 "황국의 국시는 팔굉을 일우하는 국가의 정신에 근거한다"고 강조했다. 팔굉八紘은 전 세계를, 일우一宇는 하나의 집이니, 즉 일본의 세계 정복을 의미한다.

　　오족협화는 조선인, 일본인, 만주족, 몽골족, 한족의 협력을 뜻한다. 오족협화의 이념을 상징하는 만주국 국기에는 노란색^{만주족} 바탕 왼쪽 상단에 네 가지 색인 검정색^{조선인}, 빨간색^{일본}, 파란색^{한족}, 하얀색^{몽골족}의 가로 줄무늬가 그려져 있었다.

만주국은 자신들이 독립국이라고 공언했지만 국제적으로 승인되지 않았고 사실상 군국주의 일본의 괴뢰국가였다. 기시 노부스케는 평소 만주국을 "자신의 작품"이라고 호언했고, 전쟁 패망 이후에도 이 주장을 계속했다. 그의 자랑이 바로 만주국이 일본의 괴뢰국가라는 증거다.

기시의 자랑이자 작품인 만주국이 낳은 또 한 명의 주인공이 있다. 바로 박정희 전 대통령이다. 독재자 박정희 탄생의 뿌리는 만주국에 있다. 만주국은 기시 노부스케와 동일한 DNA를 물려준 군인 박정희의 요람이었다.

기시에게 만주국은 자신의 평소 이념, 국가 구상을 시도할 수 있는 절호의 장소였다. 혁신 의지에 불타는 엘리트 관료에게 만주국은 그 자신 스스로가 그리는 국가 구상을 실현할 수 있는 '실험장'이 되었다.

기시의 만주국 개발독재 실험이
박정희에게 이어져

기시의 국가 구상이란 어떤 것이었을까? 일찍부터 기타 잇키北一輝, 1883~1937의 국가사회주의 영향을 받은 기시는 국가行政 권력에 의한 '전기능적 파악주의全機能的把握主義', 즉 완벽히 파악해 통제하는 기능을 기반으로 국권을 강화하는 통제경제를 지향하고 있었다. 바로 그 가능성을 만주국에서 시험한 것이다.

만주국은 표면상 입헌공화국으로 치장을 하고 있었지만 실질적으로는 입법원도 전혀 기능하지 않는, 명목뿐인 대의정치였다. 만주국 내정의 실권은 기시가 우두머리로 있는 총무청이, 군사적 실권은 관동군이 쥐고 있었다.

따라서 만주국의 통치 과정과 그 실태는 관동군의 내면적 지도에 기초한

1932년 9월 일본이 만주국을 정식으로 승인함에 따라 이를 축하하는 오족협회기와 일장기가 나란히 걸린 도쿄 아사쿠사(浅草) 거리의 모습(사진 출처 : 「아사히신문((朝日新聞)」)

총무청 중심의 독재였다. 테크노크라트[04]에 의한 독재의 길이 열려 있었으므로, 이러한 정치체제는 기시에게 자신의 정치 비전과 국가 구상을 실현하는 데 절호의 장이 되었다.

그런데 이 독재 권력에 의해 지도된 만주국의 정치와 경제정책이 태평양전쟁 패망 뒤 엉뚱하게도 한국에서 이른바 '개발독재'의 모델이 된다. 전후 한국에서 독재자가 된 박정희에 의해 만주에서 기시가 실험한 '개발독재' 모델이 실현된 것이다.

일제강점기에 입신의 길이 막혀 있던 식민지 청년들에게 만주는 출세의 계단을 약속해주는 '신천지'였다. 박정희 역시 그렇게 생각했다. 그리하여 그가 선택한 것은 '대일본제국 황국 군인의 길'이었다. 이렇게 해서 박정희는 기시의 '만주 인맥'과 연결되는 그의 인생 최대 행운을 얻게 된다.

기시 노부스케와 박정희에게는 무려 다섯 개의 공통점이 있다. 그 첫째가 만주 인맥이다. 뒤에서 자세히 보겠지만 기시는 만주 인맥으로 인해 출세를 하게 되고 총리에까지 오르게 된다. 박정희가 손쉽게 쿠데타를 성공하고 집

---

04 technocrat. 과학적 지식이나 전문 기술을 바탕으로 사회 또는 조직의 의사결정에 중요한 영향력을 행사하는 사람을 말한다.

권한 배경에도 만주군과 일본 육사 인맥이 있었다. 당시 군의 핵심이 거의 일본 육사 출신들이었다는 사실은 그의 쿠데타에 엄청난 도움이 되었다.

둘째로 박정희와 기시는 만주 인맥의 도움으로 죽음 직전에서 구제받을 수 있었다. 전쟁 패망 이후 기시는 A급 전범으로 분류돼 사형이 예정돼 있었지만 만주 인맥의 중심인물이라는 사실로 인해 오히려 미국이 활용할 가치를 인정하여 구제받고 승승장구한다. 박정희 역시 잘 알려진 대로 일본 패망 후 한국군 장교가 되었지만 남로당에 가입해 활동했기 때문에 사형을 받을 위기에 처했다. 그때 그의 구명에 적극 나선 사람들이 바로 만주에서 같이 복무했던 장교들, 즉 만주 인맥이었다.

나머지 세 개의 공통점에 대해서는 뒤에서 자세히 살펴보도록 하자.

박정희가 쿠데타에 성공하기 이전 기시와 박정희의 만주 인맥은 따로따로 존재했다. 그러나 쿠데타에 성공한 박정희는 그 자신이 먼저 서둘러 일본 기시의 만주 인맥과 접합을 시도했다.

박정희는 그 어느 나라보다 먼저 일본을 방문해 옛 일본 육사 시절 자신의 교관 등을 만나 회포를 풀었다. 기시를 만나서는 서로가 보유한 만주 인맥을 연결했다. 그날 박정희와 기시가 만나 술잔을 나눈 도쿄 아카사카赤坂의 요정은 공식적인 '한일 만주 인맥'의 첫 도킹 장소였다.

김대중 정부 출범하기 전까진 실질적인 '한일공동정부' 상태였다

왜 이런 이야기를 하는가? 형식상으로 한국은 1945년 분명 해방을 한 독립국가다. 그러나 김대중 정부가 출범하기 이전까지는 실질적으로 '한일공동정부' 상태에 있었다는 것이 필자의 판단이다. 박정희의 제3공화국은 물론, 전두환 쿠데타와 독재로 이어진 제5공화국은 일본의 지배에서 완전히 벗어난 독립국가가 아니었다고 생각한다. 어떤 의미에서는 한일공동정부라기보다 '일한공동정부'라고 하는 표현이 더 정확하다고 여겨질 만큼, 이 땅의 기득권 수구 세력은 일본의 눈치를 살피기에 급급해왔던 측면이 강했던 것도 사실이다. 김대중과 노무현 정부 이후의 이명박과 박근혜 정부에서는 또 다시 '한일공동정부' 상태로 후퇴했다가 문재인 정부에 와서야 다시 독립국가로 나가고 있다.

'한일공동정부'란 실제로 한국과 일본이 공동정부를 구성했다는 뜻이 아니라 그런 단어로 표현할 수 있을 만큼 여러 측면에서, 마치 일제강점기의 연속인 것처럼, 일본의 막후 조정과 구속을 벗어나지 못했다는 차원의 단어다.

이러한 예는 수도 없이 찾을 수 있으나 가장 대표적인 것이 이명박 전 대통령의 독도 관련 발언이다. 일본 「요미우리신문讀売新聞」은 2008년 7월 9일 홋카이도北海道 도야코洞爺湖 주요 8개국G8 정상회의에서 후쿠다 야스오福田康夫, 1936~ 총리가 이명박 당시 대통령에게 '중학교 사회과 학습 지도 요령 해설서에 다케시마竹島, 독도의 일본 명를 일본 땅이라고 명기하지 않을 수 없다'고 통보하자 "지금은 곤란하다. 기다려달라"고 말했다고 같은 달 15일 보도했다.

이 보도에 대해 당시 청와대는 물론 부인했고, 청와대와 이명박 본인은 쏙 빠진 채 대신 국민소송단 1천 800여 명이 독도 관련 발언을 허위로 보도했다며 「요미우리신문」을 상대로 손해배상 및 청구소송을 제기했다.

이와 관련해 「요미우리신문」은 서울중앙지법에 제출한 서면 자료에서 '대한민국과 일본 사이에 외교적 마찰을 낳을 수 있는 매우 중요한 사항이라는 점에서 신빙성 있는 사실 정보에 근거하지 않은 채 이 기사를 보도한다는 것은 상식적으로 있을 수 없는 일이다'라면서 「아사히신문」 역시 표현은 조금 다르나 취지는 동일한 보도를 했다. 서로 다른 신문사가 동일한 취지의 내용을 기사화했다는 것은 요미우리 보도가 취재 활동에 기초한 객관적 사실의 전달이라는 점을 방증하는 것이다'라고 밝혔다.

이 소송에 대해 서울중앙지법은 2010년 4월 6일 원고 패소 판결을 내렸다. 제3자로서 이명박 전 대통령이 직접적으로 명예훼손을 당했다고 볼 이유가 없다고 판단한 것이다. 그런데 이 재판 판결에서는 "지금은 곤란하다. 기다려달라"는 이명박 전 대통령의 독도 관련 발언에 대한 진위는 가리지 않았다. 재판부가 보도의 진실 여부를 가리는 부분까지 심리할 필요성을 느끼지 못했다는 이유였지만 매우 석연치 않은 대목이다.

이 때문에 이 소송은 결국 대법원까지 올라가 2011년 1월 대법원은 "이 대통령이 '기다려달라'고 말한 사실은 없다"고 결론을 내렸지만 그 진위 여부는 여전히 의혹으로 남겨졌다.

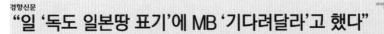

일 교과서 독도 표기와 관련한 이명박 전 대통령의 발언을 보도한 「경향신문」의 2012년 2월 20일자 기사

대법원 판결이 나오고 일 년 여가 지난 2012년 2월 20일 「경향신문」은 "폭로전문 사이트 「위키리크스코리아」의 미국 외교전문을 보면, 강영훈 주일 한국대사관 1등서기관은 교과서 문제에 대해 이 대통령이 후쿠다 총리에게 '기다려달라'고 부탁했다고 말한 것으로 나와 있다"고 보도했다.

「위키리크스코리아」에 따르면 2008년 7월 16일 강 서기관은 당시 주일 미국대사관의 정치담당관을 만나 일본의 중학교 학습 지도 요령 해설서 발표에 대해 "특히 이 대통령이 후쿠다 총리에게 '기다려달라'고 직접 부탁한 직후particularly after Lee directly appealed to PM Fukuda to 'hold back'여서 한국 정부 관료들은 (일본의 움직임에) 배신감을 느낀다"고 말했다는 것이다.

이 전문은 강 서기관의 발언 다음 날인 2008년 7월 17일 작성됐다. 따라서 「요미우리신문」의 15일 보도를 한국 정부가 반박했지만, 이튿날 주일 한국대사관 관계자는 이명박 전 대통령 발언이 사실임을 확인해준 셈이다.

박근혜의 경우는 일본 강제징용 노동자에 대한 배상 판결 고의 지연 및 이를 위한 사법 농단을 대표적인 예로 들 수 있다. 이와 관련한 양승태 전 대법원장의 사법 농단 재판은 아직 진행 중이지만 검찰은 양승태가 대일 관계를 우려하는 '박근혜 청와대'의 뜻에 따라 일본 전범기업 측에 유리하도록 이 사건을 전원합의체에 회부해 선고를 수년 동안 지연시키고, 결국엔 징용 피해자 측 청구를 기각하려 했다고 혐의를 적시했다.

2011년 9월 취임한 양승태 대법원장 체제의 사법 농단은 재임 6년간 광범위한 분야에서 나타났는데, 공소장에 나타난 혐의만 47개로 모두 헌법 질서를 흔든 중대한 범죄 정황이다.

이처럼 자국 국민을 최우선적으로 보호해야 할 대통령이 오히려 일본 눈치를 살피며 일본의 뜻대로, 심지어 법원까지 움직이려 했다는 사실을 보면, 이명박, 박근혜 전 두 대통령이 사실상 '한일공동정부'의 한국 담당자에 지나지 않았다고 해도 별 무리가 없을 듯하다.

결과적으로 만주국의 역사는 1945년 일본 패전으로 끝나지 않는다. 만주국 역사는 '현대사'라기보다 '현대 자체'에 연결되어 있다. 만주국에서 발원한 '한일공동정부의 귀태'가 대한민국에서 청산되지 않고 여전히 생명력을 가지고 꿈틀거리고 있기 때문이다. 이 책에서는 그러한 귀태를 가져온 일본 기시와 그 선조, 혹은 그 후예들이 한반도에 어떻게 영향을 미쳐왔으며, 지금도 어떻게 그 영향력이 지속되고 있는지 살펴봄으로써 하나의 물음을 던지고자 한다.

지금 우리는 실질적인 독립국가인가?

대한민국은 여전히 일본의 식민 체제에 매몰돼 있는 것이 아닌가?

CHAPTER

1

———

'다부세 시스템'을
아십니까?

한 마을에서 배출한
두 명의 형제 총리

일본 정가에는 '다부세 시스템田布施システム'이라는 말이 있다. 공식 용어는 아니고, 은밀히 돌아다니는 속설 같은 단어다. 이 말은 일본 야마구치 현山口県 남단의 조그만 마을인 다부세田布施에서 두 명의 총리가 배출된 데서 출발한다. 이 두 명의 총리가 바로 기시 노부스케와 사토 에이사쿠佐藤榮作, 1901~1975다. 기시는 56대와 57대, 사토는 61대, 62대, 63대 총리를 지냈다.

그런데 기시와 사토는 형제다. 기시가 사토의 둘째 형이다. 기시는 원래 이름이 사토 노부스케로, 사토 가문에 데릴사위로 들어온 아버지의 원래 집안이었던 기시 가문 대를 잇기 위해 중학교 3학년 때 양자가 되었다. 그러므로 다부세는 그냥 두 명의 총리가 아니라 두 명의 형제 총리를 배출한 유일한 마을이다. 형제 총리는 일본 정치사에서 전무후무한 일이고, 세계적으로도 비

총리를 지낸 두 형제.
기시 노부스케(왼쪽)와
사토 에이사쿠(오른쪽)

슷한 사례가 없다.

　다부세의 정치권력은 여기서 그치지 않고 대물림되었다. 일본 최장수 총리로 기록을 경신한 아베 신조에게 이 두 명은 외할아버지들이다. 아베 총리의 동생인 기시 노부오岸信夫, 1959~ 중의원도 본적이 다부세초다. 원래 이름은 아베 노부오이지만 외할아버지처럼 기시 집안에 양자로 갔다. 기시 노부오는 중의원 외무위원장과 안보위원장 등을 지냈으며, 최근 아베 신조가 사임하고, 스가 요시히데菅義偉, 1948~가 99대 내각총리대신으로 선출되면서 고노 다로河野太郎, 1968~ 후임으로 방위상에 내정되기도 했다.

　그러므로 '다부세 일족'은 명실상부한 일본 최고의 권력이라 할 수 있다. 나라를 대표하는 얼굴마담일 따름인 일왕보다도 더 큰 힘으로 실제 일본을 지배해왔으므로, 지금 일본은 사실상 '다부세 막부' 시대라 불러도 그리 틀린 말은 아니다.

다부세를 주목할 이유는 또 있다. 바로 초대 총리인 이토 히로부미伊藤博文, 1841~1909와의 관계다. 이토의 고향은 다부세로부터 걸어서 한 시간 반 정도의 거리에 있는 오아자 쓰카리손大字束荷村이다. 자동차를 타면 채 20분도 걸리지 않는다. '오아자大字'는 '정町' 밑의 일본 말단 행정구역을 뜻하므로, 여기서는 그냥 쓰카리손이라고만 하겠다.

다부세는 행정구역으로 구마게 군熊毛郡, 쓰카리손은 히카리 시光市에 속하지만 메이지 초기에 히카리 시 전역은 구마게 군에 속했다. 사실상 같은 동네다. 따라서 다부세는 이토 히로부미, 기시 노부스케, 사토 에이사쿠, 아베 신조로 이어지는 4명 총리의 본산이라 할 수 있다.

기시 가계도(기시가)

이토 히로부미가 초대 총리를 지낸 이후 수많은 인물들이 총리를 거쳐 갔다. 그런데 현재 아베 총리는 메이지유신明治維新의 주역으로 그 누구보다 막강한 권세를 자랑했던 이토보다 더 센 힘으로 일본 정치를 주물렀다. 그 권력의 원천은 바로 이토 히로부미가 150년 전에 안배한 권력 장악 획책, 바로 '다부세 시스템'이다.

기시 노부스케는 왜 '요괴'라 불렸을까

그럼 이토가 안배해놓은 '다부세 시스템'을 본격적으로 말하기 전에 기시 노부스케 이야기부터 해보자. 기시의 별명은 '쇼와의 요괴昭和の妖怪'다. 히로히토裕仁, 1901~1989 일왕이 왕위를 이어받으면서 쇼와昭和, 일본의 연호시대의 문이 열렸는데 그의 재위 기간은 1926년 12월 25일부터 1989년 1월 7일까지로, 무려 64년 긴 통치 기간이 이어졌다. 쇼와시대는 일본의 영욕을 대변한다. 태평양전쟁으로 중국과 만주는 물론, 필리핀과 동남아시아까지 지배했으나 원자폭탄 2발을 맞고 항복, 미군정의 지배를 받아야만 했던 시기다.

그러나 전쟁 패배 국가 일본의 고통은 그리 길지 않았다. 패전국가로서의 참담한 시절은 고작 5년여밖에 되지 않았다. 쓰라린 상처가 흉터로 변하기도 전인 1950년 6월 25일 한반도에서 벌어진 한국전쟁은 그들에게 기사회생과 같은 엄청난 축복의 기회를 가져다주었다. 한국전쟁은 미국 입장에서 볼 때 공산주의 세력의 남하라는 의미가 제일 컸다. 그리하여 미국은 남한을 공산주의 남하를 막는 최후의 보루, 혹은 방파제로 삼는 제2차 세계대전 이후 최대의 대외정책을 수립한다.

바로 이 과정에서 기시 노부스케가 화려하게 등장한다. 미국의 이익 보호를 위해 남한을 전쟁 억지력으로 삼기 위해선 이웃 일본에 우익정권이 들어서서 견고하게 유지되어야 했고, 그러려면 자신들 말을 잘 듣는 꼭두각시와 그들이 지배하는 집권당이 필요했다. 이게 바로 기시 노부스케가 A급 전범으로부터 총리가 되는 '기적'의 배경이고, 자유민주당^{자민당}

이 야당 세월을 보낸 적이 별로 없는 채 지금까지 집권하고 있는 최대 이유다.

하나 더, 이런 일본의 꼭두각시는 남한의 정권을 다시 장악함으로써, 다시 말해 제2의 꼭두각시들을 남한 정부와 재계, 관계, 학계 등 다방면에 심어놓음으로써 최대한 미국의 대외정책에 협조할 수 있는 기반을 만들었다. 기시와 그의 졸개들은 표면적으로는 대한민국에 일본의 이익에 부합하는 종일^{從日}, 친일 세력을 만들어놓은 듯하지만 궁극적으로는 미국의 이익에 충실한 네트워크를 구축한 것이었다.

기시 노부스케가 미국 말을 잘 따르는 셰퍼드가 되는 과정은 쉽지 않았다. 그 과정에는 지금껏 잘 알려지지 않은, 특히 한국에는 거의 알려지지 않은, 흥미진진한 흑막의 사연들이 하나둘이 아니다.

그가 요괴가 된 절대적인 사건은 바로 1960년^{쇼와 35년} '미일안보조약'을 맺은 일이다. 진주만 피격 이래 어마어마한 출혈을 감수하며 일본과 전쟁을 치른 미국이 일본 재무장의 길을 다시 열어준 것이 바로 이 조약의 핵심이다. 미국은 왜 그랬을까. 앞에서 말했다. 공산주의 세력의 남하를 막기 위해서는 일본 역시 군대는 아니지만 군대와 비슷한 조직자위대의 무장이 필요했기 때문이다.

1960년 미일안보조약은 한반도의 운명을 지금까지도 지배하고 있다. 이 조약이야말로 한반도의 과거, 현재 그리고 미래와 관련해 가장 중요한, 최대 사건이다. 이에 대해서는 뒤에서 다시 자세히 들여다보도록 하자.

앞으로 전개될 각종 다양한 사건을 쉽게 알기 위해서는 기시의 간단 이력을 먼저 주지하는 것이 필수적이다. 이를 보면 그가 왜 요괴인지 들여다보인다.

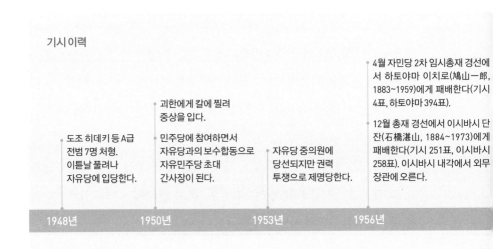

기시 이력

도조 히데키 등 A급 전범 7명 처형. 이튿날 풀려나 자유당에 입당한다.

괴한에게 칼에 찔려 중상을 입다.
민주당에 참여하면서 자유당과의 보수합동으로 자유민주당 초대 간사장이 된다.

자유당 중의원에 당선되지만 권력 투쟁으로 제명당한다.

4월 자민당 2차 임시총재 경선에서 하토야마 이치로(鳩山一郎, 1883~1959)에게 패배한다(기시 4표, 하토야마 394표).

12월 총재 경선에서 이시바시 단잔(石橋湛山, 1884~1973)에게 패배한다(기시 251표, 이시바시 258표). 이시바시 내각에서 외무장관에 오른다.

1948년   1950년   1953년   1956년

기시 노부스케,
우익 학생운동에 눈 뜨다

기시 노부스케는 1896년 11월 13일 야마구치 현의 현청에 근무하는 사토 히데스케의 5남매 중 차남으로 태어났다. 본적지는 야마구치 현 구마게 군 다부세다. 노부스케가 태어났을 때 증조부 사토 노부히로도 마침 야마구치에 있었는데, 그의 출생을 매우 기뻐하며 즉각 자신의 이름 가운데 한 글자를 따서 노부스케信介라 이름을 지었다.

기시 증조부 사토 노부히로는 메이지유신의 사상적 지도자인 요시다 쇼인吉田松陰, 1830~1859과 교류했고, 메이지 정부의 최대 실력자 이토 히로부미 등과도 교제하여 메이지 신정부의 주축이 된 조슈長州 번과 직접 연결되었다.

이시바시 총리의 병
때문에 1월 31일에서
2월 25일까지 총리직을
임시로 대행한다.

이시바시 총리 퇴진 후
3월 4차 총재 경선에서
승리한다(3대 자민당
총재). 총리대신으로
취임한다(56대와 57대).

1월 19일 미일안보조약
조인하고, 7월에
총리와 총재에서
퇴임한다.

유엔평화상을 수상한다.

파벌을 후쿠다 다케오
(福田赳夫, 1905~1995)에게
물려주고 정계에서
은퇴했으나 영향력을 계속
행사한다.

91세로 사망.

| 1957년 | 1960년 | 1979년 | 1987년 |

도쿄제국대학 입학 당시의 기시 노부스케

이에 따라 유신 성립 이후에는 시마네 현島根縣 현령을 지내기도 했다. 2005년 '다케시마竹島의 날' 조례안을 통과시키면서 많은 논란을 야기하고, 지금도 독도를 자기네 땅이라고 가장 강력하게 주장하고 있는 곳이다. 이러한 배경은 야마구치 현 출신인 기시가 관료와 정치가로 성장하는 데 큰 힘이 되었다.

노부스케가 3세가 됐을 때 아버지 히데스케는 일을 그만두고 고향으로 돌아와 술 만드는 일을 했다. 히데스케와 모요 부부는 본가가 있는 다부세에서 위쪽에 위치한 가미타부세上田布施의 기시타岸田에서 양조장을 운영했다. 어머니 모요가는 술 제조 권리를 갖고 있었지만 모요가 결혼으로 분가할 때까지는 이를 다른 집에 빌려주었던 상태였다.

노부스케는 오카야마岡山의학전문학교 교수로 있던 삼촌 사토 마쓰스케佐藤松介의 지원으로 오카야마 시립 우치야마시타초등학교內山下小学校를 나와 오카야마중학교에 진학했다. 그러나 사토 삼촌이 폐렴으로 급사하는 바람에 고향으로 돌아가야 했다. 고향에서 야마구치중학교나중에 야마구치현립고등학교를 다니던 3학년 때 데릴사위였던 아버지의 친가인 기시 집안의 양자가 된다.

1914년다이쇼 3년 야마구치중학교를 졸업한 노부스케는 곧 상경해 고등학교 시험 준비를 위해 학원에 다녔는데, 공부보다는 노는 데 재미를 붙여 자주 영화나 연극을 보러 다녔다. 제일고등학교 입학시험 성적은 꼴찌에서 두세 번째였다. 그러나 고등학교에 들어간 다음부터는 공부를 열심히 해서 1917년 도쿄제국대학 법학부에 입학할 수 있었다. 입학시험은 독일어 필기시험만으로 손쉽게 통과했다. 대학 시절에는 법 공부에 집중하고 노트와 참고서 외에 일반 독서는 잡지나 소설을 읽는 정도로 그쳤다. 고교 때처럼 왕성하게 다독을 하지도 않았고, 놀러 다니는 일도 거의 없었다. 법학 공부에 몰두해 점심 식사를 한 후나 휴강 때에도 운동장 한구석이나 강의실 인근 연못 나무 밑에서 최근 강의 내용 혹은 참고서를 갖고 학우들과 토론했다.

이 무렵의 기시는 사회주의에 관심을 가져 칼 마르크스^{Karl Heinrich Marx,} _{1818~1883}의 『자본론』, 칼과 프리드리히 엥겔스^{Friedrich Engels, 1820~1895}와의 왕복 서한 등을 읽었으며, 국수주의자인 기타 잇키와 오카와 슈메이^{大川周明,} _{1886~1957}의 사상에 매료되었다. 특히 기타 잇키에 대해서는 그의 책을 일일이 필사할 정도로 흠뻑 빠졌다.

기타 잇키는 메이지시대를 거쳐 쇼와시대에 활동한 사회운동가다. 1906년 메이지헌법의 천황제를 비판하는 『국체론 및 순정사회주의』를 펴냈으며, 중국에서 신해혁명이 일어나자 그곳으로 건너가 혁명에 참가하기도 했다. 이후 사상적

기타 잇키가 저술한 『일본개조법안대강』

변화를 일으켜 천황 중심의 강력한 군대를 가진 국가 건립을 주장하며 그 내용을 담아『일본개조법안대강日本改造法案大綱』을 펴냈다. 기타가 청년들에게 영향력을 갖게 된 것은 테러와 같은 무력적 행동을 통해 자신의 주장을 폈던 다른 우익 인사들과는 달리 논리적 사상 체계를 제시했기 때문이다.

그의 이론은 청년 장교들의 마음을 움직여 1936년 2월 26일의 쿠데타로 이어졌다. 이날 새벽 청년 장교들이 도쿄의 근위 보병 제1연대와 제3연대 등의 병력 1천 400여 명을 이끌고 쿠데타를 일으켰다. 이들은 제국 의사당, 수상 관저, 육군 대신 관저, 경시청 일대를 점거하고 가와시마 요시유키川島義之, 1878~1945 육군 대신을 면담해 국가 개조를 요구했다.

그런데 27일 새벽 계엄령이 발동되고 '반란군을 진압하라'는 히로히토 일왕의 지시가 내려오면서, 쿠데타군은 29일 오전 8시부터 오후 2시까지 대부분 원대 복귀했다. 이게 '2·26사건'이다. 이 쿠데타로 관련자 1천 483명 중 132명이 기소되고 장교과 민간인 19명이 사형선고를 받았다.

쿠데타 진압 후 기타 잇키는 반란 수괴로 지목받아 처형당했다. 그럼에도 이 사건은 일본이 군국주의로 나아가는 결정적 계기가 되었다. 기타 잇키와 2·26 쿠데타는 박정희와 연결된다는 점에서도 중요하다. 이에 대해서는 뒤에서 따로 살펴보도록 하자.

오카와 슈메이는 도쿄제국대학 철학과에서 인도철학을 전공하면서 동서고금의 종교와 신비주의 사상에 대해 깊이 공부했다. 서구 열강의 식민지 지배에 반발했을 뿐만 아니라 서양 근대 문명의 폐해에 대해 날카롭게 비판했다. 또한 식민지 인도의 현상에 관심을 갖고 식민사, 식민정책 연구에 중점을 두게 되면서 반구미적 사고가 깊어졌다.

1919년 기타 잇키, 미쓰카와 가메타로^{満川亀太郎, 1888~1936}와 함께 국가 개조를 지향하여 국가주의 단체 '유존사^{猶存社}'를 조직해 많은 우익 청년들을 양성했다. 제2차 세계대전 당시 일본의 전쟁 수행의 당위성을 국민들에게 설파했으며, 전후 극동군사재판에서는 A급 전쟁 범죄자로 기소되었지만 법정에서의 이상행동으로 병원 치료를 받게 되면서 재판을 면했다.

기시는 대학 시절 기타 잇키를 만났는데 나중 그를 "대학 시절 내게 가장 깊은 인상을 준 한 명"으로 지목하면서 "나중에 배출된 우익 패거리와는 그 인물과 식견에 있어서 도저히 함께 비교할 수 없다"고 강조했다.

기시는 『일본개조법안대강』에 대해서도 "국가사회주의적인 사상을 중심으로 일대 혁신을 우리의 국체와 연결시긴 깃으로, 당시 내가 생각하고 있던 것과 대단히 가까웠고, 그 실행 방법 또한 조직적이고 구체적이었다"라고 말하고 있다. 또한 자신이 만주국에 참여한 일에 오카와 슈메이의 영향을 인정했다.

1920년 대학을 졸업한 기시는 국수주의자 우에스기 신키치^{上杉慎吉, 1878~1929}의 '목요회'와 '흥국동지회^{興国同志会}'에서 활동했다. 우에스기는 메이지 후기부터 쇼와 초기까지 활동한 헌법학자다. 그는 천황이 곧 국가라고 하는 '천황주권설'을 주장하는 군권학파^{君權学派} 혹은 신권학파^{神權学派}로, '천황기관설^{天皇機関説}'[01]과 대립해 격렬한 논쟁을 벌였다. '목요회'는 우에스기의 학설을 열심히 지지하는 우익 학생들의 모임으로, 우익 학생운동의 원류가 된다.

당시 우에스기는 기시에게 대학에 남아 있을 것을 강하게 권유했지만 기

---

01   일본 제국헌법 하에서 확립된 학설이다. 통치권(주권)은 법인인 국가에 있으며, 일본 천황은 그러한 국가의 최고 기관으로서 다른 기관의 도움을 얻어 통치권을 행사한다는 논리를 전개했다.

시는 관료의 길을 선택했다. 대학 3학년 때 이미 발군의 성적으로 고등문관시험에 합격했던 기시는 법학과를 수석으로 졸업하면서 바로 농상무성에 들어갔다. 우등생이었던 기시가 내무부가 아니고, 이류로 여겨지는 농상무성에 들어간 것 역시 매우 의외여서 동향의 선배 관료들로부터 질책을 들었다.

기시는 농상무성에 들어가자마자 같은 고향 사람인 당시 상무국 상사과장이었던 이토 분키치伊藤文吉, 1885~1951로부터 외국 무역에 관한 조사 업무를 받아 동기생 20여 명의 리더가 되어 일을 진행했다. 그의 동기에는 유명한 국수주의 작가 미시마 유키오三島由紀夫, 1925~1970의 아버지 히라오카 아즈사平岡梓, 1894~1976도 있었다.

기시가 동기의 리더로서 일을 하게 된 데에는 이토 분키치의 영향이 컸던 것으로 보인다. 이토 분키치는 같은 고향 사람일 뿐만 아니라 바로 이토 히로부미의 서자인 독특한 위치에 있는 사람이었다. 그는 이토 가문에 예의범절을 배우러 온 여성을 이토가 건드려 생긴 사생아로, 이토 후처의 오빠인 기다 이쿠사부로木田幾三郎의 장남으로 입적돼 자랐지만 나중에 다시 이토의 호적에 입양되었다. 그러니 이토는 친아들을 양자로 들인 것이다.

이토는 이혼한 첫째 부인 사이에서는 자식이 없었고, 둘째 부인에게서는 세 명의 딸만을 두었다. 따라서 어쩔 수 없이 혼외자식을 양자로 들인 것이다. 이토는 도쿄 신바시新橋의 기생 사이에서 또 한 명의 아들 이토 신이치伊藤眞一를 혼외자로 두었으나 입적하지는 않았다.

이토 분키치 역시 도쿄제국대학 법학부를 나왔고, 나중 총리대신 비서관을 거쳐 닛산日産 이사와 일본광업 사장을 지냈다. 아버지의 공로로 인해 남작 작위도 받았다.

따라서 농상부성에서 기시와 그와의 만남은 바로 이토 히로부미의 영향력 안에 편입되었음을 의미하는 것이기도 하다. 아울러 이토 히로부미와 기시가 비록 직접적으로 만난 일은 없다 하더라도, 다부세라는 고향의 틀에서 매우 끈끈하게 연결됨을 말해준다.

이토 분키치와 안중근 의사 둘째 아들 안준생

안중근安重根, 1879~1910 의사에게는 3명의 자식이 있었다. 장남 안분도安芬道, 장녀 안현생安賢生, 차남 안준생安俊生, 1907~1952. 그런데 안분도는 1911년 길을 가다 모르는 행인이 준 과자를 먹고 복통을 일으켜 어린 나이에 사망한다. 이토 처단에 대한 복수 차원에서 일본 밀정이 독을 넣은 과자로 살해한 것이다.

그리고 안중근 의사가 이토 히로부미를 응징한 지 정확히 30년 뒤인 1939년 10월 16일, 한양 조선호텔에서 안준생과 이토 히로부미 아들 이토 분키치가 만난다. 이 자리에서 안준생은 "죽은 아버지의 죄를 내가 속죄하고 전력으로 보국報国의 최선을 다하겠다"고 사과한 것으로 돼 있다. 이는 안중근 의사의 업적을 덮고 희석하려는 일제의 공작이었다.

어린 시절 안준생은 어머니 김아려, 누나와 함께 상하이 일대를 떠돌며 힘겹게 살아갔다. 일제의 탄압과 감시 속에 그들의 삶은 피폐해질 수밖에 없었다. 안준생은 장성해서도 직장을 구할 수 없어 평생 거지처럼 힘겨운 삶을 살았다. 당시 상해 임시정부는 그 누구도 안중근 의사의 유가족을 돌보지 못했다.

그러다 안준생은 일본 경찰에 의해 당시 조선 7대 총독 미나미 지로南次郎, 1874~1955에게 끌려와 변절과 사

안중근 의사의 둘째 아들
안준생(왼쪽)과 이토 히로부미의
아들 이토 분키치(오른쪽 밑)

죄를 강요받게 된다. 그가 그런 협박과 강요를 받아들이지 않으면 필시 죽어야만 하는 형국이었다. 따라서 그는 결국 어쩔 수 없이 이토를 추모하기 위해 그의 이름을 따서 지은 남산의 보리사菩提寺●박문사博文寺에 공개적으로 사죄의 뜻을 표시하고 이토 분키치에게도 사죄를 해야만 했다. 이렇게 자신의 뜻을 이룬 미나미 총독은 이를 흡족하게 여겼고, 안준생은 그의 양아들이 되어 용돈을 받으며 살게 된다. 나중엔 약국도 차려 풍족하게

살았다.

이에 분노한 독립운동가들이 그를 변절자, 민족반역자로 규정했지만 그로서는 어쩔 수 없는 선택지였을 것이다. 아버지가 처형당했을 때 그는 고작 3살이었고, 형은 12살 어린 나이에 독살을 당했다. 그런 상황에서 그가 과연 무슨 교육을 받았겠으며, 조국에 대한 관념이 있었겠는가. 또한 애국심에 대한 어떤 동기부여를 받을 수 있었을까? 이런 상황에서 그에게 아버지와 같은 삶을 살기를 바라는 것은 너무 큰 기대라 할 것이다. 항일 독립투사에 대해 제대로 대접하지 않은 조국의 죄가 더 크지 않을까.

● 한 집안에서 대대로 장례를 지내고 조상의 위패를 모시어 명복을 빌고 천도와 축원을 비는 절

기시,
전시 민간산업을 통제할 길을 열어놓다

기시는 1925년 농상무성이 상공부와 농림부로 분할되면서 상공부에 배속되었다. 그 당시의 상사가 요시노 사쿠조吉野作造, 1878~1933[02] 동생으로 나중에 상공부 차관과 장관이 된 요시노 신지吉野信次, 1888~1971였다.

기시는 1930년 5월부터 11월까지 베를린에 파견되어 독일에서 일어나고 있던 산업합리화운동에 대해 연구할 수 있는 기회를 얻었다. 후에 이 연구를 바탕으로 기시가 실무를 담당하여 만든 법률이 1931년 4월 1일 공포된 '중요산업통제법重要産業統制法'이다. 당시 기술과장이었던 요시노 신지와 임시산업합리국臨時産業合理局의 기도 고이치木戸幸一, 1889~1977와 함께 기안한 이 법률의 핵심은 산업계의 기업연합에 가입하지 않고 독자적으로 행동하는 주변 기업을 규제하여 기존 기업연합을 보호하는 통제에 있었다. 다시 말해 오늘날 재벌을 배양할 수 있는 법률적 지원이 주목적이었던 것이다. 귀족 출신인 기도 고이치는 나중 왕실을 담당하는 내대신이 되어 막강한 권력을 가지게 된다. 이와 관련한 내용은 뒤에서 보도록 하자.

중요산업통제법은 일본 통제경제의 근원이라 할 수 있는 것으로 '산업자유주의를 제한하는 획기적인 입법'이었다. 다만, 이 법률은 민간이 주도하는 '자유 규제'였으며 국가의 직접 통제는 아니었다. 그러나 만주사변 이후 육군 통제파가 중심이 되어 총력전을 대비한 전시 통제경제로 전환할 것을 강하게

---

[02] 일본에서 가장 영향력이 있는 의회정치 주창자의 한사람으로, 국민이 필요로 하는 바가 곧 정부의 기본 목표라고 주장하면서 민본주의를 주장했다. 일본의 제국주의 체제에 비판적인 태도를 가졌다.

요구함에 따라 통제경제는 '자주 통제'에서 '직접 통제'로 이행되었다.

그리고 기시는 이 과정에서 주도적인 역할을 함으로써 통제경제론자로서의 명성을 얻었다. 결국 기시는 일본이 전쟁을 위해 민간 산업을 통제할 수 있는 길을 연 장본인이 되었다.

1933년쇼와 8년이 되면 기시는 상공대신 관방문서과장, 1935년에는 공무국장이 되어 '자동차 제조 사업법'의 입법에도 기여한다. 쇼와시대의 일본이 아시아에서 가장 앞서가는 근대공업국가로 발돋움하는 데 필요한 상공 부문의 입법을 속속 담당했던 것이다.

만주에서의 활약으로 '만주 인맥'을 얻다

1936년쇼와 11년 기시는 드디어 만주국 국무원 실업부총무사장에 취임해 만주국에서의 활동을 시작한다. 1937년 산업부 차장, 1939년 총무청 차장이 되면서 계획과 통제경제를 대담하게 도입한 만주 '산업 개발 5개년 계획'을 실시한다. 미리 말하자면 기시가 만주에 도입한 '산업 개발 5개년 계획'이야말로 박정희 정권이 실시했던 '경제 개발 5개년 계획'의 원조라 할 수 있다.

기시의 5개년 계획은 소련과의 전쟁을 염두에 두고 일본이 5년간 절대로 전쟁을 하지 않는다는 것을 상정하고, 5년 후 개전할 때까지 군수 공업 및 기초 산업을 확립하는 것을 목표로 한 것이었다. 다시 말해 처음부터 전쟁을 염두에 둔 산업 개발 계획이었다.

기시는 이 계획을 실제로 추진하는 산업행정 전문가로서 비약적인 숫자를 목표로 하였으나 경영, 기술, 노무 등의 인적 관계나 자금 등 단순한 서류

상의 계획에서 벗어나지 못하고 있다고 비판하고, 경영자의 필요성을 주장했다. 결국 같은 고향 출신인 아이카와 요시스케鮎川義介, 1880~1967를 설득하여, 1937년 12월 만주중공업개발주식회사, 즉 '만업滿業' 특수법인을 탄생시켰다.

만주 건국 1주년 기념 포스터

아울러 기시는 대장성大蔵省 03 출신으로 만주국 재정부 차장과 국무원 총무장관을 역임하며 경제 재정 정책을 총괄한 호시노 나오키星野直樹, 1892~1987 등과 함께 만주 경영에 놀라운 솜씨를 발휘했다.

이 과정에서 기시는 당시 관동군 참모장으로 나중에 일본을 태평양전쟁으로 몰아넣은 전쟁광 도조 히데키東條英機, 1884~1948와 나중 '닛산콘체른日産コンツェルン'04의 총수가 된 아이카와 요시스케, 중국에서 아편 밀매를 총괄한 일본 특무부대 '사토미기관里見機関'의 사토미 하지메里見甫, 1896~1965, 만주철도 총재를 지낸 마쓰오카 요스케松岡洋右, 1880~1946와 함께 만주국 5명의 거물 즉 '2키3스케弐キ参スケ'의 한 명으로 꼽혔다.

특히 마쓰오카 요스케는 처남이 한국 병탄을 주도한 가쓰라 다로桂太郎,

<hr />

03   일본의 과거 중앙행정기관으로, 2001년 개편을 통해 재무성으로 권한이 넘어갔다. 한국의 재정경제부에 해당한다.

04   닛산자동차의 전신

기시 노부스케와 같은
야마구치 현 출신으로
'3스케(参スケ)'로 불린 아이카와
요시스케 닛산콘체른 회장(왼쪽)과
마쓰오카 요스케 만주철도 총재
(오른쪽)

1848~1913 총리의 손녀와 결혼했고, 조카 히로코寬子가 사토 에이사쿠와 결혼하는 등 조슈 번벌藩閥의 핵심 인물이다. 나중에는 외무대신 자격으로 히틀러와 함께 일본, 독일, 이탈리아 삼국동맹도 체결했다.

이름 끝 발음을 인용한 '2키3스케'의 만주 재직 기간은 다음과 같다.

이중에서도 같은 야마구치 현 출신인 아이카와 요시스케와 마쓰오카 요스케와는 '만주 3각동맹滿州三角同盟'으로 불리며 끈끈한 관계를 유지했다.

이름	만주 재직 기간
도조 히데키	1935~1938
호시노 나오키	1932~1940
아이카와 요시스케	1937~1942
기시 노부스케	1936~1939
마쓰오카 요스케	1921~1930, 1935~1939

'2키(弌キ)'로 불린
도조 히데키(왼쪽)와
호시노 나오키(오른쪽)

이외에도 기시는 시나 에쓰사부로椎名悦三郎, 1898~1979, 오히라 마사요시大平正芳, 1910~1980, 이토 마사요시伊東正義, 1913~1994, 소고 신지十河信二, 1884~1981 등의 지지를 얻어 군과 재계, 관계에 걸친 광범위한 인맥을 구축했다.

이 시기부터 기시는 어디서든지 정치자금을 조달할 수 있는 발판을 마련했다. 그 후 만주를 떠날 때 "정치자금에서 여과기를 거치지 않은 자금을 받는 것은 금물이다. 여과기를 거치면 문제가 발생해 사건화가 되어도 자금을 받은 정치가는 깨끗한 물을 마셨기 때문에 아무 문제가 없게 된다. 정치자금으로 독직문제[05]를 일으키는 것은 여과기를 거치지 않았기 때문이다"라는 궤변을 남겼다.

만주에서의 경험으로 기시는 통제경제 정책에 자신감을 가지게 되었다. 만주를 떠날 때 기자단에게 "성공 여부와는 별개로 만주국 산업개발은 내가

---

05 汚職問題, 직책을 더럽히는 행위로, 공무원이나 정치가들이 직권을 남용하거나 뇌물을 받는 일 등 부정한 행위를 저지르는 것을 말한다.

그린 작품이다. 이 작품에 나는 한없이 애착을 느낀다. 일생 동안 잊지 않을 것이다"라고 말했다. 만주국 경영에 대한 자부심과 통제경제에 대한 자신감이 엿보이는 대목이다.

기시는 1939년 만주에서 귀국한 뒤, 상공부에 복직하고 차관 자리에 올랐다. 이후 고노에 후미마로의 제2차 내각에서 상공대신 취임 요청을 받았으나, 기시는 이를 거절하고 대신 재계 사람이 장관이 돼야 한다면서 그의 만주 인맥 일원이었던 기획원 총재 호시노 나오키를 추천했다. 이 당시 기시는 소위 '혁신관료革新官僚'의 필두 격으로 육군이나 관동군 사이에서도 촉망을 받았다.

기시의 상공대신 취임은 1941년쇼와 16년 10월에 발족한 도조 내각에서 달성되었다. 만주에서 끈끈한 인맥으로 연결된 도조 히데키가 총리가 되면서

1941년 도조 히데키 내각으로, 기시 노부스케는 맨 뒤 오른쪽 끝에 있다.

그를 발탁한 것이다. 대신으로서의 그의 첫 업무는 태평양전쟁에 필요한 물자 동원을 위한 조서에 서명하는 일이었다. 전쟁 중 상황이 악화되면서 상공부가 폐지되어 군수성으로 개편되었는데, 군수대신은 도조가 겸임으로 맡고 기시가 군수차관이 되어 동원 물자의 모든 것을 다뤘다.

1942년이 되면 기시는 상공대신의 지위를 유지한 채 제21회 중의원 총선거에서도 당선, 정치가로서 일보를 내딛었다. 이 선거에서 기시는 3만 표가 넘는 최고 득표를 기록하며 당선되어 군수차관에 취임한 이후 의석을 잃을 때까지 상공위원을 중심으로 의회 내에서 지지 세력을 확대해갔다.

1944년 7월 9일 사이판이 함락되면서 일본군의 패색이 농후해졌다. 그러자 기도 고이치 내대신을 중심으로 내각에서 조기 평화를 바라는 목소리가 커지기 시작했다. 그리하여 기도와 오카다 게이스케岡田啓介, 1868~1952 예비역 제독, 요나이 미쓰마사米內光政, 1880~1948 해군대신 등을 중심으로 도조 내각을 무너뜨리기 위한 공작이 비밀리에 진행됐다.

7월 13일이 되자 난국 타개를 위한 개각이 제시되었다. 도조와 대립한 기도는 도조가 가진 육군장관과 참모총장직 겸임 해제와 시마다 시게타로嶋田繁太郎, 1883~1976 해군장관의 경질을 전제로 개각에 찬성했다. 도조는 기도의 요청을 받아들여 내각 개조에 착수하려 했지만, 그 순간에 기시가 "사이판 함락과 더불어 향후 본토 공습이 반복될 것이므로 군수차관으로서의 책임을 다할 수 없다"며 전쟁 중지와 강화를 요구했다.

그러자 도조는 기시에게 사직하라고 했지만, 기시는 도조의 요구도 거부하며 강경 자세를 보였다. 이에 따라 도조의 측근이었던 료지 시카타四方諒二, 1896~1977 도쿄헌병대장이 기시의 집에 와서 협박했으나 기시는 "닥쳐라 군인"

이라고 일갈하며 료지를 물리쳤다. 결국 도조는 개각을 포기하고 7월 18일 내각 총사퇴를 단행했다. 총사퇴 이후에도 분이 가시지 않은 도조는 새 조각組閣의 임무를 받은 고이소 구니아키小磯国昭, 1880~1950에게 기시 등 일부 전 각료에게 전관예우를 하지 말 것을 지시했다.

1945년쇼와 20년 3월 11일 '익찬정치회翼贊政治会'06가 친도조 경향의 '대일본정치회大日本政治会'로 새 단장을 하자, 기시는 여기에 참가하지 않고 반도조 성향의 '호국동지회護国同志会'를 결성해 막후 실력자로 군림했다.

A급 전범,
미국의 이용 가치에 의해 무죄를 선고받다

1945년 8월 15일 일본 항복으로 전쟁이 종결된 후 기시는 고향 야마구치에 내려가 있다가 연합군에 의해 A급 전범 용의자로 체포되어 도쿄 스가모巣鴨 교도소에 구금되었다.

자살하는 정치인이나 군인이 속출하는 가운데 당시 기시는 "우리는 전쟁에 진 것에 대해 일본 국민과 천황 폐하에게 책임은 있어도, 미국에 대해서는 책임이 없다. 그러나 승자가 패자를 처벌하는 것이고, 어떤 법으로 우리를 벌하든지, 졌으니 어쩔 수 없다"라고 하며, "침략 전쟁이라고도 할 수 있겠지만 우리로서는 막다른 골목에서 싸우지 않을 수 없었다는 생각을 후세에 확실히 남겨둘 필요가 있다"는 입장을 보였다. 미국에 먼저 전쟁을 도발한 일본

---

06   영어로 IRAPS, Imperial Rule Assistance Political Society다. 전시에 존재한 일본 중의원과 귀족원 합동의 원내 정치단체로, 약칭으로 익정회라 한다. 일본 역사상 유일한 '일국일당(一国一党)' 체제를 수립한 정치단체다.

도쿄 스가모교도소 전경.
지금은 이케부쿠로(池袋)의
중심지로 '선샤인 시티'라는
대형 빌딩이 들어서 있다.

이 미국에 대해 책임이 없다는 그의 자가당착적인 인식을 주목할 필요가 있다. 그의 이런 정신상태가 손자인 아베에게 그대로 이어지고 있기 때문이다.

기시 노부스케는 최고 학교로 꼽히던 도쿄 제1고교 출신인데, 고교 시절 은사가 전범으로 체포된 기시 노부스케에게 '천고에 남을 이름이 애석하다'면서 '자결하라'는 단가短歌를 보냈다. 그러자 기시는 '이름 대신 성전聖戰의 정당성을 만대에 전하리라'는 답가를 보냈다. 여기서 성전은 당연히 아시아태평양전쟁을 가리킨다.

또 기시는 "이번 전쟁이 일어나지 않을 수 없었던 이유, 바꿔 말하면 이 전쟁은 어디까지나 우리의 생존 전쟁이지 일부 사람이 자의로 해석하는 것처럼 침략을 목적으로 일어난 것이 아니고, 일본으로서는 정말 어쩔 수 없었던 것임을 천명하는 것이 개전開戰 초 각료로서의 책임이다"라고 하며, "종전 후 각 방면에서 전쟁을 일으킨 것이 부당한 일이라고 생각하는 것에 대해서도 끝까지 성전의 의미를 명확하게 하지 않으면 안 된다고 믿는다"라고 말했다.

당시 일본은 어느 누구에게도 침략을 받은 일이 없었음에도 침략 전쟁이 아니라 자신들의 생존 전쟁이고 성스러운 전쟁이라고 우기면서 전쟁의 당위성을 계속 주장한 것이다. 이런 적반하장의 뻔뻔한 태도 역시 그의 손자에게 그대로 전해졌다.

기시는 옥중에서 쓴 『단상록斷想錄』에서도 '신일본은 해양국으로서 재출발해야 하며, 우리는 세계적으로 유례가 없는 국민적 결속과 세계를 깜짝 놀라게 한 진보 발전을 이루었다. 비록 싸움에 한 번 패하여 땅에 떨어지기는 했지만 국민적 우수성은 여전히 우리의 피에 흐르고 있는 것이다. …… 국민적 긍지도 국민의 내적 성찰에 의한 국민적 자각 위에 서는 것이다'라고 썼다.

또한 '일본을 이렇게 혼란으로 몰아넣은 책임자 중 한 명으로서 다시 한 번 정치인으로서 일본의 정치를 바로 세우고 나머지 생애를 간다 해도 얼마나 할 수 있을지 모르겠지만, 어떻게든 결실이 나타나도록 최선을 다하는 것이 나의 의무가 아니겠는가?'라고 밝히며 정치 복귀를 전쟁에 대한 속죄라고 생각하는 후안무치함도 드러냈다. 그가 연합군의 '극동국제군사재판이하 도쿄재판'에 대해 "절대 권력을 이용한 쇼였다"라고 말한 것 역시 이런 심리의 반영이라 할 수 있다.

이렇게 태평양전쟁을 일으킨 것에 대한 당위성과 자부심으로 가득한 기시였지만 한편 미국의 마음에 들 발언을 하는 교활함도 가진 현실주의자였다. 그는 중국의 내전과 관련해 "인도차이나반도가 중공 천하가 되면 조선은 물론 동아시아 전체가 적화赤化돼서 미국의 극동정책은 완전히 소련에 굴복하게 된다"며 미국과 소련의 대립이 격화되는 상황에 대해 반공을 위해서라면 미국과 협력하겠다는 의사를 표출했다.

이 때문만은 아니지만 기시는 도조 등 7명의 A급 전범이 처형된 다음 날인 1948년 12월 24일 크리스마스이브에 불기소로 무죄 방면되었다. 기시가 무죄를 받은 이유는 아래 등의 사정이 고려되었다고 알려지고 있다.

- 전쟁 시작을 실질적으로 결정한 1941년 11월 29일 대본영정부연락회의(**大本營政府連絡會議**) 공동모의에는 참가하지 않았던 사실

- 도조 총리에게 전쟁을 중지하는 강화를 요구하고 도조로부터의 협박에도 굴하지 않고, 내각불일치(閣內不一致)로 도조 내각을 도착시킨 최대 공로자라는 사실

- 전 미국 주일대사 조셉 클라크(Joseph Clark Grew) 등으로부터 인간적인 신뢰를 얻었고, 이로 말미암아 미국 국익에 부합하는 전후 일본 정치를 조정할 사람이 필요했던 사실

그러나 이러한 이유들은 기시의 무죄를 정당화하기 위한 표면적인 구실이고 실상은 기시가 막대한 자금을 미끼로 미국과 거래를 한 대가라는 얘기가 설득력 있게 제기되었다. 미국과 일본의 뒷거래, 복잡미묘한 국제정치 역학 관계들이 얽히고설킨 이 거래에 대해서는 뒤에서 자세히 살펴보도록 하자.

앞서 말했듯 기시의 무죄 방면에서 제일 주목해야 할 사실은 바로 그의 만주 인맥이다. 일본 패전 이후 연합국군 최고 사령관 총사령부General Headquarters of the Supreme Commander for the Allied Powers, GHQ는 일본 본토의 정치세력보다 만주 인맥에게 일본 정치를 맡겼다. 그 주된 이유는 본토의 정치세력 자체가 전쟁을 일으킨 당사자들로, 이들에게서 한 발자국 떨어져 있던 만주 인맥을 활용하는 것이 훨씬 덜 부담스러웠기 때문이다. 미국이 만주 인맥을 전후 일본 정치의 주력으로 키운 것은 한국에게도 중대하고도 커다란 영향을 미치게 된다.

일본 군국주의 망령의 진짜 성지 '순국칠사묘(殉國七士廟)'

일본에서 태평양전쟁의 전범을 기리는 곳이라 하면 흔히 야스쿠니靖國 신사를 떠올리지만 정작 우익 군국주의 세력의 본영本營은 다른 곳에 있다. 아이치愛知 현 니시오西尾 시 산가네三ヶ根 산 정상. 일본 혼슈本州의 한가운데다. 극우 세력들은 '7명의 영웅이 일본의 한가운데에 자리잡게 됐다'는 의미도 부여했다고 한다.

묘지를 안내하는 바깥 입구에는 5m 높이의 비석이 우뚝 서 있는데, 일반인 유해를 매장하는 곳을 뜻하는 '무덤 묘墓' 자가 아니라 제왕의 조상이나 훌륭한 인물을 모신 사당을 지칭하는 '사당 묘廟' 자를 사용했다. 이 비석 휘호는 1960년 이 묘지 건립 당시 총리였던 기시 노부스케가 썼다.

태평양전쟁 패망 이후 연합군은 도쿄 재판 법정에서 도조 히데키 전 총리 등 25명을 A급 전범으로 지목했다. 이 중 16명은 종신형, 2명은 유기징역을 받았다. 사형 판결을 받아 교수형에 처해진 자들은 모두 7명이었고, 모두 이곳에 유골이 안치됐다. 이들은 1948년 12월 23일 교수형에 처해진 뒤 바로 화장됐다.

연합국군 최고 사령관 총사령부인 GHQ는 유골이 유가족 손에 들어가지 못하도록 각별히 신경을 썼지만 화장장 직원을 매수한 전범 변호인의 손에 의해 유골 일부가 넘어갔다. 12년 가까이 다른 곳에 몰래 보존되던 유골은 1960년 7월 산가네 산의 등산도로 공사에 맞춰 유족들과 우익 재벌기업의 자금 지원으로 묘역이 조성되면서 이곳으로 이장됐다. 묘비 인근 안내 표석에는 이곳에 묻힌 A급 전범 7명의 유골이 어떤 경위로 이곳에 묻히게 됐는지 자세히 설명하고 있다.

'순국칠사묘'가 만들어지고, 기시의 휘호까지 새겨지자 뒤를 이어 수십 개의 전투부대 위령비가 들어섰다. 하나의 거대한 '우익 성역'이 조성된 셈이다. 이 묘를 만드는 데 성공한 극우 세력들은 이 사실을 요란하게 밖에 알리지 않았다. 일부 우익 인터넷 매체에만 조금씩 알려졌고 일부 지방지에 관련 행사가 소개됐을 뿐이다. 이들은 은

chapter 1

A급 전범 7명이 묻힌
일본 우익의 성지
'순국칠사묘'

밀히 자신들끼리 제사를 지내는 한편 묘역을 영구화하기 위해 2010년에는 '순국칠사봉찬회'란 사단법인을 세웠다. 이 과정에 우익 세력을 아우르는 최대 극우단체로 평가를 받는 '일본회의日本會義'의 지대한 후원이 있었다고 한다.

이곳에는 사형당한 전범들을 영웅으로 떠받들고 전쟁을 미화하는 격문들이 곳곳에 붙어 있다. '순국칠사묘' 바로 옆 비석에는 역시 A급 전범이었던 오시마 히로시大島浩, 1886~1975 전 독일 대사의 한시가 새겨져 있다.

'증오스러운 구름이 스가모의 문을 닫고 북풍이 피비린내 나게 분다. (중략) 언제쯤 되면 이 7명의 충의忠義의 영혼을 편안히 해줄 수 있을까.'

'순국칠사묘'는 일본 패전일 8월 15일에 대규모로 운집하는 야스쿠니 신사와 다르다. 전쟁 당시의 쇼와 히로히토 일왕의 생일이자 일본인들이 '일본 독립일'로 여기는 샌프란시스코강화 조약● 공표일인 4월 29일이 이곳의 잔칫날이다. 이날이 되면 전국에서 각종 극우단체 회원들이 몰려온다. '순국칠사묘'의 묘비 역시 기시 노부스케가 직접 썼다.

●   Treaty of San Francisco, Treaty of Peace with Japan. 제2차 세계대전을 종결하기 위해 1951년 9월 연합국과 일본이 체결한 평화 조약이다.

'3개의 화살 전략'과
평화헌법 개헌론의 탄생

기시는 스가모교도소를 나온 바로 다음 날부터 활발하게 활동을 재개했다. 출소 다음 날에 기시의 친한 친구이자 재계 중진이었던 후지야마 아이이치로 藤山愛一郎, 1897~1985[07]가 그의 회사 일동화학日東化学에서 감사를 맡게 해서 다양한 활동 자금을 제공했다. 그리하여 새해가 된 1949년에는 긴자에 '기잔샤箕山社'라고 하는 기시의 사무실을 열고, 연말에는 '기잔샤'를 주식회사로 만들어 공식 활동을 시작했다.

그런데 국제 정세가 공직에 나갈 수 없도록 발이 묶인 기시를 돕는 쪽으로 선회하기 시작했다. 1949년 10월 1일 마오쩌둥毛澤東, 1893~1976이 중화인민공화국 수립을 선포하고, 1950년 6월 25일에는 북한 남침으로 한국전쟁이 시작됐다. 이렇게 한반도와 일본 주변에서 동서 냉전이 심화되는 방향에 따라 연합군 최고사령관 더글러스 맥아더Douglas MacArthur, 1880~1964를 비롯해 미국의 대일 정책이 크게 전환된다. 일본을 '반공의 보루'로 상정하는 전략의 대전환이 생겨난 것이다.

그리하여 1951년 9월 8일 샌프란시스코강화조약을 통해 48개 연합국과 일본이 조약에 서명하고, 다음 해인 1952년 4월 28일에 발효됨으로써 연합군 최고사령부에 의한 일본의 군정이 끝나고, 일본은 주권을 회복했다. 당연히 기시 등 전범들도 복권을 하고 다시 정치 활동에 나설 수 있게 고삐가 풀렸다.

---

07 후지야마콘체른 총수를 지냈으며 1941년 일본상공회의소 회장이 되었다가 전후에 공직에서 추방됐다. 1957년부터 1960년까지 기시 내각에서 외무대신이었으며, 경제기획청 장관을 지내며 자민당 총무회장을 역임했다.

1952년 4월 샌프란시스코강화조약이 발효되자마자 기시는 자주헌법 제정, 자주군비 확립, 자주외교 전개를 슬로건으로 한 '일본재건연맹'을 설립하고 회장에 취임했다. 한편 동생 사토 에이사쿠가 소속되어 있고, 요시다 시게루吉田茂, 1878~1967가 총재로 있는 자유당自由党에 입당해 1953년 선거에서 국회의원으로 재입성에 성공한다.

요시다 시게루

요시다 총리는 기시와 마찬가지로 만주 인맥이라 할 수 있다. 요시다는 1907년부터 1909년까지 주 펑톈奉天, 선양의 전 이름 일본영사관의 영사관보, 1925년부터 1928년까지 총영사를 지냈다. 그러나 기시는 정책 노선이 요시다와 극명하게 갈려 서로 대척점에 서 있었다.

이를 말하기 전에 요시다 시게루에 대해 더 알아보자. 그는 만주 이력 이외에도 1936년부터 1939년까지 주영대사도 지냈고, 전쟁 말기에는 도조 내각의 붕괴와 종전 강화에도 노력을 기울였기 때문에 미국 측에선 가장 쓸모 있는 인물이었다.

또한 그는 메이지유신을 성공시키는 데 가장 큰 공헌을 한 유신3걸維新三傑 중의 한 사람인 오쿠보 도시미치大久保利通, 1830~1878의 손녀사위였다. 오쿠보 도시미치는 내무성內務省을 설치하여 초대 내무경內務卿으로 취임, 징병제徵兵制, 지조개혁地租改革, 식산흥업殖産興業 등 근대화 정책을 적극적으로 추진한 장본인으로, 그가 사망할 때까지의 시기를 일컬어 '오쿠보 정권'이라 했을 정도였

1954년 11월 미국 방문 중에
맥아더를 찾아간 요시다 시게루

기 때문에, 사후에도 그의 정계 영향력은 상당했다.

이런저런 연유로 요시다는 종전 후 1946년부터 약 1년간 제국헌법 하의 마지막 총리를 역임하고, 다시 총리가 되어 1948년부터 1954년까지 6년여간 장기집권을 했다. 그동안에 생겨난 요시다 내각은 총 6회에 이른다.

태평양전쟁에 대한 요시다의 생각은 기시의 것과 별 다를 바 없었다. 히로히토 일왕은 전쟁에 대한 본인의 책임을 인정하는 태도는 보이지 않았으나 태평양전쟁 자체에 대해 반성하기는 했다. 샌프란시스코강화조약 발효 기념 행사에서도 "나는 아무래도 반성이라는 글자를 넣지 않으면 안 된다고 생각한다. 군도, 정부도, 국민도 모두가 하극상이나 군부의 전횡을 놓친 것을 반성해 나쁜 일이 반복되지 않도록 하는 내용을 넣으면 좋겠다"고 말했다.

그러나 요시다는 이런 발언이 "(일왕이) 전쟁을 시작했다는 책임을 인정할 위험이 있다"며 "이제 전쟁이라든가 패전이라든가 하는 말은 하지 않았으면 좋겠다"라며 이에 반대했다.

요시다가 총리를 맡았던 시기인 1947년부터 1948년까지 유럽에서의 미소 냉전은 격화되어갔으며 아시아 정세도 급변했다. 특히 중국의 사회주의화와 동남아시아의 민족독립운동이 고양되자 미국은 지배체제의 재구축을 시도했다. 그 첫 번째 정책이 일본을 서쪽 진영에 편입시켜 동아시아에서 반공체제를 안정시킬 요체로 삼고자 하는 것이었다.

일본 점령 이후 미국은 일본을 세계평화에 대한 위협 요인에서 아시아의 공산 세력 팽창을 막는 방벽으로 생각을 바꾸었다. 따라서 점령 초기 정책이었던 비군사화와 민주화 정책보다 일본의 경제력 회복을 우선하는 정책을 실시하고자 했다. 중공이나 소련에 맞설 수 있는 재再군비나 방위력 증강을 요구하기 위함이었다. 불과 몇 개월 전에 서로를 적으로 삼아 전쟁을 치른 상대국에게 군비 강화를 요구하는 것이 참으로 아이러니한 일이지만 그것이 일

1951년 9월 샌프란시스코강화조약에서 요시다 시게루가 서명하고 있다.

본에 부여된 새 임무였다.

　게다가 한국전쟁이 발발하면서부터 미국은 일본의 재군비를 노골적으로 요구했다. 그런데 재군비를 하려면 평화헌법을 개정해야 한다. 그러므로 평화헌법 개정 요구는 일본만이 아닌 미국에서도 나왔다는 사실에 주목해야 한다. 오늘날 미국이 아베와 그 후계자들의 노골적인 평화헌법 개정 추진에 별다른 토를 달지 않고, 반대 움직임도 거의 보이지 않고 있는 것은 과거 그들의 필요에 의해 헌법 개정을 요구했던 전력이 있기 때문이다.

　그러나 요시다 총리는 미국의 의도에 따르면 일본 경제가 망한다는 이유를 내세워 경輕군비로 경제 발전을 한다는 노선을 계속 유지했다. 요시다는 군사 부담을 미국에 완전히 전가하고 일본은 이 틈을 통해 경제 발전에 집중하자고 주장했다. 일본 군사 역량 배양은 미국에 맡기고 일본은 평화헌법을 방패로 내세워 경제 발전에 주력하자는 입장인 것이었다. 일본이 미국의 '경제적 군수창고軍需倉庫'가 되어야만 효과적으로 경제 회생을 할 수 있다는 그의 생각은 한국전쟁이 터지자 만세를 불렀다는 일화에서도 잘 드러난다. 정확한 표현은 "이것이야말로 천우신조다! 이것을 발판으로 일본 경제를 다시 일으킬 수 있다"였다.

　따라서 요시다는 평화헌법 개헌을 반대했고, 그의 입장이 당시 일본 보수 본류의 생각이었다. 그러나 기시는 앞서 말한 대로 자주헌법 제정과 자주외교 전개 등 미국에 종속되지 않는 자주노선을 표방했기 때문에 요시다와 대립할 수밖에 없었다. 특히 평화헌법의 개정을 강력하게 주장했기 때문에 요시다는 결국 그를 자유당에서 제명한다.

　기시 노부스케는 미국에 군사력을 온전히 의존하는 걸 치욕으로 받아들이는 일본 보수의 변방 세력이었다. 제국주의의 '영광'을 잊지 못하던 이들에겐 전쟁을 할 수 없는 국가는 일종의 거세된 존재였을 것이다.

특히 만주국 설계자이자 일본 파시즘 산업 경제를 지휘했던 기시는 냉전이라는 상황을 잘만 이용하면 우선 동남아시아, 경우에 따라서는 한반도와 만주에까지 다시 진출할 가능성이 있다고 생각했다. 그래서 한국전쟁 당시 기시는 일본이 미국에 동아시아 안보를 위한 군사 역량을 떠맡겠다고, 역으로 제안해야 한다고 주장했다. 그리고 공산당 진출을 방어하기 위해 일본이 동남아와 강력히 협력해야 한다고 강조했다. 겉으로만 보자면 미국의 구미에 딱 들어맞는 주장이었다.

기시 일파는 '미쓰야三矢 계획', 즉 3개의 화살 전략을 은밀히 계획하기도 했다. 공산당 침략으로 인한 한반도 유사시 일본이 즉시 한반도에 진입하는 한편, 한국과 대만을 묶은 '자유주의 3개의 화살'이 되어 장기적으로 만주까지 진출한다는 계획이었다. 사실상 일제 당시 모든 영토에서 옛 영향력을 회복하겠다는 야욕이다.

자, 이제 아베 총리가 왜 평화헌법의 개정에 그리 열심이었는지 그 이유가 명확해졌다. 평화헌법 개정으로 일본이 자위대가 아닌 군대를 갖게 되는 야욕은 아베가 처음이 아니라 그의 외할아버지 기시 때부터의 숙원사업이다.

그러나 아베 외할아버지의 꿈은 1959년에서 1960년까지 '안보 투쟁'[08]이라는 대규모 시위와 국민의 거센 저항으로 좌절되고 말았다. 그 이후 자민당

---

08 1959년에서 1960년, 1970년 두 차례에 걸쳐 미일안전보장조약(안보조약)에 반대하는 국회의원, 노동자, 학생, 시민과 좌익 세력이 참가한 일본 사상 최대 규모의 반정부, 반미운동과 이에 부응하는 정치투쟁이다. 대규모 폭동으로까지 발전해서 정부와 자민당은 이를 '안보소동(安保騷動)'이라 부른다.

은 다시 보수 주류보수 본류의 입장으로 선회하여 군사 대국화보다 경제성장에 매진한다. 군국주의 시절 군사적 총동원은 경제성장 총동원으로 옷을 갈아 입었다. 이 시대에 일본의 6대 재벌이 자리를 잡고, 이른바 '주식회사 일본'의 틀이 잡힌다. 파시즘 시절과 거의 다르지 않은 경제 체제가 다시 뿌리를 내린 것이다. 어쨌든 군사 대국화보다 평화헌법과 경제성장을 중시하는 보수 본류가 주류의 자리를 지키면서 개헌 논의는 물밑으로 가라앉았다.

동서 냉전의 격화와 독도 분쟁의 시작

샌프란시스코강화조약은 한국에게는 지금까지도 지속되고 있는 엄청난 불이익과 고통의 근본 원인, 시작점이 됐다. 한국전쟁 기간이기는 했어도 이승만李承晩, 1875~1965 정권의 무능과 방치 속에 일본은 조약을 최대한 자신들에게 유리하게 이끌어갔다.

일본은 최대 당사국이라 할 수 있는 한국을 협상국에서 제외시킴으로써 식민지 배상 문제를 회피하는 데 성공했다. 또한 이전까지 분명하게 한국 영토로 명시되었던 독도 조항을 없앰으로써 현재 영토 분쟁의 불씨를 살려 놓았다.

해방 이후부터 샌프란시스코조약 이전까지의 독도 상황을 살펴보면, 우선 1946년 1월 9일 일본 도쿄의 연합국 최고사령부가 발표한 지령SCAPIN 제677호에 첨부한 지도에 독도가 한국 영토로 표기돼 있다. 당시 지령에 '일본 영토에서 울릉도와 독도와 제주도를 제외한다'고 명시됨에 따라 1946년 6월 22일에는 지령 제1033호에서 맥아더 라인을 설정해 일본 선박들이 독도의 12해리 이내에 진입하지 못하도록 했다.

또한 1948년 6월 8일 미국 공군의 폭격 연습 중 때마침 독도에서 줄어 중이던 어민 30명이 희생되는 사고가 발생했는데, 우리 정부의 항의에 따라 1951년 6월 '독도조난어민위령비'가 세워졌고, 1953년 2월 27일자로 독도를 미 공군 연습 기지로부터 제외했다. 그런데 정작 1951년 샌프란시스코조약에서는 일본이 반환해야 할 영토에 독도가 빠져 있다. 결론적으로 말하면 조약 어디에도 독도에 대한 내용이 없다. 즉 독도가 한국의 영토라는 기록도 없지만, 일본의 영토라는 기록도 없는 '애매한' 상태가 돼 있다. 이 점이 바로 지금 일본으로 하여금 독도와 관련해 억지 주장을 계속하게 만드는 원인이 된 것이다.

그럼 샌프란시스코조약에는 왜 독도가 빠졌을까. 이 조약은 1947년 10월부터 초안을 만들기 시작해 무려 20여 차례 수정되며 미국과 일본 사이를 오갔다. 1949년 12월 19일까지의 초안 내용에는 분명 독도가 한국 영토로 포함돼 있었다.

'연합국은 제주도, 거문도, 울릉도 그리고 리앙쿠르 룩스Liancourt Rocks를 포함한 섬들과 한반도를 한국의 영토로 인정한다.'

그러나 며칠 뒤인 12월 19일이 되면 초안의 내용이 바뀐다.

'다케시마리앙쿠르 룩스는 1905년 일본이 영유 의사를 밝혔고 그때 한국의 항의가 없었다. 이후 일본 시마네 현

1951년 1월 31일 요시다 시게루와 한 파티에서 환담하는 윌리엄 시볼드(중간). 그 옆은 존 덜레스 국무장관이다.

오키 섬의 관할 하에 있다.'

왜 이렇게 바뀌었을까. 그것은 당시 GHQ 외교국장이었던 윌리엄 시볼드 William Sebald, 1901~1980의 농간 때문이었다. 시볼드는 태평양전쟁 이전 일본 주재 미국대사관 무관으로 근무했고, 고베에서 변호사 생활을 했으며, 부인이 영국계 일본인이다. 1945년에는 일본 대사를 맡았다. 그러므로 상당히 친일적인 인물이었다. 당시 윌리엄 시볼드가 미 국무부에 보낸 문서의 내용은 다음과 같다.

'리앙크루 룩스다케시마에 대해 다시 생각해달라. 이 섬에 대한 일본의 주장은 오래된 것이고 명백하다. 그 섬에는 기상관측 기지나 레이더 기지를 세울 수 있다는 점에서 우리의 안보 이익과 일치한다.'

결론적으로 미국의 이익과 일본의 집요한 로비가 서로 접합점을 찾으면서 초안이 변경된 것이다. 그리하여 1950년 1월 3일 되면 '일본 영토는 네 개의 일본 본섬과 쓰시마対馬, 대마도, 다

케시마, 오키나와를 포함한 작은 섬들로 구성된다'로 내용이 바뀐다.

그런데 6월 25일 한국전쟁이 발발하면서 또 변수가 생겼다. 영국과 호주 등 연합국이 참전을 결정함으로써 평화조약에 대한 발언권이 커지면서 일본의 손을 들어주었던 미국이 한발 물러서게 된 것이다. 이에 따라 1950년 8월 9일의 조약 초안은 또 '일본은 한국의 독립을 승인하여 한국 영토에 대해서는 1948년 12월에 결정된 유엔합의에 의거한다'라고 애매하게 바뀌었다.

그렇지만 한국전쟁에 중공군이 개입하면서 한반도 공산화를 우려한 미국은 독도를 일본에 편입시키는 것이 장래를 위해 현명하겠다는 판단을 굳히게 된다. 물론 다른 연합군과 호주는 미국의 이러한 생각에 강력한 반대 의견을 보였다. 특히 일본군의 침략을 경험하고, 원양산업에서 경쟁관계였던 호주는 미국의 편향된 의사에 동조하지 않았다.

호주 정부는 1950년 10월 19일 미국에 '독도 영유권을 한국과 일본 어느쪽으로 할 것인지 답변서를 요청한

다'고 문서를 보냈고, 이에 미국은 '다케시마는 오래전부터 일본 영토로 인정돼왔기 때문에 일본 영토로 남을 것'이라는 어처구니없는 답신을 보냈다.

미국은 이때 어떠한 근거도 없이 '오래 전부터 일본 영토로 인정돼왔다'는 표현을 사용해 지금까지도 논란이 되는 근거를 만들었다. 이러한 사실을 뒤늦게 알게 된 당시 한국 정부는 이를 수습하기 위해 양유찬梁裕燦, 1897~1975 주미대사가 "정부는 조약 문구를 '일본은 독도, 파랑도이어도를 포기했다는 것에 동의한다'로 수정할 것을 요청한다"라는 내용의 요청서를 미 국무부에 보냈다.

그런데 부산 출신인 양유찬은 일찍이 미국에 건너가 1916년 하와이 맥킨리고등학교를 마치고, 보스턴대학교에서 의학부를 졸업하고 의학박사를 받은 뒤 다시 하와이로 돌아와 병원을 개업한 의사였다. 따라서 한국 사정에 그리 밝은 사람이 아니었다.

그런 탓에 독도 문제와 관련해서도 매우 중대한 실수를 하게 된다. 1951년 4월 한참 예민한 시기에 그가 주미대사로 임명되었을 때 '애치슨라인'●을 그는 장본인인 미 국무장관 딘 애치슨Dean Gooderham Acheson, 1893~1971이 그에게 독도가 어디 있는지 아느냐고 물었다. 이에 대한 양 대사의 대답은 정말 어처구니없는 것이었다. 그는 마치 바보처럼 "글쎄요. 울릉도인가? 아니면 다케시마 근처에 있는 섬 아닐까요?"라고 답했다.

한국의 이익을 대변해야 할 대사로부터 이런 어리석은 답변을 들은 미국 입장은 일본 지지에 날개를 단 격이었다. 그리하여 애치슨은 "지리학자뿐 아니라 한국 대사관에서도 독도와 파랑도의 위치를 확인시켜주지 못하고 있다. 우리는 이들 섬에 대한 한국의 주권 요구를 받아들이기가 곤란하다"는 결론을 내려 결과적으로 독도가 분

● Achesonline. 1950년 1월 12일 미국의 국무장관 애치슨이 전미신문기자협회에서 행한 '아시아에서의 위기'라는 연설에서 처음 언급한 것으로 미국의 극동 군사 방위선을 말한다. 스탈린과 마오쩌둥의 영토적 야심을 저지하기 위하여 태평양에서의 미국 방위선을 알류산열도-일본-오키나와-필리핀을 연결되는 선을 정했는데 이때 한국, 대만, 인도차이나반도가 제외되었고, 결과적으로 한국전쟁 발발의 한 원인을 만들었다.

1955년 1월 신년 파티에서의
양유찬 주미대사(왼쪽 두 번째) 부부.
맨 왼쪽은 무관 시절의 이후락 전
중앙정보부장, 유재홍 장군(가운데),
김형일 장군(오른쪽)

쟁지역으로 남는 데 일조하게 된다.
이런 무능함에도 이승만의 특혜에 의
해 1951년부터 1960년까지 무려 10
년 동안이나 주미대사를 지낸 양유
찬은 1960년 4·19혁명이 일어났
을 때도 이를 공산 간첩의 선동에 의
한 것이라고 비난했고, 이승만이 하
야하게 되자 대사를 사임했다. 1961
년 5·16 군사정변이 일어나자 귀국
하여 1965년부터 유엔대표부 소속의
특명전권순회대사로 기용되었고 미
국에서 사망했다.

양유찬은 쓰시마와 관련된 분쟁에서
도 매우 중요한 역할을 맡았다. 이승
만 대통령은 쓰시마와 관련해 매우 전
향적인 의견을 갖고 있었다.

"쓰시마는 오래전부터 우리나라에
조공을 바친 우리 땅이었다. 임진
왜란을 일으킨 일본이 그 땅을 무
력 강점했지만 결사 항전한 – 대마
도 – 의병들이 이를 격퇴했고 의병
전적비戰蹟碑가 쓰시마 도처에 있
다. 1870년대에 쓰시마를 불법적
으로 삼킨 일본은 포츠담선언에서
불법으로 소유한 영토를 반환하겠
다고 했기 때문에 우리에게 돌려줘
야 한다."

이는 다름 아니라 1949년 1월 7일 이
승만이 첫 연두 기자회견에서 한 말이
다. 이날 이승만은 한일 국교 재개를
언급하면서 쓰시마 문제를 꺼냈다.
일본과 국교를 정상화하라는 미국 요

구에 맞서기 위한 지렛대로 쓰시마 카드를 뽑아든 것이다.

이 대통령의 발언은 이때가 처음은 아니다. 그는 1948년 8월 15일 대한민국 정부 수립을 선포한 지 사흘 뒤인 8월 18일 성명에서도 "쓰시마는 우리 땅이니 일본은 속히 반환하라"고 했다. 일본이 항의하자 이승만은 외무부를 시켜 그해 9월 '쓰시마 속령屬領에 관한 성명'을 발표했다.

이승만의 연두 기자회견 직후인 1949년 1월 18일에는 제헌의원 31명이 '쓰시마 반환촉구 결의안'을 국회에 제출했다. 얼마 후 있게 될 샌프란시스코 미일 강화회의에서 쓰시마 반환을 관철시킬 근거를 마련하기 위해서였다.

1951년 4월 27일 한국 정부는 미 국무부에 보낸 문서에 다음과 같이 썼다.

'한국은 일본이 쓰시마에 대한 모든 권리, 호칭, 청구를 분명히 포기하고 그것을 한국에 돌려줄 것을 요청한다.'

그런데 같은 해 7월 9일 양유찬 주미대사가 존 덜레스John Foster Dulles, 1888~1959 국무장관을 만나 쓰시마 문제에 대한 한국의 입장을 전하자 덜레스는 "쓰시마는 일본이 오랫동안 통제하고 있고 이번 평화조약은 쓰시마의 현재 지위에 영향을 미치지 않는다"며 한국의 요구를 거부했다. 그런 이후 우리 정부도 더 이상 쓰시마 문제를 언급하지 않았다. 미국이 이승만에게 어떤 압력을 행사했는지 모르겠지만 말이다.

양유찬이 주미대사를 맡았던 임기는 한반도의 운명을 결정하는 매우 중대한 시기였다. 그런 때의 주미대사가 고국에 대한 명확한 정체성과 애국심이 성립되기 이전인 소년 시절에 한국을 떠나 한국 사정을 잘 모르는 사람, 그것도 외교정치에 능숙하지 못한 의사였다는 현실은 너무 안타깝기만 하다.

어찌됐든, 독도 사안에 대한 한국 정부의 요청서를 받은 미 국무부도 자체 보고서에서 아주 황당한 실수를 한다. 조사가 부족했던 당시 서기관은 '여러가지 이름으로 되어 있어 하나로 부르기 어렵기 때문에 한국의 섬들을 유럽 이름, 일본 이름, 한국 이름 세 가지로 분류한다'면서 리앙쿠르 룩스, 다케시마, 독도를 모두 기재했다. 다시 말해 다케시마와 독도가 각기 다른 섬으로 알고 한국의 섬으로 한꺼번에 넣은 것이다.

이렇게 잘못된 보고서에 따라 당시 딘 러스크 차관보가 1951년 8월 10일 한국에만 보낸 비밀문서에는 "독도, 다른 말로 리앙쿠르 룩스, 다케시마라고 알려진 바위섬들은 한국의 영토로 취급된 적이 결코 없으며 1905년 무렵부터 일본의 시마네 현 오키 섬 지청의 관할 하에 있다. 이 섬은 한국에 의해 영유권 주장이 이루어졌다고 볼 수 없다"고 돼 있다.

이 문서가 왜 황당한 실수냐 하면, '독도'라는 명칭을 사용하고 있기 때문이다. 미국의 주장을 정당화하려면 '독도'라는 단어를 사용하지 않고 그냥 다케시마나 리앙쿠르 룩스라고 표현했어야 한다. 그러나 내부 보고서에

일본인 스스로 독도가 한국 땅임을 인정한 지도. 일본의 하야시 시헤이(林子平)가 1785년에 편찬한 『삼국통람도설(三國通覽圖說)』의 부속 지도 중 하나로 '삼국접양지도(三國接壤之圖)'. 울릉도와 독도는 '한국 것(朝鮮ノ持二)'이라고 표기해놓았다.(사진 출처 : 국가기록원)

'독도'라는 명칭을 넣는 바람에, 이를 바탕으로 작성한 한국 정부에 보내 비밀서한에서 바위섬들이 한국의 영토로 취급된 적이 없다고 하면서도 이를 '독도'라고 지칭하는 자가당착의 실수를 저지른 것이다.

이 러스크 서한은 연합국도 내용을 전혀 모르게 한국 정부에만 보내진 비밀문서였다. 따라서 국제법을 따르지도 않은 것이었고, 어떤 구속력도 갖지 못한다는 게 국제사회 다수의 의견이다.

게다가 러스크 서한의 내용은 한국전쟁 종료 이후 한반도에서 미국의 영향력을 강화해야 할 필요성이 생기자 미국 내부에서도 부인되었다. 1953년 7월 27일 정전협정이 조인되고, 10월 1일에는 '한미상호방위조약'이 체결되었다. 이후 일본 주재 미국대사가 미 국무부에 11월 23일 보낸 비밀문서의 내용은 이러하다.

"1951년 8월 한국 정부에 보낸 비공개문서 러스크 서한은 '다케시마 분쟁'을 국제사법재판소에 회부해야 한다는 미 국무부 입장과 정반대다."

분명한 점은 독도 문제와 관련해 미국은 처음부터 계속 그들에게 유리한 방향으로 이리저리 사안을 처리해왔다는 사실이다.

일본 보수 세력 위상 역전과 개헌론 재점화

개헌 논의를 다시 꺼내든 사람은 1980년대 보수 지류保守 傍流였던 나카소네 야스히로中曾根康弘, 1918~2019였다. 무려 101세로 사망한 2019년까지만 해도 유일하게 살아 있는 쇼와시대 총리대신이었던 그는 1982년 수상이 되면서 다시 개헌 논의를 시작했다. 그가 1985년 8월 15일 일본 총리로서는 처음으로 야스쿠니 신사를 공식 참배한, 극우적 인물이라는 사실을 감안하면 개헌론을 꺼내든 것이 당연한 일이었을 것이다.

당시 일본은 미국과 무역 마찰을 겪으면서 '정상에서 벗어난 경제 시스템'으로 유지된다는 비난을 받았다. 이에 나카소네 정부는 글로벌 스탠다드에 맞는 '미국식 개혁'을 기치로 내걸면서, 이를 위해 나라의 근간인 헌법을 수정하는 것도 필요하다고 강조했다.

이런 과정에서 '정상국가'를 회복하는 과제의 하나로 평화헌법 개헌도 수면 위로 다시 부상했다. 특이한 사실은 이때부터 일본 보수 지류와 주류의 위상이 서서히 뒤바뀌기 시작했다는 점이다.

이러한 위상의 역전은 1990년대 경제 침체로 더욱 가속화되었다. 경제성장에 매진하자던 보수 주류는 1990년대 들어 일본 경제가 무너지며 사실상 소멸한 듯 보인다. 보수 주류의 목소리는 힘을 잃었고, 신자유주의적 개혁과 개헌을 통한 '정상국가'로의 전환이라는 두 사안을 동시에 추진하는 민족주의 표방 정치세력이 점점 자민당을 지배하게 된다.

2001년 4월 26일 87대 총리로 선출된 고이즈미 준이치로小泉純一郎, 1942~ 내각이 들어서면서 자민당의 신자유주의는 더 가속화되었다. 특히 고이즈미 역시 한국과 중국 등 주변국의 반대에도 불구하고 2001년 8월 13일 야스쿠니 신사 참배를 전격적으로 단행해 우경화 경향을 부추겼다. 고이즈미는 그의 임기 동안 매년 야스쿠니를 참배했다. 그럼에도 그는 평화헌법 개정에는 그리 적극적 입장이 아니었다.

그러나 2011년 3월 동일본 대지진과 후쿠시마福島원전사고로 민주당 정권이 무너지고 암울한 국가적 상황에서 2012년 12월 다시 출범한 아베 2차

전후 일본 총리로서는 처음으로 야스쿠니 신사를 참배함으로써 이후 총리들의
야스쿠니 참배의 길을 연 나카소네 야스히로. 전두환 정권의 카운터파트였다.

내각은 다시 개헌을 통한 위대한 일본의 부활을 강력하게 내세웠다. 이를 통해 아베와 일본 극우세력이 보수의 주류가 되었다. 엎친 데 덮친 격으로 경기 침체의 우울한 사회 분위기에 더해진 방사능 공포는 아이러니하게도 일본 국민의 민족주의적 감성을 부채질하는 쪽으로 나아갔다. 역으로 말하자면 일본 지배계급과 정치세력은 민족주의를 자극해서 그들의 지지기반을 굳혔던 것이다.

1923년 9월 1일 도쿄에 대지진이 발생했을 때, 도쿄와 요코하마 지역을 비롯한 간토 지역 일대가 궤멸되다시피 하면서 행방불명자가 14만 명, 이재민이 340만 명에 달하는 엄청난 재난이 벌어지자, 당시 일본 정부가 '조선인이 폭동을 일으킨다', '조선인이 방화했다', '우물에 조선인이 독을 넣었다' 등의 근거도 없는 유언비어를 퍼뜨려 대대적인 조선인 학살이 벌어지게 함으로써 위기 국면을 돌파한 것과 거의 같은 경우다. 당시 일본인들은 재일 조선인들을 구별하기 위하여 '십오 원 십오 전'의 일본어 발음 '쥬고엔고줏센じゅうごえんごじっせん'을 시켜 이를 못하면 그 자리에서 죽었다.

아베 내각은 후쿠시마 지역뿐만 아니라 오사카 동쪽의 방사능 오염에서 안전하지 못하다는 위기의식과 사회적 혼란, 분노를 호전적인 개헌론으로 덮으려 했다. 그렇게 오랫동안 이어져온 야마구치 지배계급의 정당성을 유지하려 했다. 아베에게는 이러한 여론 조작이 외할아버지가 못다 이룬 유지를 대를 이어 받드는 것이니, 꿩 먹고 알 먹는 셈이다.

일각에서는, 아베 세력의 개헌 추진이 제국주의 일본처럼 군비 확장을 통한 '전쟁 국가'로 만들어서 한반도 및 주변국을 침략하려는 것은 아니라고 주장한다. 헌법적 위치가 애매한 자위대 위상을 분명히 하고, 이를 기반으로 미국, 중국 등과 주체적으로 관계를 맺으면서 아시아 강국으로의 위상을 굳히기 위한 것이라고 보아야 한다는 것이다.

그러나 이런 생각은 매우 천진난만하고 위험한 환상이다. 우리에게는 이미 이런 경험이 있다.

1588년 10월과 1589년 6월 도요토미 히데요시豐臣秀吉, 1537~1598는 우리에게 '정명가도征明假道, 명나라를 치기 위해 조선의 길을 열어달라고 한 것'를 요구하며 조선에 통신사 파견을 요청했다. 이에 당시 조정은 1590년 3월 정사正使에 서인西人인 황윤길黃允吉, 1536~?을, 부사副使에는 동인東人인 김성일金誠一, 1538~1593을 파견했다.

이들은 일본 조정과 히데요시를 만나본 후 1년 뒤인 1591년 3월에 귀국하여 일본 정세에 대한 보고를 했는데, 정사인 황윤길은 히데요시의 눈매가 매섭고 야심찬 인물로 반드시 조선을 침략할 것이란 보고를 하면서 전쟁에 대비해야 한다고 보고했다. 그러나 부사 김성일은 히데요시의 눈은 쥐를 닮았고 풍채는 왜소하여 도저히 조선을 침략할 인물이 아니라고 보고했다.

잘 알려진 바대로 당시 조정은 황윤길 보고 대신 김성일 보고를 믿고 설마 일본이 침략할까라는 안이한 마음으로 대비하지 않고 서로 권력을 차지하기 위한 당파 싸움을 하며 허송세월을 보냈다. 그렇게 정쟁을 일삼다가 1년 뒤 임진왜란으로 국가의 운명이 바람 앞의 촛불처럼 위태롭게 되었다. '설마'가 사람을 잡는다.

더구나 후쿠시마원전사고 이후의 일본은 방사능으로 인해 매우 위험한 상황이다. 아직 우리나라 국민은 방사능 오염의 위험성을 낙관하고 있는 상태이지만 머지않아 그것이 남의 집에 난 불구경 하는 식으로 마음 놓고 있을 상황이 아님을 깨닫게 될 것이다. 따라서 방사능 위험이 더 심각해지면, 노골적으로 말해서 일본 정부는 자국민이 안전하게 살아갈 영토를 구하고자 할 가능성이 얼마든지 있다. 그럴 경우 그 대상지가 어디겠는가? 어느 나라가 일본과 가장 가까운가?

한국으로 귀화한 호사카 유지保坂祐二, 1956~ 세종대 교수는 2019년 9월 출간한 『아베, 그는 왜 한국을 무너뜨리려 하는가』에서 아베가 한국을 싫어하는 정도가 아니라 무너뜨리려는 의도까지 갖고 있다고 우려한다.

호사카 유지는 자민당 지도부의 성격이 오부치 게이조小渕惠三, 1937~2000 총리가 있던 1999년까지와 그 이후 모리 요시로森喜朗, 1937~ 총리 이후가 근본적으로 다르다고 지적한다. 호사카 유지는 오부치까지는 보수 주류였지만 그 이후는 보수 비주류 즉 극우파라는 것이다. 그럼 현재 자민당 극우파 지도부는 어떤 성격을 가질까?

'극우파 사람들은 일본이 침략 국가였다는 사실을 부정한다. 이들은 역사 수정주의자로 불리며 역사를 상당히 왜곡시킨다는 비판을 받고 있다. 극우파는 샌프란시스코 체제도 변경하고자 한다. 샌프란시스코 체제가 일본을 전범국가 또는 적성국가로 규정하고 있는 내용을 바꾸겠다는 생각을 계속해서 가져왔다. 또 평화헌법을 개정해 자위대가 아닌 정식 군대인 일본군을 부활시키고자 한다.'

앞에서 이미 봐왔듯 기시 노부스케 이전의 보수 주류는 주일미군이 제공하는 안보에 힘입어 대외 군사 활동을 약화시키는 대신, 경제성장에 주력하는 전략을 취해왔다. 그에 비해 극우파는 미국과의 협력을 이용해 대외 침

일본 극우 군국주의자들의 성지인
야스쿠니 신사

략까지 생각하고 있다는 점에서 보수 주류와 다르다고, 호사카 유지는 경고한다. '그들은 미국과 함께 전쟁을 치르려고 한다'고 강조한다.

이는 호사카 유지만의 우려는 아니다. 국제법 전문가인 이장희 한국외국어대 법학전문대학원 명예교수도 "미국과 일본이 유엔군사령부를 통해 한반도 유사시를 명분으로 일본 자위대를 개입하게 하려는 시스템은 이미 다 만들어져 있다"고 경고한다.[09]

그에 따르면 이미 1952년에 당시 연합군사령부가 일본과 협정을 맺어 한반도 유사시에 일본 자위대가 우리 정부 의사 등 아무런 간섭 없이 한반도에 개입할 수 있는 발판을 마련했다. 이후에도 미국과 일본은 1978년 '미일신가이드라인'을 체결한 뒤 매년 '방위협력지침'을 확대 개정했다.

이 교수는 "법적으로도 자위대가 한반도에 개입할 수 있는 시스템은 이미 전임 오바마 행정부에서 완성됐다"면서 "최근 유엔사 문제의 심각성은 단

---

09   이장희 교수 인터뷰, 「민중의 소리」, 2019년 10월 13일

순히 전시작전권전작권 문제가 아니라 미국이 동북아에서 패권을 유지하고 일본 자위대를 활용하기 위해 유엔사를 활성화하고 있는 것"이라고 지적한다. 그러니 '유사시 한반도'에 미군과 일본군의 개입 가능성이 활짝 열려 있다는 사실을 결코 잊어서는 안 될 것이다.

뒤에서 다시 자세히 살펴보겠지만 1945년 이전까지의 일본은, 조슈 번야마구치 현의 하급 무사들이 주도한 1868년 메이지유신이 기틀을 마련했다. 아베 신조를 비롯한 극우파의 상당수는 바로 조슈 번의 적자, 후예들이다. 이들이 1868년부터 1945년까지의 체제로 돌아가려 애쓰는 데는 그런 배경도 매우 강력하게 작용한다.

1868년 메이지유신을 주도한 세력은 조선, 타이완, 오키나와 등을 위협하면서 세력을 팽창했다. 그들의 후계자인 아베 신조 등이 평화헌법을 개정하고 군사대국화에 성공할 경우 바로 옆의 한국이 19세기 때처럼 위험해질 수 있다면서 호사카 유지는 한국인들의 경각심을 촉구한다. 한국 사회도 이미 경각심을 갖고 있지만 그 정도로는 부족하다는 것이 그의 판단이다.

"일본의 극우가 다시 군대를 가지고 야스쿠니 신사를 국가의 신사로 부활시킬 때 일본은 제2의 침략 전쟁을 감행할 것이고 그 첫 번째 희생양은 한국이 될 것"이란 그의 경고를 절대 허투루 들어서는 안 된다.

자민당 탄생과 일본 재무장의 길을 연
미일안전보장조약 개정

요시다 시게루와의 대립으로 제명된 기시 노부스케는 역시 자유당에서 탈당한 하토야마 이치로와 함께 1954년 11월 24일 일본민주당日本民主党을 창당하고 자신은 간사장을 맡았다. 그러나 일본민주당은 고작 일 년밖에 존재하지 않았다. 1955년쇼와30년의 중의원 총선거에서 자유당이 과반수 확보에 실패하고 사회당이 대거 의석을 확보했기 때문에, 필연적으로 자유당과 일본민주당의 합당, 소위 '보수합동'이 추진되었다.

기시는 처음부터 보수합동에 매주 적극적이었지만 자유당과 일본민주당 양쪽 다 반발 기류가 강해서 쉽사리 진전되지는 않았다. 그러나 좌우로 나뉘어 있던 사회당이 10월 13일 재통일을 하면서 상황이 다급해졌고, 합당에 대한 재계의 요구도 강해져서 11월 15일, 보수합동에 의한 자유민주당이 결성되었다. 여당 제1당은 자유민주당이 차지해 정권을 유지하고, 야당 제1당은 일본사회당이 차지하는 소위 '55년 체제'의 시작이다.

합당을 주도한 기시는 자민당 초대 하토야마 내각 이후 이시바시 내각 1956~1957에서 외무대신이 되었다. 이후 수반인 이시바시 단잔이 병으로 내각을 총사직하자 후임 총리대신에 지명되었다.

'55년 체제'에서 첫 총리는 하토야마 이치로, 그 다음이 이시바시 단잔 그리고 기시였다. 하토야마는 자유주의와 보수 중도 노선이었고, 이시바시는 자유주의자에 가까웠다. 이시바시 단잔은 식민 제국주의 체제 하에서 일본의 대륙 침략과 식민지정책을 정면으로 반박하면서 아시아의 평화를 위하여 군비 축소와 반전론을 주장했던 인물이다. 그의 평화주의 사상은 국가와 국가 사이의 상대적 평화론이 아니라 인류 모두가 공감하고 협력하는 보편적 휴머니즘에 근본을 두고 있었다.

이시바시는 "일본의 이익을 생각한다면 당연히 상대방의 이익도 생각해야만 하며, 상대방의 감정도 존중해야 한다. (중략) 이웃의 동지가 상호 친선

1956년 12월 자민당 경선에서의 기시 노부스케(가운데, 당시 60세)와 이시바시 단잔(왼쪽, 당시 72세). 오른쪽은 3위를 한 이시이 미쓰지로(石井光次郎, 1889~1981). 1차 투표에선 기시가 1위였지만 과반을 못넘겨 실시된 2차 투표에서 이시바시가 7표 차로 기시를 역전승했다. 그러나 이듬해 1월 병으로 쓰러져 65일만에 기시에게 총리 자리를 넘겨주었다.

해야만 하며 예의를 지켜야 하는 것은 결코 개인과 개인 사이만을 의미하지 않는다. 국가와 국가에 있어서도 이와 같은 예의를 지키지 않으면 각국 국민들의 생활은 영원히 행복할 수 없다"고 지적하면서 국가 간 상호평등과 존중을 강조했다.

이런 사상에 따라 패전 이전에도 만주와 식민지 포기와 군비철폐론을 주장했다. 패전 이후인 1945년 9월 8일에는 "우리들은 무책임한 군국주의가 세계로부터 추방될 때까지는 평화, 안전, 정의의 신질서를 지킬 수 없다고 확신한다. 따라서 일본 국민을 속여서 실수하도록 한, 세계 정복을 주장하고 실행하려고 한 자들의 권력과 세력을 영구히 제거해야 할 것이다"라고까지 말했다.

　이러한 평화주의자 이시바시가 총리에 취임하자마자 두 달 만에 바로 병으로 물러난 것은 여러모로 한국의 불운, 기시의 행운이었다. 정말로 안타깝기 짝이 없는 일이다.

　이시바시와 반대로 기시는 총리에 취임하자마자 처음으로 추진한 일이 군비 강화였다. 그는 자위력의 범위 안에서 자위대의 핵무장도 가능하다는 강경한 태도를 취했다. 단순 보수라기보다 거의 군국주의 극우 노선의 부활이라고 해도 무방하다. 같은 만주 인맥으로 절친했던 전쟁광 도조 히데키가 다시 살아난 것 같다고 해도 과언이 아니다.

　기시는 점령군의 압력으로 만들어진 제도들을 바로잡는 것이 자신의 정치적 사명이라고 여겼다. 특히 헌법과 미일안보조약에 대한 개정 의지가 강했다. 기시는 일본의 군사력 보유를 막고 있는 헌법 9조를 개정하여 일본이 상당한 군사력을 보유하게 되면 안보조약도 대등한 내용으로 변경할 수 있다고 생각하고, 헌법 9조의 개정에 나섰다. 여러 차례 말했지만 아베 총리의 노선과 판박이다.

　그러나 전쟁의 참혹함을 직접 체험한 일본 국민 대다수는 기시의 뜻과 달리 전쟁국가 일본의 부활에 우려하는 마음이 컸다. 그 결과 선거에서 사회당이 약진하여 3분의 1 이상의 의석을 차지함에 따라 기시의 헌법 개정은 불가능하게 됐다.

　그러자 기시는 이번에는 헌법 개정이 아닌 해석을 통해 그 뜻을 이루고자 했다. 그 첫 번째로 '집단적 자위권'의 해석에 대한 수정을 시도했다. 이때까지 일본 정부는 외국과의 군사동맹에 기반을 둔 집단적 자위권을 일본의 헌법상 불가능하다는 입장을 견지해왔다. 그런데 기시는 해석을 재검토하여 헌법상으로 행사할 수 있는 집단적 자위권과 행사할 수 없는 것으로 나눌 것을 주장했다.

두 번째로는 개별적 자위권의 확대도 시도됐다. 1956년 2월 정부는 공격을 방지하기 위해 부득이한 경우에는 적의 기지를 공격하는 것도 합헌이라는 해석을 주장했다. 셋째로 핵무기 보유에 대해서도 주정과 보유의 가능성을 주장했다. 자위를 위한 소형 핵무기는 헌법 9조 하에서는 보유 가능하다고 하면서 장래의 핵 보유가 헌법상으로 가능하다고 해석했다.

이런 목적을 달성하기 위한 외교 정책으로 기시는 미국과 동남아시아를 최우선 대상국으로 설정했다. 냉전의 시작과 제국주의 진영에서 미국이 패권을 장악하게 된 것이 전후 체제의 가장 큰 변화라는 전제 하에, 기시는 일본이 대국으로 부활하기 위해서는 무엇보다 미국의 힘을 빌리고, 미국과의 동맹을 유지하면서 소련과 대립하는 미국의 요청에 부응해야 아시아에서 다시 세력권을 구축할 수 있다고 생각했다.

또한 패전으로 한반도를 잃었고, 게다가 북쪽은 공산주의 진영에 넘어갔기 때문에 극동에서는 과거 대일본제국 세력의 부활이 불가능하다고 판단하고, 동남아시아를 이에 대체할 새로운 세력권으로 삼고자 했다. 동남아시아는 미국과 공산권이 대치하고 있는 최전선으로 일본의 반공국가로서의 역할도 수행할 수 있었기 때문에 이를 이용해 동남아에 진출한다는 구상이었다.

실제로 기시는 수상이 된 후 외교관계에 집중하여 동남아 국가들과의 관계 개선을 위해 많은 노력을 했다. 1957년부터 각국 방문으로 배상 협정과

1957년 6월 기시의 1차
동남아 순방에서 타이완을 들렀을 때
장제스(蔣介石, 1887~1975) 총통과
부인 쑹메이링(宋美齡, 1897~2003)과
환담하는 기시

경제협력을 추진했다. 소련 및 중국의 대아시아 경제원조에 대항하기 위헤 아
시아개발기금ADB을 구상하여 미국 자금을 원조 받아 일본이 동남아시아를
원조하려는 계획도 세웠다. 태평양전쟁을 겪었으면서도 동남아에서 일본의
영향력이 크게 쇠퇴하지 않았던 것은 바로 이런 기시의 외교정책 때문이었다.

　1957년 1월 24일 기시는 실론에서 개최할 예정이었던 아시아태평양지역
공관장회의를 도쿄로 변경시키고, 일본 외교의 기본방침으로서 공산권 대
책, 아시아와 아프리카와의 우호관계, 아시아와 태평양 지역과의 통상촉진
등 3가지의 중점 정책을 제시하고, 이를 '외교 3원칙'에 반영시켰다. 또한 "아
시아와 태평양 지역은 일본 외교의 중심지"라고 선언했다.

　이런 와중에서 미국은 1952년에 맺은 미일안전보장조약을 개정하여 보
다 강력하게 일본을 동북아 지역 반공 보루로 삼는 동시에, 미국 세계 군사전
략의 동반자로 삼으려는 계획을 세웠다. 이런 움직임에 따라 1960년 1월 기시
는 미국으로 가서 미일 관계를 동등한 위치에 올려놓고, 독자적인 외교권을

위해 미일안보조약 개정안에 조인했다. 이 정책을 수행한다는 명목으로 기시는 일본의 평화헌법을 공식적으로 재검토하기 시작하는 한편 일본의 자주국방을 추진했다.

그러나 일본 정부가 평화헌법 제9조를 유명무실화하는 미일안보조약 개정을 위해 국회 비준을 강행하자, 이에 반대하는 대규모 시위가 일어났다. 정부의 강경한 태도에 안보투쟁은 점차 반정부 및 반미 투쟁으로 확산돼갔다. 국회는 연일 시위 군중에 의해 포위되었다.

그런 와중에서도 기시는 "국회 주변은 소란스럽지만 긴자나 고라쿠엔 구장은 언제나 그대로다"라며 사태를 진정시키는 데 주력했다. 경찰과 우익단체의 지원만으로는 데모대를 억제할 수 없다고 판단한 기시는 정치 깡패의 실력자인 고다마 요시오児玉誉士夫, 1911~1984에게 부탁해 자민당 내 '아이크아이젠하워 대통령 환영 실행위원회' 위원장 하시모토 도미사부로橋本登美三郎를 폭력단 조장의 회합에 파견했다. 이에 따라 긴세이회錦政숲, 스미요시회住吉숲, 데키야 대연합テキ ヤ大連슴 등 굵직한 폭력단 파벌의 두목들이 모두 돕기로 합의했다. 이에 더해 기시는 3개의 우익 연합조직도 행동 부대로

1960년 6월 18일 미일안보조약 개정을 반대하는 데모대가 가득 메운 일본 국회의사당 앞

나서줄 것을 요청했다. 이들은 기시 자신이 1958년에 조직한 신일본협의회, 우익 연합체인 전일본애국자단체회의, 일본향우회였다.

이렇게 기시는 조폭, 공갈꾼, 노름꾼, 데키야^{てき屋}[10], 암흑가 지도자들을 설득하고 모아 아이젠하워의 안전을 지키기 위한 세력을 조직했다. 최종 계획에 따르면 1만 8천 명의 노름꾼, 1만 명의 데키야, 1만 명의 제대군인과 우익 종교단체 회원의 동원이 필요했다. 그들에게는 정부 소유의 헬리콥터, 경비행기, 트럭, 차량, 식료품, 구급대 지원이 제공되었고, 아울러 8억 엔의 '활동자금'도 지급되었다. 물론 기시 측은 이런 사실을 부인하고 "소방단, 청년단, 국회의원 지역 지지자들"이라고 둘러댔다.

이런 노력에도, 6월 10일에는 데모대가 아이젠하워 방문을 준비하기 위한 특사가 탄 자동차를 공항 입구에서 쓰러뜨려, 헬리콥터로 구출하는 소동이 일어나 결국 아이젠하워의 방일이 취소됐다. 6월 15일에는 폭력단과 우익단체가 시위대를 습격하여 많은 중상자를 내고, 국회에서는 경찰과 데모대의 충돌로 인해 도쿄대 여대생 가바 미치코^{樺美智子}가 압사하는 사고가 발생했다. 또한 이시바시를 비롯한 세 명의 전직 총리가 퇴진을 권고하는 등 사태가 심각해졌다.

그러자 기시는 6월 15일과 18일 방위청장관 아카키 무네노리^{赤城宗德,} $^{1904~1993}$에게 자위대를 동원해 데모대를 진압할 것을 명령했지만 아카키는 이를 단호히 거절한다. 기시 정권 연명을 위해 자위대가 이용되는 것도 거절의 명분이었지만 이때 아카키는 이미 기시가 미국에게 버려진 카드라는 사실

---

10 현대 야쿠자의 전신으로 일본의 떠돌이 상인을 말한다. 18세기 시장이나 축제 등에서 질이 낮은 상품을 판매하는 상인으로, 판매 관행이 강압적이라 음습한 분위기를 풍겼다.

을 알고 있었다고 한다. 이를 보면 아카키의 자위대 동원 거부는 사실상 미국의 입김이라고도 볼 수 있다.

사태의 심각성 속에서 기시는 한때 총리 관저에서 동생 사토 에이사쿠와 함께 자살하는 것도 생각했다고 한다. 그런 와중에서도 안보조약은 참의원에서의 비준 의결 없이 날치기로 자동 승인6월 19일 되었고, 6월 21일에 쇼와 일왕의 공표가 이루어져 새로운 미일안전보장조약이 개정되었다. 이에 따라 기시가 6월 23일 내각 총사퇴를 결정함에 따라 정국은 새 총리를 선출하는 수순으로 옮겨갔다.

7월 14일 자민당 총재 경선에서 기시가 미는 관료파의 이케다 하야토池田勇人, 1899~1965가 당인파党人派의 이시이 미쓰지로를 누르고 신임 총재가 되어 총리 관저에서 축하연이 열렸을 때, 갑자기 아라마키 다이스케荒牧退助라는 청년이 달려들어 기시를 칼로 찌르는 사건이 발생했다.

기시는 꽤 중상을 입었는데, 정말 이해가 잘 되지 않는 것은 이날의 사건에 대한 자세한 내용이 60년이 지난 지금까지도 거의 밝혀지지 않고 있다는 사실이다. 범인이 우익단체에 속했다는 내용만 나왔을 뿐 자세한 신원이나 그 후 그가 어떻게 됐다는 내용이 전혀 없다. 정말 기이한 나라, 일본이다. 이와 관련해서는 종전 이후 CIA의 핵심 협력자로 변절한 고다마 요시오児玉誉士夫, 1911~1984의 지령에 의한 것이었다. 혹은 기시의 자작극이었다는 소문만 돌아다니는 형편이다.

이런 유혈 참극의 혼란을 치르면서 기시는 결국 자신의 최대 소망이었던 일본 재군비의 길을 열어놓았다. 그러니 총리에서 물러나는 그의 마음은 매우 가벼웠을 것이다. 기시는 총리 퇴임 이후에도 정계에 막강한 영향력을 행사하면서 헌법 9조 개정을 위한 '자유헌법 제정운동'에 힘을 쏟았다.

계속 강조하지만 아베는 외할아버지가 놓아준 주춧돌 위에서 노골적으로 유지를 받들고 있다. 2020년 9월 16일 아베가 7년 8개월 만에 퇴임했어도 이는 마찬가지다. 후임 총리가 된 스가 요시히데 내각은 벌써부터 '아베스^{아베}^{와스가} 정권'으로 불리며 아베를 상왕_{上王}으로 모시는 분위기다. 「아사히신문」은 스가 내각을 '아베 없는 아베 내각'이라고 보도했다. 특히 헌법 개정과 군사력 증강에 집중하는 강한 일본의 추구, 외교정책에서 미국과의 동맹 강화에 주력하고 있는 사실은 아베의 정책과 완전히 판박이다.

CHAPTER

2

만주 인맥은 모략과
아편 공작의
핵심 네트워크였다

1

만주 인맥과
첩보(모략) 부대의 탄생

　　지금까지 등장했거나 앞으로 나올 만주 인맥, 일본 모략과 아편 공작의 핵심 네트워크의 산실을 구성한 인물들의 면모를 간략하게 미리 톺아보기로 하자.

　　이들은 전후 일본 자민당 정치를 이끈 주축이기도 하고, 1965년 한일 국교 정상화 이후에는 한국의 군부 세력과 결탁해 한국을 실질적인 '제2의 식민지화'로 이끌었던 면면들이기도 하다. 따라서 이들 인물에 대한 개괄사항을 정리해놓고 있어야만 앞으로 나올 이야기들에 대한 이해가 쉬워진다.

만주 인맥의 면면들

이름	활동
기시 노부스케	1936년 10월 만주국 국무원 실업부(実業部) 총무사장(総務司長), 1937년 7월 산업부 차장, 1939년 3월 총무청 차장을 거쳐 나중 총리가 된다.
사토 에이사쿠	철도부에서 상하이 화중철도(華中鉄道) 설립을 위해 파견. 나중 총리가 된다.
요시다 시게루	외무 관료로 15년 이상 중국 대륙에서 근무하다 이후 총리가 된다. 아소 다로(麻生太郎) 전 총리의 외할아버지. 중국에서의 요시다는 매우 적극적이어서 만주에서 일본의 합법적 권익을 둘러싸고 종종 군부보다 강경한 입장이었다고 한다. 요시다는 합법적 만주 권익은 실력, 즉 무력을 불사해서라도 지켜야 한다는 강한 의견을 보였기 때문에 1927년 후반에는 당시 다나카 총리와 육군에서도 말릴 정도였다.
도조 히데키	관동군 참모장으로 나중 총리이자 육군 대장이 된다. 일본을 태평양전쟁으로 몰아넣은 전쟁광이었다.
고다마 요시오	상하이 고다마기관 창설. 전범 기시 노부스케의 석방에 일조하고 자민당 창당 기금을 제공했다. 기시를 통일교 문선명과도 연결시켰다. 전후 일본 정계의 최대 막후 실력자이자 정치 깡패였다.
호시노 나오키	대장성 관료로 만주국 건설 당시 인재를 파견해달라는 관동군 요청에 따라 만주로 이주한 후 국무원 총무청장을 거쳐 총무장관을 역임했다. 만주 아편 판매의 책임자 중 1인이었으며 A급 전범으로 종신형을 받았으나 나중 석방돼 아사히해운 사장 등을 역임했다.
사사카와 료이치 (笹川良一, 1899~1995)	무솔리니를 숭배한 파시스트 우익 정치가로, A급 전범이었으나 나중 무죄로 석방됐다. 국수대중당 총재, 일본선박진흥회장을 역임했다. 그의 재단은 '아시아연구기금'이란 막대한 로비 자금을 동원해 어전히 일본군 성노예 문제 등에서 한국의 여론 왜곡 작업을 꾀하고 있다.
아이카와 요시스케	만주 중공업개발주식회사 총재를 거쳐 닛산콘체른 회장이 된다.

이름	활동
이케다 하야토	사토 에이사쿠와 고교 동창으로 사토와 함께 요시다 내각의 주축이었고, 나중 총리가 된다. 자민당 총재를 물러나면서 사토에게 총재 자리 이양. 만주에서 직접 활약한 경력은 없지만, 사토가 형에 이어 총리가 될 수 있게 만든 최대 지원자였다.
시나 에쓰사부로	만주국 산업부 광공사장(鑛工司長)
오히라 마사요시 (大平正芳, 1910~1980)	1939년 6월부터 10월까지 흥아원 몽강연락부(蒙疆連絡部) 경제과 주임, 1940년 10월까지 흥아원 경제과장으로 재직했으며 '김종필-오히라 비밀 메모'의 당사자였다. 나중에 외무대신을 거쳐 총리가 된다.
이와쿠로 히데오 (岩畔豪雄, 1897~1970)	만주 첩보(모략)부대 창설자로 쇼와통상 설립을 주도해 아편 공작의 기반을 닦았다.
사토미 하지메	상히이에서의 마약 공작으로 관동군 전쟁 자금과 자민당 창당 자금을 가능케 한 마약왕이었다.
가와바타 니단초오토조 (川端二反長音蔵, 1875~1951)	모르핀 함량이 높은 양귀비 품종 개량으로 일본의 아편 공작에 날개를 달아준 아편 제조의 마약왕이었다.
고토 신페이 (後藤新平, 1857~1929)	니단초오토조에게 양귀비 품종 개량을 지원한 관료로 대만 민정장관 시절, 일본의 전향적인 아편 판매를 주장했다. 나중 만주철도 초대 사장을 역임한다.
아이치 기이치 (愛知揆一, 1907~1973)	흥아원 화북연락부(華北連絡) 서기관
나카누마 고키 (長沼弘毅, 1926~1977)	흥아원 화북연락부(華北連絡) 서기관
후케 도시이치 (福家俊一, 1912~1987)	상하이 국책신문 「대륙신보(大陸新報)」 사장이자 정계의 모사꾼으로 중의원에 6회 당선됐다.
가게사 사다아키 (影佐禎昭, 1893~1948)	육군 중장, 특무기관원, 자민당 총재를 지낸 다니가키 사다카즈(谷垣禎一) 의원의 할아버지다.
후루미 다다유키 (古海忠之, 1900~1983)	만주국 총무청 차장을 거쳐 뉴오타니그룹 회장을 역임했다. 나중 사토미 장례준비위원장을 맡았다.

사사카와 료이치의 '일본재단'과 연세대 '아시아연구기금'의 실체

사사카와는 수단을 가리지 않는 의회 로비 활동으로 1951년 경정競艇 도박을 합법화하는 법안을 중의원에서 통과시켰다. 이후 사사카와는 일본선박진흥회를 설립해 전후 실망한 일본인들이 열광한 경정사업 등으로 막대한 수입을 올렸다.

사사카와는 1962년 '일본재단Nippon Foundation'을 설립해 학자와 일본에 유학하는 외국인 학생을 재정적으로 지원했다. 많은 한국인 유학생이 일본재단의 지원을 받았다. 지원액은 30만~50만 엔 수준이었다고 한다. 1960~1970년대에는 엄청나게 큰 금액이다. 일본에서 공부한 국내의 많은 학자와 교수 중 이 돈으로부터 자유로운 사람은 별로 없을 것이다. 청와대 문정인 전 외교안보특보는 그런 학자와 고위 인사들을 '국화파菊花派'라고 부른다. 국화는 천황의 상징이다.

일본재단은 자산 3조 엔에 달하는 일본 최대 규모 공익재단법인으로, 해양과 선박 지원 사업에서부터 학술 지원이나 공익, 복지, 자원봉사, 해외 협력 사업에 이르기까지 일일이 거론하기도 힘들 만큼 방대한 사업 영역을 선보인다. 막대한 자금력을 토대로 세계 각지에 다양한 사업 자금을 조성하고, 기부 형태로 지원해왔다.

1 젊은 시절의 사사카와와 무솔리니. 사사카와는 무솔리니를 존경한 파시스트였다.

2 사사카와 료이치와 지미 카터 전 미국 대통령. 사사카와평화재단은 2000년 아프리카 영농 개선사업을 벌여 미국 카터재단을 후원했다.

한국에 지원한 사업 및 조성 자금은 22개 사업에서 200억2015년까지의 현황 원으로, '아시아연구기금'의 모태라 할 수 있다. 사사카와 료이치가 A급 전범으로 강조되며 이에 대한 일본재 단의 영향력이 언론에 다뤄진 2015 년 이후부터는 한국에 대한 사업 지원 현황이 비공개로 바뀌었다.

아시아연구기금은 1995년 일본재단 과 연세대학교의 합의에 따라 설립된 재단법인으로, 설치 기금은 일본재단 이 제공한 112억을 기반으로 했다. 사 사카와의 일본재단은 심포지움, 연구 사업의 명목으로 2013년에서 2015 년 사이 4회에 걸쳐 보조금 116억을 지원했다아시아연구기금조성기금 10억엔포함.

아버지에 이어 일본재단을 맡고 있는 사사카와 요헤이笹川陽平, 1939~는 여전 히 일본선박진흥회장을 맡고 있으면 서 압도적인 영향력을 행사한다. 특 히 일본군 성노예위안부와 강제 징용노 동자 문제, 경제 보복 국면 등에서 한 국에 대해 강경하고 공격적인 입장을 보이고 있다.

2017년 '위안부 동상을 둘러싼 수 수께끼'라는 제목의 사사카와 글을 보자.

10대 소녀로 보이는 위안부 소녀 상? 그렇게 어린 '위안부'는 없었 다. 알고 보니, '미군 장갑차 여중생 압사 사건'으로 사망한 당시 14세 의 두 여중생을 애도하여 만들어진 기념상과 관련이 있더라. 민족미술

일본대사관앞 수요집회 1천회 모습
(사진 출처 : 정의기억연대)

협회에 소속된 부부에 의해 제작돼, 격렬한 반미 투쟁 속에서, 미군기지 근처에 설치를 시도했지만 한국 정부가 인정하지 않은 채 보존되고, 그것이 위안부 동상으로 사용되었다. 소녀상 옆에 의자가 있는 것은, 사건에서 희생된 또 한 명의 소녀가 여기에 앉아 있었기 때문이라는 것이다. …… 이미 한국을 중심으로 50개 이상이 설치, 일본군이 소녀까지 위안부로 징용하고 있었다는 잘못된 인상을 주고, 일본의 이미지가 크게 손상되는 원인이 되고 있다. 전문가에 의한 제대로 된 조사를 하고, 새로운 사실이 확인되면 공표해야 한다고 생각한다. …… 한국인은 만일 틀린 것이 있어도 명백한 증거가 아니면 스스로의 정당성을 강하게 주장한다. '고자질 외교'를 통해 일본 비판을 전개하고 있다.

소녀상을 감정적이고 우발적인 현상으로 왜곡하려는 의도인데, 정작 그와 관련된 아무런 근거도 제시하지 않으면서 "불행히도 진위는 알 수 없다"며 무책임한 발언까지 하고 있다. 아울러 성노예로 끌려간 여성들 중 10대 소녀들이 있었다는 피해자들의 증언과 관련 보도가 넘쳐나는 상황까지 부정하고 있다.

이러한 사사카와의 소녀상 음모론은 정의기억연대를 고발해 흠집을 내고자 하는 '반일동상진실규명공대위'의 소녀상 철거론과 직접 연결되는 것은 물론이다. 이들이 노리는 것이 일본대사관 앞에서 열리는 수요집회를 중단시키고, 소녀상을 철거시키는 것에 있음은 두말할 나위도 없다.

아울러 사사카와 일본재단은 "위안부는 매춘의 일종"이라거나 "위안부는 고급 일자리였다"는 끔찍한 망언을 일삼고 있는 연세대 류석춘 교수와 서울대 이영훈 명예교수의 배후가 된다. 연세대가 류석춘의 망언에 대해 고작 정직 1개월이라는 애들 장난 수준의 징계를 내린 것은 엄청난 액수를 기부 받은 사사카와 일본재단의 돈으로부터 결코 자유롭지 못하기 때문인 듯하다.

미국이 일본을 태평양기지 동북아 패권용으로 써먹기 위해 기시 노부스케를 살려준 것처럼, 똑같은 이유로 살아남은 파시스트 A급 전범 사사카와 료이치는 정부 사업권을 따내 일본선박진흥회를 창설했고, 이후 정계의 전범들을 지원하고 '반공' 기치로 미국을 등에 업고 활동하면서 이제는 과거사에 대한 왜곡을 일삼는 국내 종일주의자들의 모태가 되었다.

사사카와는 1986년 일본재단의 대외 조직으로 미국에 '사사카와평화재단 SPF'을 설립했다. '사사카와평화재단'은 1.7조 자산 규모로 연간 5억 달러의 예산을 쓴다. 학자 교류, 대학원생 지원, 교육 프로그램 지원을 목적으로 한다. SPF는 일본의 대미 로비 활동의 본산이다. SPF는 태평양군사령관을 지냈고 버락 오바마 행정부에서 국가정보국DNI 국장을 역임한 데니스 블레어Dennis Blair, 1947~를 이사장으로 영입했다. 블레어는 63세에 일본어를 배우는 열정을 보였다.

SPF는 많은 미국의 싱크탱크 프로젝트나 세미나, 강연, 포럼을 활발하게 지원해 다수의 미국판 '국화파'를 배출했다. 최근 보수 싱크탱크인 미국 전략국제문제연구소CSIS의 마이클 그린Michael Green, 1961~ 부소장은 한국 언론과의 인터뷰에서 지금 한일 갈등의 원인 제공자는 한국이라는 게 미국 전문가들의 생각이라고 말했다. 미국의 국화파 전문가 그룹에는 그렇게 생각

아베와 사사카와 요헤이
(사진 출처 : 「라이브도어 뉴스」)

하는 사람이 많다고 한다.

SPF는 독도가 일본의 고유 영토라는 활동도 펼치고 있다. '竹島 Facts & Figures'라는 별도의 정보 라이브러리를 개설, 일본이 주장하는 독도의 영유권법과 역사, 지리, 독도의 해양과 기상, 생태계, 산업, 환경 등에 관한 상당히 꼼꼼하고 구체적인 정보를 나열해놓고 있다. 독도가 일본의 영토라고 주장하는 연구저널까지 간행하고 있다.

아베는 지난 2015년 4월, 사사카와 평화재단을 위해 미국에서 강연을 했다. 그 대가로 아베는 현재 일본재단을 이끌고 있는 사사카와 요헤이에게 기자 출신으로 총리 관저에 있는 자신의 전기작가이자 측근인 야마구치 노리유키山口敬之, 1966~를 미국 싱크탱크의 하나인 '동서센터East-West Center'에서 2년 동안 펠로우직을 수행할 수 있게 도와달라고 부탁했다. 또한 평화재단이 그의 연구비와 생활비를 지원하도록 요구했다. 아베는 그로 하여금 아베의 외교적 접근이나 베트남전에 대해 연구시킬 계획이었다.

이른바 '라이 따이한' 문제와 관련해 2015년 미국 국립문서기록관리청NARA의 공문에서 베트남전쟁 때 한국군이 사이공현호치민에 한국 군인 한정의 '터키탕' 위안소를 설치하고 베트남 여성을 성매매 시킨 사실이 있다고『주간문춘週刊文春』은 2015년 4월 2일자에 보도했다.

그러나 이 기사에 대해서는 다른 곳도 아닌 일본의 다른 언론인『주간신조週刊新潮』가 '날조의 가능성이 높다'고 이의를 제기하고 있는 상황이다. 아베와 노리유키, 사사카와 재단의 밀접한 연관성을 고려하면 공작의 냄새가 물씬 풍긴다.

게다가 노리유키는 2015년 4월 3일 일본에 일시 귀국하여 동료 기자인 이토 시오리伊藤詩織를 성폭행한 혐의로 고발당했다. 도쿄 지검은 2016년 7월에 노리유키를 혐의 불충분으로 불기소했지만 이토가 계속 법적인 소송을 제기하면서 2019년 12월 도쿄 지방법원은 이토에 대한 성폭행을 인정하고 야마구치에게 위자료 330만 엔의 지불을 명령했다.

일본 첩보 기관의 창시자,
이와쿠로 히데오

이와쿠로 히데오는 음모와 첩보로 점철된 일본 만주 정책의 핵심이라는 사실에 주목해야 한다. 히로시마 출신의 이와쿠로는 육사 30기로 졸업, 보병 소위로 임관해 1919년 9월에 시베리아에 출병한 이후 1921년에 대만 보병에 배속되어 타이중臺中으로 부임했다.

성적은 우수하지 못했지만 1922년 총리를 두 번이나 지낸 야마가타 아리토모山県有朋, 1838~1922 육군 원수가 사망함에 따라 야마가타의 고향인 조슈 번, 즉 야마구치 현 출신이 육군대학교 시험 면접 단계에서 모두 낙방하는 육군 내부의 세력 견제 움직임에 편승해서 운 좋게 육군대학을 들어갈 수 있었다. 육군대학 졸업 이후에는 청년장교 결사인 '사쿠라회櫻會'에 참가해 국가 개조를 연구했다.

만주사변 이후에는 관동군⁰¹ 참모, 만주사무국 사무관으로 일하면서 만주국의 조직 정비와 산업 육성 등 계획경제를 추진했다.

1936년 2·26사건의 발발로 인해 육군성 병무국으로 이동해 사건 종결 후 군법회의를 담당했고, 이때부터 외국 대사관의 도청 및 우편 검열, 위조지폐 제조의 연구 등 첩보 활동에 종사했다. 이때 '모략과 첩보의 과학화'라는 의견서를 참모본부에 제출해 관심을 가진 육군은 그에게 첩보 기관의 설립 추진을 맡겼다. 이후 첩보 기관에서 활동하며 중국 괴뢰정부인 왕자오밍 정권 수립에 관여했고, 육군 병무성과 참모본부에서조차 그 존재를 은닉하는

---

01   일본이 중국을 침략하기 위해 제2차 세계대전 말까지 만주에 주둔했던 일본 육군부대를 말한다.

이와쿠로 히데오

지하조직이라 하여 '비닉명 경무연락 반秘匿名 警務連絡班'이라 불리는 조직을 창설해 미국 CIA 같은 활동을 목표로 삼았다.

1938년이 되면 일본 최초의 첩보학교인 후방근무요원양성소後方勤務要員養成所, 나중의 육군 나카노학교中野学校를 설립해 미행, 변장술, 자물쇠 여는 방법, 유술 등을 가르치며 간첩을 양성했다. 또 그해 육군성의 중추인 군무국의 고위 담당자로 국방 국책 설정 업무를 주도하면서 막강한 권력을 행사했다. 육군 내 인사, 예산, 군수 보급 등에 있어 그를 통하지 않으면 아무 일도 되지 않았다. 1939년에는 군사과장으로 취임한 후 대좌로 승진하여 육군 기밀비 3천만 엔을 자유로이 사용할 수 있는 막후 실세로 등장했다.[02]

1941년 1월 8일 육군대신 도조 히데키가 시달한 훈령 '센진쿤戰陣訓' 역시 이와쿠로가 발안한 것으로 알려져 있다. 전쟁터에서의 훈계를 담은 '센진쿤'에 대해서는 다음 단락에서 자세히 설명하겠다.

이와쿠로는 이후 만주에서 소련의 T-35 다포탑 전차 정보를 입수하여 이에 대항하기 위해 거대전차 '100톤 전차'라 불린 거대 전차 개발을 극비리에 추진하고, 1942년 노보리토연구소登戸研究所를 설립해 각종 독 물질과 생화학

---

02 이와이 나나쿠마(岩井忠熊), 『육군·비밀정보기관의 사나이(陸軍·秘密情報機関の男)』, 신일본출판사(新日本出版社), 2005년

무기, 첩보용 카메라와 도청기 등 신무기 개량과 개발, 인체 실험에 나섰다. 흔히 천인공노할 만행인 인체실험과 관련해 중국 헤이룽장성黑龍江省 하얼빈哈爾濱에 있던 일제 관동군 산하 세균전 부대인 '731부대' 이야기를 많이 하지만 이 실험을 추진하게 만든 배후 세력은 바로 노보리토연구소였다.

노보리토연구소는 위조지폐 작전에서도 엄청난 성공을 거두었다. 중국 화폐는 물론 달러나 파운드도 위조하면서 현지와 식민지에서의 통화 혼란을 야기했다. 이와쿠로는 이를 위해 중국 비밀결사 청방靑幇과 긴밀한 협력 관계를 맺으면서 위폐를 대량으로 만들어 실제 투입했다. 약 45억 위안을 제조해 군사 물자의 조달 등에 약 30억 위안을 사용한 것으로 알려져 있다. 당시 1위안은 약 1엔으로 1945년 일본의 국가 예산 전체가 약 200억 엔이었다. 따라서 이 위폐 인쇄는 제2차 세계대전 최대 규모의 '경제 모략'이었다.

그런데 이 모략은 나중에 예기치 않은 방향으로 나아간다. 일본군은 1941년 12월 홍콩을 공략하면서 충칭重慶에 있던 조폐공장을 점령하고 공장의 진짜 조폐 장비를 압수할 수 있었다. 이를 통해 용지, 잉크, 인쇄기계 모두 '진짜'를 사용한 진짜 지폐를 만들 수 있었다. 위조지폐 공작이 아이러니하게도 전

이와쿠로가 만든 노보리토연구소는 생체실험과 위폐 제조를 담당한 악마의 소굴이었다.

쟁으로 인한 법폐法幣 부족을 고민하던 충칭의 중국 정부를 돕는 일이 된 것이다.[03]

일본 본토의 노보리토연구소는 1944년부터 미국의 공습이 잦아지자 지방으로 피난했다. 위폐 공작을 담당하던 제3과는 후쿠이 현福井県 다케후 시武生市로 이주했다. 그곳으로 간 이유에는 가토加藤의 제지공장이 있었기 때문이기도 했다. 하지만 종전으로 인해 이주 후에는 위폐를 만들지 못했다. 인쇄 기계 설비는 흔적을 남기지 않기 위해 동해에 버린 것으로 알려져 있다.

중국에 뿌려진 위폐는 전후 어떻게 다루어졌는지 정확하게 알지 못하지만 종전 후 중국에 잔류하고 군벌의 반공 공작에 협력한 전 일본 군인에 의해 사용된 것으로 알려져 있다. 또한 대량의 위폐는 전후에도 현지에서 사용되어 일본 군인들이 본국에 귀환할 때 지참할 정도였다고 한다.

이와쿠로 공작은 여기서 그치지 않았다. 그는 노보리토연구소를 만든 해에 미쓰이三井, 미쓰비시三菱, 오쿠라大倉 재벌의 출자로 만주에 군수 국책회사인 '쇼와통상昭和通商'을 설립했다. 쇼와통상은 무역회사로 위장했지만, 사실은 전비를 마련하기 위한 해외 영업부주로 아편 등 마약을 취급와 해외 정보 수집을 주로 하는 특무를 위한 조사부가 주축이었다. 경제인은 물론 군인, 공무원, 학자, 언론인, 스포츠 선수 등이 대거 소속된 엘리트 집단이었다. 활동 범위도 중국 대륙뿐만 아니라 전 세계에 네트워크를 가진 조직이었다. 쇼와통상의 최대 사업은 바로 아편 거래였다.

그는 또한 싱가포르 기습 작전을 제시한 남방 진출의 선봉장이었다. '대

---

03 「중국 지폐 위조사건의 전모(中国紙幣偽造事件の全貌)」,『역사와 인물(歴史と人物)』, 중앙공론사(中央公論社), 1980년 10월호

동아공영권大東亜共栄圏'이라는 말 역시 이와쿠로와 남방군 참모를 맡았던 호리바 가즈오堀場一雄, 1901~1953가 만든 것으로 전해진다.

　이밖에도 이와쿠로는 제1차 고노에 내각을 위해 각계의 인재를 모아 '국책연구회'를 조직하고 종합적으로 국책을 논한 '종합국책십년계획'을 만들거나 총력전 연구소를 설치하고, 육군 기갑본부를 신설하면서 각종 공작을 주도적으로 이끌어 '모략의 이와쿠로'라는 별명을 얻었다. 여기서 모략이라는 말은 당시 일본 육군 용어로 '군사를 움직이지 않고 목적을 달성하는 것'을 의미한다. 지금처럼 교활하다거나 비겁하다는 이미지는 전혀 들어 있지 않은 말이었다. 특정 군사 목적이 생겼을 때 지휘자들 사이에서는 "무력으로 할까, 모략으로 할까"라는 표현이 일반적으로 쓰였다.

　그러나 이와쿠로는 미국과 전쟁을 개시하는 것에 대해서는 미국과 비교할 때 일본의 물적 자원이 절대 열세라는 사실을 들어 반대하는 입장이었다. 그는 강철 1 대 20, 석탄 1 대 10, 석유 1 대 500, 전력과 알루미늄 1 대 6, 산업 인력 1 대 5, 비행기 생산 능력 1 대 5, 자동차 생산 능력 1 대 450이라는 비교를 통해 전쟁이 장기로 이어지면 승산이 없다고 주장했다. 그럼에도 기왕 전쟁을 하려면 하루라도 빨리 시작하는 게 유리하다는 입장을 내보였다. 이런 판단에는 미국이 일본과의 전쟁 준비가 거의 없다는 그의 첩보가 밑바탕이 됐다.[04]

　전쟁에 소극적이었던 입장 때문인지 육군대신 도조 히데키는 그를 근위보병 제5연대장으로 전출을 시켰고, 그는 주로 동남아 전장에서 활약했다.

04　'제국육군장군총람(帝国陸軍将軍総覧)', 「역사와 여행(歴史と旅)」 특별증간호(44) , 아키타쇼텐(秋田書店), 1990년 9월

버마에서 제28군 참모장을 지낸 이와쿠로는 운 좋게 종전 직전에 다시 본토의 육군 병기행정본부로 이동하여 버마 전선에서 혼자 귀국해 패전을 맞이했다.

이후 그의 행적은 분명치 않은데 미국과의 전쟁 이전에 미일 교섭에 참여한 경력으로 인해 패전 처리를 위한 미군의 연락원으로 활동하고, 육군 특무기관의 인맥으로 GHQ 정보부문 활동을 지원하거나 동남아 전투에서 활약한 이력으로 인해 베트남전쟁 준비를 위한 미군 정보 공작에도 관여한 것으로 알려져 있다.

1954년 자위대가 창설될 때, 역시 만주 인맥을 대표하는 요시다 시게루 총리가 그의 참여를 촉구했지만 "패장은 병법을 논하지 않는다"는 말로 고사했다고 한다. 은거 생활을 하다가 1970년에 심근경색으로 사망했다.

센진쿤과 옥쇄

센진쿤은 전쟁에서의 마음가짐을 담은 훈계다. 일본에서는 잠만 자고 일어나면 전투가 벌어졌던 무로마치室町시대와 전국시대 때부터 많이 발표됐다.

그러나 요즘은 전장에서의 도덕성과 전의를 높이기 위해 1941년 1월 8일 도조 히데키 육군대신이 전체 육군에 시달한 훈령 1호를 지칭한다. 당시 일본군은 중일전쟁의 장기화로 중국 점령 일본 장병 군기의 혼란이 두드러졌다. 이에 따라 아녀자에 대한 강간과 약탈, 민간인 학살 등 만행이 잇따르자 군 지휘부는 '황군일본군의 도덕적

고양을 도모하는 다양한 규범을 시달해 이를 일상에서 봉독하고 지키라고 지시했다.

'센진쿤'의 구성은 서론과 3개 항목으로 이루어진 본론 그리고 결론으로 나누어졌다. 본론 첫째 항목에서는 '황군' 성립의 경위, 단결, 협력, 공격 정신, 필승의 신념을 설파했다. 둘째 항목에서는 군인으로서 지켜야 할 도덕, 경신, 효도, 경례 등 행동거지, 전우도, 책임, 사생관, 청렴결백을 담았다. 셋째 항목은 전쟁에서의 몸가짐을 강조했다.

그러나 센진쿤이 유명해진 것은 바로 옥쇄자결를 주문한 항목 때문이다. 청일전쟁1894년 6월~1895년 4월 당시 일본 제1군 사령관으로 조선 침략의 선봉에 서 있었던 야마가타 아리토모는 청나라 군대가 일본군 포로를 취급하는 잔악함을 문제 삼아 '포로가 될 정도라면 죽는다'는 취지의 훈령을 내렸는데 이것이 '살아서 포로가 되는 굴욕을 겪느니 자결한다'는 전쟁 수행 일본군 정신의 원형이 됐다고 한다.

당시 야마가타 아리토모의 훈령은 다음과 같다.

'센진쿤'을 다룬 일본 육군 교본. 1930년대 일본 잡지 「와카자쿠라(若桜)」 삽화의 일부

적국 포로의 취급은 극히 잔인성을 가지는 바, 결코 살아서 적의 포로가 되어서는 안 된다. 차라리 깨끗하게 죽어서 일본 남아의 기상을 나타내어 명예를 다하라.

－1894년 8월 13일 평양에서

야마가타 아리토모는 조슈 번 하급무사 출신으로 메이지유신에 가담하여 이토 히로부미의 후원 하에 승승장구하면서, 이토 히로부미가 앞서 밟았던 지위를 모두 물려받았던 자다. 총리대신 자리도 그렇고 추밀원 의장도

물려받았다. 그런 그가 옛날 사무라이들의 무사도, 즉 '이름을 부끄럽게 하지 마라'는 '나오오시무名を惜しむ' 정신을 군인들에게 강조한 것은 매우 자연스런 일이었을 것이다.

철학자로 도쿄제국대학 최초의 일본인 철학교수가 된 이노우에 데쓰지로井上哲次郎, 1856~1944는 1905년메이지 38년에 『무사도총서武士道叢書』를 발표, 전국시대의 '센진쿤'과 '엽은葉隱'● 의 무사도란 죽는 길을 찾는 것이라면서, 일본 고래의 무사도는 천황에 대한 유일무이한 충성과 멸사봉공, 국가를 위해 죽음도 마다하지 않는 것으로 해석했다. 이는 이후 『무사도전서武士道全書』로 계승되어 태평양전쟁에서의 '황도적 무사도皇道的武士道'에 영향을 미친다.●●

사카마키 가즈오酒巻和男, 1918~1999 해군소위는 태평양전쟁에서 일본인 제1호 포로였다. 1941년 12월 8일 진주만 공격에서 특수 잠항정에 탑승했는데, 장비가 고장이 난데다 미군 공격으로 좌초했다. 자살을 시도하고 바다에 뛰어들었지만 의식을 잃은 상태에서 미군에 붙잡혀 포로가 됐다. VOA미국의 소리 보도로 포로 제1호의 존재를 알게 된 일본 대본영은 출격한 10명의 사진에서 사카마키만 삭제하고 '9군신'으로 발표했다. 사카마키의 가족은 사람들에게 애국심이 없다는 비난을 받았고, 이 일이 있은 다음부터 포로가 된 병사들은 친족이 비난을 받을 것이 두려워 가명으로 신고하고, 제네바조약에 따라 가족에게 편지를 보내는 일도 꺼렸다. 그 결과 그들은 '미귀환'이나 전사 처리가 됐다.●●●

'센진쿤'은 여러 전쟁터에서 옥쇄명령문 중에 인용됐다. 옥쇄玉碎란 말은 중국 당나라 때 이백약李百藥이 쓴 역사

● 에도시대 중기(1716년 무렵)에 쓰인 무사의 마음가짐을 다룬 책

●● 후나쓰 아키오(船津明生), 「메이지기의 무사도에 대한 하나의 고찰(明治期の武士道についての一考察)」, 『말과 문화(言葉と文化)』, 나고야대학대학원 국제언어문화연구과, 2003년 3월

●●● 해리스 고든 지음·야마다 마미 옮김, 『살아서 포로의 수모를 당하지 않으니-가우라 제12 전쟁포로수용소 탈주(生きて虜囚の辱めを受けず ―カウラ第十二戦争捕虜収容所からの脱走―)』, 청류출판(清流出版), 1955년

옥쇄로 사망한
애투 섬의 일본군

서인 『북제서北齊書』에 처음 등장하는
데, 동위東魏의 왕족인 안경안元景安에
대한 이야기인 '안경안전元景安伝'에서
'대장부영가옥쇄 하능와전大丈夫寧可玉
碎,何能瓦全'이라는 표현이 나온다. 이는
'대장부는 차라리 옥쇄할지언정 어찌
하찮은 기와가 되어 헛되이 명을 부
지하랴'라는 뜻이다. 옥쇄는 옥처럼
아름답게 부서진다는 뜻이며, 대의나
충절을 위한 깨끗한 죽음을 말한다.
태평양전쟁에서의 총원 옥쇄는 1943
년 5월 29일 알래스카 근처 알류샨
열도의 서쪽 끝에 위치한 애투 섬Attu
Island에서 일어났다. 일본군 수비대 2
지구대장 야마자키 야스요山崎保代 대
령은 비전투원인 군속을 포함한 전원
에게 전투 중 옥쇄 명령을 하달한 결

과 약 2천 6백 명이 전멸했다. 이를 전
한 『아사히신문』 5월 31일 조간에는
'단 한 명도 증원을 요구하지 않고 열
렬히 센진쿤을 실천하다'라는 제목이
붙었다.

1944년 7월 3일 사이판 섬 수비대 나
구모 주이치南雲忠一 중장은 사이판 전
투에서 총공격 개시 직전의 훈령을
통해 "단호히 자진해서 미귀米鬼, 미국
악마에게 일격을 가해, 태평양의 방파
제가 되어 사이판 섬에 뼈를 묻고자
한다. 센진쿤에 이르길, '살아서 포로
의 치욕을 당하지 않는다'고 했다. 따
라서 모든 힘을 다해 침착한 마음으
로 유구한 대의에 몸을 싣는 것을 기
쁨으로 알아야 한다"고 말했다. 이 전
투의 결과는 전사 약 2만 1천 명, 자결

애투섬 총원 옥쇄를 보도한
「아사히신문」.
1명의 증원도 요구하지 않고
세계무비(世界無比)의
황군혼(皇軍魂)을 발휘했다고
쓰여 있다.

약 8천 명, 포로 921명이었다. 나구모 자신도 자결했다고 알려졌다. 자결은 군인이 아닌 민간인에게도 강제적으로 행해졌다. 오키나와沖縄 전투에서는 일본군에 의해 섬 주민들의 집단 자결이 강요됐고, 자마미 섬座間味島에서는 적어도 도민 130명이 죽음으로 내몰렸다고 전해진다. 한마디로 광기에 의한 야만의 역사다.

만주국의 아편 비즈니스 :
만주에선 일장기가
아편판매소 상징이었다

1840년 영국은 청나라가 아편 밀수를 금지하자, 무역의
자유를 방해했다는 등의 구실로 아편전쟁을 일으켰다. 중국은 패배하고 영
국 아편의 독이빨은 점점 중국 민중을 좀먹어갔다. 이렇게 청나라가 약체라

아편굴의 중국인들

는 사실이 확인되자, 구미 열강은 불평등조약을 더더욱 강요하면서 청 왕조는 아편 망국으로 몰락하면서 식민지화의 위기에 빠졌다.

　마약중독의 폐해로 인해 1912년에 헤이그 아편조약, 1925년 국제연맹의 제네바 아편조약이 맺어졌지만 서구 제국주의자들은 자국 내 아편 판매를 금지하면서 중국에 대한 아편 밀수는 그치지 않았다. 이런 추악한 행동에 일본도 동참했다.

일본, 모르핀 함량 높은 양귀비 개량에 성공하다

중국 아편 중독자들에 의해 연간 소비되는 아편은 무려 900만 관당시 시가로 5억 엔에 달했다. 청나라는 이런 엄청난 수입액을 줄이려고 중국 내 양귀비 재배를 허용했지만 오히려 아편 중독자를 늘리는 꼴이 됐다. 1912년 신해혁명 이후 중화민국에 의한 아편 금지도 군벌과의 항쟁이나 내란으로 인해 거의 지켜지지 않았고, 그런 상태에서 일본의 침략이 이뤄졌다.

　아편전쟁에 놀란 일본은 처음에는 양귀비 재배나 아편 수입을 엄격히 금지했다. 그러나 진통이나 마취제 의약품으로써 모르핀과 헤로인이 필요하게 되자, 아편의 제조와 매매나 수출입을 정부의 허가를 통해 전매제로 허용했다. 이후 1895년 청일전쟁 이후 중국 침략과 더불어 아편 침략도 동반하게 되는데, 특히 청일전쟁 승리의 대가로 시모노세키조약에서 승전 대가로 대만과 랴오둥반도遼東半島를 합병함에 따라 이 지역에 판매할 양귀비 재배와 아편 밀매가 본격화되기 시작했다.

　나중 일본의 '아편왕'이 되는 오사카 출신의 가와바타 니단초오토조는

모르핀 함량이 높은
양귀비 품종 개량에 성공해
아편왕이 된 가와바타 니단초오토조

대만에서 필요한 아편의 대부분을 수입에 의지하고 있는 무역 적자를 개선하기 위해, 내무성 위생과장으로 있던 고토 신페이의 지지로, 양귀비 재배에 나섰다. 그리하여 양귀비 품종을 개량하여 모르핀 순도가 높은 미시마 종三島種을 만드는 데 성공한다. 그 결과 오사카 부, 와카야마 현和歌山県, 교토 부, 오카야마 현岡山県, 후쿠오카 현福岡県의 의약품 원료 상품작물로써 농촌 수익을 높이는 데 공헌했다.

니단초오토조의 아편 품종 개량을 지원했던 고토 신페이는 나중 육군 검역부에서 일할 때 검역부장이었던 고다마 겐타로児玉源太郎, 1852~1906의 눈에 띄었고, 1898년 고다마가 대만 총독으로 부임하자 그를 보좌관 겸 민정장관으로 임명한다. 고토는 대만조사위를 발족시켜 전반적인 대만 조사에 나섰는데, 이때 아편을 새로운 시선으로 바라보게 된다.

그리하여 그는 중국 대륙을 일본의 지배하에 있는 대제국으로 만들어야 한다고 강력히 주장하고, 제국 운영은 중국 대륙에서의 아편 매매 이익으로 충당해야 한다고 주장했다.

만주에서의 아편 사업 육성의 최대 공헌자 고토 신페이.
이 공로로 그는 만주철도 초대 총재가 되고 이후 출세를 거듭했다.

　　이렇게 일본 식의약품 관리의 책임자 출신이었던 대만 민정장관이 아편 매매를 전면적으로 추진할 의향을 나타냄에 따라 일본의 폭력단 역시 일제히 중국에서 아편 매매에 나선다. 그러나 군부의 경우 직접 나서면 국제적 비난 여론에 직면할 수 있었고, 그 폐해가 일왕에게까지 영향을 끼치게 될 수 있어서 사토미 하지메와 같은 특무부대에 간접적인 하청을 준 것이다.

　　1906년 고토는 만주철도의 초대 총재에 취임해, 기시 노부스케와 함께 만주 경영에 본격적으로 나선다. 대만에서도 아편 판매량과 수익성 증가에 매진했던 그가 만주로 진출함에 따라 만주의 아편 사업은 날개를 달게 됐다. 고토는 나중 본국으로 돌아가 내무대신과 외무대신, 도쿄 시장, 도쿄방송 총재 등 승승장구 출세를 거듭했다.

　　1898년메이지 31년 이후, 그러니까 관동군과 재벌이 본격적으로 아편 사업에 뛰어들기 이전부터 일본인이 거류하고 있던 중국 각지에서는 아편 밀수와 판매가 엄청난 규모로 성장했다.

톈진天津 관동청関東庁 사무관 후지와라 데쓰타로藤原鉄太郎, 1884~?가 작성한 '아편제도 조사보고'에 따르면 이곳에서의 단속이 다롄大連처럼 엄중하지 않기 때문에[01], 밀수입한 수량이 매우 컸을 것이라고 했다.

톈진에 거주하는 일본인 5천 명 가운데 무려 70% 정도가 모르핀이나 그밖에 금지된 물품 거래를 하고 있었다는 것이다. 따라서 약재 도매상은 물론, 음식점이나 잡화점 등 거의 모든 장사에서 모르핀의 현물 거래가 대대적으로 이뤄졌다고 한다. 거류지에서 일본인들의 번영은 이런 모르핀 거래의 결과였다. 거류지에는 아편을 피울 수 있는 '연관煙館'이 70곳, 아편을 판매하는 곳이 100여 곳에 달했다.

국제연맹 아편자문위원회 의사록1937년에 나온 이집트 대표 러셀 푸셔의 진술[02]에서는 그 규모가 더 커져 있다.

"톈진의 일본인 거류지는 이제 세계적인 헤로인 제조 및 아편 흡연의 중추신경이 됐다. 양행洋行 혹은 외국상사 이름으로 경영되는 아편과 헤로인 마굴魔窟이 1천 개가 넘었고, 이를 공공연히 판매하는 호텔, 점포, 기타 건물이 수백 개에 달한다."

"200개 이상의 헤로인 제조소가 면적 4평방마일에 지나지 않는 일본인 거류지에 산재하고 있다. 새 공장이 매일 만들어지고 일상적으로 작업이 이

---

01   나중에는 다롄 역시 톈진처럼 아편 소굴로 변해갔다.

02   전후 도쿄의 전범 재판에서 증거로 채택되어 공개됐다.

뤄진다. 전 세계 모든 비합법적 백색마약의 90%가 일본제다. 이들은 텐진의 일본인 거류지, 다롄 시내와 그 주변, 만주, 러허熱河 및 중국의 다른 여러 도시에서 반드시 일본인이나 일본인의 관리 아래 제조되고 있다. 중국 민족뿐 아니라 세계의 모든 나라들의 타락이 바로 여기서부터 기인하는 것이다.”

중국영사관에 근무했던 이와무라 시게미쓰岩村成允, 1876~1943의 1928년 보고서인 「중국의 아편 단속 실황支那におけるアヘン取締の実況」에서는 상하이와 다롄을 주목하고 있다.

‘모르핀은 최근 더욱더 번성하고 있는데, 그 집산지는 역시 남쪽은 상하이, 북쪽은 다롄이다. 대부분은 유럽 방면의 물산이 많은 것 같다. 일단 일본 고베神戸로 실려와 남쪽 지역으로 가는 것은 상하이에, 북쪽과 만주 방면으로 가는 것은 대부분 다롄으로 수입된다는 얘기다.’

메이지 이후 만주사변까지는 아편과 마약의 밀조, 밀수, 밀매는 악덕 기업이나 불량 일본인의 비행非行이어서 일본 정부나 현지 일본군은 이를 보호하거나 묵인했을 뿐이다. 이것도 문제지만 만주사변 이후에는 아편이 일본의 국책사업으로 공공연하게 수행됐다.

일본 육해군의 특무부 역시 치외법권의 특권을 이용해 랴오둥반도와 산둥반도山東半島, 만주 그리고 상하이 조계지에서 아편 밀매를 공공연하게 진행했다. 의약품이나 중독 치료의 목적과는 무관하게 중국인 상대로 아편 판매

일본은 침략 자금 재원 목적 이외 중국 국력 약화 방편으로 아편 판매를 장려했다.

이익을 얻는 것과 중국 민중을 아편 중독으로 내몰아 국력을 약화시키는 것이 주목적이 된 것이다.

이렇게 엄청난 아편시장을 노리고 만주와 중국 침공을 주도한 것이 도조 히데키고, 이들 관동군의 앞잡이로 활약한 것이 사사카와 료이치, 고다마 요시오다. 사토미 하지메는 전위부대 지휘탑이었고, 기시 노부스케는 "만주는 내 작품"이라고 호언하며 그랜드 디자인을 했다. 게다가 사토미의 비서가 청나라 마지막 황제 푸의溥儀를 만주로 빼돌리는 역할을 맡았으니, 이들 캐스팅이 참으로 호화찬란하다.

아편으로 막대한 재산을 손에 넣은 이들은 전후 일본 우파의 배후, 일본을 움직이는 괴물이 됐다. 따라서 지금 일본을 대표하는 자민당의 정체는 아편으로 만든 돈으로 움직이는 '마약당麻藥党'에 불과하다.

아편 재배지로 전락한
조선과 만주국

확대된 일본의 아편시장은 이제 영국은 비교도 되지 않을 정도의 대규모로 성장했다. 당시 식민지 조선반도에서도 중국으로의 아편 수출이나 판매에 3~8만 명이 종사하고, 매년 약 8천 헥타르의 양귀비를 재배하여 약 4만 킬로그램의 아편을 제조하게 됐다.[03]

아편과 마약 수요가 더 커지자 미쓰이물산과 미쓰비시상사는 독일, 이란, 터키, 싱가포르에서 아편과 마약을 수입해 판매했다. 그러면서 중국 화교가 활약했던 동남아 시장에서도 아편 영업을 넓혀갔다.

실로 일본은 구미歐米를 대신해 '대동아아편권大東亜阿片圈'이라고 해야 할 아편의 독이빨을 심었고, 미쓰이와 미쓰비시의 아편선阿片船이 아시아 전역을 누비고 다녔다. 태평양전쟁은 '20세기판 아편전쟁'이라고 해도 과언이 아니었다. 1840년 청나라와의 아편전쟁 당시 영국의 배후에 자딘 매디슨Jardine Matheson 회사가 있었다면, 관동군과 일본군 뒤에는 미쓰비시와 미쓰이가 있었다.

미쓰이물산은 상하이로 1938년 4월에 약 3만 톤, 1939년 1월에 약 7만 톤의 아편을 운반해 난징南京 유신정부維新政府[04]의 재정을 도왔다. 미쓰비시상사는 미쓰이의 3.5배 분량을 1939년 2월에 만주 다롄으로 운송했다.

이렇게 자본력을 확보한 일본은 중국 점령지에 만주국을 시작으로, 괴

---

03 구보이 노리오(久保井規夫), 『전쟁과 차별과 일본 민중의 역사 : 아시아태평양전쟁의 진실(戦争と差別と日本民衆の歴史: アジア太平洋戦争の真実)』, 아카시쇼텐(明石書店), 1998년

04 량훙즈(梁鴻志)를 수반으로 하여 일본의 앞집이 구실을 한 중화민국의 유신정부(1938~1940)와 왕자오밍을 수반으로 한 일본 앞잡이 구실을 한 국민정부(1940~1945)를 말한다.

뢰 정권을 차례차례 만들어갔다. 이런 괴뢰정권과 친일 군벌은 일본군의 옹호 아래, 아편과 마약의 이윤을 일본군과 나누었다. 괴뢰정권의 만주와 네이멍구內蒙古, 내몽고에서도 양귀비가 대량 재배됐다. 만주국에서는 약 3천만 명이 20만 관의 아편을 흡입하고, 매년 4만 관의 아편이 수입되어 약 7만 헥타르에서 양귀비 재배가 이뤄진 것으로 알려졌다.

일본은 중국에서의 아편 재배와 판매에 조선인을 강제 동원했다.

이에 따라 아편왕 니단초오토조는 양귀비 재배를 지도하기 위해 만주의 창바이長白, 린장臨江, 안투安図에 세 차례나 다녀갔고, 러허 성熱河省에도 뛰어다녀야 했다. 창바이 시만 해도 양귀비 재배지가 216만 평에 이르렀다. 중국 군벌로 '아편 장군'이라 불린 장쭝창張宗昌, 1881~1932은 일본군과 협력하여 지린吉林과 헤이룽장 성黑竜江省에서 50~60만 관의 양귀비 재배를 도왔다.

네이멍구 산서山西, 차하르Chahars의 괴뢰정권 '몽강연합자치정부'에서도 아편이 제조되어 장자커우張家口에는 사카다구미阪田組의 헤로인 제조 공장이 있었다. 이리하여 아편과 소금, 광산물이 정부의 중요한 재원이 됐다.

일본은 중국 대륙에서의 점령 지역이 늘어나면서 점령지에 대한 정무, 경제, 개발 사업을 통합 지휘하는 '흥아원興亜院', 영어로 표현하자면 '동아시아개발위원회'를 1938년 12월에 설립했다. 이 기관의 수장은 총리가 겸했고 1942년까지 운영됐다. 그런 흥아원이 아편과 모르핀을 제조, 수입, 판매를 관리하는 조직이 되어, 중국 민중을 아편중독에 몰아넣었던 것이다.

아편 판매는 비공식적이지만 일본의 국책사업이었고, 실제로 판매의 수족이 된 것은 조선인과 중국인이 많았다. 식민지나 점령지에서의 장사라 치안도 나쁘고 위험도 따랐다. 그 때문에 안전책의 하나로 아편판매소는 일본인을 경호원으로 고용하거나 일장기를 게양하는 일이 많았다. 그렇기 때문에 중국인 상당수가 일장기를 일본 국기로 생각하지 않고, 아편판매소 깃발이라고 생각했다.

심지어는 일장기를 아편 판매 회사의 상표라고 생각하기도 했다. 국가가 나서서 아편 장사를 해서 생긴, 웃지 못할 촌극이다. 어찌 생각하면 엄청 치욕스런 일인데, 당시 일본 정부는 이를 말리지도 않았다. 그만큼 돈벌이에 혈안이 되어 있었다고 할 수 있다.

뒤에서 보겠지만 '김종필-오히라 비밀 메모'의 당사자로 외무대신이었다가 나중에 총리가 되는 오히라 마사요시도 흥아원 경제과 과장으로 근무하면서 흥아원 주도의 아편정책을 주요 직무로 수행했다.[05] 또한 그가 총리로 내각을 구성했을 때 오기타 사부로大来佐武郎, 이토 마사요시伊東正義, 사사키 요시타케佐々木義武 등 오히라와 함께 만주 흥아원에서 근무했던 관료들이 중용되어 당시 자민당에서는 '흥아원 내각'이라는 야유를 받았다.

일본 정부에 의한 아편 판매는 국제 문제로 여겨져 당시 국제연맹의 의제가 되기도 했다. 앞에서 한 차례 언급한 당시 국제연맹 아편자문위원회 의사록에 나온 이집트 대표의 진술은 다음과 같다.

---

05   니즈민(倪志敏), 「오히라 마사요시와 아편문제(大平正芳と阿片問題)」, 『뷰코쿠대학교경제학논집(龍谷大学経済学論集)』, 제49권 제1호

"중국인, 러시아인 및 외국인이 더러워진 판자 위에 누워 있고 …… 마굴의 첫째 방에서는 조선인 여자가 헤로인과 불순물을 혼합하는 일에 바쁘다 …… 주사는 더러운 주사기로, 때로는 조악하게 자체 제작한 것으로 맞는다. 주사바늘은 결코 씻거나 소독하거나 바꾸지 않는다.

그러한 바늘을 매개로 자유롭게 한 명의 아편 상용자에서 다른 사람에게 매독이 만연한다. 나는 가슴 한 쪽이 썩어서 괴저와 같은 육괴를 이루고 있어, 주먹을 전부 집어넣을 수 있는 구멍이 몸에 뚫려 있는 아편 상용자를 여러 명 본 적이 있다. 이렇게 부패해가는, 간신히 생명을 유지하고 있는 시체에 마취제 주사기를 차례차례로 꽂는 것이다."

정말로 악랄한, 일본에 의한 아편 오염 참상의 한 단면이다. 바로 이것이 그들이 자랑삼아 말하는 대동아공영권大東亞共榮圈의 실태다.

나라 전체가 아편 기지, 아편 공장이라 할 수 있는 만주국 국무원의 총무원장으로 아편 사업을 포함한 만주 정책의 모든 것을 담당한 총지휘자가 바로 아베 신조의 외할아버지 기시 노부스케다. 그러니 아편으로 벌어들인 엄청난 자본이 그에게도 흘러갔으리라는 것을 쉽사리 상상할 수 있는 일이다.

'아편제왕'
사토미는 누구인가

사토미 하지메는 표면상으로 언론인이자 사업가이지만 실제적으로는 미쓰이물산, 관동군과 결탁해 아편 거래 조직을 만들고 중국에 일제 아편왕국을 만든 '아편제왕'이다. 앞서 보았던 니단초오토조가 아편 품종 개량과 재배 차원

사토미 하지메

에서의 아편왕이었다면, 사토미는 아편 거래와 아편 자본 차원에서 아편제왕이라 할 수 있다.

후쿠오카에서 중학교를 졸업하고 상하이 동아동문서원東亜同文書院에서 공부한 다음 칭타오青島 무역회사에서 근무하다가 귀국하여 도쿄에서 일용직 노동자로 일했다. 그러나 「아사히신문」 베이징 지국의 기자였던 동아동문서원 후배의 도움으로 운 좋게도 1919년 톈진의 「경진일일신문京津日日新聞」 기자가 된다.

1922년 5월 제1차 봉직전쟁奉直戦争 06 당시 군벌 장쮜린張作霖, 1875~1928을 단독으로 인터뷰하는 데 성공, 명성을 얻었다. 1923년 「경진일일신문」의 북경판이라 할 수 있는 「북경신문北京新聞」이 창간되면서 주간 겸 편집장이 됐다. 이때부터 본격적으로 관동군의 실력자들과 친분을 쌓았고, 국민당의 궈모러郭沫若, 1892~1978와 친교를 맺어 장제스와도 인터뷰를 하는 등 국민당 인맥도 얻었다.

1928년 일본군이 산둥의 중심인 지난済南에 출동하여 중일전쟁을 도발

06　중국 군벌들 사이의 전쟁. 일본에 우호적이었던 현재의 선양(瀋陽)인 펑톈을 근거지로 하는 장쮜린과 허베이 성 지리(直隸)를 근거지로 하는 펑궈장(馮国璋) 등이 베이징의 패권을 놓고 싸웠다. 1922년 1차 전쟁은 펑톈파가 패배했지만 1924년 2차 전쟁에서는 승리해 장쮜린이 베이징을 장악했다.

한 지난사건 또한, 당시 관동군으로부터 국민당과의 제휴 의뢰를 받고 2개월에 걸친 공작을 벌여 관동군과 국민군이 협정을 맺게 하는 등 막후 공작 실력을 인정받았다. 이 덕택으로 그해 8월에는 남만주철도^{만철} 난징사무소의 촉탁을 받아 난징에서 국민정부에 만철 기관차를 판매하는 장사에도 성공하는 등 화려한 실적을 올렸다.

1931년 9월 만주사변이 발발하자 이듬해 10월에 관동군의 대만^{対満} 정책을 담당하는 사령부의 촉탁 임명장을 받고 펑톈으로 이동, 펑톈 특무기관장 도이하라 겐지^{土肥原賢二} 대령의 지휘 하에 첩보, 선전, 선무 활동을 담당한다. 이러한 활동을 통해 중국의 지하조직과 인맥을 형성했다. 이 차원에서 만주국 대표 통신사라 할 수 있는 '만주인터내셔널뉴스에이전시'를 만드는 역할을 담당했다.

또한 육군성의 협력 아래 신문협회인 「일본신문연합사」 창설자 이와나가 유키치^{岩永裕吉}와 총지배인 후루노 이노스케^{古野伊之助}, 일본의 광고회사 덴쓰^{電通}의 창업자 미쓰나가 세이로^{光永星郎}와 협상을 갖고 1932년 12월 「일본신문연합사」와 덴쓰 통신망을 결합한 만주의 국책회사인 만주국통신사^{満州国通信社}를 설립하고 초대 주간 겸 주필^{사실상의 사장}에 취임했다.

1935년 10월 관동군의 요청으로 통신사를 나와 그해 12월 톈진의 중국어신문 「용보^{庸報}」의 사장이 됐고, 1936년 9월 5년 동안 지냈던 만주를 떠난다.

사토미가 관동군 전투에 관여한 예에는 이런 것도 있다. 일본군은 1937년 가을 다창젠^{大場鎮}에서 벌인 전투에서 아무런 성과도 얻지 못하고 피해만 커가자 사토미에게 대책을 요구했다. 사토미는 연줄을 총동원해 프랑스 조계^{租界, 중국 개항도시의 외국인 거주지}에서 적장과 극비리에 만나 돈을 지불하는 대가로 중국군 총퇴각 합의를 이끌어냈다. 그러나 약속 실행 여부에 대해 일말의 불안을 가진 일본 육군은 보상금 액수를 위조지폐로 넘기자고 주장했으나 사토미는 "일본의 무사도가 어찌 되느냐"며 불같이 화를 내고 진짜 돈을 보내 신의를 지켰다고 한다.

적장도 사토미와의 약속을 지켰고, 협의대로 날짜에 신호탄을 발사했다. 이 신호로 일본군은 총공격을 개시했고 적은 퇴각했으며, 이에 따라 전날까지 조금의 전진도 허용되지 않았던 다창전의 보루는 큰 희생 없이 함락됐다.[07]

1937년은 사토미가 본격적인 아편 매매에 나서는 해다. 당시 최대의 아편 시장은 상하이였다. 아편의 최대 공급국인 영국은 인도 아편을 반입했다. 일본의 미쓰이와 미쓰비시도 페르시아 아편 확보에 각고의 노력을 기울여 상하이 조계 운반은 청방靑幇 손에 맡겨 그 판로를 좌지우지했다.

일본이 이렇게 아편 공작에 본격적으로 매달리기 전의 상황을 잠시 보자. 당시 관동군 경제과장인 시오자와 기요노부塩沢清宣 대령은 '상하이후방건설上海後方建設'의 주임을 맡았는데, '중지나신흥회사中支那新興会社'의 창립과 관련해 남만주철도주식회사에서 사람과 사무소를 조달하는 한편, 일본 국내에는 철도성이나 일본은행 등 각 기관에서 젊은 관료들의 파견을 요청했다. 사토 에이사쿠 전 총리 역시 이때 철도부에서 파견됐다.

중지나신흥회사는 해군과 협력하여 자회사로 현물 출자 자본금 1백만 엔으로 광산회사를 출범시키고, 유신정부에는 제1호 철광석 회사를 2천만

---

07   사사키 겐지(佐々木健児), '사토미 하지메의 이것저것(里見甫さんのあれこれ)', 「신문통신조사회보(新聞通信調査会報)」, 1965년 5월호

엔으로 발족했다. 당시 상하이만큼은 육해군 무관부武官府를 구성, 다른 지역과 달리 육해군 협력이 조밀했는데, 해군은 시즈에 쓰다津田静枝 중장이 그 책임을 맡고 있었다.

이렇게 상하이후방건설의 합작회사가 속속 설립되자 예산이 부족해지면서 유신정부 재원으로 아편 수익금에 점차 눈을 돌리고, 그 책임자로 사토미 하지메를 지목한 것이다. 1937년 11월 상하이로 옮겨온 참모본부 제8과모략과 과장 가게사 사다아키, 중국의 지하조직이나 관동군에 굵은 인맥을 갖고 있고 뛰어난 중국어 실력을 가진 육군 특무부 구스모토 사네타카楠本実隆 대령을 통해 특무자금 조달을 위한 아편 매매를 의뢰받는다.

만주에서 국가기관 설립이나 하얼빈 공작에 수완을 발휘한 사토미에 대해서는 '멸사봉공滅私奉公'의 생각에 불타고 있다는 시오자와의 평가처럼 군의 신뢰가 두터운데다 모략의 대명사인 가게사 사다아키 제8과장이 특명을 내린 셈이어서, 아편 공작에서도 군의 기대가 매우 컸다.

다테 무네쓰구伊達宗嗣가 저술한 『사토미의 일里見甫のこと』에선 군이 사토미

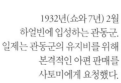

1932년(쇼와 7년) 2월
하얼빈에 입성하는 관동군.
일제는 관동군의 유지비를 위해
본격적인 아편 판매를
사토미에게 요청했다.

중국 상하이의 전설적인 지하조직 '청방'의
두목 두웨성

에게 아편 공작을 의뢰한 이유에 대해 밝히고 있다. 이유인 즉슨, 군이 아편 거래에 깊이 개입한 것을 걱정한 일왕이 자주 시종 무관에게 "어떻게 되어가고 있느냐"고 질문하므로, 군은 자신들의 은밀한 작업을 사토미에게 맡겨 발족한 것이다.[08]

그리하여 사토미는 1938년 3월, 아편 매매 목적으로 미쓰이물산 및 홍아원 주도로 설치된 '굉제선당宏濟善堂'의 실질적인 사장이 됐다. 미쓰이물산, 미쓰비시상사, 오쿠라상사가 공동 출자했지만 사실상 육군 특무기관이라 할 수 있는 쇼와통상이나 중국의 지하조직 청방靑幇 및 홍방紅幇과도 연계하여 상하이에서 아편 밀거래를 총괄하는 '사토미기관'을 만들어 활약했다.

사토미기관은 페르시아나 몽고산 아편 매매로 얻은 막대한 이익을 관동군 전비로 충당하고, 일부는 일본의 괴뢰 왕자오밍汪兆銘, 1883~1944[09] 정권을 지원했다. 또한 관동군이 극비에 생산하고 있던 만주산 아편, 일본군이 생산하는 하이난 섬海南島 아편도 취급했다. 이 활동을 통해 사사카와 료이치, 고다마

08 오카다 요시마사(岡田芳政)·다다 이노키오(多田井喜生)·다카하시 마사에(高橋正衛) 편, 『속 현대사 자료 12- 아편문제(続 現代史資料-12 阿片問題)』의 부록, 「사토미의 일(里見甫のこと)」, 미스즈쇼보(みすず書房), 1986년

09 쑨원을 도와 혁명운동에 가담한 후 국민당 요직을 역임했으며, 친일정부의 주석을 지냈다. 이후 중화민족을 배반한 친일파로 이름을 올렸다.

요시오, 요시다 야스히코吉田裕彦, 이와타 유키오岩田幸雄, 고노미 우지토시許斐氏利[10], 사카타 시게모리誠盛阪田[11], 시미즈 고노스케清水行之助들과 지하인맥이 형성된다.

한편 일본이 아편 공작의 대상으로 기대했던 청방의 두목 두웨성杜月笙은 장제스와도 손을 잡고 있었기 때문에 상하이에서 충칭重慶으로 피신함에 따라 사토미와의 만남은 이뤄지지 않았다. 상하이에서 엄청난 마약공장을 운영하며 중국 최대 마약조직을 이끌던 두웨성은 일본이 보장하는 아편 독점권을 눈앞에 두고도 사토미와 손이 닿지 않은 셈이다.

그 대신 상하이 조계에 들어선 거물이 성쉬안화이盛宣懷, 1844~1916다. 리훙장李鴻章, 1823~1901[12]의 측근으로 중국 최초의 철강 기업집단인 한아평공사漢冶萍公司의 최고책임자였던 성쉬안화이는 유신정부의 철광회사에 철광석을 공급했다. 그러면 유신정부는 그것을 다시 야와타八幡제철현재의 신일철에 파는 형태였는데, 성쉬안화이는 철광석 대금을 사토미에게서 아편으로 공급받았다. 그는 나중 우전부우체-통신부장관에 임명되어 철도 국유화를 시도했지만 쓰촨四川, 광둥廣東, 후베이湖北, 후난湖南에서 보로운동保路運動[13]이 일어나 봉기를 유

10　'고노미기관'을 이끌었고, 전후 도쿄 긴자에 일본 최초의 터키탕(향락업소)인 '도쿄 온천'을 만들어 운영했다.

11　3대 특무기관의 하나인 '사카타기관'을 이끌며, 아편 밀매와 위조지폐 공작을 이끌었다. 1945년 중국에서 쫓겨날 때 당시 일본 한 해 예산을 웃도는 개인 자산 1천 950억 엔을 회수하지 못한 채 귀국했다고 전해진다.

12　청나라 말기의 정치가로 중국 군대와 산업 근대화를 위해 노력했으나 청일전쟁의 실패로 실각했다. 조선 내정과 외교에도 관여했다.

13　청일전쟁 후 열강에 빼앗긴 이권을 되찾기 위해 민간에서 주도하여 철도를 부설했으나 당시 국가 재정이 어려워지면서 청나라 조정은 철도를 국유화하여 이를 담보로 외국으로부터 차관을 도입하려 하자 철도를 지키자는 운동을 전개한 것을 말한다.

만주로의 이주를 독려하는 일제 포스터.
만주에는 농업 이주뿐만 아니라
아편을 판매하려는 폭력단 진출이 거셌다.

발하자 철도 국유화 정책에 잡음을 일으켰다는 혐의로 파면되어 일본으로
망명했다.

아편 수입은 주로 군 특무기관 공작에 사용됐지만, 일본이 설립한 괴뢰
정부들몽강연합자치정부, 화북정부, 유신정부 모두 아편 수입으로 재정 적자를 보전하는
형태였다. 그러나 전쟁 말기 상하이에서 아편 공작기관 '굉제선당'에 대해 중
국 민중들이 공격을 시작한 이후 아편 수익은 점점 떨어지고, 사토미의 돈은
군 관계자들에게 강탈당했다. 이는 대동아성전大東亜聖戦을 내세운 군 본연의
자세가 흐트러지기 시작했다는 것을 의미한다.

군 관계자뿐만 아니라 정치가도 연줄을 의지해 사토미기관의 돈을 노려,
1942년쇼와 17년 4월의 익찬선거에서 기시당시 상공대신가 500만 엔당시 금액 자금 조
달을 의뢰한 것은 유명한 이야기가 됐다.

이렇게 사토미기관의 아편 자금이 '악성 일본인'들의 자금 공급원이 돼가자, 사토미는 중국 민중의 항의를 기회 삼아 지하로 잠복해 상하이의 표면으로부터 사라졌다.

사토미는 1943년 12월 '굉제선당'을 그만두고, 만주철도와 중화항공의 고문이 된다. 1945년 9월 귀국해 잠복했으나 1946년 3월 민간인 최초의 A급 전범 용의자로 GHQ에 의해 체포되어 스가모교도소에 입소한다. 그러나 기시 노부스케와 마찬가지로 불기소 처분으로 석방됐고, 이후 도쿄 시부야에서 일본상사日本商事라는 회사를 운영했다.

사토미는 1965년 심장마비로 사망했다. 비석의 문장은 신문기자 시절부터 음과 양으로 보살핀 후배 오야 노부히코大矢信彦, 동아 동문서원 16기가 직성하고, 1기 선배동문서원 12기로 나중 중화민국 공사를 지낸 시미즈 도조清水董三가 글씨를 썼다. 묘지墓誌는 만주국 경제부 차장과 국무원 총무청 차장을 지낸 후루미 다다유키古海忠之가 썼다. 후루미는 전후 중국 전범으로 푸순撫順수용소에서 18년간 복역하고 귀국 후 기시 노부스케의 보살핌으로 도쿄도매센터 소장을 지냈다. '사토미의 묘지'라는 다섯 글자는 기시 노부스케가 직접 썼다. 이 묘지 하나만 보더라도 만주 사단이 얼마나 끈끈한 인맥으로 얽혀 있는지 알 수 있다.

사토미 문서의 발견으로, 일본 아편 공작의 실체가 드러나다

사토미가 아편 모략 공작에 손을 댄 기간은 참모본부 가게사 사다아키 대령이 초대 제8과장모략 담당이 됐던 1937년 12월부터 종전될 때까지의 8년여다.

아편왕 사토미의 일대기를 다룬 책

그에 대한 전기『아편왕 : 만주의 밤과 안개阿片王 満州の夜と霧』를 쓴 논픽션 작가 사노 신이치佐野眞一, 1947~에 따르면 사토미는 특무기관의 보스답게 극단적인 비밀주의자였다. "오른손이 하는 것을 왼손에게도 알려주지 말라"는 말을 평생의 행동 규범으로 삼아 직속 부하에게조차 일의 전모를 알려주지 않았다. 따라서 그런 사토미가 벌였던 아편 공작은 그동안 상세한 내용이 드러나지 않았다.

또한 전후 사토미가 A급 전범으로 잡혔을 때 법정에 제출된 진술 조서의 내용에서도 이 부분은 밝혀지지 않았다. 그가 무죄 방면된 이유에 대해 사토미는 "진술 조서를 읽은 미국의 정보 관계자가 이용 가치가 있다고 보고 풀어준 것 아니냐"라고 대답하며 피해갔지만, 사토미는 아편 거래의 수익금의 구체적인 용도, 군사적 모략공작 관련 항목은 대부분 은폐됐다고 밝히기도 했다. 따라서 일본 관동군이 만주와 중국 대륙에서 벌인 아편 공작의 실상은 하마터면 베일에 싸인 채 묻힐 수도 있었다.

그러나 사토미가 아편 취급량 등을 직접 기록한 자료와 옛 일본군이 작성한 아편 판매 관련 원안 문서가 일본과 중국에서 잇따라 발견됨으로써 그 전모가 드러났다. 아편 판매 취급액은 이 문서가 발견된 2008년 당시 물가로 연 560억 엔에 달해 일본군이 아편 유통에서 엄청난 이익을 얻고 있었던 사

실을 알 수 있다.[14]

일본에서 발견된 자료는 경제 관료로 사토미의 친구였던 모리 히데오토 毛里英於菟, 1902~1947 유족이 국립국회도서관에 기증한 문서 중 「화중굉제선당 내용개기華中宏濟善堂內容槪記」이라는 제목이다. 이를 풀이하면 '중국 굉제선당의 개요에 대한 기록'이다.

도쿄대 법대를 나와 경제 관료로 출발한 모리 히데오토는 1933년 3월 만주국 국무원 총무청에서 기시의 부하로 특별회계 과장이 되어 계속 회계 와 세무 업무를 보았고, 흥아원 경제부 제1과장 등을 역임해 만주국의 재정 현황에 대해서는 아주 잘 알 수밖에 없는 위치였다.

또한 그가 가마쿠라 이치로鎌倉一郎라는 필명으로 잡지 「해부시대解剖時代」 에 기고한 논문을 보면 만주국에서 기시와 같이 근무한 인연으로, 그에게 사 상적 영향을 많이 받았음을 알 수 있다. 그 논문은 「동아공생체 건설이 제반 조건 - 장기건설 목표東亜共生体建設の諸条件 - 長期建設の目標」1938년 10월, 「'동아일체'의 정치력 - 일본과 지나 사이의 원리적 정치질서 확립이 일차적이다'東亜一体'として の政治カ - 日支間の原理的政治秩序の確立が第一義だ」1938년 11월, 「동아에 있어서 '방공'의 의 의東亜に於ける'防共'の意義」1939년 6월, 「통제경제의 빈곤의 원인 - 자연력인가 조직인 가 統制経済の貧困の原因 - 自然力か組織力か」1939년 12월 등 매우 많다. 제목만 보아도 기시 의 평소 주장과 매우 흡사함을 알 수 있다. 그는 1940년 8월 본국 기획원 서기 관으로 복귀했다.

모리의 위 문서에는 사토미의 중국 이름인 '리밍李鳴'이 적혀 있고, 또한

---

14   '아편왕 막대한 이익의 궤적(アヘン 王巨利の軌跡)', 「아사히신문」, 2008년 8월 16일자

사토미의 서명도 있다. 문서는 1942년 후반에 작성된 것으로 추정된다.

문서에 따르면 일본군이 상하이를 점령함과 동시에 미쓰이물산이 중동에서 아편 수입을 시작했다. 또한 아편 유통을 위한 대중국 정책을 위해 설치한 '흥아원' 주도로 '중화민국 유신정부' 내에 담당 부국部局이 설치됐고, 민간 영업기관으로 '굉제선당'이 상하이에 설립됐다는 내용이 포함돼 있다. 앞에서도 설명했지만 유신정부는 1938년 3월에 성립된 일본의 괴뢰정권을 말한다.

또한 문서에는 사토미가 굉제선당의 이사장으로 표기돼 있다. 주거래 품목은 중동으로부터의 수입 아편과 일본군이 네이멍구에 세운 몽강연합자치정부의 지배 지역으로부터의 아편으로, 1941년도 취급 액수는 3억 위안당시일본화로 약 1억 5천 500만 엔, 2008년 물가로 약 560억 엔 상당이었다.

또한 재고로 만주산 모르핀 999킬로그램, 대만 전매국제 코카인 277킬로그램이 기록되어 있다. 이는 총 630만 위안에 해당하고 '시중 시세로 환산하면 약 두 배의 액수로 판매가 가능하다'고 적혀 있다. 엄청난 양을 비축해두고 있었음을 알 수 있다.

사토미는 전후 군사재판 법정에 제출한 진술서에서 '자신은 굉제선당의 부이사장으로, 이사장은 공석이었다'고 했다. 또한 간부의 면면이나 경리의 상세한 부분은 언급하지 않고, 아편 이외의 헤로인이나 모르핀은 취급하지 않았다고 주장했다.

중국 자료는 아이치현립대학愛知県立大学 중국 근현대사 전문인 구라하시 마사나오倉橋正直 교수가 난징의 중국제2역사당안관中國第二歷史檔案館에서 발견했다.

극비 도장이 찍혀 있는 이 문서는 「중부 중국의 아편마약제도 참고자료

中支阿片麻薬制度二関スル参考資料」라고 제목이 붙은 것으로, 1938년 10월 1일 육군 특무부가 작성한 것이다.

　문서에 의하면, 장제스 정권은 아편 취급을 엄금하고 있었지만 일본군 특무부는 중독 환자를 구제한다는 명목을 내세워 허가제로 하겠다는 포고 문안을 만들어, 유신정부에 제시했다.

　또한 문서는 저장浙江, 장쑤江蘇, 안후이安徽 3성의 점령지 인구 2천 495만 7천 명 가운데 3%를 아편 중독으로 추정했다. 약 74만 명의 중독자가 있다는 것이니, 중국으로서는 정말 엄청난 재앙이었다. 또한 대만과 만주국 실적으로 볼 때 유신정부의 세수입을 3천 173만 위안당시의 일본 물가로 2천 322만 엔, 2008년 물가로 약 111억 엔 상당으로 전망했다. 당시 구축함 한 척을 만드는 데 들어가는 예산이 676만 엔이었으니, 3척을 만들고도 남는 돈이다.

　부속문서에는 군 특무부로부터 임무를 계승한 일본 정부 조직과 유신정부가 교환한 각서도 있는데, 아편 수입에 대해 유신정부와 군 특무부 간에

일제의 중국 아편시장 장악은
남만주철도가 있어서 가능했다.
남만주철도의 상징이었던
특급 '아지아(あじあ)' 호

협의할 것 등이 명기돼 있다. 이와 관련해 구라하시 교수는 '겉으로는 중독 환자의 구제를 내걸면서 군부가 괴뢰정권에 엄청난 이윤이 오르는 아편 유통 프로그램을 도입시킨 실태가 엿보인다'고 분석했다.

훗날 베트남전쟁 당시 미국은 베트남의 산악민족에 대한 공작을 전개할 때 사토미기관의 아편 공작 방식을 응용한 것으로 알려졌다. 일부 작전은 성공했지만 미군 내부에 다량의 아편 중독자가 발생하여 강제로 본국 송환을 시켜야 하는 등 전력이 저하됐고, 또한 미국 내에서도 아편 환자가 급증했다고 한다. 아편 공작이 지니는 위험한 양면성을 유감없이 보여준 셈이다.

인간 사토미

『실록 · 만철조사부実録 · 満鉄調査部』를 쓴 구사야나기 다이조草柳大蔵, 1924~2002는 책에서 사토미를 이렇게 그리고 있다. '오 척 정도의 마른 남자다. 정수리가 뾰족하다는 것 말고는 별 볼일 없는 풍모를 지녔다. 오히려 유화하다. 길가의 지장보살이나 젊은 중 앞을 지날 때는 반드시 발길을 멈추고 손바닥을 마주한다. 차분한 말투에, 주위 사람이 어떻게 사는지 의심할 정도로 식사를 하지 않는다.'

사토미는 아편으로 중국에 엄청난 해를 끼친 당사자였지만, 또한 우리도 결코 용서할 수 없는 전범이지만, 그 자신만큼은 다른 특무부대의 보스들과 달리 사리사욕과는 거리가 먼 남자였던 것 같다. 반면, 사토미는 중국 대륙에 깔린 자신의 아편 밀매망을 침해하는 자가 있으면, 즉시 참살하는 살인마이기도 해서 일본군 모두에게 공포와 존경의 대상이 됐다.

구사야나기에 의하면, 사토미는 상하

입지 않았다.

지바 현千葉県 이치가와 시市川市 에도 가와江戸川 근처의 소네지総寧寺에 그의 묘지가 있는데, 기시 노부스케의 친필 휘호가 새겨진 작은 묘비에는 그의 삶의 핵심을 나타내는 듯한 이런 글이 있다.

사토미 묘지. 묘비의 글씨는 기시 노부스케가 쓴 것이다.

이 훙커우虹口 지푸루乍浦路에 있는 아파트 3층에 살았다. 6장과 3장짜리 다다미방 두 칸밖에 없는 집이었다. 승용차는 뷰익 중고차였는데, 자주 남의사藍衣社, 장제스 직속의 비밀결사의 저격 대상이 됐지만 운이 좋아 찰과상 하나

범속으로 타락하여 범속을 초월하고
명리를 좇아 명리를 끊다
흐름에 따라 파도를 일으키니
그 가는 곳을 모르다

凡俗に堕ちて　凡俗を超え
名利を追って　名利を絶つ
流れに従って　波を揚げ
其の逝く処を知らず

미쓰이와 미쓰비시의
'쇼와통상' 아편 밀수의 주축을 담당

'쇼와통상'은 민간 콘소시엄인 '태평조합泰平組合'을 개편해 1939년 4월 20일 일본 육군 주도로 설립된 군수 국책회사이다. 태평조합은 1908년메이지 41년 6월 미쓰이물산, 오쿠라상사, 다카다상회高田商会 3개사가 공동 출자하여 설립

펑톈에서 촬영된 일제 관동군
우즈레(ウーズレ) 장갑자동차.
이 역시 '태평조합' 취급 물품의 하나였다.

했는데, 주로 잉여품이 된 군의 구식 소총과 화포를 불하받아 중국이나 태국 등에 수출하는 것을 목적으로 한 조합이었다.

일본 육군 총기 개발자로 유명했던 난부 기지로南部麒次郎, 1869~1949[15] 중장의 자서전에 따르면 자신이 1907년 12월 중국에 출장갔을 때 미쓰이, 오쿠라, 다카다의 세 회사가 제각기 경쟁하고 있어 무기를 판매할 때 외국이 어부지리를 차지할 우려가 다분하기 때문에 실태 조사를 하여, 세 회사의 경쟁을 중지시키고 합동 조직을 만들어 서로 협력하게 했다고 그 경위를 설명하고 있다.

이후 태평조합은 제1차 세계대전에서 연합국 영국과 러시아에 100만 정이 넘는 소총을 수출한 것으로 알려져 있다. 막대한 수익을 얻은 이 조합은 오쿠라 재벌과 친분이 있는 오쿠마 시게노부大隈重信, 1838~1922 내각이 발표한 대

---

15 메이지시대 말기에서 다이쇼, 쇼와시대에 걸쳐 일본 육군이 사용한 총기들을 개발한 기술장교. 현재도 일본 경찰관들이 채용하고 있는 '뉴 난부 M60 권총'의 이름은 난부 기지로에서 따온 것이다.

중국 21개 요구사안에도 일본제 무기 구입을 강요하는 항목을 넣게 하는 등 로비도 활발하게 진행했다. 그러나 제1차 세계대전이 끝나면서 수출이 침체하기 시작해 1939년 4월이 되면 다카다상회가 조합에서 탈퇴한다. 그러면서 항공기와 기갑차량 등을 생산하고 있던 미쓰비시중공업 산하의 미쓰비시상사가 새로 가입하여 쇼와통상으로 거듭나게 됐다.

쇼와통상은 앞에서도 말했듯 일본 스파이부대의 창설자 이와쿠로 히데오 대령이 주도하여 업무상 지도하고 감독 권한과 인사권을 육군성이 손에 쥐고 육군의 시책에 준하여 상행위를 하는 반관半官, 반민半民의 상사였다. 자본금은 3개의 회사가 각 500만 엔씩, 총 1천 500만 엔을 출자했다.

한때 북미는 뉴욕, 남미는 페루의 리마와 볼리비아, 유럽에는 베를린, 로마를 비롯해 만주와 중국 각지 여러 지역에 걸쳐 지점 및 출장소를 가졌다. 따라서 정규직만 3천여 명, 현지 임시직원을 포함하면 6천여 명에 이르는 거대 조직이었다.

설립 목적은 '무기 공업의 유지 및 건전한 발달, 육군 소요 해외 군수 자원의 일부 수입, 국산 무기의 적극적인 해외 수출과 육군 소요 외국제 무기 수입 등'이라고 돼 있고 겉으로는 민간상사로서 활동을 시작했다. 그러나 실태는 주로 예비역 군인으로 구성된 주재원들이 현지에서 정보 수집 등의 첩보 활동을 하거나 조선, 만주, 몽고에서 생산된 아편을 중국 시장에 반입하여 사토미의 '굉제선당'을 통해 환전하는 등 전쟁 수행에 필요한 전략 물자 조달에 다양한 활동을 전개했다.

한 예로 패전 후 난징 군사법정에서 사형 판결을 받은 다나카 군기치田中軍吉, 1905~1947 소령은 한때 쇼와통상의 하노이 지점장을 맡고 있었다. 다나

일본 신문들은 천인공노할 만행인 '100인 목 베기' 경쟁을 아주 자랑스럽게 보도하면서 악마들을 영웅으로 치켜세웠다.

카 군기치는 중위 시절 무카이 도시아키^{向井敏明, 1912~1948}와 노다 쓰요시^{野田毅,} ^{1912~1948}라는 다른 소위 두 명과 함께 '100인 목 베기 시합'을 벌여 300여 명의 무고한 생명의 목숨을 앗아간 잔인무도한 살인광이었다. 무카이가 106명, 노다가 105명의 목을 벴다.

이들은 1937년 11월 난징 점령을 목전에 두고 누가 중국인의 목을 많이 벨 것인지 하는 살인 게임을 마치 가벼운 여가를 즐기듯 이어나갔다. 이 살인 경쟁 중 하나는 난징 자금산 기슭에서 행해졌다.

전국시대 사무라이들이 자행한 무도한 짓처럼 이들은 순전히 무료함을 달래기 위해, 자기 칼이 얼마나 예리한가를 실험해보기 위해, 누가 더 필살일 격의 능력을 가졌는지 입증하기 위해, 누가 더 잔인한가를 경쟁하기 위해 사람의 목을 잘랐다. 일본 신문들은 이 살인 경쟁을 인터뷰하고 승자를 보도하면서 이 일본 장교들을 자랑스러운 일본인으로 널리 알렸다. 이들 세 명은 일본 패망 후 중국에서 재판을 받고 모두 처형당했다.

쇼와통상 주재 무관이 육군성과 군사 기밀 내용의 통신을 할 때면 재외 공관의 무전을 통하지 않고 회사 무전을 이용하여 암호문을 타전했다. 그리하여 '쇼와통상의뢰전昭和通商依頼電'은 일본 육군의 독자적인 외교 루트로 활용됐다.

아편은 아무리 많이 생산해도 부족했다. 게다가 만주와 몽고는 기후 불순으로 인해 안정된 생산을 할 수 없어서 상당한 양을 수입했다. 특히 이란산 아편에 대해서는 미쓰이와 미쓰비시가 이란 아편전매공사에서 수입 권리를 얻기 위해 치열한 경쟁을 벌였다. '이란산 아편'은 아프가니스탄 등 옛날부터 아편을 재배해온 페르시아 지역의 아편을 총칭하는 것이다.

1938년 1월 25일 나카야마 쇼이치로中山詳一郎 이란공사가 히로타 히로키広田弘毅 외무대신에게 보낸 극비 전보에는 다음과 같은 내용이 등장한다.

> 일본을 위한 아편 수입에 관한 현지 미쓰이, 미쓰비시 출장원 간의 협정은 올해 3월 6일까지의 사태를 협정한 것으로 …… 우기가 도래하면 양사 간에 치열한 경쟁이 예상되는 바, 게다가 상대방은 독점의 전매공사이기 때문에 용이하게 그쪽을 위해서 조종할 수 있도록 …… 이렇게 경쟁하는 것은 우리 모두 불리하다는 사실을 두 회사 모두 이해는 하고 있지만, 아편 거래가 연 600만 엔에 이르는 큰 거래인데다가 …….

이란에서의 아편 수입 독점권을 따내기 위해 미쓰비시와 미쓰이가 서로 경쟁을 해서 매우 난처한 지경이라는 내용이다. 그 후, 이란과 독점 계약을 맺은 것은 미쓰비시상사였다. 이에 따라 미쓰비시는 1938년 12월 13일 3천 상자의 이란산 아편을 수입하는 계약을 맺었고, 미쓰이물산은 중국에서 조달해 육군에 납입했다. 또한 1939년 3월 14일에는 미쓰이와 미쓰비시 등의 분쟁으로 고생한 외무성의 조정에 의해 양사가 협력하여 매입을 하겠다는 합의가 이루어졌다.

다음은 미쓰이물산의 아편 수입 실적표다. 미쓰이물산은 1930년대 당시의 업무일지를 1990년 10월에 공개했다. 미쓰비시상사는 자료가 없는데, 미쓰비시 수입량을 포함시키면 두 배 이상의 수치가 될 것이다.

이 수입은 일반 무역 통계에는 기록돼 있지 않는 모두 밀수입이라고 할 수 있다. 페르시아 아편 약 4천 상자로 번 이익은 약 2천만 달러에 달했다. 몽고 아편으로는 약 1천만 달러 정도였다. 당시 환율로 1달러는 4엔으로 추정한다면 2천만 달러면 8천만 엔, 이는 현재 시세로 약 2천억 엔이 넘는 돈이다. 정말 엄청난 규모다. 그 이익은 특무기관과 흥아원의 전쟁 수행 자금으로 지불

미쓰이물산의 아편 수입 실적

이름	상자(개)	파운드	금액(엔)
1938년 4월	428	68,480	2,808,000
1939년 1월	972	155,520	4,677,264
1939년 4월 26일	1,000	160,000	4,114,286
1939년 10월	1,000	160,000	4,812,000
1940년 10월 26일	500	80,000	2,469,136
1940년 11월~12월	500	80,000	2,291,000
합계	4,400	704,000	21,171,686

됐다. 특히 특무부가 존재했던 시절에는 특무부로 갔지만, 특무부가 쇠퇴한 다음부터는 흥아원으로 전달됐다.

전쟁이 일본에 불리해져 선박 이동이 어려워지면서 몽고 아편이 다시 등장한다. 이 아편은 미쓰이가 취급했다. 1939년 말 무렵이면 굉제선당이 몽고 아편도 판매했는데, 아편 분배 방침은 난징 괴뢰정권과 흥아원에서 결정했다. 도쿄의 흥아원 본부가 각 지부에 필요한 아편 요구량을 몽고 괴뢰정권인 몽강연합자치정부에 통보하면, 몽고에서 북부 분배지 베이징과 중남부 분배지 상하이로 출하했다. 이들은 중화항공 소속의 소형 비행기로 옮겨졌다. 굉제선당의 아편 판매량은 1941년에 최고에 도달했다.[16]

종전 다음 해인 1946년 5월 중국의 난징고등법원이 GHQ에 보낸 자료에는 셩웬이盛文頤의 증언이 있다. 셩웬이는 중국 관료 출신으로 굉제선당에 가담해 큰돈을 벌었던 사람이다. 그에 따르면 아편 이익에 관한 상황은 도쿄에서 직접 모두 통제했기 때문에 중국에 있던 일본기관들도 자세한 내용을 알 수 없었다고 한다. 유신 괴뢰정부도 세관稅關을 통해 얻은 일부 내용만을 파악할 수 있는 정도였다. 돈의 행선지 또한 모두 도쿄에서 정해졌으며, 난징 괴뢰정부가 아편으로 얻은 이익 역시 '극소'에 지나지 않았다는 것이다.[17]

이렇게 중국의 아편 문제는 1943년 겨울에 이르기까지 전혀 개선되지 않았다. 다만 그해 12월 난징, 상해, 항주 등의 도시에서 학생들이 아편 판매상

---

16 사토미가 GHQ 심문에서 진술한 내용 참조했다. www.oshietegensan.com/war-history/

17 우오즈미 아키라(魚住昭), '어둠에 묻힌 전전 일본의 대중 아편정책~기시 노부스케의 돈줄을 파헤치다(闇に埋もれた戦前日本の対中 'アヘン政策'~岸信介の金脈を暴く)', 「주간현대(週刊現代)」, 2016년 8월 21일자

이나 아편굴을 없애자는 시위운동을 일으켰다. 이를 계기로 중국 국민의 일본 아편정책에 대한 반발도 강해졌다. 문서는 이때의 일본군의 대응을 이렇게 전하고 있다.

> 그러나 일본 군대는 그렇게 크게 간섭하지 않았다. 일본 정부는 난징정부가 '아편 이익이 몽강연합자치정부의 주된 재원'이라는 사실을 고려해주는 조건으로, 중국이 전쟁 이전 아편금지법으로 회복시키기를 원한다면 돕겠다는 의사를 표시하고, 경제고문을 난징정부에 파견했다.

다시 말해 아편 이익으로 몽강연합자치정부의 재원을 확보할 수 있다면, 중국 측이 아편 단속을 강화하는 데 돕겠다는 식으로 일본 측의 태도가 바뀌었다는 말이다.

문서는 일본 정부의 이런 태도의 '급변'에 대해 이렇게 해석하고 있다. 첫째, 도조 내각이 아편 이익을 비자금으로 사용하고 있는 사실이 일본 국내의 여론에서 비판받았다. 둘째, 중국 국민의 저항을 낮출 필요가 있었다. 셋째, 가장 중요한 사실로, 당시 일본은 중국의 물자통제정책에 의해 아편 거래에서 수십 배의 이익을 얻고 있었다. 따라서 정치적과 군사적 비용 지불을 위한 기금에 전혀 지장이 없었다는 것이다.

만주국을 지배한 '암흑의 제왕' 아마카스

중국과 만주국에 아편제국을 세운 일등 공신은 사토미와 고토 신페이말

고도 아마카스 마사히코^{甘粕正彦,}

1891~1945가 있다. 원래 육사를 졸업
한 보병이었던 아마카스는 무릎
부상으로 더 이상 전투병 근무가
힘들어지자 도조 히데키의 적극 추
천으로 헌병이 됐다. 헌병이 된 직
후에는 조선 양주에서 헌병 생활
을 하기도 했다.

이후 헌병 대위 때인 1923년
9월 1일에 일어난 간토 대지진^{関東大}

아마카스마사히코

地震의 혼란기인 9월 16일 도쿄 헌병대 소속이었던 아마카스는 좌익 활동에
가담한 무정부주의자 오스기 사카에^{大杉栄, 1885~1923}와 페미니스트 작가였던
아내 이토 노에^{伊藤野枝, 1895~1923}, 그녀의 6살짜리 조카 세 명을 헌병대 본부에
강제로 연행한 후 과도한 취조로 죽게 하고, 시체를 헌병대 본부 뒤에 유기하
는 이른바 '아마카스 사건'을 일으켰다.

이 사건으로 징역 10년을 선고받았지만 군벌의 보호로 1926년 출옥하
고, 그 다음 해에는 육군 예산으로 프랑스에 유학까지 가게 된다. 1930년 프
랑스에서 귀국 후 바로 만주에 건너가 남만주철도 동아경제조사국 펑톈 주
임이 됐고, 이곳의 관동군 특무기관 도이하라 겐지 대령의 지휘 하에 정보 모
략 공작을 하게 됐다. 또한 오카와 슈메이를 통해 만주국 건설에 중요한 역할
을 담당한 우익단체 '대웅봉회^{大雄峯会}'에 들어가, 회원의 일부를 부하로 삼아
'아마카스기관'이라는 특무기관을 설립하고 만주의 국책사업인 아편사업을

주도했다.

또한 만주사변의 발단이 되는 '류탸오후柳条湖 사건 조작'에도 참여했다. 1931년 9월 18일 만주의 펑톈 근교의 류탸오후에서 일본의 만철의 선로가 폭파됐는데, 사실은 아마카스 특무기관의 자작극이었지만, 관동군은 이를 중국군에 의한 범행이라고 발표함으로써 만주의 군사 전개 및 점령의 빌미로 이용했다.

청나라 제12대 마지막 황제 선통제 푸이는 1924년 자금성에서 쫓겨나 1925년 이후 톈진에 유폐되어 있었는데, 아마카스는 푸이를 만주국 황제로 옹립하기 위해 그를 극비리에 연행하는 데 성공하는 등 만주사변 관련 여러 공작에 가담했다.

아마카스는 이러한 역할을 인정받아 1932년 만주국 건국 이후 민정부 경무장경찰청장에 발탁돼 정식으로 만주 무대에 등장한다. 자치지도부에서 분리

청나라 마지막 황제로 만주국 꼭두각시로 전락한 푸이

된 만주 유일의 합법적 정치단체 만주국협화회滿州国協和会가 창설되면서 1937년 중앙본부 총무부장으로 취임하고, 1938년에는 만주국 대표단 부대표로 유럽을 공식 방문, 베니토 무솔리니Benito Amilcare Andrea Mussolini, 1883~1945와 회담을 갖기도 했다.

1939년이 되면 만주영화협회만영의 이사장이 되는데, 이는 전적으로 당시 만주국 총무청 차장으로 있

던 기시 노부스케의 지원에 의한 것이다. 그러자 만영이 있던 신징新京의 일본인 사회에서는 "결국 만영滿映도 우익 군국주의자에 좌지우지되게 만든, 군부 독재 전횡 인사"라는 비판이 비등했다고 한다.

아니나 다를까. 만영 이사장으로서의 아마카스는 영화 제작과 상영으로 얻은 수익금의 상당수를 특무부대 공작자금으로 댔다. 또한 아마카스는 만주국 고위관리와 장교가 본국일본에 출장을 가면 "술은 아카사카의 하세가와에서 마시고, 잠은 제국호텔에서 자라"고 편의를 봐줬다. 둘 다 당시 일본 최고의 시설들로, 아마카스는 이 비용을 나중에 일괄 지불해줬다.

작가 시오타 우소塩田潮가 쓴 『기시 노부스케고단샤, 1996』에 나오는 후케 도시이치福家俊一, 1912~1987 전 「대륙신보大陸新報」 사장의 증언에 의하면 아편으로 벌어들인 엄청난 돈이 군사기밀비로 흘러갔는데, 한 달에 80만 엔이나 됐다고 한다. 이는 지금의 돈으로 환산하면 20억 엔 정도 되는 엄청난 돈이다.

그러나 이러한 '황금기'도 결국 막을 내리는 시간이 됐다. 아마카스는 일본이 항복한 다음 날 청산가리를 마시고 자살했다.

여기서 「대륙신보」 사장 후케 도시이치에 대해서도 설명을 하지 않을 수 없다. 후케 역시 기시 만주 인맥의 한 사람이다. 후케는 도쿄 헌병대본부에서 아마카스의 당번병이었다. 바로 이 이력으로 인해 1937년 상하이에서 일어로 발행한 국책신문 「대륙신보」의 사장이 될 수 있었다. 이 신문은 당연히 만주국에서도 발간됐다.

후케는 중국에서 「대륙신보」의 정보 네트워크를 가동해 다른 아편 밀매 조직을 적발하고, 이를 사토미에게 전했다. 그러면 사토미는 이 정보를 기반으로 다른 밀매조직원들을 차례차례 살해했다.

만주 태생으로 '만영'을 대표하는 스타였던 리샹란(李香蘭). 일제의 중국 침략을 미화하는 영화에 출연하다가 일본 패망 후 반역자로 몰렸지만 일본인이라고 밝히며 본국으로 피신한 후, 야마구치 요시코(山口淑子, 1920~2014)로 제2의 인생을 살았다. 가수와 영화배우로 활약하다가 참의원으로 활동했다. 훗날 일본군 성노예 피해를 본 여성들을 위한 보상 사업 단체에서 일하기도 했다. 위 그림은 리샹란 앨범 '3년'의 표지다.

또한 후케는 종전 후 사토미의 아편자금을 일본 정계에 반입하는 에이전트가 되어 기시와 후쿠다 다케오 총리, 1967년부터 1979년까지 도쿄도지사로 지낸 미노베 료키치美濃部亮吉, 1904~1984의 선거자금을 출연한 '정계의 조종자'로 불렸다.

후케는 1942년 제21회 중의원 총선거 때 도쿄1구에서 출마, 당선이 됨으로써 정계에 진출했는데, 선거 당시 사토미의 선거자금 지원이 있었다고 전해진다.

열다섯 번 선거에 출마해 여섯 번 당선됐던 후케의 또 다른 별명은 '정계의 네와자시寢業師'였다. '네와자시'는 막후공작을 잘하는 사람을 일컫는 말이다. 그리하여 기시 노부스케는 스가모교도소에서 석방된 이후 후케와 밀담을 거듭하며 새로운 정당을 만들 준비를 시작했다.

이를 보면 기시는 중간에 후케와의 연결고리로 사토미와 아마카스에게서 아편을 팔아 번 '더러운 돈'을 자민당 창당 자금으로 충당하고, 자신의 선거자금으로도 썼으리라고 추정하는 것은 매우 상식적이다.

1952년 4월 25일 GHQ의 「방첩 리포트」에는 사토미와 후케가 밀담으로 기시 노부스케에게 정치공작 자금 제공을 논의했다며 '감시와 주의가 필요하다'고 보고하고 있다.

흥미로운 사실은 만주의 제왕으로 군림한 사토미와 아마카스는 막대한 돈을 만졌음에도 정작 자신들은 검약했고, 자기 절제에 철저했다는 사실이다. 그러나 기시와 그 일파들은 일말의 반성도 없이, 마약을 팔아 챙긴 자금으로 그저 자기 자신의 출세와 치부에 매진해갔다.

자민당은
마약 판매 자금으로
세워진 '마약당(麻薬党)'

전쟁광 도조 히데키에게 흘러간
아편 판매금

호소카와 모리히로細川護熙, 1938~ 전 총리의 아버지인 호소카와 모리사다細川護
貞, 1912~2005가 쓴 『호소카와 일기細川日記,』[01]라는 것이 있다.

호소카와 모리사다는 고노에 후미마로 전 총리의 비서관이자 사위로서
전쟁 중에 육해군이나 정계 인사들로부터 수집한 정보를 이 일기에 담았다.
이 일기를 읽다 보면 도조는 물론, 그의 내각 일원이었던 기시 노부스케의 돈
줄에 관한 극비 정보와 만나게 된다.

일기에는 호소카와와 고노에가 나눈 밀담 장면이 몇 번 나온다. 비서관

---

01 주코분코(中公文庫), 1979년

이자 사위였으므로 꽤 깊숙한 이야
기가 오갔을 것이다.

　태평양전쟁의 상황이 악화일
로를 걷는 1943년 10월, 호소카와
는 고노에에게 비밀 임무를 부여받
았다. 정재계와 군 동향에 대한 깊
은 정보를 모아 쇼와 일왕의 동생인
다카마쓰노미야 노부히토高松宮宣仁,
1905~1987 친왕에게 보고하라는 지시
였다.

다카마쓰노미야 노부히토

　고노에에 따르면 당시 전쟁 전망에 대한 정확한 정보는 쇼와 일왕에게 전
혀 전해지지 않았다. 도조 히데키 총리 등이 듣기 좋은 내용만 올리고 나쁜
정보는 왕 주변으로부터 차단했기 때문이다.

　고노에는 이대로 가다가는 나라가 망할 판이어서, 이를 막으려면 다카
마쓰궁 누군가에게 정확한 정보를 넣어 노부히토 입을 통해 일왕에게 전하
는 수밖에 없다고 판단했다. 노부히토도 "여기저기 뛰어다니며 각 방면의 동
향을 물어오는 사람이 있으면 좋겠다"라고 희망하여, 고노에는 "나이는 어
리지만 호소카와는 어떻겠습니까"라고, 당시 31세의 호소카와를 추천했다
고 한다. 이렇게 시작된 호소카와의 정보 수집 활동의 자초지종을 기록한 것
이 바로 『호소카와 일기』다.

　도조 내각은 앞에서 봤듯 1944년 7월 내각의 일원이었던 기시 노부스케
의 반란이 결정타가 되어 와해된다. 이로부터 약 2개월 후인 9월 4일의 일기

에 이런 기록이 있다.

이자와 다키오伊沢多喜男 전 경시총감이 아버지[02]를 방문해 "기시는 재임 중, 수천만 엔 조금 과장해서 말하면 억대로 수년간 돈을 받았다고 한다. 또 기시의 참모인 아이카와[03]와 호시노[04]도 이에 가담하고 있다." 결국 이 두 사람의 이익 분배가 제대로 되지 않는 것이 내각 와해의 한 원인이기도 했다. 이에 대해서는 역시나 산전수전 다 겪은 후지와라[05]도 놀라 자신의 처소에서 이야기했다.

당시의 수천만 엔은 지금 화폐가치로 수백억 엔에 해당한다.

그런데 기시는 전쟁이 끝나고 한참 뒤인 1959년 중의원 예산위원회에서 야당 의원에게 이에 대해 추궁을 당한다. 기시는 물론 "전혀 사실이 아니다"라고 부인했다. 과연 그럴까. 호소카와는 도조 퇴진 후 약 2개월 후인 10월 14일의 일을 극명하게 기록하고 있다.

이날, 호소카와는 고노에, 하토야마 이치로, 요시다 시게루 등과 함께 낚시를 하러 갔다. 그러나 바람이 강해 낚시를 하지 못하고 집으로 돌아와 시간을 보내다가 고노에와 하토야마와 함께 요시다의 집으로 갔다.

---

02 호소카와 모리타쓰(細川護立, 1883~1970)로, 구마모토(熊本) 번주를 역임한 호소카와 가문 16대 당주였다. 폐번치현 후에 후작으로 강등되었고, 귀족원 의원을 역임했다.

03 아이카와 요시스케로 나중 닛산그룹의 총수가 되었다.

04 호시노 나오키로 도조내각의 서기관장이었다.

05 후지와라 긴지로(藤原銀次郎, 1869~1960)로 도조 내각 국무대신이었다.

1 고노에 후미마로
2 하토야마 이치로

　거기서 하토야마가 시라네 마쓰스케白根松介 궁내차관이 도조를 예찬하고 있다며 '궁내성 내부의 도조 예찬자와 도조의 몹시 기묘한 헌상 행위'의 구체적인 예를 들었다.

　"예를 들자면 지치부秩父[06], 다카마쓰高松 두 전하에게 자동차를 몰래 헌상하고, 추밀고문관에게는 모임마다 음식과 의복 등의 선물을 했으며, 고문관 저마다의 이니셜이 새겨진 만년필도 있다."

　게다가 하토야마가 "도조가 가진 돈은 16억 엔"이라고 말하자, 고노에는 "그건 중국에서 온 것"이며 "주로 아편 밀매에 의한 이익"이라면서 공모자 이름까지 거론했다.

　호소카와 자신도 "어떤 모임에서 도조는 10억의 정치자금을 가졌다고 들었다. 한 해군 간담회에서도 어느 대령이 요즘 도조의 씀씀이를 말하고 있었다. 약간의 과장도 있겠지만 도조가 많은 돈을 가지고 있기는 한 것 같다"

06　쇼와 일왕의 동생인 지치부노미야 야스히토(秩父宮雍仁, 1902~1953)를 말한다.

라고 자신의 느낌을 전하고, 마지막에 하토야마의 "이 같은 상태가 되면 도조가 부활하기는 어렵다"라고 한 말을 적어두고 있다.

이날의 일기를 보면 한때의 독재자 도조가 그 권좌를 유지하기 위해 의외로 많은 배려를 했다는 것과 그 때문에 돈을 물 쓰듯 썼다는 것으로 생각해도 무방하다. 그럼 그 돈은 그가 자유롭게 쓸 수 있었던 내각 기밀비로 모두 조달된 것이었을까, 아니면 다른 루트에서도 온 것일까. 호소카와는 이틀 뒤인 10월 16일 더욱 놀라운 정보를 기술한다.

"아침에 가와사키 유타카 군川崎豊君, 제국화재 보험지배인이 방문했는데, 우연히 도조에 대한 이야기가 나왔다. 그는 지난해에 헌병대에서 중화항공이 현금을 수송하는데, 그 돈이 도조의 것이었다는 말을 들었다고 하며, 이전부터 사토미의 아편 밀매자가 도조에게 금품을 보낸다고 하는데 아마 그게 그 현금일 거라고 했다."

간단히 이야기하면 아편왕 사토미가 도조에게 보내는 비자금 수송이 중화항공에 의해 이루어졌다는 것이다. 물론 호소카와 일기는 대부분 정계나 재계의 요로에 있는 사람에게 들은 이야기이기 때문에 과장이 많이 섞여 있을 수도 있다. 그런 차원에서 다른 자료를 보도록 하자.

다나카 류키치田中隆吉, 1893~1972는 미일 개전 이듬해까지 육군성 병무국장, 즉 헌병대 총책이었던 남자다. 육군의 모략 활동에도 깊게 관계되어, '동양의 마타하리'라고 불린 가와시마 요시코川島芳子07의 정부였던 적도 있다. 패전 후

---

07 청나라 황족 숙친왕의 14번째 딸로, 숙친왕은 청나라가 신해혁명으로 몰락하면서 황실을 보전하자는 강경파를 이끌었다. 일본의 보호를 받으며 복벽운동을 추진하지만 실패한다. 이 혼란기에 그녀는 일본에 협력하면서 관동군의 스파이가 된다. 제2차 세계대전 후 스파이 혐의로 처형당했다고 알려졌으나 생존설에 대한 소문이 나돌기도 했다.

에는 GHQ에 육군의 악행을 고발해 "일
본의 유다"라는 욕설을 들었다. 그러나
군의 병리적 현상에 대한 그의 지적은 날
카롭다. 그의 고발은『일본군벌암투사日
本軍閥暗鬪史』[08]라는 책에 기술돼 있다.

다나카 류키치

'만주사변의 발발과 함께, 그때까지 불

과 200여만 엔에 지나지 않았던 육군의

기밀비는, 일약 1천만 엔으로 증가했

다. 지나사변일본에서 중일전쟁을 이르는 말의 발발은 이를 몇 배로 더하게 했다.

태평양전쟁 돌입 전후로 정확한 액수는 전혀 드러나지 않게 됐다. 그러나

당시 육군 기밀비가 연액 2억 엔을 넘은 것은 확실했다.'

2억 엔은 지금의 1~2천억 엔에 해당한다. 다나카는 또 정치나 이념단체
등에 뿌려진 기밀비는 그가 아는 범위만으로도 상당액에 달하며, 고노에 후
미마로나 히라누마 기이치로平沼騏一郎, 1867~1952 등 역대 내각의 기밀비 상당액
을 육군이 부담했다며 이렇게 썼다.

'이러한 내각이 육군의 생떼에 대해 감히 대들 수 없었던 것은, 나는 완전

히 이 기밀비에 기인하고 있다고 믿는다. 이들 내각은 육군의 지지를 잃자

---

08   주코분코, 1988년

곧바로 무너졌다. (중략) 군벌정치가 실현된 이유의 하나로써 나는 이 비자금 살포가 매우 큰 효과를 본 것을 부정할 수 없다. 도조 내각에 이르러서는 거의 공공연하게 이 기밀비를 뿌렸다.'

다나카는 패전 이듬해부터 30여 차례에 걸쳐 GHQ 국제검찰국의 심문을 받았다. 그때 만들어진 방대한 조서를 일어로 번역한 것이 『도쿄재판자료·다나카 류키치 심문조서東京裁判資料·田中隆吉尋問調書』[09]다.

이 조서에 따르면 궁중에서 일왕을 보좌하는 내대신 기도 고이치는 정치 활동에 많은 돈을 썼다. 돈의 출처는 닛산콘체른나중 닛산그룹의 총수 아이카와 요시스케였다.

아울러 아이카와 만주 시절부터 긴밀한 협력관계에 있던 '사업 제휴자'로 도조 내각의 상공대신이었던 기시 노부스케는 대신 재임 중에 재벌에 대한 '우호적인 결정'으로 상당한 액수의 돈을 벌었다.

기시와 아이카와는 만주 인맥이기도 하지만, 같은 조슈 번 출신이다. 또한 기도 고이치도 조슈 번과는 떼려야 뗄 수 없는 출신 성분을 지녔다.

아버지인 기도 다카마사木の元正가 메이지유신의 최대 공헌자로 '유신 3걸'의 하나로 불리는 기도 다카요시木戸孝允, 1833~1877의 여동생 하루코治子와 조슈 번사인 구루하라 료조来原良蔵, 1829~1862 사이에 태어난 장남이다. 다시 말해 기도 고이치에게 기도 다카요시는 증외조부 격이다. 조슈 번의 핵심 하기萩 출신에다 총리 제도가 생기기 이전의 사실상 총리라 할 수 있는 내무경内務卿을

09   아야와 겐타로 편(粟屋憲太郎 編), 오쓰키쇼텐(大月書店), 1994년

지낸 기도 다카요시의 증손자에 해당하니 고이치 또한 그의 혈통에 조슈 번 사무라이의 피가 면면히 흐르고 있는 것이다. 따라서 기시를 매개로 정치자금이 아이카와에서 기도에게 흘러가는 것은 매우 자연스러운 일이다.

다나카의 제3회 심문 주제는 아편이다. 그는 허베이華北의 아편 매매를 통괄하고 있던 베이징 흥아원 허베이연락부 장관 시오자와 기요노부塩沢清宣 중장에 대해 이렇게 말한다.

> "그시오자와는 도조 대장이 가장 마음에 들어 하는 부하였다. 그는 사토미의 아주 친한 친구이기도 했다. 시오자와는 베이징에서 도조에게 자주 자금을 보냈다. 전쟁 중이었기 때문에 상하이 지역에서 사용된 아편은 그 양 모두가 중국 북부에서 공급되어 당연히 많은 돈이 시오자와의 수중에 비축돼 있었다."

다나카가 말하는 중국 북부는 아편의 주산지인 몽강연합자치정부와 쑤이위안성綏远省[10]이라고 보면 된다.

다나카는 이어서 "내 친구인 센다 모리토시専田盛寿 소장이 시오자와 아래

---

10   1928년 중국 북부 네이멍구에 설치한 성으로 1954년 네이멍구 자치구에 병합됐다.

에서 일하고 있었다. 그는 내게 시오자와가 종종 비행기로 도조에게 돈을 보냈다고 말하며 몹시 화를 냈다. 센다는 결국 흥아원 자리에서 물러날 수밖에 없었다. 작년 9월에 오사카에서 내가 센다를 만났을 때, 그는 내게 다시 같은 이야기를 하며 분통을 터뜨렸다"고 진술했다.

종전 이듬해인 1946년 5월 중국 난징고등법원은 전범자 관련 기록을 일본 GHQ에 보낸다. 이렇게 하여 등장한 도쿄재판의 검찰 측 증거에도 중일전쟁 개시 이후 일본이 중국을 점령하는 데 아편을 어떻게 이용했는지, 그 실태가 난징정부의 간부^{내정부장}였던 메이시핑梅思平, 동년 9월 사형 등의 진술을 토대로 나타난다.

중국에서의 아편 거래는 두 가지 이유로, 일본 정부의 매우 체계적인 정책이었다. 첫째, 네이멍구 점령에 이어 일본에 의해 세워진 괴뢰조직 몽강연합자치정부는 원래 양귀비 재배가 성행하고 있었으므로 이로 재정 부족을 해결하려고 했다. 만주국과 마찬가지로 몽강연합자치정부의 재정 역시 아편 매출로 충당된 것이다. 이는 1980년대 아이치愛知대학 에구치 게이이치江口圭一, 1932~2003 교수가 발견한 일본 측 자료로도 뒷받침된 객관적 사실이다.[11]

둘째, 문서는 일본 정부 역시 전쟁으로 인한 경제적 어려움을 헤쳐 나가는 수단으로 아편에 의지했다고 지적하고 있다. 게다가 '아편 구입용으로 지정된 괴뢰정부의 대부금'은 우선 도쿄의 대장성으로 보내야만 하며, '거기서 전액의 얼마 정도는 보류됐다'고 기록돼 있다. 이 대부금은 아마도 일본 정부가 사입을 위한 아편 구입 자금으로 괴뢰정부에 빌려준 돈을 의미한 것으로 보인다.

11　이에 대한 에구치 교수의 저술로는 1988년 이와나미쇼텐(岩波新書)에서 출간한 『일중아편전쟁(日中アヘン戦争)』이 있다.

상하이와 중국 각지의 도시에서 팔린 아편 매출금의 대부분은 도조 내각의 비자금이나 의원들에 대한 지원금으로 할당되기 위해 도쿄로 보내졌다. 그것은 공공연한 비밀이었다. 당시 기시는 도조의 최대 심복이었다.

기시의 선거 출마와
도조의 후원 정치자금

위의 다나카처럼 기시 노부스케도 주요 전범이었던 만큼 당연히 심문조서가 남아 있다. 그의 심문조서는 『국제검찰국 IPS 심문조서国際検察局IPS 尋問調書』라는 이름으로 책으로까지 출판됐다.[12] 조서는 전 52권의 제14권, 케이스 No. 77 일련번호를 매겨진 곳에 기시의 심문조서 서류 약 70매가 영문으로 담겨 있다.

기시에 대한 심문조서에는 흥미로운 대목들이 꽤 있다. 그중 하나가 미일 개전 이듬해1942년 4월 치러진 익찬회 선거를 둘러싼 얘기다. 도조 내각의 상공대신이었던 기시는, 대신의 신분을 유지한 채 야마구치 지역의 중의원 선거에 입후보했다. 그러자 고향인 야마구치 사람들이 "대의원이 되는 것은 장관이 되기 위한 것인데, 지금 장관 신분인데도 국회의원이 되고자 하는 건 이상하다"는 말들이 나왔다. 당시 중의원은 군부에 좌우되어 무력한 상태였으므로 더욱 그렇다. 대신 자리까지 올라간 사람이 의회에 적을 두는 것이 대체 무슨 의미가 있었던 것일까.

하지만 기시는 진심이었다. 이때의 심경을 기시는 『기시 노부스케 회고록

---

12   아와야 겐타로(粟屋憲太郎) 편, 일본도서센터(日本図書センター)

1955년 11월 15일 자유민주당 결성대회. 왼쪽부터 당시 4인의 총재 대행위원으로 구성된 집단 지도체제의 오가타 다케토라(緒方竹虎), 미키 부키치(三木武吉), 오노 반보쿠(大野伴睦, 1890~1964) 그리고 기시 간사장. 서 있는 이가 총재대행위원으로 초대 총재가 된 하토야마 이치로다.(사진 출처 : 「아사히 신문」)

岸信介回顧録』[13]를 통해 이렇게 설명하고 있다. 이는 기시의 정치철학 핵심에 관련되는 문제다.

기시는 상공부 관료 시절이던 1930년쇼와 5년 철강재 조사를 위해 유럽으로 출장을 가 독일에 머물렀다. 그때 제1차 세계대전에서 독일이 패한 원인에 대해서도 연구했다. 그가 내린 결론은 군부만으로 전쟁을 치렀기 때문이라

13　기시 노부스케, 『기시 노부스케 회고록 : 보수 합동과 안보 개정(岸信介回顧録 : 保守合同と安保改定)』, 광제당출판(廣済堂出版), 1983년

는 것이었다.

군부가 실패했을 때 그것을 커버할 힘이 독일에는 존재하지 않았다고 여겼다. 이를테면 국가는 항상 여러 기둥이 받쳐야 한다는 것이 그의 지론이었다. 그렇지 않으면 기둥 하나만 부러져도 국가는 맥없이 무너지기 때문에 항상 앞을 내다보고 어떤 사태가 일어나도 국체를 수호할 수 있는 체제를 만들어야 한다고 생각했다. 이를 위해서는 군과 다른 강력한 정치세력이 필요한데 그것이 국민과 밀착된 정당이었던 것이다.

기시는 국수주의자였지만 천황제의 절대화에는 반대했다. 그가 이상으로 삼은 것은 국민과 동고동락하는 유연한 천황제와 그것을 지탱하는 중층重層적 구조의 강인한 국가다. 그 중축中軸으로서 그는 장래, '기시 신당'을 창당할 것을 염두에 두고 있었던 것 같다.

기시가 출마할 즈음, 그는 도조 총리에게 "만약 현직 각료의 출마에 반대한다면, 상공대신의 지위를 떠나서 입후보할 결의다"라고 말했는데, 도조는 의외로 이에 전면적으로 찬성했다고 한다.

기시와 도조 히데키
(사진 출처 : 위키미디어)

선거 결과는 약 3만 표를 얻어 선거구 1위로 당선이었다. 기시는 심문조서에서 이 선거와 관련 "대장대신 가야 오키노리賀屋興宣, 1889~1977나 재계의 후지야마 아이이치로, 유명작가인 야마모토 유조山本有三 등이 와서 응원 연설을 해주었다. 활동 자금은 모두 본인 부담으로, 총액으로 약 1만 엔 들었다"라고 구술했다. 그러나 이는 사실이 아니다. 기시는『기시 노부스케의 회상岸信介の回想』에서도 '금전적으로 도조 씨를 지원한 적도 전혀 없고, 또 도조 씨로부터 돈을 받은 적도 없다'라고 밝혔지만 이것 또한 거짓이다.

기시는 사망하기 4년 전의『기시 노부스케 회고록』에서는 이렇게 밝힌다.

'(1942년 익찬회 선거 출마에) 군부는 반대했는데, 도조 씨만은 나를 찬성
해주고, 선거자금으로 5만 엔을 내주었다. 당시 5만 엔은 지금 몇 천만 엔이
될지 짐작할 수 없지만 상당히 쓸모 있었다고 생각한 것을 기억하고 있다.'

기시는 정치자금에 대해 이런 말을 남겼다.

"정치자금은 여과기를 통과한 깨끗한 것을 받아야 한다. 문제가 생겼을
때는 그 여과기가 사건인 것이지, 받은 정치인은 깨끗한 물을 마신 것이니
상관이 없다. 정치자금으로 부패 문제를 일으키는 것은 여과가 불충분했
기 때문이다."[14]

---

14   무토 도미오(武藤富男),『나와 만주국(私と満州国)』, 문예춘추(文藝春秋), 1988년
      후쿠나 가스야(福田和也),『악과 덕 그리고 기시 노부스케와 미완의 일본(悪と德と 岸信介と未完の日本)』, 산케이신문사(産経新聞社), 2012년

참으로 노회하고도, 편리한 사고방식이다.

기시는 자신을 출세시켜준 도조를
왜 배신했을까

기도 고이치는 일왕을 보좌하는 내대신의 지위에 있었기 때문에 1941년에서 1945년 동안 일본 정치를 지배했다. 그 역시 패전 후인 1945년 12월 16일, A급 전범 용의자로 스가모교도소에 수감됐다.

기도는 이후 3개월 동안 GHQ 국제검찰국의 심문을 30차례 받았다. 반면 기시는 같은 A급 전범 용의자이지만 이듬해 3월 초까지 단 한 차례도 신문을 받지 않았다. 당시 GHQ에게 있어서, 기시보다는 기도가 훨씬 중요한 인물이었다.

GHQ가 기도를 중시한 것은 오로지 그가 쇼와 일왕의 최측근이었을 뿐만 아니라 '기도일기木戸日記'의 존재 때문이다. 도쿄재판 연구로 널리 알려진

도쿄 히비야(日比谷)에 있던
연합군 최고사령부.
1945년 10월 2일부터
샌프란시스코강화조약이 발효된
1952년 4월 28일까지 6년 반 동안
존재했다.(사진 출처 : 위키피디아)

릿쿄立教대학 아와야 겐타로粟屋憲太郎 교수는 '기도일기'를 '천황을 정점으로 한 쇼와 정치사의 중추를 검증하는 1급 정치 자료'라고 말한다. 그것은 GHQ에게도 A급 전범들을 소추하기 위한 가장 중요한 증거임을 의미했다.

여기서 1946년 2월 25일에 행해진 제20회 기도 심문을 재현해보자. 심문관 서킷 중령은 '기도일기'의 기술을 일일이 확인하며 조사를 진행했다.

중령 : 1941년 2월 26일 일기에 나오는 기시는 도조 내각에서 대신이 된 기시 노부스케를 말하는 것입니까.

기도 : 맞습니다.

일기에는 이렇게 적혀 있었다.

'2월 26 (수) 맑음. 6시, 호시가오카사료星ヶ岡茶寮에서 고지마小島 상공차관, 기시 노부스케와 회식하다.'

호시가오카사료는 나가타永田에 있는 한 요정이다. 기시는 지난달에 상공부차관을 그만둔 직후고, 기도 역시 상공부 출신으로 상공부 인맥의 유력자가 모인 것이다. 서킷 중령의 물음이 이어진다.

중령 : 그(기시)는 우익이었습니까?

기도 : 아니오, 우익이 아닙니다. 가장 유능한 관리 중 한 명이었어요.

중령 : 그는 보수파에 포함됩니까?

기도 : 그는 관리로서 매우 진보적인 생각을 가진 사람이었습니다.

중령 : 그는 도조 총리와 친했습니까?

기도 : 도조와 오랜 교제는 없었겠지만 만주에서 관리를 지냈으므로 만주

에 있는 동안 알게 된 것이겠지요.

중령 : 그를 팽창주의자膨張主義者[15] 중 한 명으로 볼 수 있습니까?

기도 : 아니오, 팽창주의자로 볼 수 없습니다. 그는 무력에 호소하지 않고

진출하고 싶어 했다고 생각합니다.

내용에서 확연하게 드러나지만 기도는 기시를 적극 감싸고 있다. 상공부 시절 기도는 기시와 함께 '중요산업통제법重要産業統制法'을 함께 기안하는 작업을 한 사이다. 게다가 조슈 번이라는 뿌리까지 겹치고 있었으므로 기시에 대한 기도의 신임은 매우 두터웠고, 항상 뒤를 받쳐줬다. 나중에는 총리 자리까지 밀어줬다.

그래서인지 기도는 도조의 지지 등을 배경으로 출세해온 것이 명백한 기시를 두둔하고, 기시가 팽창주의자가 아니라고 전면 부정했다. 아와야 교수는 "심문조서에서 기도의 기시 변호는 매우 이색적"이라고 한다.

이 심문으로부터 열흘 후인 3월 7일, 기시에 대한 제1차 심문이 있었다. 여기서 기시는 자신이 3년에 걸쳐 참여한 도조 내각의 말기에 대해 이런 진술을 했다.

---

15   전쟁옹호론자를 말한다.

"(1944년 7월 9일 일본군이 전멸한) 사이판 전투 이후 도조 내각 내 알력이 커졌다. 나는 그때까지 줄곧 도조를 신뢰하는 조력자였지만 점차 도조에 대한 불신감이 고개를 들었다. 나는 도조에게 만약 이런 사태가 계속된다면 일본의 공업 생산 능력은 폭격으로 완전히 파괴되고 말 것이라고 말했다."

기시의 말대로 미군의 사이판 제압으로 일본은 전국 어디나 B-29의 폭격에 노출됐다. 남은 길은 무리수를 무릅쓰고 사이판 탈환을 시도하거나 항복하는 수밖에 없다. 그러나 도조는 둘 다 선택하지 않아 공연히 피해만 키울 뿐이었다.

그런 도조에 해군대장 오카다 게이스케와 고노에 후미마로 전 총리 등 중신들의 위기감은 강해지고, 기도와 함께 도각倒閣 공작을 본격화시켰다. 기도는 도조를 총리에 추천함으로써 도조 내각 성립에 직접 도움을 주었지만 1944년 4월 도조와의 관계가 악화되기 시작했다. 도조가 수상으로 있는 한 전쟁에 이길 수 없다고 생각했고, 그런 움직임에 도조의 심복이었던 기시도 가담했다.

도조도 이를 알고 전 총리 등 유력자를 넣어 내각을 개조하려고 했지만, 기시는 그런 도조의 어떤 움직임에도 반대했고, 도조의 불신임 명령도 듣지 않았다. 이것이 도조 내각 붕괴의 직접적 원인이 됐다. 위에서 나온 다나카 견해로는 기도와 기시 그리고 아이카와의 동맹, 즉 '조슈연합'이 도조 내각에 치명상을 입힌 것이었다.

이에 대한 일이 '기도일기'에도 기록되어 있다.

'7월 17일(월) 맑음. 10시 반, 기시 국무상国務相이 들어왔다. 총리로부터 사직의 요구가 있어 거취에 관하여 의논할 일이 있다고 했다. 나와의 상담은 수상에게 양해를 구했어야 하는 일인데 말이다.'

결국 기시는 사임을 거부했다. 메이지 헌법에서는 총리라고 해도 본인의 동의 없이 각료를 파면할 수 없다. 다음 날인 18일, 도조 내각은 각내 불일치로 총사직에 몰렸다. 조서 속에서 기시는 이렇게 말한다.

"각내에서 안도 기사부로安藤紀三郎 내무상이 나와 같은(총사퇴를 해야 한다는) 생각이었지만 그와는 일절 대화하지 않았다. 이 특별한 문제를 유일하게 상담한 것은 기도였다. 기도가 내 생각에 반대했다면, 나는 그를 따랐을 것이다. 왜냐하면 난 그 동안 줄곧 기도의 조언에 최고의 신뢰를 두었으니까."

이 또한 '매우 이색적인'의 기도 찬미다. 기시는 자신과 기도가 얼마나 전쟁의 조기 종결에 공헌했는지 강조하고 싶었을 것이다. 그대로 도조 내각이 계속됐다면 일본은 본토 결전에 돌입해 미일 양측에 막대한 피해가 있었을 것이라는 주장이었다.
이를 보면 기시와 기도가 사전에 주도면밀한 협의를 하고 심문에 들어간 것은 아

기도 고이치

닌가 싶을 정도로 호흡이 잘 맞는다. 당시 스가모교도소에서는 전범 용의자끼리 서로 자유롭게 대화할 수 있었다.

그렇지만 이러한 기도의 기시 변호나 기시의 기도 찬미는 GHQ의 판단에 그다지 영향을 주지 않았다. 기도는 기소되어 종신형을 선고받았지만 불과 1표 차이로 사형을 면했다. 종신형이라지만 나중에 가석방됐고, 잘 살다가 87세에 간경변으로 사망했다.

기시 역시 심문관들은 "피고석을 장식하는, 모든 정당한 이유를 가지고 있는 것 같다"라는 말로 조서를 끝맺었다. 그로부터 일주일 뒤인 3월 14일, GHQ의 버나드 소령은 기시가 도쿄재판에서 재판을 받는 제1그룹에 속해야 한다는 보고서를 냈다. 이어 이튿날인 15일 키난 국제검찰국장은 A급 전범 피고인 선정을 진행하는 집행위원회에서 기시의 운명을 결정짓는 말을 했다. "상황이 허락한다면, 도조 내각의 각료 모두를 피고로 해주었으면 한다."

그러나 그의 말은 희망사항이 됐다.

기시에 대한 심문이 있었을 때 A급 전범 28명은 기소된 상태였다. 기시는 구속은 됐지만, 다행으로 기소되지는 않았다. 이 역시 매우 흥미로운 의혹이 남는 대목이다. 왜 그만 기소되지 않았을까? 미국은 그에 대한 기소를 왜 미루고 있었을까? 이에 대해서는 잠시 뒤에서 살펴보자.

그렇다 해도 그 역시 언제든 기소될 가능성이 높았다. 미국의 이익에 부합되지 않으면 주저 없이 버려질 카드였다. 그렇게 되면 최악, 극형도 각오해야 하는 상황이다. 그럼에도 '기시는 흔쾌히, 주저하지 않고 지껄였다'라고 수사관은 기록하고 있다. 기시는 말끝을 흐리고 상대의 불신을 부르는 짓 같은 것은 하지 않았다. 가슴이 철렁 내려앉는 순간에도 최적의 대응을 한다. 여기에

기시의 진면목이 있는지도 모른다.[16]

기시 문서의 815번째는 1946년 3월 7일의 제1회 심문조서다. 여기서 기시는 여러 가지 이야기를 하고 있지만, 기도와의 관계에 대해서도 말하고 있다. 기시는 말한다.

"기도는 나의 맹우盟友다. 그가 상공부에 있을 때부터 알고 있었다. 나는 기도 비서계秘書係에서 일했다. 그래서 기도도 나를 잘 안다. 어떤 문제든 내 속을 썩이는 것을 잘 알아낸다."

만주국에 있던 기시를 일본으로 불러들여 상공부차관으로 삼고, 상공대신으로까지 올린 것은 도조였지만, 도조는 군인이다. 기시는 군인에 대해서는 일종의 '불편한 마음'을 갖고 있었던 것 같다.

다음의 내용 역시 심문조서에 나온 기시의 진술이다.

"관동군이 만주의 지배권을 쥐고 있어서 우리가 뭔가 하려고 하면 반드시 관동군의 허가를 받아야 했다. 관동군 의향을 무시한 동료는 자리에서 쫓겨났다. 나도 자주 관동군에게 협박당했다. 내가 만주에서 많은 군 간부들과 친해진 것은 사실이지만 관계가 항상 좋았던 것은 아니다. 이시하라 간지石原莞爾, 1889~1949 참모부장 같은 사람으로부터 질책을 받은 적도 있다."[17]

---

16 우오즈미 아키라(魚住昭), '기시 노부스케는 어떻게 극형을 면할 수 있었나. GHQ 신문의 진상(岸信介はこうして「極刑」を免れた ~ 明かされるGHQ尋問の真相)', 「주간현대」, 2016년 9월 25일자

17 위와 동일

만주 시절의 기시(사진 출처 : 「설화신문(雪花新聞)」)

이 진술은 만주에서의 자신의 여러 행위가 관동군의 억압적인 요구에 따른 것이었으니, 자신을 관동군과 동일시하지 말라는 의도가 담겨 있다. 자신도 일종의 피해자라는 점을 강조한 것이지만 이는 사실과 전혀 다르다.

상공부 공무국장으로 '관계(官界)의 희망'으로 불리던 기시가 만주로 간 것은 만주의 산업개발을 서두르는 관동군의 열성적인 부름이 있었기 때문이었고, 기시 본인도 이에 매력을 느낀 탓이다.

기시는 이렇게 GHQ에 관동군의 횡포를 강조하는 것으로 자신의 책임을 축소하려 노력했지만 기시를 신문한 수사관도 그런 진술을 진실로 받아들이지는 않았다. 수사관은 조서에 이렇게 쓰고 있다.

'상공대신을 지낸 한 관료가 "기시는 군벌의 앞잡이였다"고 분명히 말했

는데, 아무리 봐도 그 증언이 기시 본인이 신문에서 말하는 것보다 진실에

가깝다.'

그렇다고 해도 관료 체질이 몸에 밴 기시가 거친 관동군에 대해 불편한 마음을 가진 것은 충분히 이해된다.

1936년쇼와 11년 10월, 만주에 도착한 기시는 관동군 참모장 이타가키 세이시로板垣征四郎. 도조의전임자를 만나자마자 이렇게 말했다.

"나는 일본에서 밥줄이 끊어져서 만주에 온 것이 아니다. 산업경제에 관한 일은 내게 맡겨달라. 만약 관동군이 하라는 대로 하라고 한다면 내가 아니라 누군가 대신할 사람을 불러도 좋다."

초엘리트 관료의 강렬한 자부심 표명이었다. 그러자 이타가키는 "아니, 산업경제 문제는 자네에게 맡길 생각이니까, 그런 생각으로 해줘"라고 답했다. 이렇게 기시는 만주 산업경제의 주도권을 잡았다.[18]

---

18   하라 요시히사(原彬久), 『기시 노부스케-권세의 정치가(岸信介─権勢の政治家)』, 이와나미쇼텐, 1995년

CHAPTER

3

만주를 모태로 삼은
박정희와
기시 노부스케

박정희는
왜 만주로 갔나

　　기시 노부스케는 박정희 정권 18년 동안, 쿠데타를 일으켰을 때부터 마지막까지 끊임없이 지원하고 지켜주었다. 1978년 12월 박정희가 유신독재로 다시 대통령에 취임할 때 미국은 물론, 전 세계 어느 나라에서도 축하 사절을 보내지 않았다. 일본에서도 공식 사절단을 보내지 않았다. 그러나 기시가 이끄는 민간사절단만은 왔다. 그렇게 기시는 박정희 유신정권을 지켜주는 방패 역할을 자임했다.

　　그렇다면 기시는 왜 박정희를 보호하고자 했을까? 너무 뻔한 질문이다. 박정희가 만주 인맥의 일원이었으므로 정치적 활용도가 있었기 때문이다. 사실 기시는 박정희를 동료라기보단 몇 단계 아래나 아들뻘로 생각했을 것이 분명하다.

　　이 같은 일본 정치인의 생각을 보여주는 좋은 예가 있다. 1963년 12월 오

오노 반보쿠
(사진 출처 : 위키미디어)

오노 반보쿠[01] 당시 자민당 부총재는 박정희 대통령 취임식 경축사절로 방한하기 전 도쿄에서의 기자회견에서 "나와 박 대통령과의 관계는 부자父子간의 관계와 같은 것이어서 아들의 경사스러운 날에 아버지가 가는 것은 더없이 즐거운 일이다"고 하여 물의를 일으켰다. 방한 후 한국 기자들이 이를 추궁하자 "'부자지간'이라는 표현이 적당치 않으면 '부속관계'라고 고치자"고 한술 더 뜨는 망언을 했다. 그들에게 박정희는 만주국 육군군관학교와 일본 육군사관학교를 나온 하급장교 다카기 마사오高木正雄 이상이 아니었던 것이다.

오노 반보쿠는 패망 이전 한때 함경도에 거주하면서 어장을 경영한 적도 있는 인물이었다. 종전 후 정계로 진출하면서 처음에는 반한국적 노선을 취

---

01 "원숭이는 나무에서 떨어져도 원숭이이지만, 국회의원은 선거에서 떨어지면 아무것도 아닌 사람이다(猿は木から落ちても猿だが、代議士は選挙に落ちればただの人だ)"라는 유명한 말을 남겼다.

해왔다. 그 까닭은 패망으로 인해 일본으로 철수할 때 한국인에게 몰매를 맞아 이빨이 부러졌기 때문이다. 이런 그가 나중에는 누구보다 앞장서 친한적인 입장을 보였는데, 이는 자민당에 돈줄을 대고 있던 일본 우파의 막후 실세 고다마 요시오가 그를 불러 호통 친 결과라는 후문이 있다.

뒤에서 나오겠지만 박정희는 한일 국교 정상화에 따른 차관 문제를 보다 확실히 하기 위해 자민당의 실세 오노 반보쿠를 불러 확약을 듣고자 했는데, 이에 대해 오노가 자신의 경험을 말하며 툴툴거리자, 고다마가 "한국은 수십 년간 일본 지배를 받으며 피해를 보았는데, 이빨 몇 개 부러진 것 같고 뭘 그러냐"고 질책했다는 것이다. 고다마에 대해서는 뒤에서 자세히 보도록 하자.

만주국은 식민지 조선의 젊은이들에게는 하나의 '신천지'였다. 1931년 만주침략전쟁만주사변이 벌어질 즈음에 만주에는 이미 간도를 중심으로 조선인 상당수가 이주한 상황이었다.

당시 만주로 간 조선인은 대개 두 부류다. 첫째는 1910년 일제에 국권을

문경보통학교 훈도(교사) 시절의 박정희(사진 출처 : 국가기록원)

빼앗긴 후 가산을 팔아 만주로 가서 독립투쟁에 나선 우당友堂 이회영李會榮, 1867~1932 가문 등 민족지사들이었다. 두 번째는 '야망의 땅, 기회의 땅' 만주에서 일확천금을 꿈꾼 야망가들, 또는 박정희와 같은 출세주의자들이었다.

중일전쟁의 시작과 함께 조선에서는 육군특별지원병령이 하달되면서 식민지 젊은이들에게도 '황군'으로 향하는 길이 열려 있었다. 박정희 역시 그런 출세의 기회를 잡으려는 젊은이 중 한 사람이었다.

박정희는 대구사범학교를 졸업하고 3년간 교사로 재직하다, 만주국 육군군관학교에 지원했지만 나이 초과로 1차에서 탈락했다. 1939년 3월 31일자 「만주신문滿洲新聞」을 친일 행위 증거로 내세운 민족문제연구소의 주장에 따르면 박정희는 만주국 육군군관학교에 다시 지원하면서 지원 서류에 혈서와 채용을 호소하는 편지를 첨부하여 제출하는 '눈물겨운 성의'를 보임으로써 반드시 만주국 육군군관학교에 들어가려고 했다. 이 혈서 지원 편지가 관계자들을 깊이 감격하게 만들어 결국 박정희의 출셋길이 열렸다.

1939년 3월 31일 「만주신문」은 '혈서 군관 지원, 반도의 젊은 훈도로부

박정희 혈서를 보도한 1939년 「만주신문」 7면.
상단 우측으로부터 4번째 줄,
박정희(朴正熙) 군(23)이라 나와 있다.
(사진 출처 : 민족문제연구소)

터'라는 제목을 뽑아 무려 3단 기사로 사진과 함께 게재했다. 당시 일본이 이를 얼마나 중요하게 평가했는지 잘 알려주는 대목이다. 이 신문 기사는 현재 일본 국회도서관에서도 소장하고 있다.

박정희가 쓴 편지의 내용은 다음과 같다.

> '일본인으로서 수치스럽지 않을 만큼의 정신과 기백으로 일사봉공一死奉
> 公의 굳건한 결심입니다. 확실히 하겠습니다. 목숨을 다해 충성을 다할 각
> 오입니다. 한 명의 만주국 군으로서 만주국을 위해, 나아가 조국을 위해
> 어떠한 일신의 영달을 바라지 않겠습니다. 멸사봉공, 견마의 충성을 다할
> 결심입니다.'

한편 박정희와 같이 문경보통학교에서 교사 생활을 한 유증선은 조갑제趙甲濟, 1945~와의 인터뷰에서 자신이 박정희에게 혈서를 쓰도록 권유했으며, 그 말을 들은 박정희가 즉시 시험지에다가 핏방울로 혈서를 썼다고 증언한 바 있다.

박정희 연구에 상당한 이력이 있는 전 「조선일보」 기자 조갑제의 '조갑제 닷컴'에는 이 내용이 유증선의 증언을 통해 다음처럼 실려 있다.

> 1938년 5월경이라고 생각된다. 숙직실에서 같이 기거하면서 솔직한 이
> 야기를 서로 털어놓을 때였다. 박 선생박정희이 이렇게 말하는 것이었다.
> "저는 아무래도 군인이 되어야겠습니다. 제 성격이 군인 기질인데 문제는
> 일본 육사에 가려니 나이가 많다는 점입니다. 만주 군관학교는 덜 엄격하

다고 하지만 역시 나이가 걸립니다."

박 선생은 호적상의 나이를 고치기 위한 방도를 이야기하면서 형 박상희에 대해서도 주섬주섬 말하는 것이었다. 자신의 존재에 비해서 형은 굉장한 사람이라는 의식을 깔고 하는 말이었다.

"우리 형님은 지금 고향에서 면장을 하고 있소. 성격도 활달하시고, 저는 이렇게 작고 보잘것없지만 형님은 체격이 크고 외모도 훤칠하시지요. 저는 형님을 존경합니다."

나는 박 선생에게 "그러면 그 형님의 도움을 받아서 호적을 고칠 수 있지 않느냐"고 했다. 박 선생은 며칠 동안 고향에 다녀와서 나이를 고친 것으로 알고 있다. 그가 한 살 낮추었다고 말한 것을 기억하고 있다. 그것으로 문제가 끝날 것 같지가 않았다. 신원조회를 하면 학교에 있는 박 선생의 기록과 호적이 서로 달라 말썽이 생길 것 같았다. 나와 박 선생은 숙직실에서 밤새 고민했다. 우리가 연구한 것은 '어떻게 하면 만주 군관학교 사람들이 환영할 수밖에 없는 행동을 취할 것인가'였다.

내가 문득 생각이 나서 "박 선생, 손가락을 잘라 혈서를 쓰면 어떨까"라고 했다. 그는 즉각 찬동했다. 즉시 행동에 옮기는 것이었다. 바로 옆에 있던 학생 시험용지를 펴더니 면도칼을 새끼손가락에 갖다 대는 것이었다. 나는 속으로 설마 했는데 손가락을 찔러 피를 내는 것이었다. 박 선생은 핏방울로 시험지에다 '진충보국 멸사봉공盡忠報國 滅私奉公'이라고 썼다.

그는 이것을 접어서 만주로 보냈다. 그때 편지가 만주까지 도착하는 데는 1주일쯤 걸릴 때였다. 한 보름이 지났을까, 누군가가 만주에서 발행되는 신문에 박 선생 이야기가 실렸다고 말하는 것이었다. 나는 어떤 과정을 거쳐서 그 혈서가 신문에 보도되었는지 알 수 없다. 그때 만주에 가 있던 대구사범 교련주임 아리카와 대좌가 도와줘서 그 혈서 건이 신문에 났는지, 아니면 만주 군관학교에서 신문에 자료를 제공했는지 알 수 없지만 어쨌든 목적은 달성된 것이다.

한편 『박정희 평전: 가난에서 권력까지』를 쓴 이정식 전 경희대 석좌교수는 「중앙일보」와의 인터뷰에서 박정희 혈서에 대해 "1939년과 1940년 당시 일본군이나 그 일제의 괴뢰국인 만주국의 군대에 장교로 임관하기 위한 혈서 제출은 일종의 유행이었다"라고 박정희의 혈서를 두둔한 바 있다.

그러나 '만주행'과 관련, 박정희는 생전에 측근에게 "긴 칼 차고 싶어 (만주로) 갔다"고도 밝힌 바 있다. 또한 교사직을 떠나던 날 제자들이 울음보를 터트리자 박정희는 "갔다가 큰 칼 차고 대장 되어 돌아오면 군수보다 너희들 선생님이 더 높다"고 말했다. 당시 긴 칼은 군인이 찼고, 또 군인 중에서는 장교가 찼다. 즉 박정희는 일본군 장교가 돼 출세를 하고 싶어서 안정적인 교사직을 버리고 만주로 향한 것이다.

혈서까지 쓴 덕택으로 박정희의 대구사범 재학 시절 교련교관이었던 관동군 아리카와 게이이치 대좌^{대령} 등이 손을 써 그는 결국 1940년 4월 1일 만주국 육군군관학교^{신징군관학교}에 제2기생으로 입교했다. 1942년 3월 박정희는 군관학교 2기 예과 졸업생 240명 중 수석으로 졸업했다. 이때 박정희는 수석 졸업 기념으로 만주국 황제 푸이로부터 은사품으로 금시계를 하사받았다.

졸업 후 5개월 정도 현장 실습을 마친 박정희는 우등생에게 주어지는 일본 육사 편입 특전을 받아 1942년 10월 일본 육군사관학교 제57기로 편입했

1944년 6월 만주국 육군 소위 시절의 박정희(사진 출처 : 국가기록원)

다. 1944년 4월 박정희는 300명 가운데 3등의 성적으로 일본 육군사관학교 57기를 졸업했다. 수습사관 과정을 거쳐 1944년 7월 열하성熱河省 주둔 만주국군 보병 제8단에 배속됐고, 12월 23일 정식 만주국 육군 소위로 임관했다. 이때 함께 근무했던 신현준, 이주일, 방원철 등은 훗날 5·16 군사정변02의 동지가 되었다.

박정희가 배속되었던 보병 제8단이 주로 토벌하던 대상은 중국 공산당의 팔로군03이었다. 이와 관련, 좌파계열 독립군들이 팔로군에 가담했으므로 박정희는 독립군 토벌에도 참여한 셈이라는 주장이 있다. 재미교포 언론인 겸 작가 문명자1930~2008는 1972년 일본 도쿄에서 박정희의 만주국 육군군관학교 동창생 두 명으로부터 증언을 듣고 이를 기록으로 남겼다.04

이에 따르면 그들은 "박정희는 온종일 같이 있어도 말 한마디 없는 과묵한 성격이었다. 그런데 내일 조센징 토벌에 나간다 하는 명령만 떨어지면 그렇게 말이 없던 자가 갑자기 '좋다! 토벌이다!' 하고 벽력같이 고함을 치곤 했다.

---

02 1961년 박정희를 비롯한 일부 군인들이 군사력으로 정권을 빼앗은 사건으로, 4·19 혁명 이후 민주적인 선거로 구성된 제2공화국이 무너졌다.

03 중일전쟁 때 중국공산당의 주력부대 가운데 하나로 정식 명칭은 국민혁명군 제8로군이다.

04 문명자, 『내가 본 박정희와 김대중』, 월간말, 1999년, P66~67

그래서 우리 일본 생도들은 '저거 돈 놈 아닌가' 하고 쑥덕거렸던 기억이 난다"라고 증언했다.

조선의용대[05]는 박정희가 복무한 1944년대에 화베이華北의 일본군 점령 지역에서 활발하게 활동을 전개했고, 그 결과 여러 도시에 독립 동맹의 거점을 마련했다. 이리하여 의용군과 독립 동맹의 존재가 널리 알려졌으며, 많은 조선인 청년들이 의용군에 입대했다. 이에 대해 성신여대 김명호 교수는 독립군이 '팔로군과 신사군의 지도 아래 항일 무장 투쟁을 전개했다'라며 '조선 의용군은 팔로군, 신사군과 긴밀한 관계를 수립했다'고 주장했다.[06]

군관학교 시절 박정희는 '다카기 마사오'로 창씨개명을 했다. 군관학교와 일본 육사 졸업앨범에서도 같은 이름을 사용한 것이 확인되었다. 그런데 이 이름에서 조선인 창씨개명의 흔적이 보인다고 박정희는 또 다시 완벽한 일본인 이름 '오카모토 미노루岡本實'로 개명했다. '다카기 마사오'의 목木은 박朴에서, 정正은 정희正熙에서 따온 흔적이 엿보인다는 이유에서였다. 당시에는 이처럼 원래 이름의 흔적을 남기며 창씨개명을 하는 게 일반적이었다.

재미언론가 문명자는 『내가 본 박정희와 김대중』에서 '일본 육군사관학교에 편입했을 때 박정희는 창씨개명을 완전히 일본 사람 이름처럼 보이는 오카모토 미노루로 바꾼다'라고 서술했다.[07] 이에 대해서는 재일 교포 정치학자인 강상중과 홋카이도대학 교수인 현무암이 공저로 쓴 책도 동일하게 말하

---

05 1938년 김원봉(金元鳳, 1898~1958)이 중국 임시수도 한커우(漢口)에서 창설한 한국 독립무장 부대로 200명으로 시작해 1940년 초에는 300명이 넘는 병력을 보유했다.

06 김명호, '"중공 승리해야 조선 해방" 조선인에게 투항이란 없었다', 「한겨레」, 2014년 9월 1일자

07 이 내용은 2008년 1월 18일 「세계일보」에 실린 '박정희의 일본식 이름은 왜 두 개였나'에도 인용되었다.

고 있다. 2005년 도쿄대학교에서 출판한 『일본 육·해군 종합사전』 2판에도 박정희는 '오카모토 미노루'로 소개되었다.

박정희는 만주 보병 제8단에서 1945년 7월 중위로 진급했는데, 불과 한 달 뒤 일본이 패망했다. 광복이 되면서 소속 부대가 없어진 그는 9월 21일 동료들과 함께 베이징 쪽으로 건너가, 장교 경험자를 찾고 있던 한국광복군에 편입되어, 북경의 김학규金學奎, 1900~1967가 지휘하는 한국광복군 제3지대 제1대대 제2중대장에 임명되어 광복군 장교로 활동하다가 1946년 5월 8일 미군 수송선을 타고 부산항으로 귀국했다.

귀국한 그는 고향에서 넉 달간 휴식을 취하다가 그해 9월 조선경비사관학교 2기생으로 입학하여 단기 과정을 마치고 1946년 12월 졸업했다. 그리하여 한국의 군대에서 다시 육군 소위로 임관해 군인 생활을 시작한다. 박정희와 2기 생도들은 1946년 12월 14일에 졸업했다. 194명이 졸업하였고, 군번은 성적순으로 받았다. 1등은 신재식육군소장, 군수기지사령관 역임이었고, 박정희는 3등이었다.

이에서 보듯 만주 육군군관학교를 졸업하고 일본 육군사관학교를 거쳐 만주국군 보병 제8단의 소위로 임관한 다카기 마사오, 박정희에게 만주 이력은 운명적인 의미를 지닌 것이었다.

**박정희와 기시 노부스케의
운명적인 공통점**

박정희를 군인으로 변신시킨 곳이 만주라면, 기시 노부스케를 정치인으로 단련시킨 곳도 만주국이었다. 이처럼 기시와 박정희에게 만주는 그들만의 끈끈한 유대감으로 작용하며 후일의 정치 이력에 커다란 매개체가 되었다.

그런데 묘하게도 기시와 박정희는 특별하다고 할 수밖에 없는 공통점이 무려 다섯 개나 발견된다. 이는 다음과 같다.

❶ 만주 인맥
❷ 만주국 건국을 포함해 태평양전쟁 이전 만주 지역이 가지는 역사성에 대한 인식이 전혀 없음
❸ 냉전 상황에 의한 복권과 구명救命
❹ 기타 잇키의『국가개조론』에 대한 강한 열망과 군국주의의 영향
❺ 내면 깊은 곳에는 미국에 반발심을 품었지만 대미 의존을 통해 권력 강화

만주 인맥에 대해서는 앞에서 자세히 말했으므로 더 이상의 설명은 하지 않겠다. 그런데 두 사람 모두 만주에서 커다란 기회를 얻었지만 그들에게 만주는 단지 이득을 위한 땅 이상의 역사성에 대한 이해가 없었다. 기시에게 만주는 오로지 수탈의 대상이자 자신의 통제경제에 대한 실험 대상에 지나지 않았다. 박정희에게도 만주는 독립운동 지사들의 애국심이 끓어 넘치는 처절한 삶의 현장이 아니었고, 그저 자신의 출세를 위한 먹잇감에 지나지 않았다.

앞에서 잠깐 보았듯 박정희 역시 기시 노부스케와 마찬가지로 2·26 사건을 일으킨 일본 군국주의 장교들에게 심취한 모습을 보였다. 5·16군사정변 직전 박정희는 "2·26 사건 때 일본의 젊은 우국 군인들이 나라를 바로잡기 위

해 궐기했던 것처럼 우리도 일어나 확 뒤집어엎어야 할 것이 아닌가"라고 기염을 토했다고 한다. 2·26 사건을 주도한 청년 장교들은 '부패하고 타락한 민간인 정치의 문제를 쿠데타로 일거에 해결하고 국가를 개조하겠다'고 생각했는데, 박정희 역시 이런 사고의 연장선상에 있던 셈이다.

그런데 박정희는 언제부터 그런 생각을 가졌을까. 아무래도 박정희는 만주 군관학교, 일본 육사, 만주군 시기에 2·26 사건을 일으킨 자들이 가졌던 사고로부터 상당한 영향을 받았던 것으로 보인다. 만주 군관학교 교관 중에는 2·26 사건 관련자이지만 초급 장교라는 이유로 처형을 면하고 만주로 추방된 간노 히로시管野弘 같은 황도파 출신 장교가 포함돼 있었다. 간노 히로시는 만주 군관학교 제2연대를 지휘하고 있었는데, 그로부터 영향을 받았다는 것이다. 또한 일본 육사 시절에도 박정희는 2·26 사건과 같은 청년 장교들의 국가 개조 운동에 깊은 관심을 보였다고 한다.

2·26 사건 이후 일본은 국민 생활 전반에서 군국주의 일색이 되는데 이건 천황 절대주의 기구의 중핵인 군부가 국가의 독재권을 쥐고 일본 제국주의의 위기를 타개하려는 것이었다. 천황제 파시즘일본 파시즘 또는 군국주의 파시즘이 국가의 절대적인 방향으로 자리를 잡기 시작한 것이다.

기타 잇키는 『일본개조법안대강』에서 계급투쟁을 절멸하고, 행정은 군인 또는 천황의 관리가 수행함으로써 국력을 모아 일본을 세계의 크고 작은 국가 위에 군림하는 최강의 국가로 만들자고 역설했다. 이게 바로 기타 잇키의 '대아시아주의'였다. 세계 여러 나라 위에 군림하는 최강의 국가로서 일본이 역할을 해야 한다는 주장은 요시다 쇼인 이후 새로운 이야기가 아니지만, 팔굉일우 구상이라든가 대동아공영권 구상은 기타 잇키에게서 보다 구체화

1975년 9월 2일
중앙학도호국단 발단식 후
시가행진하는 학도호국단
(사진 출처 : 국가기록원)

되었다고 할 수 있다.

황도파와 기타 잇키의 영향 아래에 있었던 청년 장교들은 자본가와 민간 정치인에 대한 강한 불신, 국가의 유일 영도자인 천황의 권위에 의존해 국가를 개조하자는 사고, 사회 또는 국가가 안고 있는 문제나 모순을 쿠데타라는 수단으로 일거에 해결하려는 생각, 자신들의 행동만이 위난에 처한 국가를 구할 수 있다는 신념을 갖고 있었다. 바로 그런 것들이 군국주의 파시즘 또는 천황제 파시즘의 골간을 이룬다. 바로 이 점이 야망에 불타는 청년 박정희에게도 매우 매력적으로 작용했을 것이다. 이는 나중 한국인에게 강력한 지도자가 필요하다는 사고와 결합해 유신체제[08]로 가는 정신적 바탕이자 정치 이념으로 이어졌다.

---

08   1972년 10월 17일 박정희 대통령이 장기 집권을 목적으로 전국에 비상계엄령을 선포하고 수립한 공화국으로, 제4공화국이라고도 한다. 이 체제는 입법, 행정, 사법의 삼권이 대통령에게 집중되어 독재정권이라는 비난을 받았다. 1979년 10월 26일 대통령이 암살당함으로써 해체됐다.

민족문제연구소의 박한용 박사는 박정희의 만주국 경험이 5·16 군사정변 이후 집권기에 얼마나 큰 영향을 끼쳤는가를 구체적인 예를 제시하며 설명한다. 5·16 군사정변 직후의 국가 재건 운동, 1970년대의 새마을운동 등 국민 개조 운동은 모두 기타 잇키의 국가개조론 그리고 이에 영향을 받은 기시 노부스케의 국가 통제형 경제개발계획과 연결돼 있다.

아울러 국민교육헌장, 국기에 대한 맹세, 애국 조회, 국기 하강식 같은 국가주의 맹세의 의례, 학도호국단과 교련이라는 이름으로 행해진 군사 교육, 충효 교육, 라디오 체조와 내 집 앞 쓸기 운동 및 국민가요 부르기, 퇴폐 풍조 일소와 미풍양속 고취, 반상회, 고도 국방체제를 목표로 한 총력 안보체제와 국가 통제형 경제개발 5개년 계획 등 유신체제 운동은 모두 일제가 식민지 조선과 만주국에서 실행했던 국가주의를 본떠 되살린 것이다. 따라서 유신체제는 일본 극우, 특히 기시 노부스케가 꿈꿨던 '쇼와 유신'의 한국형 변종이라고 할 수 있는 것이다.

좌익 혐의로 사형에 몰린
박정희를 구한 만주 인맥

박정희가 군 복무를 하던 중 셋째 형이자 독립운동가, 공산주의자였던 박상희朴相熙, 1905~1946가 대구 10월사건10.1사건[09]으로 경찰에게 사살되었다. 박정희와는 11살 차이가 났던 박상희의 친구였던 이재복李在福은 박상희가 죽자 그

---

09 2010년 3월 대한민국 진실화해위원회는 『대구 10월사건 관련 진실규명결정서』에서 해당 사건을 '식량난이 심각한 상태에서 미군정이 친일 관리를 고용하고 토지개혁을 지연하며 식량 공출 정책을 강압적으로 시행하자 불만을 가진 민간인과 일부 좌익 세력이 경찰과 행정 당국에 맞서 발생한 사건'이라고 규정했다.

의 가족을 돌봐주었다. 그리하여 박정희는 우익에게 피살된 형에 대한 복수심과 이재복의 권유로 남조선노동당에 들어가서 대한민국 국군 내 남로당 프락치들의 군사총책으로 활동하였다. 박정희가 남로당에 들어갈 때, 형 박상희의 친구 황태성黃泰成이 신원 보증을 서줬다. 황태성은 1963년 12월 간첩 혐의로 총살당했다.

남로당 활동 당시 박정희는 공산주의자들이 남한에서 감행했던 작전 중에 가장 큰 규모였으며 가장 성공에 가까웠던 정부 전복 기도사건대한민국 국방경비대 침투사건을 지도했다.

한국전쟁 직전인 1949년 박정희는 남로당 군사총책으로써 국군 내 공산주의자들을 침투시킨 혐의로 체포되어 '군 병력 제공죄'로 사형총살을 구형받았다. 그러나 당시 백선엽白善燁, 1920~2020 대령나중 육군참모총장, 대장 예편과 일본 육군사관학교 출신들의 구명 활동, 박정희의 전향서 제출 그리고 군 내부 남로당 조직원 명단 제공으로 숙군肅軍[10] 수사에 적극 협조하여 무기징역을 선고받았고 최종적으로 무죄 방면되었다.

당시 숙군 수사를 총괄하고 있던 육본정보국 특무과장 김안일金安一, 1917~2014 소령나중 준장 예편은 박정희와 일본 육군사관학교 2기 동기로 그의 구명에 적극 나서서 백선엽에게도 박정희를 한번 만나보도록 부탁했다. 당시 백선엽 정보국장 역시 1941년 만주국 육군군관학교를 제9기로 졸업하고 만주군 소위로 임관되었던 경력이 있었던지라 박정희를 면회한 이후 그를 구명하기로 결심했다. 백선엽은 당시 정보국 고문관 및 다른 육군대위에게 박정희의

---

10   대한민국 국군이 군 내부에 침투한 좌익 동조자를 축출하기 위해 실시한 군부 숙청을 말한다.

구명을 요청했고, 육군본부에 재심사를 요청하여 박정희에 대한 형 집행정지 조치를 얻어냄으로써 그를 불명예 제대시키는 선에서 문제를 매듭지었다.

이 과정에서 백선엽은 박정희 구명에 소극적이었던 수사팀장 김창룡金昌龍, 1920~1956 대위사망 후 중장 추서를 설득해 김안일과 함께 연대보증에 서명하도록 종용했다.

김창룡 역시 만주로 건너가 남만주철도주식회사의 창춘長春역 직원으로 근무하다가 1940년 신징新京의 관동군 헌병교습소를 나와 헌병으로 근무했다. 상하이에 파견되어 중국 공산당 거물 왕진리王近禮를 체포하는 데 공을 세웠고, 그를 이용하여 소련과 만주 국경에서 활동하던 지하조직을 색출하는 공을 세워 헌병 오장伍長으로 특진했고, 이후 다수의 항일조직을 적발한 민족반역자였다. 이처럼 박정희를 수사한 인물들이 모두 만주와 인연을 맺었기에 박정희는 극적으로 살아났다.

1955년 7월 1군 예하의
5사단 사단장이 되어 1군 사령관
백선엽(왼쪽)에게 보직 신고를 하는
박정희(세번째)
(사진 출처 : 국가기록원)

백선엽은 이에 그치지 않고 국군 내부의 반대와 일부 장교들의 비난을 감수하고, 박정희가 문관 신분으로 정보국에서 근무하도록 배려했다. 공식 보직이 부여되지 않은, 편제 외 인원으로 비편제군무원 자격으로 근무하던 박정희에게는 급여가 없었으나, 백선엽은 동료와 부하 장교들을 설득하여 장교들의 월급에서 일부 갹출하여 박정희에게 문관 월급을 주었다.

박정희를 또 한 번 살린 것은 아이러니하게도 사건 직후 터진 한국전쟁이었다. 앞에서 말한 대로 만주 인맥의 도움으로 비록 문관 신분이지만 그는 육군본부 정보국에 근무할 수 있었고, 거기에는 김종필을 비롯한 육사 8기 엘리트 장교들이 있었다.

이때 이곳의 전투정보과는 '연말 종합적정敵情 판단서'라는 연례보고서를 작성해 1949년 12월 17일 이를 보고했는데, 핵심 결론은 '1950년 봄을 계기로 적정의 급진적인 변화가 예기된다. 북괴는 전 기능을 동원하여 전쟁 준비를 갖추고 나면 38도선 일대에 걸쳐 전면 공격을 취할 기도를 갖고 있다고 판단이 된다'는 내용이었다. 이 보고서의 총론 부분은 박정희가 작성한 것으로 돼 있다. 이후 유양수柳陽洙, 1923~2007 전투정보 과장은 여러 차례 '남침 임박' 보고를 했고, 6월 15일에도 장도영張都暎, 1923~2012 정보국장에게 또 보고했지만 장도영은 이를 무시했다.

6월 21일 박정희는 어머니 1주기 제사를 지내기 위해 고향 구미로 내려갔고, 6월 25일 전면 남침이 벌어졌을 때 상모리 고향 집에서 문상객들과 사랑방에서 대화를 나누고 있었다. 12시 조금 지났을 무렵, 구미읍 경찰서에서 전보를 가지고 뛰어왔다. 장도영 대령이 경찰을 통해 보낸 긴급전보였다. 전보에는 '금조今朝 미명未明 38선 전역에서 적이 공격을 개시, 목하 전방부대 3개는

적과 교전 중, 급히 귀경'이라고 쓰여 있었다.

긴급전보를 받은 박정희가 서울 용산역에 도착한 것은 27일 오전 7시 무렵이었다. 이후 그는 6월 28일 새벽 육본이 철수할 때 한강 인도교가 폭파된 사실을 알고 서빙고 쪽에서 간신히 쪽배 한 척을 구해 정보국 장병들과 함께 한강을 건넜다고 한다. 이렇게 남하한 것이 박정희를 구했다. 6월 30일 장도영은 수원의 임시 정보국에서 '좌익 전력'을 가진 박정희 문관이 자신을 맞아주는 것을 보고 "그때부터 그에 대한 사상적 의심을 버렸다"고 나중 회고했다. 박정희는 이렇게 인민군이 서울을 점령한 상황에서 한강을 건넘으로써 그를 족쇄처럼 옥죄고 있던 '사상 시비'로부터 벗어날 수 있었다.

육군본부는 수원에서 대전으로 이전했다. 박정희도 후퇴하는 육군본부를 따라 수원에서 평택으로 갔다가 다시 대전으로 이동했다. 그가 다시 현역 육군 소령으로 복직된 것은 7월 14일 대전에서였다. 복직과 더불어 육군본부 전투정보 과장으로 임명되었다. 파면된 후 1년 2개월 만의 복직이었다.

5·16 군사정변 후
장도영 최고회의 의장(왼쪽)과
박정희 부의장이 계엄사무소 앞에서
발표를 하는 모습
(사진 출처 : 국가기록원)

왼쪽에서 두 번째가 박정희 준장, 그 옆으로 김용배 소장, 강문봉 중장, 송석하 준장, 채명신 준장
(사진 출처 : 국가기록원)

복직은 전적으로 장도영의 도움이 컸다. 장도영이 정일권丁一權, 1917~1994 참모총장에게 박정희의 복직을 요청하자, 정일권은 신성모申性模, 1891~1960 국방장관에게 보고했고, 신성모는 바로 그 자리에서 허락했다. 박정희는 장도영으로 받은 이 은혜를 나중 5·16 군사정변 이후 장도영을 최고회의 의장으로 앉혀 보답했다.

전쟁통이라 지급할 철모와 계급장조차 없는데, 박정희의 복직 소식을 들은 김종필이 파이버 하나를 구해와서 상황판 정리용 색연필로 철모에 빨간 태극문양이 든 소령 계급장을 그려 넣어 건네주었다. 김종필과의 인연은 이렇게 시작됐다.

2개월 후인 9월 15일 박정희는 중령으로 진급했고, 10월 25일에는 신설된 제9사단 참모장에 임명되었다. 국군의 거의 모든 병력이 북진 대열에 참여해 텅 빈 수도권과 후방을 방어할 목적으로 제 28, 29, 30연대를 묶어 창설된 것이 9사단이다. 이 부대는 후에 '백마부대'란 명칭으로 베트남에 파병된다.

신설된 9사단의 초대 사단장은 박정희보다 나이가 6살이나 어린 장도영 준장이었다. 장도영은 박정희를 참모장에 앉혔다. 9사단 창설식에는 이승만이 참석해 훈시를 했다.

하지만 그것이 오히려 최대의 행운이 되었다. 잠재적 경쟁자들이 전투 중 사망으로 자연스럽게 제거되었기 때문이다. 그 결과 한국전쟁에서 별다른 공도 없고, 훈장도 없는 그가 승승장구할 수 있는 계기가 만들어졌다. 동료들이 피를 바쳐 이루어낸 공로를 그는 아주 쉽게 차지했다. 참으로 기가 막힌 아이러니다.

박정희는 한국전쟁 때 남북이 서로 맞붙는 전투에 참여하지 않았다. 장도영이 그를 신뢰했다 하더라도 상부는 전투 지휘권을 주면 북괴군과 내통할 우려가 있다 판단하여 후방 지원 업무만 맡겼다.

백선엽은 박정희의 구명운동에 앞장섰음에도 박정희의 사상에 대해 의심을 완전히 떨치지는 못했던 것으로 보인다. 5·16 군사정변 직후 백선엽은 중화민국 주재 미국대사인 드럼라이트Everett F. Drumright, 1906~1993를 만난 자리에서 "쿠데타 세력 중 청년장교 일부가 공산주의자일 가능성이 있다"며 "미국이 이들의 백그라운드를 조사해야 한다"고 주장했다.

박정희는 평생 미국으로부터 공산주의자로 의심을 받았다. 이에 따라 5·16 군사정변 당시 2대 주한미군 사령관 매그루더Carter B. Magruder는 장면張勉, 1899~1966 총리에게 박정희의 남로당 경력과 사상이 의심된다며, 군사정변의 성격과 장래에 대해 따지기도 했다.

만주 육군군관학교와 함께 만주 인맥을 이끈 대동학원

기시 노부스케를 필두로 전후 일본 정치를 이끌어간 주축세력은 기시와 종횡으로 연결된 만주국의 관리 및 관동군 출신자들이었다. 그런데 '오족협화'라는 미명 아래 일본이 설립했던 만주국에는 군관학교와 아울러 또 하나의 인맥 형성 네트워크가 있었다. 그것은 바로 관리 양성 기관인 대동학원大同學院이다. 여기에도 조선과 일본의 유능한 젊은이들이 몰려들어 훗날 광범위한 인맥을 만들었다.

대동학원은 1931년 11월 봉천에서 창립된 자치지도부의 지도원훈련소에 연원을 두고 있는데, 1932년 7월 1일 만주 수도인 신징 병영에서 총무청 직속기관으로 정식 개원했으며, 설립 과정은 실질적으로 관동군이 주도했다. 1945년 8월 만주국이 소멸될 때까지 운영됐으며 대동학원이 배출한 4천여 명은 만주국 관료로 활동했고, 이 중 조선인은 116명 정도로 파악된다.

처음엔 국무원 총무청 소속이었다가 1938년에는 총리대신의 직할 기구로 승격되었는데, 당시 총리 직속은 대륙과학원과 건국대학, 대동학원뿐이었으며, 다른 교육기관과 달리 고등관리로 취직이 보장된다는 점에서 그

일제가 만주국 관리 양성기관인 '대동학원'에서 '오족협화' 정책을 취함으로써 조선인 엘리트도 이에 포함되었고, 나중 해방 이후 한국 관계의 중요 자리를 차지했다.

위상을 짐작할 수 있다.

일본의 유수한 대학이나 제국대학을 나온 조선인이 다시 만주행을 택한 이유는 다음과 같다.

첫째는 조선인으로서 차별 받지 않고 입신출세할 수 있다는 인식 때문이었다. 당시 만주국은 공산당을 제외하고는 비교적 사상적으로 자유로웠고 조선인에 대한 차별도 상대적으로 심하지 않았다.

둘째는 1930년대 세계적 경제공황으로 취직난이 심해지자 만주국이 새로운 기회로 여겨졌다.

셋째는 '오족협화' 정책에 따라 일정 비율 조선인들을 입학시켰다.

넷째는 당시 조선인이 징병을 합법적으로 피할 수 있는 유일한 방법이었다.

군관학교 출신자들이 대부분 해방 후에 그대로 국군에 참여한 것처럼, 대동학원 출신자들도 과거의 경력을 살려 해방된 한국의 관계에서 중요 포스트를 차지했다. 박정희 사망으로 대통령직을 승계한 최규하崔圭夏, 1919~2006도 만주 대동학원 출신이다.

군관학교 출신 국군 장성의 면면은 박정희를 비롯해 정일권, 원용덕, 이한

박정희 사망으로 대통령직을 승계한 최규하도 만주 대동학원 출신이다.

림, 백선화, 김동하, 윤태일, 김윤근, 양국진, 송석하, 이주일, 김석범, 박임항, 강문봉, 최주종, 김백일, 임충식 등이 있다.

대동학원 출신으로 군사정변 이후 출세한 유명 인사로는 최규하, 서정귀, 황종율, 권일, 고재필, 이충환, 김병화, 안광호, 김준태, 정범석, 김규민, 김삼수 등을 들 수 있다.

이들은 암암리에 자주 접촉해 네트워크를 다졌다. 또한 공사 간 용무로 일본을 방문했을 때도 그쪽의 동창생들과 서로 연락하면서 도쿄나 하코네箱根의 요정 같은 데서 어울려 회포를 풀었다.

기시, 수상 취임과 동시에
한일 국교 정상화에 시동 걸다

보수 세력 최대의 정객으로서 기시는 옛 만주국 관리와 관동군 출신 장교들이 조직한 국제친선협회의 회장직을 맡은 직후부터 한일 국교 정상화에 앞장서서 영향력을 발휘했다. 수상에 취임하면서부터는 그의 이런 행보에 가속도가 붙었다.

수상이 된 지 불과 1개월 만에 기시는 일제 때 일본이 가져간 한국 문화재의 반환을 약속하는가 하면 한때 일본이 주장했던 대한 청구권일본의 한국 내 청구권 포기와 을사늑약의 무효를 인정하기도 했다.

한걸음 더 나아가 그는 "한일회담이 열리면 이승만 대통령과 정상회담을 열 용의가 있다"고 천명했다. 이를 위한 호의의 표시로서 태평양전쟁 당시 재일 한국인 전범 148명을 석방하고, 한국에 친선사절단을 보낼 용의가 있음을 밝혔다. 그러나 이승만 정권 때는 국교 정상화로 나아갈 만큼 일제에 대한 국민감정이 아직 녹록지 않았고, 이승만 자신부터 회의적이었다.

결국 기시의 국교 정상화 정책에 날개를 달아주고 한일 외교 관계의 전면에 나서게 만들어준 것은 5·16 군사정변으로 권력을 잡은 박정희의 집권이었다. 박정희가 1961년 11월 도쿄 요정에서 기시를 만나서 "우리는 일본 메이지유신 지사들의 의지와 같다. 앞으로 새 한국 건설을 위해 좋은 의견을 들려달라"고 부탁한 이후, 기시는 박정희의 적극적인 후원자가 되었다.

여기서 하나 질문을 해보자. 기시는 왜 그렇게 한일 국교 정상화에 우선순위를 두고 추진했을까. 과연 어떤 속내가 있었던 걸까? 이에 대해서는 앞에서 이미 해답을 말해주었다. 바로 기시 자신의 구상인 '미쓰야 계획'을 실현하기 위해서는 국교 정상화를 통해 한국과의 외교를 재개하고, 한국을 자신의 의도대로 컨트롤해야 하기 때문이다.

'미쓰야 계획', 즉 3개의 화살 전략을 다시 설명하자면, 공산 세력의 준동으로 인한 한반도 유사시 일본이 즉시 한반도에 진입하는 한편, 한국과 대만을 묶은 '자유주의 3개의 화살'이 되어 장기적으로 만주까지 진출한다는 계획이다. 사실상 일제강점기 당시 모든 영토에서 옛 영향력을 회복하겠다는 야욕이다. 기시는 죽는 순간까지 이를 포기하지 않았다.

이와 관련해 1970년대에 「아사히신문」 서울 특파원을 지낸 히시키 가즈요시는 이렇게 말한다. "기시 전 수상은 미국과 같은 노선을 펴서 '아시아를 지킨다'라는 형태로 일본을 발전시켰습니다. 그의 사고 속에는 언제나 한반도가 들어 있었죠. 따라서 공산주의의 침투에 대해 한국을 전위국가로 지원한다는 생각이 분명히 있었습니다."[11]

한국을 '전위국가로 지원'한다는 것은 그럴듯한 표현이지만, 실질적으로는 검은 정치자금을 통해 대통령부터 말단까지 포섭하거나 매수하는 것과 마찬가지다. 실제 기시는 박정희를 비롯한 제3공화국 실세들의 정치자금 조성에 깊게 관여했고, 많은 도움을 주었다.

뒤에서 자세히 보겠지만 대표적인 예를 하나 들자면, '일본 쌀 도입 사건'이다. 일본 쌀은 1969년부터 3차례에 걸쳐 103만 톤이 한국에 들어왔다. 그런데 이것이 일본 의회에서 문제가 됐다.

일본 참의원 자료실에는 쌀을 둘러싼 일본 국회에서의 1973년 논란이

---

11 '최초 공개, 베일 속의 한일협정 문서, 한일 양국은 왜 40년 동안 침묵하나?', 「KBS 일요 스페셜」, 2004년 8월 15일 방송에서 발췌

모두 속기록으로 보관돼 있다. 논란의 핵심은 박 정권에 대한 특혜 시비였다. 당시 도입 조건은 30년 안에 현물로 상환한다는, 거저 주는 것과 다름없는 조건이었다. 하지만 박 정권은 수입쌀을 국내 가격으로 시중에 판매했고 270억 원에 이르는 엄청난 이익을 챙긴 것으로 돼 있다.

당시 「아사히신문」 서울지국장을 지낸 이카리 아키라의 증언은 이렇다.

"그 쌀이 일본의 원조미라는 형식으로 한국 국민에게 전해졌다면 아무 문제가 없죠. 하지만 여수와 인천, 포항의 항구에 내려진 일본 쌀들은 그 시점부터 일본의 원조미가 아니라 한국의 보유미로 둔갑을 하게 됐습니다. 그게 만약 돈이 되면 당시에 정치 상황에서는, 헌법을 개정해서 3선 출마를 가능하게 할 정치자금이 되는 것입니다."[12]

103만 톤의 쌀은 일본 돈으로 1천 300억 엔에 이르는 엄청난 규모였다. 게다가 당시 일본의 식량관리법은 쌀을 국외로 반출하는 것을 막고 있었다. 따라서 법률적 근거 없이 쌀을 빌려주는 것 또한 불가능했다.

그러자 기시가 나섰다. 당시 수상 사토 에이사쿠는 여러 차례 얘기했듯 기시의 친동생이다. 기시는 일본 국회의 반대를 무마하고 국내법상의 문제를 법 개정으로 해결하면서 박 정권에게 쌀을 빌려주었다. 그리고 1970년, 기시는 박정희 정권으로부터 1등 수교 훈장을 받는다.

이렇게 형성된 검은 돈은 사실상 제3공화국의 통치자금이라고 해도 과

---

12 178페이지와 동일

언이 아니었다. 따라서 기시의 말이라면 대통령부터 거절하기가 매우 어려웠을 것이다. 박정희-기시 라인으로 시작한 한일 검은 유착 관계는 이후 전두환 제5공화국을 거쳐 박근혜까지 연결된 것으로 봐야 한다.

기시는 자신이 그 꿈을 이루지 못할 가능성이 높으므로, 그의 후계자들에게 이 구상의 실현을 부탁하고 다짐을 받았을 것이다. 자신의 본가가 아니라 외가에서 자란 아베 수상 역시 이러한 그의 외할아버지 열망을 너무나 잘 알고 있을 것이다.

기시가 내세운 한일 교섭의 막후 실세, 야쓰기 가즈오

앞서 말했듯 샌프란시스코강화조약을 통해 일본은 독립을 회복했다. 그러나 한국은 교전국이 아니었다는 이유로 초대를 받지 못했고, 일본과의 부자연스런 관계가 지속되었다. 미국은 한일 관계가 정상화되는 쪽으로 양국을 유도했다.

미국의 조언을 받아들여 1951년 10월 20일 제1차 한일회담이 열렸으나 한국은 당연히 식민지에 따른 청구권戰後 배상을 주장하여 일본과의 입장 차이가 컸다. 1953년 10월 15일 3차 교섭에서도 일본 대표 구보타 간이치로久保田貫一郎, 1902~1977 [13]가 '역청구권 발언'으로 결렬되었다. 이 내용은 일본의 경우 전전戰前 조선에 엄청난 투자를 통하여 철도, 항만, 도로, 댐, 건물 등을 건설했으므로 그 모든 배상을 상쇄한다는 주장이다. 국내의 종일從日 이론가들에 의

---

[13] 외교관으로, 1953년 한일회담 일본 측 수석대표를 맡은 이후 멕시코 특명전권대사, 남베트남 특명전권대사 등을 지냈다.

해서도 흔히 제기되는 주장이다.

기시가 총리 시절 외무성 관료들
의 반대를 무릅쓰고 한국에 진사사절
陳謝使節로 최초로 파견한 사람은 야쓰
기 가즈오矢次一夫, 1899~1983라는 그의 심
복이었다. 야쓰기는 부두노동자로 일
하다가 1921년 '노동사정조사소勞動事
情調査所'를 설립하여 노동 분규 해결의
명수로 이름을 날리면서 몸값을 키웠

야쓰기 가즈오

고, 일본 정계의 막후 조정자로 대두하기 시작한 것은 1930년대부터다.

야쓰기는 군국주의가 중국 대륙으로 세력을 뻗어 나가던 1933년에 국
책연구회国策研究会를 창설했고 이 연구회를 통해 당시 상공성의 혁신 관료였던
기시와 만나 의기를 투합했다. 기시가 만주 괴뢰국 실권을 장악하여 대륙 경
영책을 둘러싸고 군부와 맞섰을 때, 야쓰기는 배후 중재에 나서서 기시에게
유리하도록 문제를 해결해줬다. 종전 후 기시가 A급 전범으로 수감되었을 때
그 가족을 돌보아준 사람도 야쓰기였다.

이리하여 '쇼와 시절 최대의 괴물'이라는 평가를 받은 야쓰기는 일본 정
치의 막후 실세가 되어 있었고, 기시는 이런 야쓰기를 내세워 자신의 특사로
자주 활용했다. 「요미우리신문」 기자였던 하시모토 후미오橋本文夫는 자신의
책에서 '야쓰기 가즈오가 기시 노부스케의 심복 부하였다'라고 평가했다.

'보통 흑막에 싸인 다른 사람들, 예를 들어 고다마 요시오나 오사노 겐지

小佐野賢治, 1917~1986 등은 이해관계에 있는 사람들과만 교제를 했고, 그들의 정보는 그들 이익에 필요한 것으로 한정되어 있다. 아타루 고바야시 小林中, 1899~1981[14]나 사사카와 료이치도 그렇다. 그러나 야쓰기가 가진 정보는 아주 다방면에 걸쳐 있으면서도 정확한 것이었다. 만나는 사람이 필요로 하는 정보를 항상 가지고 있다. 그는 위대한 정보꾼으로, 그것이 괴물의 본질이다.'[15]

이를 보더라도 한일 교섭 과정에서 움직인 최초의 막후 인물이 야쓰기가 된 것은 당연한 일이었다. 야쓰기는 기시 노부스케와 함께 이승만부터 전두환까지 오랜 기간 한국의 대통령들을 만나며 한일 현안에 대한 조정자 역할을 담당했다. 박정희-김종필-기시를 잇는 주축이 야쓰기였다면 이 과정에서 그의 한국 측 파트너가 유태하柳泰夏, 1901~1982였다.

당시 주일대표부 참사관이었던 유태하가 야쓰기와 연결된 것은 1956년 가을이었다. 두 사람은 유태하가 4·19로 주일대사에서 물러날 때까지 40회 이상 만났다.[16]

이후 유태하는 야쓰기를 통해 기시, 이시이 미쓰지로, 후나다 나카船田中, 1895~1979, 다나카 다쓰오田中龍夫, 기타자와 나오키치北澤直吉, 모리시타 구니오森

---

14   일본개발은행(日本開発銀行, 현 일본정책투자은행)의 초대 총재로 전후의 재계에서 '그림자 재계 총리'라고 불릴 정도의 실력자였다.

15   하시모토 후미오,『쇼와 역사를 움직이는 남자, 야쓰기 가즈오(昭和史を動かす男 矢次一夫)』, 야마테쇼보(山手書房), 1980년

16   박진희,「韓日국교수립과정에서 '韓-日인맥'의 형성과 역할」,『역사문제연구』통권 9호, 역사비평사, 2002년 12월

下國雄, 오노 반보쿠 등 중진 중의원들과 친분을 쌓았다. 이들이 한일회담을 타결시키고, 제3공화국 시절 박정희를 도운 일본 인맥의 주류다.

유태하는 당시 이승만 대통령과 프란체스카 부인의 총애를 받았지만 사실 외교관으로서는 자격 미달이었다. 우선 외교관의 필수 조건인 영어를 거의 하지 못했다. 그의 외삼촌이 되는 당시 국무총리 장택상張澤相, 1893~1969이 "유씨가 외교관이 되었다는 사실은 그야말로 한국의 기적이 아닐 수 없다"고 할 정도였다.

그럼 유태하는 어떻게 외교관이 되었을까. 그는 와세다대학교를 중퇴하고 해방 후 이승만이 중심이 된 대한독립촉성국민회大韓獨立促成國民會 17 안동지부에서 일하다가 장택상의 추천으로 이화장梨花莊 18에 들어가 이승만을 모셨다. 5·10 선거에 출마했지만 낙선한 뒤에 이승만은 그를 외무부로 보내 경무대와 연락을 담당하도록 했다가 전쟁 중에 주일대표부로 보냈다.

그러나 유태하 역시 남다른 재주가 있었다. 그 하나는 권력자에 대한 철저한 충성심이었고, 또 하나는 자기의 부족한 면을 보충하여 장기를 살리는 재치였다. 영어가 짧았던 그는 영어가 필요한 외교단 공식행사 같은 데는 나가지 않고 대신 일본말로 통할 수 있는 일본 인사들과의 개인적인 막후 접촉을 적극적으로 시도했다. 아카사카 요정에서 일본 가요를 부르며 재치 있는 대담으로 상대의 기분을 맞춰주었다. 그렇게 해서 쌓은 인맥이 한일 교섭의

---

17 1946년 이승만의 독립촉성중앙협의회와 김구(金九, 1876~1949)의 신탁통치반대국민총동원위원회가 '신탁통치 반대운동'이라는 기치 아래 통합했지만 실제 선거에선 우익 진영의 정통성을 확보하고 이승만의 후광을 얻기 위한 것이 많았다.

18 안평대군이 살았던 집으로, 광복 직후 이승만 초대 대통령이 거주했다. 2009년 4월 사적으로서의 가치를 인정받아 사적 제497호로 등록됐다.

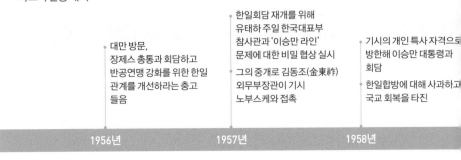

야스기 활동 내역

1956년	1957년	1958년
대만 방문, 장제스 총통과 회담하고 반공연맹 강화를 위한 한일 관계를 개선하라는 충고 들음	한일회담 재개를 위해 유태하 주일 한국대표부 참사관과 '이승만 라인' 문제에 대한 비밀 협상 실시 · 그의 중개로 김동조(金東祚) 외무부장관이 기시 노부스케와 접촉	기시의 개인 특사 자격으로 방한해 이승만 대통령과 회담 · 한일합방에 대해 사과하고 국교 회복을 타진

최대 막후 세력이 됐으니 참 아이러니한 일이다.

유태하 대일 로비는 1958년 총리가 된 기시의 친서를 가지고 야쓰기가 방한한 일에서 결실을 맺으며 정점을 찍었다. 종전 이후 일본인으로서는 처음으로 한국을 방문한 야쓰기는 1958년 5월 21일 귀국하기 전 기자회견에서 기시 총리와 후지야마 외상의 친서를 각각 전달했다고 하면서 다음과 같이 말했다.

"기시 총리는 과거 일본 군국주의자들이 한국에 범했던 과오를 유감으로 생각하고 있습니다. (중략) 한편 이 대통령은 일본 정치가 중에서 특히 기시 총리를 신임하고 있으며, 또한 앞으로 한일 양국 관계는 총리의 성의에 달려 있다는 견해를 표명했습니다. 기시 총리는 이토 히로부미와 우연히도 동향인 까닭에 그의 선배인 이토가 저지른 과오를 씻기 위해 노력해야

박정희 대통령으로부터
1등 수교훈장 수여

1972년

김병식 조총련 부의장과
회담, 북일 경제관계
촉진에 나서고 북일
무역을 챙기는
협화물산(協和物産) 설립

1973년

기시와 함께 방한해
박정희와 김대중
사건에 대해 회담

기시 노부스케의 개인 특사로
중국 방문, 덩샤오핑과 회담

양안(兩岸) 통일을 향한 대만
장징궈(蔣經國, 1910~1988)
총통과의 중개 역을 요청받고
한중 경제 교류에 대해서도 논의

기시와 함께 방한해 전두환
대통령과 회담

1980년

겠다고 마음먹고 있습니다."

여기서 기시가 동향 선배인 이토가 저지른 과오를 씻기 위해 노력해야겠
다고 마음먹었다는 것은, 기시가 직접 써서 이승만에게 보낸 휘호 '초심불가
망初心不可忘·처음 먹은 마음 변하지 않겠다'을 의미한다.

야쓰기와 유태하의 관계로 형성되었던 인맥은 4·19혁명 이후에도 건재
했다. 야쓰기가 협조한 덕에 유태하의 대일 인맥은 군사정권이 그대로 전수
받았다. 유태하는 민주당 정권이 들어서자 이승만의 비자금 500만 달러를
숨겨둔 장본인으로 지목된다. 민주당 정부는 그의 여권을 취소시키고 대사
직에서도 해임하며 소환 명령을 발부한다. 그러자 그는 자신이 구축해둔 일
본 인맥을 활용해 일본 경찰의 호위를 받으며 은둔하고 있던 중 정말 운 좋게
5·16 군사정변이 일어났다.

5·16 군사정변 이후 구속된
유태하에 대한 신문 기사

유태하의 인맥을 전수받은 사람은 주일대사관 최영택崔英澤 참사관이었
다. 최영택은 육사 8기 출신으로 주로 정보 분야에서 근무한 경력을 가진 정
보해석 주특기자였다. 최영택에 대해서는 뒤에서 좀더 자세히 보도록 하자.

유태하 인맥은 최영택에게 전수되고 김동조金東祚,1918~2004 주일대사에 의
해 유지되었다. 김동조는 1957년 2월 미국에서 귀국하는 길에 일본을 들러
유태하 알선으로 야쓰기를 처음 만나 식사를 같이했고, 1957년 2월 25일 도
쿄 롯폰기六本木의 외상관저에서 그날 수상으로 취임한 기시를 만났다.

김동조의 회고에 의하면 이때 기시는 한일회담의 성공에 최선을 다할 것
이며, 과거 식민통치의 잘못을 깊이 뉘우친다고 했다. 아울러 "내 고향인 야
마구치 현의 하기 항구는 도쿠가와 막부 시대의 무역선인 슈인센이 한반도를

왕래했던 곳으로, 내 피에도 한국 피가 섞여 있을지도 모른다"라면서 '일본 국 총리 기시 노부스케'라고 인쇄된 명함을 "이 대통령에게 봉정해달라"고 부탁하는 정중함을 보였다고 밝혔다.

위에서 야쓰기 역시 기자회견에서 기시와 이토 히로부미가 동향이라는 사실을 강조했다. 이를 보면 기시와 야쓰기가 사전에 어떻게 말할 것인지 치밀하게 각본을 짠 흔적이 역력하다. 자신에게도 한반도의 피가 흐를지 모른다면서 친밀감을 나타내려 한 것이라 하겠다.

김동조는 1957년 5월 외무차관이 된 뒤에도 야쓰기의 주선으로 많은 일본 정객들을 만날 수 있었다. 김동조와 야쓰기의 관계는 1965년 한일회담 타결 당시에도 확인된다. 1965년 4월 어업 문제로 양국 관계 장관 회담이 열렸다. 이때 일본 아카기 무네노리赤城宗德, 1904~1993 농업대신이 한국 차균희車均禧 장관을 상대로 부정적인 태도를 보였다.

이에 김동조는 야쓰기를 만나 항의하고, 기시파의 후나다 나카 중의원 의장에게 중재를 요청했다. 이에 야쓰기는 자주 이용하는 요정으로 아카기 농업대신을 불러 호통을 치면서 회담을 타결할 수 있도록 예의를 다하라고 했다고 한다.

김동조는 삼성 이병철李秉喆, 1910~1987 회장의 '사병私兵'으로 불릴 정도로 삼성과 밀착된 인물이었고, 일본 미쓰이와도 밀접한 관계를 유지했다. 김동조는 주일대사로 부임한 뒤 미쓰이물산에 부탁해 대사 관저를 제공받았다. 이집은 당시 도산한 '산양특주강山陽特殊鋼'의 도쿄 기숙사로 미쓰이부동산에서 관리하고 있었다. 한국 측이 이에 대한 대금 1억 9천만 엔을 지불한 것은 1973년 무렵이었다. 이런 관계도 미쓰이그룹이 한국에서 기반을 구축하는

1965년 6월 22일 도쿄 총리 관저에서 열린 한일조약 재협정 조인식. 왼쪽부터 김동조 주일대사, 이동원 외무장관, 사토 에이사쿠 총리 (사진 출처 : 국가기록원)

과정에서 정재계 인맥의 도움을 받을 수 있었던 계기가 되었을 것이다.[19]

이렇게 한일 국교 정상화에 강력한 의지를 보이며 기회를 엿보던 기시가 하필이면 만주 군관학교와 일본 육사를 나온 당사자가 한국의 실권자가 된 사실을 듣고 얼마나 기뻐했을지 능히 짐작할 수 있다. 박정희 소장과 일단의 군부 세력이 쿠데타에 성공하여 한국의 새로운 실력자로 등장했을 때, 기시의 만주 인맥 그룹은 쾌재를 부르지 않을 수 없었을 것이다. 이들은 신문에 커다랗게 나온 박정희 사진을 보고 "아, 이게 누구야? 다카기 마사오 아닌

---

19 박진희, 「韓日국교수립과정에서 '韓-日인맥'의 형성과 역할」, 『역사문제연구』 통권 9호, 역사비평사, 2002년 12월

가?"라고 놀라면서 "한일 관계에 새 날이 찾아왔다"고 기뻐했다고 한다.[20]

　그러나 이는 좀 과장된 표현이라고 할 수 있다. 만주국의 실력자들이 이제 갓 임관한 박정희를 알아봤을 리는 만무하고, 박정희가 다카기 마사오라는 사실은 아마도 만주 군관학교 동기생들이 먼저 지적해서 그 이야기가 신속하게 퍼진 것으로 봐야 한다.

　아무튼 기시 노부스케, 시이나 에쓰사부로, 고다마 요시오, 야쓰기 가즈오, 이시이 미쓰지로 등 만주국을 실질적으로 경영했던 만주 인맥은 박정희 군사정권의 출현을 환영했다. 특히 기시의 기쁨은 매우 컸다. 다음과 같은 발언을 보면 기시는 그때 이미 돈으로 국교 정상화를 만들 수 있다고 생각한 듯하다.

> "다행히 한국은 군사정권이기 때문에 박정희 등 소수 지도자들의 나름대로 된다. 따라서 어느 정도의 액수로 박 의장을 만족시키기만 하면 저쪽에는 국회도 없는 것이고, 만일 신문이 이것을 반대한다 하더라도 박 의장이 그들을 봉쇄해버릴 수 있으니까 되는 것이다."[21]

5·16 군사정변에 성공한 박정희, 6일 만에 한일 국교화 재개 착수

박정희의 쿠데타에 쾌재를 부른 기시와 만주 인맥의 기대는 어긋나지 않았

20　오경환, 「한일회담 막후의 만주국 인맥-대일청구권 교섭이 이루어지기까지」, 『정경문화(政經文化)』, 1984년 9월

21　'서중석의 현대사 이야기 64회', 「프레시안」, 2014년 9월 29일

다. 박정희는 집권하자마자 놀라울 만한 추진력으로 한일 국교 수교를 밀고 나갔다. 5월 16일 정권을 잡은 뒤 6일밖에 지나지 않은 어수선한 시기에 군정이 공식 기자회견을 통해 최초로 표명한 문제가 다름 아닌 한일 교섭에 관한 희망이었다.

5월 22일 당시 외무부장관이었던 김홍일金弘壹, 1898~1980은 "일본은 우리와 여러 가지로 관계가 있는 국가이므로 정상적인 국교 수립을 위한 우리의 생각과 노력은 변함없다"고 공표한 뒤, 주일대표부를 통해 국교 교섭의 재개 희망을 통고했다. 7월 5일이 되면 다른 어떤 나라보다 빨리 군정 친선사절단을 제1착으로 일본에 파견했다.

그로부터 얼마 되지 않아 박정희 자신도 집권 후 최초의 방문국으로 일본 땅에 발을 내디뎠다. 일본 육사 출신인 그로서는 금의환향인 셈이니 참으로 감격스러웠을 것이다.

도쿄대 강상중 교수와 홋카이도대 현무암 교수의 공저로 2010년에 일본 고단샤 시리즈로 출간한 『흥망의 세계사 18 : 대일본 만주제국의 유산興亡の世界史 18 : 大日本·滿州帝国の遺産』에 따르면 정권을 장악한 6일 후 바로 박정희가 김종필[22]에게 "일본에서 경제 지원을 받아 한국을 다시 세우기 위해 한일 교섭을 재개하라"고 지시했다고 한다.

기시 측근이자 '한일협력위원회' 한 멤버로 한일 협상의 한 당사자이기도 했던 시나 에쓰사부로 역시 육영수陸英修, 1925~1974 여사의 오빠인 육인수陸寅修의 증언을 통해 박정희의 심중을 다음과 같이 기록하고 있다.

---

22   이 책은 『기시 노부스케와 박정희』란 제목으로 책과함께에서 출간했다.

박 대통령은 5·16 군사정변을 일으킨 때부터 어떻게 하든 한일 국교 수립을 해내야 한다는 결의를 굳히고 있었다. 군사정변 때부터 대통령과 자주 대화한 내용이다.

박 대통령은 "이승만 시대부터 한국은 두 개의 적을 가지고 있다. 하나는 앞면의 북한의 공산주의, 하나는 국민의 반일 감정이라는 대일 적대의식이다"라고 자주 말했다. '양쪽에 적을 가지고, 그 어디에 한국이 설 자리가 있을까'라는 것이 그의 생각이었다.

무엇보다도 (경제를 일으킬) 자금이 필요하다. 미국이 도와준다고 해서 배증해주는 것은 아니고, 믿을 수도 없다. 그런데 일본에서는 교섭에 따라 당당하게 한국이 받을 돈이 있지 않은가. 그것을 반일 감정이라든지 굴욕이라든지 하며 한일 협상을 때려 부수고 있는 것은 대단한 국가적 손실이라는 것이 박 대통령이 항상 생각하고 있던 일이다.[23]

만주 군관학교와 일본 육사를 나온 장본인답게 박정희는 쿠데타를 계획할 때부터 일본과의 관계 정립을 최우선 사항으로 적시해놓았던 것이다.

1961년 11월 박정희 최고회의 의장은 케네디 대통령의 초청을 받아 미국을 방문하는 길에 일본에 들렀다. 이케다 하야토 총리와의 회담에서 박정희는 '도호쿠東北 지방이나 가고시마鹿兒島 출신 사람보다 더 훌륭한 일본말'을

---

23 마쓰오 요시로(松尾芳郎), '한일 국교 정상화와 시이나 에쓰사부로(日韓国交正常化と椎名悦三郎)', 「도쿄익스프레스(Tokyo Express)」, 2015년 5월 22일자

구사하며 국교 정상화에 관한 그의 의욕을 피력했다.

일본에 30시간 머무는 동안 12일 저녁 박정희는 기시 노부스케, 이시이 미쓰지로, 아카기 무네노리 등 일본 정계의 친한파 인물들과 도쿄 시내의 요정에서 회동했는데, 외무성에 특별히 요청하여 만주 군관학교 시절의 나구모 신이치로南雲親一郎 교장을 찾아 참석을 요청했다. 정운현 친일반민족행위진상규명위원회 전 사무처장에 의하면 공식 축배가 끝난 뒤 박정희는 테이블 맞은편에 있던 나구모에게 술병을 들고 가 머리를 조아리고 술을 올렸다. 그러면서 박정희는 유창한 일본어로 "교장 선생님, 건강하십니까?"라고 인사했다. 이를 보고 이케다 수상은 "사은師恩, 스승의 은혜의 미덕을 안다는 것은 우리 동양의 미덕으로, 박정희 선생에게 경의를 표하는 바입니다"라고 화답했다.

이 자리에서 박정희는 군부가 일어선 것이 국가를 구하기 위해서며, 앞으로 새 한국 건설을 위해 좋은 의견을 들려달라고 당부했다. 그러면서 "나는 일본 메이지유신의 지사가 된 심정으로 일을 하고 있다"고 강조했다.[24]

그가 자꾸 '일본 정신'을 강조하는 바람에 같은 자리에 있던 일본 정객들이 기분이 좋은 반면 민망한 마음까지 들었다고 한다. 기시는 메이지유신의 지사를 자처하는 박정희를 보며 만주군 하급장교의 모습을 떠올렸을 것이다. 메이지유신 역시 상급무사의 세상에 대한 하급무사들의 쿠데타였다.

이처럼 일본에서 기시를 처음 만나 자신을 '메이지유신의 지사'로 다짐한 박정희의 마음을 보자면, 5·16 군사정변 역시 메이지유신을 참고해 따라 한

---

24 중앙일보 특별취재팀, 『실록 박정희』, 중앙M&B, 1998년. 이때 이시이 미쓰지로도 "박정희가 메이지유신의 지사의 풍모를 지녔다"고 칭찬했다고 한다.

1 1961년 11월 11일 일본 총리 관저 만찬장에서의 박정희. 왼쪽이 기시 노부스케, 오른쪽이 이케다 하야토

2 박정희와 케네디(사진 출처 : 국가기록원)

것이라고 볼 수 있다. 박정희는 메이지유신을 이상적 모델로 생각했다. 그가 생각하는 근대화는 곧 부국강병이었다.

박정희는 아울러 만주국 건설과 경영에 최고 솜씨를 보였던 기시 노부스케를 자신의 역할모델로 삼은 것으로도 보인다. 따라서 일본의 경제 원조를 얻어 그 자금으로 한국 경제를 세우고자 우선 기시와 접촉하고자 했고, 밀사 김종필을 일본으로 보냈다. 김종필이 기시를 면담한 후 기시는 친서를 보낸다. 한국 발전을 위하여 협력을 아끼지 않겠다는 취지의 친서였다. 박정희는 이에 대한 답서를 기시에게 보냈다.

근계謹+啓, 삼가 아룁니다

귀하께 서신을 드리게 된 기회를 갖게 되어 극히 영광으로 생각합니다. 귀하가 귀국일본의 어느 위정자보다도 우리 대한민국과 국민에게 특히 깊은 이해와 호의를 가지고 한일 양국의 백년대계를 위하여 양국의 견고한 유대를 주장하시며, 그 실현에 많은 노력을 하시고 있는 분이라는 것을 금번 귀하가 파견하신 신영민[25] 씨를 통하여 잘 알게 되었습니다. 동씨는 더욱 나와는 중학 동창 중에서도 친우의 한 사람인 관계로 해서 하등의 격의라든가 기탄을 개입시키지 않은 자유로운 논의를 수차 장시간에 걸쳐서 교환하였기 때문에 어느 누구보다도 우리 군사혁명 정부의 오늘까지의 시정 성과와 향후의 방침과 전망에 대하여 가장 정확한 판단과 이해와 기대를 가지고 돌아가게 되었다고 확신하오니 금후에도 동씨신영민를 통하여

---

25 신영민은 박정희의 중학교 동창으로 나올 뿐 구체적 신원이 확인된 적은 없다.

귀하와 귀하를 위요한 제헌의 호의로운 협력을 기대하여 마지않습니다.

더욱 장차 재개하려는 한일 국교 정상화 교섭에 있어서의 귀하의 각별한 협력이야말로 대한민국과 귀국과의 강인한 유대는 양국의 역사적인 필연성이라고 주장하시는 귀의가 구현될 것이라고 생각합니다. 그러면 귀하에게는 신영민 씨가 약 이순에 걸쳐서 듣고 본 우리 국가의 정치경제 군사 민정 등 제 실정을 자세히 보고 설명할 것으로 알고 나는 여기서 귀하의 건강을 축복하며 각필합니다.

- 1961년 8월 대한민국 국가재건최고회의 의장 박정희

무력 쿠데타로 정권을 장악한 것이 5월이었는데, 그 어수선한 시국에 기시와 박정희는 벌써 사람을 통해 서신 왕래를 할 정도가 되었다. 기시는 다각도로 국교 정상화와 관련한 공작을 진행하고 있었고, 박정희 역시 이에 즉각 화답했다.

박정희 일본 방문 이후 한일 교섭이 급물살을 탄 것은 두말할 필요가 없다. 그러나 박정희는 교섭 과정에서 공식 외교 채널보다는 막후 흥정을 통한 변칙 채널을 선호했다. 이 역시 기시의 방식이었다. 막후 채널의 대상이 기시를 비롯해 주로 만주 인맥의 핵심인사들이었음은 말할 것도 없다.

두 번째 친서 전달자가 1949년 반민특위 활동 당시 제1호 체포 대상자였던 친일반민족행위자인 화신백화점 사장 박흥식朴興植, 1903~1994이란 사실은 박정희 근본 인식을 다시금 상기시켜준다.

근계

거반^{지난번} 귀국을 방문한 바 있는 박흥식 씨 편으로 전해주신 귀하의 서한

을 접하고 상금^{이제까지} 회신을 드리지 못하고 있는 차에 금번 다시 박흥식

씨가 귀국^{일본}을 방문하는 기회를 이용하여 귀하에게 경의를 표하게 됨을

기쁘게 생각합니다.

한일 간의 국교가 하루 속히 정상화되어야 한다는 것은 본인의 변함없는

신념입니다. 이는 한일 양국의 공동번영의 터를 마련할 것이며 현재의 국

제 사정 하에서 극동의 안전과 평화에 기여하는 바 지대하리라고 믿습니

다. 귀하께서도 항상 한일 관계의 개선에 관심을 가지시어 적극적인 노력

을 아끼시지 않는 데 대하여 본인은 심심한 사의를 표하는 바이며 한일회

담의 조기 타결을 위하여 배전의 협조 있기를 바라마지 않습니다. 귀하의

가일층의 건승을 빕니다.

– 1963년 8월 1일 대한민국 국가재건최고회의 의장 박정희

기시에 대한 박정희의 태도가 이러했으니, 한일협정을 전후한 시기에 정
부의 대일 저자세 외교의 참상은 그야말로 목불인견 그 자체였다. 기시는 걸
핏하면 '형제지국'이라고 두 나라 관계를 표현하여 암암리에 일본이 형뻘이
되는 나라임을 드러냈다.

후나다 나카 중의원 의장은 자주 일본을 방문한 김종필을 만나 여러 사
람이 보는 앞에서 "김 군은 퍽 좋은 사내란 말이야……" 하고 마치 어린 동생
을 보살피는 듯 어깨를 쳐주기도 했다. 이런 사실이 일본 신문에 보도되자 재
일교포 청년들이 김종필을 찾아가 "국가 위신이 말이 아니다"고 항변한 적도

있었다. 이런 후나다도 기시와 함께 우리 정부로부터 훈장을 받았다.

'김종필-오히라 비밀 메모'와
김종필의 명연설

5·16 군사정변 정권의 대일 의욕에는 경제계획에 필요한 자금 소요라든지 극동 전략에 기본을 둔 미국의 측면 압력 등이 그 배후에 개재되어 있었음이 분명하다. 그러나 군사정권의 과도하게 의욕에 넘치는 국교 정상화 추진은 이 두 가지 요인만으로는 설명이 되지 않는다. 앞에서 누누이 보았듯 만주 인맥으로 이리저리 얽힌 끈끈한 관계가 서로를 이끌었던 것이다.

박정희는 1961년 11월 기시 정권의 뒤를 이은 이케다 하야토 총리가 보상권 청구와 관련해 '청구권이 아닌 무언가 적당한 명의라면 좋다'라는 입장을 취하자 명칭보다 실리를 취하기로 했다. 그리하여 박정희는 김종필에게 "협상의 명목은 아무래도 좋다. 이름을 버리고 실리를 얻는다"는 지시를 내린다.

한일 교섭의 막후에 대해 함구하고 있던 김종필은 2005년 6월 일본 NHK 방송과의 인터뷰에서 소위 '김종필-오히라 비밀 메모'에 대해 처음으로 털어놓았다. 이는 1962년 11월 12일 김종필의 카운터파트였던 오히라 마사요시[26] 외무대신과의 회담에서 작성한 최종 협상안이었다.

박정희 정권은 이날 비밀 메모를 통해 대일청구권 문제 등에 합의해줬지만 이러한 협상 내용은 2년 동안이나 비밀에 부쳤다. 이런 국가적 중대 사안

---

26 오히라는 1978년 대량의 당원이 예비선거에 참여한 최초의 자민당 총재선거에서 현직 총리였던 후쿠다 다케오를 물리치고 총리가 되었다.

을 당연히 알아야 할 권리가 있는 국민은 이를 정부 발표가 아니라 야금야금 퍼져 나가는 소문으로 들어야만 했다.

김종필과의 인터뷰를 NHK는 다큐멘터리로 제작해 방영했다. 김종필은 인터뷰에서 유창한 일본어로 대답했다. 김종필은 한때 일본 중앙대학 진학을 지망하여 1944년 단신으로 일본에 건너갔지만, 당시 전황의 악화로 심각한 식량 부족에 시달리고 있었던지라 '어차피 죽으면 고향에서 죽고 싶다'고 조선에 돌아와 서울대에 진학했다는 일화가 있다.

이 인터뷰에서 김종필은 "한국은 (청구액으로) 100억 달러를 받아도 모자랐지만 박 대통령에게 물어보았더니 '8억 달러 정도만 받으라'고 해서 놀랐다. 당시 일본의 외환 보유고가 14억 달러 정도였다. 실질적으로 절반 정도를 가져오라는 거여서 힘들겠다 했더니, 그래도 가져와라 했다"고 술회했다.

그러나 실무회담에서 오히라는 3억 달러 이상은 어렵다는 입장이었고, 김종필은 적어도 6억 달러 정도는 돼야 한다며 대립했다. 액수 말고 명목도 매우 중요한 대립 사안이었다. 일본은 청구권이라는 명목을 내세워서는 절대로 안 되고 반드시 독립축하금 또는 경제원조금이라고 해야 한다고 했다. 이에 대해 김종필은 "우리의 사정으로는 청구권이라는 명목을 내세워도 역적 취급 받을 상황"이라고 맞섰지만 일본은 "청구권이라는 명목으로는 7천만 달러도 어렵다"고 고집했다.

이렇게 양측의 입장이 맞서며 회담이 지지부진해질 무렵, 김종필은 "2시간이 지나도록 커피 한 잔도 안 주는 속 좁은 나라니까, 그 정도도 안 주는 것 아니냐"고 빈정댔다. 그러자 2시간 반이 지나서야 커피가 나오고, 회담에 진전이 있어서 일본은 '무상원조 2억에 유상원조 2억'이라는 협상카드를 들고 나왔다. 이에 김종필은 '무상 3억, 유상 2억, 수출입은행이나 민간차관 형태로 1억+a5' 카드를 내놓았고, 결국 이 안으로 회담 시작 3시간 반 만에 최종 합의에 도달했다.

'김종필-오히라 비밀 메모'는 무상 3억 달러, 유상 2억 달러 외에 수출입은행 차관 1억 달러 도합 6억 달러로 합의하고 이를 양국 수뇌에게 건의한다는 내용이었다. 김종필은 회담 후 생길 수 있는 해석의 차이를 방지하기 위해 메모를 남기자는 제안을 했고, 이를 오히라 외상이 받아들여 메모가 작성되었다.

메모 내용은 일본이 제공할 청구권 액수와 방식만 명기되어 자금 명목에 대한 언급은 전혀 없었다. 따라서 일본에서는 독립축하금으로 해석하고 한국에서는 청구권 자금으로 해석할 수 있는 여지를 남겨둔 셈이었다.

이에 대해 김종필은 회담에서 "나는 국회와 국민의 보고에서 분명히 청구권을 이런 식으로 합의를 도출했다고 할 것이니, 당신도 다른 때와 마찬가

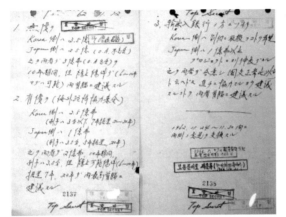

김종필-오히라 비밀 메모
(사진 출처 : 국가기록원)

지로 편한 대로 설명하면 된다"라고 말했다고 술회했다. 서로 편한 대로 각자 보고하기로 결정한 셈이다. 그런데 정말 아이러니한 것이 만약 당시 합의에서 일본 주장대로 '독립축하금'으로 명목을 정했더라면 지금의 한일 외교관계에서 일본의 입장은 매우 옹색해졌을 것이다. 배상 문제는 이때 완결된 것이라는 그들의 주장이 성립될 수 없기 때문이다.

여하튼 김종필은 일본 정계 실력자들로부터 많은 예쁨을 받은 것은 사실이다. 그렇기 때문에 일본과 정말 특별한 관계를 유지했다. 1964년 5월 20일 새뮤얼 버거Samuel D. Berger, 1911~1980 주한 미대사가 미 국무성으로 보낸 비밀 전문에 따르면 박정희가 김종필을 제거할 의사가 있었지만 일본의 반발로 그러지 못했다는 내용이 등장한다.

5·16 군사정변이 발발하고 한 달여 후 취임한 6대 새뮤얼 버거 대사는 박정희의 쿠데타 세력을 사실상 인정하되 미국의 정책을 따르도록 설득하는 전

략을 취한 인물이다. 쿠데타 발발 당일 마셜 그린Marshall Green 주한 미대사대리와 카터 매그루더 주한 미군사령관이 쿠데타 반대 입장을 표명한 것을 뒤집은 것이다. 버거 대사는 박정희에게 민정 이양을 위한 선거를 실시하고 한일 국교 정상화를 추진할 것을 요구했다.

문서에 따르면 박 대통령이 버거 미대사에게 김종필을 제거하고 싶다는 의사를 전달한다. 한일회담 반대 시위가 한창일 무렵이었다. 그래서 버거 대사가 박정희에게 왜 미리 김종필을 제거하지 못했느냐고 묻자, 박정희가 당시 자민당 부총재 오노로부터 몇 통의 편지를 받았는데, 오노는 김종필이 제거된다면 일본과의 협정 타결은 없을 것이라고 경고해서 그러지 못했다는 것이다.[27]

김종필이 '김종필-오히라 비밀 메모'에 대해 처음 입을 연 2005년 일본 방문은 「요미우리신문」이 마련하고 도쿄 게이단렌經團連 회관에서 열린 '한일 국교 정상화 40주년 초청 강연' 때문이었다. 김종필과 함께 초청연사로 초대된 나카소네 야스히로 전 총리를 비롯해 일본의 정재계 인사, 정부의 국장급 이상 관료, 언론사 대표 등 1천여 명이 참석했다.

약 40여 분 동안 진행된 김종필의 연설은 일부 내용 특히 박정희 치적에 대한 비판이 있을 수 있으나 그에 대한 정치적 평가와 상관없이 아주 멋진 명연설이다. 일본인들에게는 충격적이기도 했을, 매우 강직하고 저돌적인 연설이기도 하다. 따라서 그의 연설 전문을 인용한다.[28]

---

27 '최초 공개- 베일 속의 한일협정 문서. 한일 양국은 왜 40년 동안 침묵하나?', 「KBS 일요스페셜」, 2004년 8월 15일자에서 발췌

28 김종필 증언록 '소이부답' 25, 「중앙일보」, 2015년 4월 29일자

금년은 1905년 일본이 한국과 보호조약을 맺은 지 100년, 제2차 세계대전이 종전된 지 60년 그리고 한일 국교 정상화가 이루어진 지 40년이 되는 해입니다. 오늘 한일 국교 정상화에 일조一助를 했던 저에게 이런 기회를 주셔서 감사를 드립니다. 저는 이 자리에서 한국과 일본 두 나라뿐 아니라 중국과 미국과의 상관관계도 언급하고자 합니다. 물론 미래를 이야기하기 위해서는 어제와 오늘에 대한 검토가 있어야 할 것입니다.

저는 육사 동기생 약 40%를 50년 한국전쟁 때 잃은 전중戰中 세대입니다. 우리 육사 전우들은 김일성金日成, 1912~1994이 스탈린과 마오쩌둥의 지원을 받아 일으킨 한국전쟁 때 소대장·중대장으로 참전해 많은 희생이 있었습니다. 다행히 살아남은 우리들은 후손들에게 더 이상 분단과 가난과 예속隷屬의 짐을 물려줄 수 없다고 다짐하면서, 국가 개조의 꿈을 안고서 박정희 장군을 지도자로 모시고 61년 5월 16일 군사혁명을 일으켜 산업화와 민주화를 핵심으로 한 조국 근대화의 과업을 성공적으로 추진하였습니다. 전중세대로부터 '근대화의 성공'이란 유산을 이어받은 오늘의 젊은 세대는 한반도의 자유통일과 국가 선진화로 나아가는 길을 달리고 있습니다. 21세기 어느 시기에 한반도는 반드시 자유민주주의와 시장경제의 기치 아래 통일된 인구 7천만 명의 선진국으로 자리잡을 것이라고 믿습니다.

올해 해방 60년을 맞은 한국의 번영은 53년의 상호방위조약에 따른 한미 안보동맹과 65년의 수교修交에 의한 한일 우호 관계를 토대로 하여 이뤄질 수 있었습니다. 한국은 분단으로 사실상 섬이 되어 대륙과 단절되었지만 더 넓은 자유 진영과 해양문화권에 뿌리를 내림으로써 유라시아 대륙을 석권한 국제공산주의의 확산을 한반도의 중간선에서 막아내고 일본의 안전과 번영에도 적지 않은 기여를 했던 것입니다. 저는 한일 국교 정상화 교섭에 관계하여 40년 전 오히라 마사요시 당시 외상과 함께 '김-오히라 메모'라고 불리는 합의를 했습니다.

그즈음 제가 만났던 일본의 지도자들도 태평양전쟁을 경험한 전중세대였습니다. 전쟁의 비참함과 평화의 소중함을 체험적으로 알게 된 양국의 전중세대는 두 나라 사이에 건설적인 협력관계를 정립함으로써 동북아의 평화와 안정을 확보해 후손에게는 반드시 항구적인 번영의 유산을 물려주자고 이심전심以心傳心으로 다짐했던 것입니다.

우리 두 이웃 나라는 고대로부터 지금에 이르기까지 빈번한 문화적·인적 교류를 통해 동양 문명의 일원이 되어 세계사에 남을 만한 창조와 건설의 업적을 이루었습니다만 침략과 지배, 전쟁과 반목의 시기도 길었습니다. 65년 한일 수교로 시작된 새로운 40년은 양국 간의 역사상 가장 성공적인 협력기期였다고 평가될 것입니다. 그 성공의 가장 확실한 물증은 양적으로나 질적으로 엄청나게 확대된 양국 사이의 교류와 협력이라고 생각합니다. 한일 국교 정상화가 이뤄졌던 1965년 양국의 상호 방문자는 연간 1만 명도 되지 않았습니다. 지난해 양국 간 상호 방문자는 하루에 1만 명을 넘어섰습니다. 올해는 양국 방문자 수가 500만 명을 돌파할 것입니다. 양국 무역 규모는 지난해 678억 달러에 이르렀고 일본은 244억 달러의 대한對韓 무역흑자를 기록했습니다.

최근 시마네島根 현의 '다케시마의 날 조례' 제정으로 비롯된 양국 사이의 갈등에도 불구하고 지난 40년간 착실하게 성장한 양국 국민들 사이의 교류와 협력의 기반은 흔들리지 않고 있습니다. 한국에서 반일反日 시위가 일어나고 있던 지난 상반기의 관광통계에 따르면 일본인 입국자 수는 줄기는커녕 전년 동기보다도 20% 이상 늘었고, 일본으로 간 한국인 수도 크게 늘었습니다. 정부 대 정부의 관계를 뛰어넘는 이런 국민과 국민 사이의 교류와 협력이야말로 동북아시아의 평화와 번영을 보장할 한일 두 나라의 공동 자산입니다. 양국의 지도층은 정치나 외교보다도 앞서가고 있는 두 나라 국민 사이의 경제적·문화적·인적인 친선협력의 바탕을 깨뜨리지 않고 소중히 가꾸어 나가야 할 책임이 있습니다. 그러기 위해서는 양국의 지도층부터 먼저 정확한 역사의식을 공유해야 할 것입니다.

영국 소설가 조지 오웰은 "과거를 지배하는 사람이 미래를 지배한다. 그런데 현재를 지배하는 사람이 과거를 지배한다"고 말했습니다. 현재를 사는 우리는 과거를 직시直視함으로써만 미래를 투시透視할 수 있습니다.

최근의 독도 문제 발신지인 일본 시마네 현 이즈모 대사出雲大社가 모시고 있는 신神 스사노오노미코토須佐之南命는 신라에서 건너왔다는 설說이 있습니다. 이는 고대에 신라 주민들이 일본 산인山陰 지방에 많이 건너갔다는 것을 이야기하는 것이 아닐까 생각합니다. 저는 백제 고도古都였던 부여 출신으로서 수년 전엔 규슈 미야자키 현 난코무라南鄕村를 방문해 서기 663년의 백촌강白村江 전투 이후 일본으로 건너간 백제 왕족의 도래渡來 유적지 안에 있는 백제관百濟館에 졸필拙筆을 남긴 적도 있습니다. 일본 천황께서도 자신이 백제 왕족과 혈연으로 이어져 있다는 말씀을 한 적이 있습니다.

고대에 한반도를 거쳐 일본으로 건너간 사람·기술·문화가 일본 문명의

기초가 되었다는 것은 부인할 수 없는 역사적 사실입니다. 저는 일본 저널리스트 사쿠라이 요시코櫻井よしこ가 최근 저서에서 한 말을 기억하고 있습니다. '인종적으로 몽골과 한국은 일본인의 본가本家다. 분가分家인 일본인은 항상 본가에 대해 감사하는 마음을 가져야 하고, 동시에 본가의 한국인은 일본 열도에 진출해 찬란한 문명을 만든 분가 사람들의 진취성을 평가해야 한다'는 것이었습니다. 이런 양국민의 인종적·지리적·역사적 밀접성이 그러한 상호 존중으로 발전하기 위해서는 일본 측의 노력이 무엇보다도 바람직할 것입니다.

올해 일본인들은 일러 전쟁 승리 100주년을 기념하고 있습니다만, 한국인에게 있어서는 여러분의 그 승리가 식민지로 직진하는 분수령이 되었습니다. 나카소네 총리께서도 최근 「요미우리신문」 기고문에서 지적하신 대로 일본은 이 전쟁의 승리에 취하여 메이지시대의 신산辛酸을 잊고 교만해져 결국 제국주의의 길로 접어들었다고 지적했습니다.

한국은 일러 전쟁이 끝난 5년 뒤 일본에 합병되었습니다. 일본은 한국을 병합한 데 이어 만주로 진출했고, 그 침략의 관성을 통제하지 못하고 중국 대륙으로까지 전선을 확대했습니다. 이 과정에서 일본 지도부는 일러 전쟁 때 자국을 지원했던 영국·미국과는 멀어지고 나치 독일과 파쇼 이탈리아와 가까워졌습니다. 이 외교의 실패는 태평양전쟁을 자초함으로써 일본은 역사상 처음으로 국가적 규모의 패전을 경험했던 것입니다.

일본인들을 참화 속으로 몰아넣은 일련의 아시아 침략 과정은 한반도에 대한 일본의 그릇된 역사 인식에서 비롯되었다는 점을 강조하지 않을 수 없습니다. 일본의 메이지유신은 아시아 최초의 자주적 근대화라는 의미가 있으나, 동시에 부국강병을 이룩한 일본이 제국주의 노선으로 흘러가 한국·중국 등 아시아 국가들에 형언할 수 없는 고통을 끼친 계기였습니다. 일본이 이런 실패의 길을 걷게 된 근본 원인은 고대사의 기억과 문화적 본가인 한국·중국에 대한 가치를 잊어버린 것 때문이 아닌가 생각합니다. 일본이 아시아 침략의 시발점이 되었던 한국의 이해를 얻지 못한다면 아시아와 영원히 화해할 수 없을 것이며, 국제사회의 지도적 위치에 오를 수도 없을 것입니다. 이웃 나라의 존중도 받지 못하는 국가가 어떻게 세계의 지도국이 될 수 있겠습니까? 일본의 일부 인사들은 일본의 한반도와 만주 지배가 불가피했다는 이유로서 조선과 만주가 일본의 '생명선'이었다느니, 조선에 대한 개입이 청나라로부터 한국을 독립시켜주려는 의도였다고 주장하기도 합니다.

자국의 안전을 위해서는 이웃 나라를 식민지로 만들 수 있고, 이웃 나라의 내정에 부당하게 간섭해도 무방하다는 이런 생각은 바로 가해자의 논리입니다. 식민 지배와 침략 행위로 인해 피해를 입은 한국인과 중국인들에게 이런 식의 변명은 아픈 상처를 더욱 도지게 할 뿐입니다. '일본의 생명선'이란 관념 때문에 왜 이웃 나라 국민들이 죽어가야 하며 왜 국가의 자주성을 빼앗겨야 합니까? 일본은 외부의 지배와 침략을 당해본 경험이 드물기 때문에, 특히 지도층 인사들은 강자, 지배자, 가해자의 시각과 논리에서 벗어나지 못하는 경향이 있다고 생각합니다. 이런 시각은 일본이 유엔안보리의 상임이사국이 되고 지도적 역할을 짊어지는 데 있어서 큰 장애물이 될 것입니다. 사이고 다카모리西鄕隆盛, 1828~1877는 여러분의 영웅이겠지만 한국인들에게는 침략의 발상자, 즉 정한론자征韓論者로 알려져 있습니다. 일본과 아시아 국가 사이엔 국경을 넘으면 영웅英雄이 역도逆徒가 되고 역도가 영웅이 되는 그런 역사가 있습니다.

오래전 한국 기자가 이토 히로부미의 손자를 만나 인터뷰를 했는데, 이 손자는 한국 기자에게 "지금도 서울 남산에 박문사博文寺가 있습니까"라고 물었다고 합니다. 박문사는 안중근 의사에게 사살된 이토를 추모하기 위해 만든 절입니다. 이 절은 해방 직후 파괴되었습니다. 이토 히로부미는 일본인에겐 메이지의 원훈元勳이지만 한국인에겐 침략의 원흉元兇으로 불립니다.

이토 히로부미가 해방 뒤까지도 한국인의 추모를 받고 있으리라고 생각하는 일본인들이 있다면, 일본의 가혹한 한반도 통치를 상기시켜드리지 않을 수 없습니다. 일본인들은 창씨개명創氏改名으로써 한국인들이 목숨처럼 중히 여기는 성姓을 빼앗아 갔고, 한글을 못 쓰게 함으로써 민족의 혼을 말살하려고 했습니다.

제가 이렇게 말하면 많은 일본인은 "우리는 과거사過去事에 대해 이미 사과할 만큼 했지 않은가"라고 말할 것입니다. 저를 포함한 많은 한국인들은 일본 천황과 총리의 사과에 대해서는 평가하면서도, 그보다 훨씬 횟수가 많았던 소위 망언妄言 시리즈를 기억하고 있습니다. '총론은 사과, 각론은 변명'이란 것이 한국인의 느낌입니다. 나카소네 총리께서는 86년 후지오藤尾 문부상이 한일 합병을 옹호하자 그를 파면한 적이 있습니다만, 천황과 총리 등의 진실된 사과를 무효로 만들어버리는 일부 지도층 인사들의 발언이 계속되는 한 진정한 한일 협력은 어려울 것입니다. 후지오 문부상은 일본이 한국을 식민지로 만들지 않았다 해도 러시아가 결국은 한국에 손을 댔을 것이기 때문에 일본의 지배는 침략이라고 할 수 없다고 강변했던 것입니다.

올해는 마침 고종의 황후皇后인 민비閔妃가 일본의 미우라 고로三浦梧樓 공사 일당에 의해 참살된 지 110년을미사변이 되는 해입니다. 미우라 공사의 지휘 아래 일본 폭도들은 왕궁으로 처들어가 황후를 살해하고 시신을 불태웠습니다. 신변의 위협을 느낀 고종은 러시아 공사관으로 피신했습니다. 한국이 러시아를 끌어들인 것이 아니라 일본의 흉포함이 그렇게 만든 것입니다. 일본의 역사학자 이노우에 기요시井上淸는 "민비 살해는 세계 어느 나라의 침략외교에도 없었던 포학暴虐한 것이었다. 그리고 조선은 반일투쟁이 민중 속으로 확산되었다"고 말하고 있습니다.

이런 일이 일본의 황거皇居에서 일어났다고 상상해보시면 한국인들이 가슴에 품고 있는 역사적 분노의 깊이가 얼마나 깊은지 짐작할 수 있을 것이라고 생각합니다. 지난날 민비 시해弒害에 가담했던 일본인의 후손들이 한국을 찾아와서 민비 묘소에 참배해 눈물을 뿌리며 사죄하는 것을 볼 때 일본인의 양식이 살아 있음을 보여주었는데, 일본의 일부 지도자들이 계속 찬물을 끼얹는 행동을 하는 것은 유감이 아닐 수 없습니다.

그러나 한편, 과거 100년을 뒤돌아보면 한일 양국은 상극相剋의 역사에서 시작하였지만 65년의 한일 수교를 계기로 갈등하면서도 상생相生하는 단계로 발전해왔다고 평가할 수 있을 것입니다. 한일 국교 정상화를 주도했던 박정희 대통령과 저는 한국이 경제 발전에 성공해 군사적·외교적으로도 자립·자주하는 나라로 우뚝 서는 것이 대등하고 생산적인 한일 관계를 지속시키는 열쇠라고 생각했습니다. 국내외의 많은 반대에도 불구하고 우리는 경제 우선 정책을 추진함으로써 결국은 튼튼한 안보를 뒷받침했고 민주화의 토양을 마련했습니다. 그리하여 한국은 북한에 대해서 결정적 우위에 서게 되었고, 마침내 북한의 지원 세력이던 소련 공산제국도 결국 해체되고 말았습니다.

65년의 한국은 1인당 국민소득이 100달러 정도밖에 되지 않는 극빈국이었으나 오늘날의 한국은 국내총생산GDP 기준으로 세계 11위의 경제 규모, 연간 2천 500억 달러를 수출하는 세계 12위의 무역 강국으로 성장했습니다. 일본에 이어 비非서구국가로서는 두 번째로 세계의 선진국 대열에 합류하는 것이 한국인 모두의 비전이 되고 있습니다. 70년대 박정희 대통령이 오일쇼크를 극복하면서 정력적으로 추진했던 중화학공업화 전략이 성공해 지금 한국은 첨단 정보산업 부문에서도 세계적인 경쟁력을 갖추고 있습니다.

박정희 대통령이 이룩한 한국의 근대화는 일본의 메이지유신, 덩샤오핑의 중국 개방정책과 함께 아시아의 3대 성공 사례로 꼽힐 것입니다. 한·일·중의 이 성공적 개혁은 이 세 나라의 지도층이 서구에서 발전한 자본주의와 사회주의의 무조건적 수용을 거부하고 동도서기東道西器 또는 화혼양재和魂洋才의 철학으로써 선진문물을 동양의 토양 속에서 주체적으로 소화시키고 응용했기 때문에 가능했던 것입니다.

춘추시대 제齊나라 관중管仲에서 시작되는 이러한 동양적 실용정치의 사상은 놀라운 합리성과 과학성을 지니고 있습니다. 이는 미래에도 유효한 동북아의 위대한 정신적 자산이 되리라고 생각합니다. 그러나 북한의 김정일 정권만은 지금도 실패한 공산주의를 교조적敎條的으로, 또 사대적事

大的으로 수용해 전제적專制的 후진 상태에서 벗어나지 못하면서 주민들을 굶기고 핵무기 개발을 강행함으로써 세계의 평화를 위협하고 있습니다. 한반도에 통일국가가 유지되면 동북아에서 평화가 보전되어 활발한 교류 아래 문화와 예술이 꽃핀다는 역사를 확인할 수 있습니다.

7세기 말 한반도를 통일한 신라와 임신壬申의 난亂을 통해 집권한 천무天武 천황 아래 일본은 과거의 적대관계를 버리고 긴밀하게 교류했습니다. 일본이 대보율령大寶律令을 반포해 고대국가의 기틀을 세우는 데는 먼저 고대국가를 완성했던 신라로부터 배운 것이 도움이 되었다고 합니다. 반대로 한반도가 분열되거나 취약해지면 주변국의 개입과 침략을 불러 한반도가 국제 전장戰場이 되고 동북아에 불행이 찾아온다는 것을 한국전쟁과 일러전쟁 등의 사례가 보여주고 있습니다.

한국이 자유진영의 전초기지이자 일본 안보의 방파제 역할을 했던 60년 동안 한국의 발전에는 일본의 효과적인 협력이 있었습니다. 65년 한일 국교 정상화에 의한 대일對日 청구권 자금 8억 달러는 60년대와 70년대 한국의 기간산업과 인프라 건설에 투입되었으며, 일본 기업으로부터 들여온 선진기술은 한국의 경제 발전에 큰 조력助力이 되었습니다. 포항제철의 경우 초기에 투자된 약 1억 3천만 달러의 청구권 자금은 '민족적 혈채血債'로 불리면서 이 회사를 세계적 기업으로 키우는 데 크게 기여했습니다. 한국의 경제 발전으로 인해 양국 사이의 무역량도 늘었고 일본은 큰 수혜자가 되었습니다.

한일 관계는 시혜니 종속이니 하는 일방적 낱말로써는 설명될 수 없는 양면성을 띠게 되었고, 결국은 양국의 상호 이익으로 돌아오고 있습니다. 일본과 한국에 이어 중국이 놀라운 고도성장을 계속하면서 이제 동북아는 세계에서 가장 역동적인 지역이 되었습니다. 한·일·중 아시아 3국은 밀접한 관계로 발전했고, 여기에 미국을 더하면 이 4국은 일종의 태평양 4국 경제공동체를 구성하고 있습니다. 한·미·일·중 네 나라의 GDP를 합산하면 세계 전체의 반을 넘어섭니다. 저는 아시아의 협력 체제를 구축하기 위한 첫 작업으로 총리 시절 아시아를 위한 금융기구 즉 AMF^{Asia Monetary Fund}의 창설을 제의한 바가 있었습니다.

저는 이 기회에 태평양 4개국 경제공동체의 지속적 번영을 위해 몇 가지 제안을 하고자 합니다. 첫째, 동북아의 한·일·중 세 나라의 공존공영을 위해서는 반드시 미국의 참여가 필요합니다. 미국을 제외한 채 동북아의 번영과 평화를 논하는 것은 의미가 없을 것입니다. 한미 동맹과 일미 안보협력체제는 한반도의 통일 이후에도 지속되어야 한다고 생각합니다.

둘째, 제1차 세계대전의 교훈을 지적하려고 합니다. 대전 이전 유럽 열강들은 경제적 교류는 밀접했지만 이를 관리할 안보협의체가 없었습니다. 오스트리아 황태자 암살이란 예기치 못한 불상사가 발생하자 이를 통제하지 못하고 여러 나라들이 원하지 않는 전쟁에 연쇄적으로 휘말려 들었던 것입니다. 이 교훈을 바탕으로 한·미·일·중의 태평양 4대국 사이에 위기를 관리할 수 있는 기구가 존재해야 하며, 특히 국가 지도부 사이의 정기적인 대화체제가 견고하게 만들어져야 할 것입니다. 셋째, 지난 150년간 민주주의 국가와 민주주의 국가는 전쟁을 한 적이 없다는 사실을 상기시키려고 합니다. 동북아의 평화와 번영이 지속되려면 한국과 일본의 민주주의가 더욱 성숙하면서, 중국의 민주화가 자리잡고 북한의 독재정권이 변해야 합니다. 미국·한국·일본이 역내域內의 민주화를 촉구하고 이를 지원해야 하는 것은 그것이 동북아의 평화와 직결되기 때문입니다.

한국에서 일어난 최근 반일反日 시위에 대해 한일 양 국민들이 여유 있는 대응을 할 수 있었던 것도 양국의 민주주의에 대한 신뢰가 있었기 때문일 것입니다. 한국에서의 반일운동은 민주주의의 원칙이 작동하는 가운데서 이뤄졌습니다. 한국인들은 일본의 독도 영유권 주장에 분노하면서도 정부의 세련되지 못한 대일정책에 대해서는 공개적으로 비판을 하기도 했습니다. 한일 두 나라 국민들은 정부 간 외교 마찰을 완충시키는 역할을 하면서 교류와 협력을 유지해가고 있습니다.

동북아의 항구적인 평화는 북한의 민주화 없이는 불가능합니다. 동북아의 평화와 번영에 결정적 장애물이 되고 있는 것은 북한의 반反인류, 반평화적인 도발 행위입니다.

위험천만한 북핵 문제는 그들이 핵개발을 파기하는 데 있습니다. 그러나 김정일 정권은 그렇게 쉽사리 변질되거나 종식되지 않을 것입니다. 언제 어디에서 무슨 짓을 할지 예측이 어려운 그들을 상대로 해결을 추구하기 위해서는 그 해결 방법이 평화적으로 이루어져야 한다는 데 세계의 고민이 있습니다. 지금 6자회담은 회담을 위한 회담에 그치고 있습니다.

핵을 무기로 세계를 가지고 놀고 있는 북한에 도대체 무엇을 기대할 수 있다고 '대화에 의한 평화적 해결에 모두 합의했다'라고 하는 관용구를 되풀이하면서, 그들에게 시간적 여유를 허용하고 있는지 알 수 없는 일입니다. 그리하여 그 어느 날 북한으로부터 결정적인 결단의 선택을 강요받는 사태를 자초하게 되지 않을까 우려를 금할 수 없습니다.

그러므로 북한의 핵 문제는 가능한 한 빠른 장래에 유엔 안보리로 가져가서, 국제사회가 단합해 '검劍과 쿠란' 양수兩手로써 해결해 나가는 것이 최선책이라고 생각합니다. 국제공산주의자들의 침략을 저지했던 한국전쟁이 한국의 힘만으로써는 감당하기 어려웠던 것과 같이 한반도의 통일은 한국인의 힘만으로써는 어려울 것입니다.

한반도 분단과 남북 간 동족상잔同族相殘의 참화는 일본의 한반도 지배와 제2차 세계대전의 전후 처리가 불러온 결과이므로 일본 측에 책임이 없을 수 없습니다. 한국이 주도할 남·북한 통일 과정을 일본이 적극적으로 지원하는 것은 이런 역사적인 빚을 갚는 일이 될 것입니다.

일본에 대한 한국인의 분노와 한국에 대한 일본인들의 경멸감이 아직 많이 남아 있었던 65년 한국과 일본은 대등한 국가 관계를 맺었습니다. 이 국교 정상화에 일조한 사람으로서 저는 당시 국교 정상화에 즈음한 박정희 대통령의 담화를 지금도 기억하고 있습니다. 박정희 대통령은 "나는 우리 국민 일부 중에 한일 교섭의 결과가 굴욕적이니 저자세니 심지어 매국적이라고까지 극언을 하는 사람들이 있다는 것을 잘 알고 있습니다.

그들의 주장이 진심으로 우리가 또다시 일본의 침략을 당할까 두려워하고 경제적으로 예속이 될까 걱정을 한 데서 나온 것이라면, 나는 그들에게 묻고 싶습니다. 어찌하여 그들은 그처럼 자신이 없고 피해의식과 열등감에 사로잡혀 일본이라면 무조건 겁을 집어먹느냐 하는 것입니다. 이 같은 비굴한 생각, 이것이야말로 바로 굴욕적인 자세라고 지적하고 싶습니다.

나는 이 기회에 일본 국민들에게도 한마디 밝혀둘 일이 있습니다. 과거 일본이 저지른 죄과罪過들이 일본 국민이나 오늘의 세대들에게 책임이 있다고 생각하지는 않습니다. 그러나 '일본은 역시 믿을 수 없는 국민이다' 하는 대일對日 불신감정이 우리 국민들 가슴속에 또다시 싹트기 시작한다면 이번에 체결된 모든 협정은 아무런 의의를 지니지 못할 것이라는 것을 이 기회에 거듭 밝혀두는 바입니다"라고 말했습니다.

다행히도 한국인의 일본인에 대한 열등감과 패배의식은 이제 거의 사라졌습니다. 그러나 불행하게도 일본의 지도자 중 일부는 한국인과 중국인들의 마음을 아프게 함으로써 일본을 불신케 하는 발언과·행동을 끊임없이 내어놓았습니다.

창씨개명과 일본어 사용 강요에 대한 변명, 강제 동원된 위안부의 존재에 대한 부정, 징용·징병자들에 대한 무시, 한중 양 국민들에게 고통을 안겨 준 전범戰犯들의 위패가 있는 야스쿠니 신사靖國神社에 대한 지도부의 참배 그리고 독도 영유권 주장, 일본의 침략 행위를 변명하는 교과서의 검정 문제 등등 일본은 아직도 동아시아 사람들의 마음속에서 아물지 않고 있는 역사적 상처를 도지게 하는 언행을 계속하고 있습니다. 최근 일본 시마네 현이 '다케시마의 날 조례'를 제정하여 한일 관계를 악화시켰습니다. 일본의 책임 있는 지도자들의 사려 깊은 행동이 너무나 아쉽습니다.

이번 교과서 검정 과정에서 일본 정부는 교과서 제작에 일절 간여할 수 없다고 변명하면서 공무원들이 개입해 교과서 제작자 측이 기술한 '독도가 한일 간의 분쟁 지역'이란 표현을 '독도는 일본의 영토'라는 식으로 바꾸도록 했다는 말도 들었지만 사실이 아니기를 바랍니다.

이 자리에서 한국이 실효적으로 지배하고 있는 독도 문제를 깊게 언급하고 싶지는 않습니다만 몇 가지 지적해두고자 합니다. 일본이 1905년에 와서 이 섬을 자국의 영토에 편입했다는 주장은 다시 말해 그전에는 일본 영토가 아니었다는 자백과 다름없습니다. 일본 정부는 독도가 '역사적'으로 일본 것이었다고 주장하는데 그 역사란 것은 1905년 이후를 말합니다. 한국은 6세기 신라 때부터 독도를 영유, 관리했기 때문에 별도로 영토 편입을 선언할 필요가 없었습니다. 다만 공도空島정책을 쓰다가 개척정책으로 바꾼 1900년 대한제국은 칙령 41호로써 독도 '당시 명칭은 석도石島'를 울릉군수의 관할 범위로 명시했습니다. 일본의 영토 편입 조치보다도 5년이나 빨랐습니다. 이에 따라 1906년에 일본의 시마네 현 측이 독도를 일본 영토라고 통보해왔을 때 대한제국은 이 칙령에 따라 우리 땅임을 분명히 했던 것입니다.

다음으로, 『조선왕조실록』이나 비변사備邊司 등록謄錄과 같은 국가 공문서에는 울릉도와 독도가 명기되어 있고, 관찬官撰 영토지도에도 나타납니다. 1877년 일본 메이지 정부 태정관太政官 문서의 기록에도 울릉도와 독도가 '조선의 영토' 또는 '일본 영토 이외의 지역'으로 적혀 있습니다. 일본의 관찬 영토지도에서도 독도는 일본 땅이 아닌 것으로 되어 있는 것입니다.

셋째, 일본이 일러전쟁 중에 독도를 빼앗아간 것은 5년 뒤 완결되는 한일합병의 첫 조치였습니다. 일본은 일러전쟁을 개전하자마자 조선을 군사적으로 점령하고 외교권을 박탈해갔습니다. 이런 상황에서 독도를 시마네 현으로 편입시킨 행위는 한반도 병합의 일환이었다고 한국은 이해합니다. 따라서 일본이 독도영유권을 제기하면 할수록 한국인들은 가슴속에 묻어두었던 '불행했던 과거'를 떠올리게 되어 있습니다.

독도의 한국 영유永有는 이처럼 역사적으로, 지리적으로, 문헌적으로 확실합니다. 일본은 한국과 전쟁을 하지 않는 한 한국이 실효적으로 지배하고 있는 독도를 빼앗아갈 수도 없습니다. 그렇다면 이 문제를 이런 식으로 제기하는 것이 한일 친선에 무엇이 도움이 되는지, 또 일본의 국가 이익에 무엇이 합치되는 것인지 저는 알지 못합니다. 진정으로 일본의 국가 이익을 생각하고 동북아의 평화와 번영을 바라는 지도자가 있다면, 독도 영유권 주장을 포기함으로써 한국인들의 불신감을 씻어주어야 할 것입니다. 그러지 못한다면 지금처럼 미해결로 놓아두는 것이 차선의 해결책이 될 것입니다.

저는 야스쿠니 신사에 안치된 태평양전쟁 전범의 위패를 다른 곳으로 옮겨놓을 수는 없을까 하고 생각합니다. 야스쿠니 신사를 참배하는 일본 요인들은 전범들에 대한 참배가 아니고 애국자들에 대한 참배라고 주장합니다. 그렇다면 전범들의 위패를 분리해 다른 곳에 수용하는 것이 그렇게 어렵다고는 생각하지 않습니다.

지난날 일본이 전시 총동원체제를 강화하면서 한국인에 대해 창씨개명과 징용·징병 그리고 위안부 동원 등이 조선인들의 자발적 의사에 의해 이뤄졌다고 말하는 것보다도 더 지독한 모욕은 없을 것입니다. 이는 무엇보다도 사실이 아닙니다.

저도 젊었을 때 저의 이 눈으로 보았습니다. 조선 농촌의 가난한 처녀들이 일본의 공장에서 일한다는 말에 속아 끌려간 뒤에 위안부가 되어 돌아왔다가 가문에서 버림받은 실화들을 잘 알고 있습니다. 이토 마사노리伊藤正德라는 전사戰史 작가가 쓴 책에도 조선인 출신의 위안부들이 뉴기니까지 끌려갔다가 죽어가는 대목이 잘 묘사되어 있습니다.

오늘의 한국과 중국은, 메이지유신으로 먼저 근대화했던 일본인들의 우월감과 자존심을 만족하게 했던 그런 나라가 아닙니다. 한국과 중국은 일본과 대등한 좌표에 위치해 일본을 대하는 데 이른 것입니다.

프랑스와 독일의 경우 나폴레옹의 침공, 보불^{普佛}전쟁, 제1·2차 세계대전 등 네 차례의 전쟁이 있었음에도 불구하고 구원^{舊怨}을 넘어서 화해 협력해 유럽연합^{EU}의 경제권에서 번영을 함께하고 있는 것을 우리는 익히 보고 있습니다. 일본은 분로쿠 게이초^{文祿慶長, 임진왜란}의 침략과 식민 지배의 고통을 한국인들로 하여금 잊게 해줘야 합니다. 한반도의 자유통일을 위해 고난의 길을 걷고 있는 한국을 일본은 성의껏 협조해 한반도와 동북아에 영원한 평화와 번영의 구조를 정착시켜야 할 것입니다.

메이지유신 이후 일본을 여행한 서양 사람들은 "일본 사람들은 부드럽고 겸양하고 마음에 여유가 있다"고 소개하고 있다고 합니다. 오늘의 일본인에 대해서도 외국인들이 이런 인상을 가질 수 있게 되기를 바랍니다.

45년 8월 15일 일본 천황의 항복 이후 북한에서는 잔류 일본인들에 대해 입에 담을 수 없을 정도의 고통을 안겨주었습니다. 그러나 남한에서는 북한과는 반대로 이들을 평온무사^{平穩無事}하게 귀국시켰습니다. 이러한 남과 북을 비교하면서 일본 국민 여러분은 많은 것을 느낄 수 있으리라고 생각합니다. 여류 작가 후지와라 데이^{藤原テイ}의 『흐르는 별은 살아 있다』라는 소설 속에 당시 남북한의 현황이 적나라하게 기술되어 있습니다. 여러분도 일독^{一讀}해보십시오.

지난 과거를 돌아보면 우여곡절과 기복^{起伏}도 많았지만 이 세상은 나쁜 사람들보다는 좋은 사람들이 더 많아서인지 어제보다는 오늘, 오늘보다는 내일이 더 나아지는 발전의 도정途程을 걸어왔습니다. 특히 여기서 다 거명할 수 없을 정도로 많은 일본의 양식 있는 사람들이 있었기에 저 자신의 삶에서 보람도 있었습니다. 이제 우리와 같은 전중세대는 거의가 역사의 무대에서 퇴장하였습니다. 넘어야 할 고지는 아직도 많이 있으나 그 일은 저와 같은 노병老兵의 임무는 아닐 것입니다.

다만 남은 생애 중에 우리가 졌던 역사의 짐을 다음 세대에게는 넘기지 않도록 저는 미력이나마 최선을 다할 생각입니다. 여러분 한일, 일한 양국이 영구히 변함없는 우정과 협력과 평화와 번영이 함께하는 장래를 약속할 수 있도록 노력과 전진을 계속하지 않겠습니까? 장시간 경청해주셔서 감사합니다.

한일 유착의 산실
'한일협력위원회'의 탄생

위에서 본 것처럼 자유당 때 기시 특사로 한국 땅에 첫발을 디딘 야쓰기 가즈오는 박정희 정권 시절에는 자신이 기억할 수도 없을 만큼 더욱 빈번하게 현해탄을 넘나들었다. 당연히 그때마다 박정희를 비롯해 한국 정재계 거물들과는 거의 빠짐없이 접촉했다.

지금은 사실상 그 의미가 퇴색했지만 여전히 존속하면서 한일 간 우호의 다리 역할을 하고 있는 한일협력위원회의 창설 역시 기시 노부스케와 야쓰기가 주도했다. 한일협력위원회는 1969년 한국과 일본 두 나라의 정치와 경제 그리고 문화 등 다방면에 걸친 협력 방안을 논의하기 위해 발족한 민간기구다. 그러나 이를 둘러싼 한일 양국의 속셈은 사뭇 달랐다.

기시는 냉전체제 구축에 있어 일본이 필요로 하는 원료와 시장을 확보시킬 목적으로 한국을 포함한 동북아시아 전체를 일본의 후배지後背地로 제공한다는 미국의 '역코스' 정책을 실행할 적임자로 지목된 장본인이다. 그 목적에 의해 A급 전범이었음에도 풀려났다.

기시는 만주국 관리와 관동군 출신 장교들이 조직한 '국제친선협회'의 회장직을 맡은 직후부터 1980년까지 15차례나 한국을 오가면서 일본 정부와 정재계를 대신하는 대한對韓 로비의 중심인물로 활약했다. 한국에 대해서는 이념에 앞서 피부로 느끼는 친근감을 강조해왔으며, 자신의 조상이 과거 조선과의 무역을 담당한 통상관이었다고 가문의 뿌리를 밝히며 스스로 친한파로 자처했다. 이는 매우 중요한 사안으로 뒤에서 다시 자세히 보도록 하겠다.

한일 국교 정상화를 계기로 일본의 한국 경제 진출과 그 배경에는 항상 기시의 그림자가 어른거렸다. 기시가 친한파로 나선 이유는 한국과 미국, 일본 안보전략상의 필요에 부응하면서 일본 자본이 한국에 진출할 때 유리한 투자 환경과 좋은 조건을 보장받기 위함이었다. 다시 말해 일본 기업의 한국 진출과 수출시장의 확대라는 측면에서 일본의 정재계가 일체가 된 것이다.

1968년 8월 어느 날 야쓰기는 당시 주일 한국대사 엄민영嚴敏永, 1915~1969의 초대를 받아 도쿄 아카사카의 한 요정에서 회동했다. 이 자리에서 엄 대사와 야쓰기는 한일 간의 광범위한 협력관계를 협의하기 위해 각계를 망라한 협의기구를 설치해보자는 데 의견을 같이했다. 엄민영은 일본 규슈제국대학을 나와 일제 고등문관 시험을 거쳐 관료를 지냈던 인물로 야쓰기와는 이야기가 잘 통할 수밖에 없었다.

한일 국교 정상화 이후 정부와 민간에서는 한일 경제협력 논의가 다양한

박정희와 기시.
한일 교섭과 교류의 최대
막후 실세였다.
(사진 출처 : 국가기록원)

형태로 추진되었다. 정부 차원에서 각료회의가 진행되었고, 민간 차원에서는
한일민간합동경제위원회가 구성되어 의견 교환이 있었으며, 여러 경제회의
들이 조직되어 양국 사이에 가로놓인 문제를 협의하는 기구로 기능했다. 그
러나 이러한 형태의 논의 기구는 제 기능을 발휘하지 못했다.

야쓰기와 엄민영의 이런 구상에는 야쓰기가 당시 일-대만협력위원회의
중추인물로 활동하고 있었던 것이 배경으로 작용했다. 대만 로비 창구이기도
했던 야쓰기는 일찍이 '중화민국대만-일본 각계 대표 친선방문단'을 조직하여
대만을 방문한 적이 있으며 이때 장제스 총통으로부터 "일본은 무엇보다도
한국이 일본에 대해 가진 의혹을 풀어주도록 최선을 다해야 된다"는 충고를
받았다고 한다.

이와 똑같은 방식으로 야쓰기는 1968년 11월 일본의 정계, 실업계 인사
로 구성된 방한단을 마련하여 한국에 파견을 주선했다. 그리하여 그해 11월

13일 기시 노부스케와 함께 서울을 방문해 쌍용그룹 창업자인 김성곤金成坤 1913~1975, 장기영張基榮, 1916~1977 등 한국의 주요 인사들을 만나 준비위원회를 구성하는 등 기구 설립을 추진했다. 따라서 이는 처음부터 한일협정 체결 과정에서 영향력을 발휘한 친일, 친한 인맥의 활용을 염두에 두고 조직된 것이기도 하다.

그 결과 1969년 2월 12일에서 15일까지 도쿄에서 창립총회와 제1회 합동 상임위원회를 개최하기로 합의했다. 여기에는 한국 측 백두진白斗鎭, 1908~1993 전 총리와 일본 측 기시 노부스케가 두 나라의 회장 자격으로 정계, 재계, 학계, 문화계의 중진들로 구성된 대표단양국각50여명을 이끌고 참석했다.

창립총회에서는 3일 동안 정치, 경제, 문화 등 3개 분과위원회를 구성해 각 분과별로 현안 문제를 광범하게 토의했다. 또한 협력위원회는 양측 10여 명씩으로 구성되는 상임위원회를 3개월마다 연 4회 정기적으로 개최하기로 결의했다.

회의를 마친 후 발표된 공동성명서와 정치, 경제, 문화 등 각 분과위원회가 마련한 보고서의 내용을 요약하면 다음과 같다.

❶ 일본의 대한對韓 인식, 한국의 대일對日 인식을 정상화하기 위해 인사 교류를 촉진한다.

❷ 한일 양국이 월남문제에 관해 적극 협력한다.

❸ 한국, 일본, 대만 세 나라가 아시아에서 긴밀히 협력한다.

❹ 재일 교포의 지위 향상을 위해 양국은 계속 노력한다.

❺ 한일 간의 무역 불균형 시정과 한일 경제협력 문제 해결을 위해 계속

노력한다.

❻ 문화 교류를 촉진하기 위해 유학생의 교환, TV 프로그램 교환, 문학작
   품의 상호 번역 출판, 언론인의 상호 방문, 과학기술의 정보 교환, 과학
   기술자의 공동 연구, 숙련기술자의 교류를 촉진한다.

이상에서 보듯 위원회는 양국 현안을 구체적으로 시정하거나 방안을 마련하는 데까지는 도달하지 못하고 '촉진한다''적극 협력한다''계속 노력한다'라는 식으로 결말을 맺었다. 정재계 유력인사들이 대거 참여하고 있다는 점에서 많은 성과를 거둘 것이라고 기대했지만 지금까지 있었던 각료회담이나 민간협력회 등 여타의 한일회담과 비슷한 수준에서 논의가 이루어졌다는 한계를 보인 것이다. 베트남과 대만의 문제에 대해서도 협력한다고 한 것도 특기할 사항이다.

창립 직후 제1차 합동상임위원회^{1969년 5월 20~21일}가 도쿄에서 개최되어 극동 안보 문제와 한일 경제협력 문제 등 총회 때의 문제점을 구체적으로 토의했다. 이어 제2차 합동상임위원회^{1969년 11월 27~28일}가 서울에서 열려 오키나와 반환에 따른 극동 안보 문제, 포항종합제철 건설을 위한 지원 문제, 재일교포의 영주권과 경제 활동 그리고 교육 문제, 한일 무역 불균형 등 양국의 정치경제에 대한 광범위한 문제를 협의했다.

제2회 한일협력위원회 총회는 1970년 4월 20일부터 3일간 열렸다. 그러나 한일협력위원회는 1970년 4월 중화인민공화국 저우언라이^{周恩來, 1898~1976} 수상의 '4원칙'이 발표된 것을 계기로 점차 그 존재가 약화되었다.

이 '4원칙'은 방중^{訪中}한 일본 우호무역대표단과의 각서무역회담 후에 밝

아베의 무역 규제로 조촐하게 열린 2019년 한일협력위원회로 55회 합동 총회. 아소 다로 부총리가 인사말을 하고 있다.(사진 출처 : 일한협력위원회 홈페이지)

힌 것으로 ①대만이나 한국과 거래하는 메이커·상사 ②대만이나 한국에 다액의 투자를 하고 있는 기업 ③미국이 지원하는 월남전쟁 때 무기를 제공한기업 ④일본에 있는 미국의 합병회사나 자회사 등과는 거래를 하지 않겠다는 4항목의 원칙을 말한다.

이후 한일협력위원회는 사실상 기시 만주 인맥의 대한^{對韓} 로비 창구로 활용된 측면이 매우 강하다. 기시는 야쓰기 이외에도 세지마 류조^{瀬島龍三,}^{1911~2007}, 시나 에쓰사부로, 사사카와 료이치, 고다마 요시오 등 자신의 만주인맥을 총동원하여 이 위원회를 막후에서 조정했다.

소설『불모지대^{不毛地帯}』의 주인공이기도 한 세지마 류조는 일본 육사를차석으로 졸업하고 만주 관동군에 참여한 경력이 있고, 나중 이토추상사^{伊藤}

忠商事의 회장이 되었다. 한일 외교사에서 중대한 고비마다 막후 역할을 한 장본인이다. 제5공화국 당시 한일경협차관 협상 해결을 위해 일본 특사밀사로 한국에 와 청와대 안가에서 전두환을 만나 술을 마시기도 했다.

그러니 기시의 만주 인맥은 박정희는 물론 전두환의 제5공화국까지 막후에서 움직이며 한국 정계를 요리해온 것이라 할 수 있다. 세지마 류조가 한국의 실권자를 막후에서 조정한 역사는 잠시 뒤에서 보기로 하자.

시나 에쓰사부로는 기시 노부스케 아래에서 만주국 통제과장, 산업부 광공사장을 지냈고 나중 외무대신을 역임했다. 사사카와 료이치는 앞에서도 설명했지만 무솔리니를 숭배한 극우 파시스트로 만주국 푸이 황제와의 친교로 지명도를 높였고, '동양의 마타하리'로 불릴 정도로 한 시대를 누린 관동군 스파이 가와시마 요시코와도 관계가 있었다고 한다. 돈을 버는 재주가 많아 1974년 미국 「타임」지와의 인터뷰에서 자신을 '세계에서 가장 부자인 파시스트'라고 소개했고, 일본선박진흥회도 설립했다. 언론에서도 그를 우익 정재계의 배후로 취급해 '우익의 두목'이라 했다.

통일교 문선명文鮮明, 1920~2012과도 관계가 깊어 1963년 통일교 일본지부 고문을 맡았고, 같은 해 6월 4일 72쌍 합동결혼식에 부부가 참석하기도 했다. 통일교가 1968년에 만든 반공 정치단체 '국제승공연합'의 결성 당시부터 명예회장을 맡았으나 문선명과의 관계가 악화된 1972년 "반공운동에서 철수한다"며 명예회장을 사임했다. 일본 최대 폭력단인 야마구치파 3대 조장이었던 다오카 가즈오田岡一雄와 술친구라고 공공연히 말하고 다녔으며, 폭력단의 중재역을 맡기도 했다.

일본 극우 막후 최대 실력자 고다마 요시오,
쿠데타 이전부터 박정희와 기시 노부스케, CIA를 연결했다

고다마 요시오는 '위기의 중독자中毒者'로 불리는 일본 극우세력의 1인자로 통한다. 일제강점기에 아버지를 따라와 7년간 한국에서 거주, 선린상업학교에 재학하기도 했다. 만주사변 전후 우익 테러단에 가입, 중국 상해에서 영사관에 설치한 특별조사반의 촉탁으로 일하며 만주와 상해 등지에서 군부의 앞잡이로 활약했다. 이 인연으로 중일전쟁 막바지에 해군 항공사령부에 필요한 물자를 조달하는 '고다마기관'을 만들어 왕자오밍 괴뢰정부를 지원하며 정보 수집, 특무 공작, 전쟁 물자와 마약 암거래로 엄청난 치부致富를 했다.

고다마기관의 총재산은 당시 일본 최대 재벌이었던 미쓰이, 미쓰비시보다 많은 50억 엔으로 평가될 정도였다. 종전 후 대부분의 재산을 중국에 버리고 일부만 가지고 귀국했으나, 전범으로 체포되어 스가모교도소에 수감되었다. 여기서 A급 전범으로 수감 중인 기시 노부스케 등을 만나 향후 정치계획을 세웠다. 따라서 지금 일본 정치의 큰 틀, 자민당 창당의 바탕은 바로 스가모교도소에서 이뤄진 것이라 해도 과언이
아니다.

교도소에서 풀려난 후 고다마의 자금은 기시와 하토야마 이치로, 고노 이치로河野一郎, 1898~1965, 오노 반보쿠 등 우파 정치인들을 통해 자민당 결성 자금으로 제공되었다. A급 전범 중 가장 나이가 어렸던 고다마가 창당 자금을 제공한 것인데, 이

고다마 요시오

때 내놓은 돈이 당시 현금으로 7천만 엔과 다이아몬드 한 가마 반, 각종 귀금속 20상자였다고 한다. 어마어마한 자금이다.

「마이니치신문每日新聞」 정치부가 펴낸 『흑막·고다마 요시오黑幕·児玉誉士夫』에 의하면 고다마는 자신의 재산 목록을 만들어 당시 해군대신 요나이 미쓰마사米内光政, 1880~1948를 만나, 이를 모두 해군에 넘기겠다고 했다. 그러나 요나이 대신은 "받아야 할 해군은 이미 없어졌으니, 이 모든 것은 자네 재량으로 국가를 위해 쓰라"고 했다고 한다. 그래서 고다마는 하토야마의 신당 창당을 위해 모든 것을 내던지고 이에 협조할 결심을 했다는 것이다.

이후 그는 자민당과 많은 폭력단의 핵심 중개자, 해결사로 군림하며 우파보수 세력의 최대 막후 인물로 영향력을 행사했다. 기시 노부스케가 총리가 될 때도 힘이 되었고, 기시 내각에서 부패 스캔들이 터져 야당에서 이를 추궁하면 고다마가 야당 의원의 여자관계 등 약점을 잡아 더 이상의 비판을 하지 못하게 막는 등의 정치공작에 깊이 관여했다.

미일안보조약 개정을 반대하는 안보 투쟁을 막기 위해 기시는 폭력단과 우익을 동원했는데, 그 촉진제는 역시 고다마였다. 고다마는 5·16 군사정변 후 자민당 의원의 방한에 일조하는 등 수차례 한국을 왕래하며 박정희, 김종필 등과 만났다.

이처럼 기시의 만주 인맥 면면을 보면 한결같이 우익에다 정치공작에 능한 인물들이었다. 그러니 국교 정상화 이후 한일 간 경제협력이나 각종 현안에도 역시 이 같은 공작의 성격이 침투하지 않을 리 없었다.

앞서 이승만 정권 시절의 유태하 일본 인맥이 군사정부 이후 주일대사관 최영택 참사관으로 전수되었다고 말했는데, 최영택의 발언을 보자면 5·16 군사정변에도 이들 일본 우익세력의 손길이 뻗쳤다는 의심이 든다.

1963년 2월 6일 도쿄에서 개최된 흑룡구락부黑龍俱樂部 주최의 '고다마 요시오 방한귀국연설회'에 일본 내 우익 180명이 출석하였는데, 이때 인사말을 한 최영택 참사

고다마 요시오 역시 만주 인맥으로 기시의 심복이었다.

관은 "고다마 선생과의 관계는 내가 현역 장교로 군사혁명군사정변에 참가한 때부터이며, 이후 현재까지 원조를 받고 있다"고 했기 때문이다.[29]

군사정변에 참가한 때부터 그가 고다마와 어떻게 연결되었는지 모르지만, 이 말대로라면 고다마의 정치공작이 군사정변의 한 배경이 되었다고도 볼 수 있다. 물론 최영택이 쿠데타 군부의 핵심이 아니었기 때문에 군사정변의 직접적 배경으로 보기에 무리가 있다고 반박할 수도 있지만 고다마 입김이 최영택을 통해 정변군의 누구에게까지 연결되었는지는 모를 일이다. 더구나 최영택은 일본 막후뿐만 아니라 미국 CIA와 연계된 흔적도 있다.

최영택은 1926년 황해도 황주 출신이다. 육사 8기로 1963년 대령으로 예편한 후 주일공사, 국무총리 외교자문위원, 「현대경제」 논설위원, 한전보수공단(주) 대표이사 등을 지냈다.

---

29 박진희, 「韓日국교수립과정에서 '韓-日인맥'의 형성과 역할」, 『역사문제연구』 통권 9호, 역사비평사, 2002년 12월

최영택은 5·16 군사정변 직후인 1961년 6월 주일대사였던 유태하를 연행하기 위해 일본에 파견됨으로써 대일對日 창구를 담당하게 되었다. 당시 유태하는 주일대사 지위를 이용한 부정축재로 홍콩은행에 80억 엔의 예금을 지니고 있다는 혐의를 받았지만 대일 인맥에 대한 정보와 그 네트워크를 쿠데타 세력에게 제공함으로써 면죄부를 받았다. 이때 최영택은 홍콩을 경유해서 일본에 입국했는데, 그가 소지한 공용여권에는 '박광호朴光浩'라는 이름으로 기록되어 있었다.

최영택이 세상에 알려진 것은 1962년 3월 일본 신문에 그와의 관련 기사가 폭로되면서부터다. 최영택이 다른 이름을 사용해 1961년 6월 이전에도 일본에 몰래 입국했다는 기사였다. 이에 따르면 최영택이 5·16 군사정변이 일어나기 2개월 전인 1961년 3월 18일 역시 '박광호'라는 이름으로 군인 신분의 공용여권을 소지한 채 CIA가 비밀리에 활용한다고 알려진 다치카와立川 미군 기지를 통해 몰래 잠입했다고 한다.

당시 주일한국대표부 직원의 폭로에 따르면 최영택은 몰래 방일하여 '미군과 군사 쿠데타를 모의'한 후 3월 26일에 귀국했다는 것이다. 이때의 방일 사실은 법무부 출입국관리국 기록에서도 확인되었다.

최영택이 군사정변 이전부터 미군 기지를 통해 일본에 자유롭게 출입했다는 사실은 박정희 쿠데타와 미국 CIA의 연관관계를 시사한다. 더구나 고다마 역시 CIA와 연계되었다고 한다. 따라서 쿠데타 이전부터 일본의 막후 실력자 고다마와 접촉해왔던 최영택이 쿠데타 성공 이후, 박정희와 김종필의 밀명을 띠고 국교 교섭을 위한 일본 내 인맥과 접촉했다고 볼 수 있다.

군사정부가 고다마를 한일 교섭의 통로로 삼은 사실 역시 이와 관련해

2015년 6월 22일 고다마 요시오가 한일 교섭의 막후로 활약했다는 증거가 담긴 새로운 파일을 발견했다는 기사를 보도한「마이니치신문」. 신문에는 비밀리에 고다마가 김포공항에서 내리는 사진, 당시 중앙정보부장 김종필 집에서 환담하는 사진도 게재돼 있다. 또한 이 작업에 미국 CIA도 관여돼 있다고 보도하고 있다.

록히드 사건으로 다나카 가쿠에이 전 수상이 체포됐다는 「아사히신문」의 호외

주목할 대목이다. 고다마는 "한국에서 혁명이 일어난 직후 한국의 한 요인要人이 찾아와 한일 교섭에 진력해줄 것을 부탁해왔다. 나는 이 부탁을 받고 먼저 기시 노부스케에게 말을 전했더니, 여태까지의 이승만 정권이라면 싫지만 이번에는 해볼 만한 일이라고 찬의를 표했고, 고노 이치로도 이에 찬성했다. 그러나 오노 반보쿠는 완강히 거부했다"고 말했다.[30]

박정희는 막후 교섭의 중재자로 자민당에 영향을 끼치는 고다마를 선정, 주일대사관에 그와의 접근을 시도하라고 지시한 것이다.

고다마는 5·16 군사정변 직후부터 부지런하게 한국을 왕래했다. 내한할

---

30 오경환, '한일회담 막후의 만주국 인맥-대일청구권 교섭이 이루어지기까지', 「징경문화(政經文化)」, 1984년 9월호

때마다 김종필, 박종규朴鍾圭,1930~1985**31**, 김형욱金炯旭,1925~1979**32** 등 당시 한국의 실권자들을 만났다.

또한 자신뿐만 아니라 그가 영향력을 행사할 정재계 거물들을 끌어 모아 방한단을 구성, 한국에 보내기도 했다. 그가 주선한 첫 친선방한사절단은 1962년 12월 10일에 내한했던 오노, 후나다 등 11명으로 구성된 자민당 유력 정치인들이었다. 이러한 이유로 고다마는 1971년 2월 한일 친선에 공이 크다는 이유로 '2등 수교훈장'을 받았다.

물론 고다마는 이 과정에서 자신의 이권을 마음껏 행사했다. 한 예로 고다마는 대한항공과 미국 록히드 사와의 계약에 관여해 돈을 챙겼다. 당시 계약에 의하면 대한항공과 록히드 사의 드라이스타 항공기 판매를 주선해줄 경우, 2대 이상 6대까지의 판매에는 10억 엔, 7대에서 15대까지는 대당 1천 800만 엔을 리베이트로 제공받기로 약정했다.**33** 그러나 이때의 이권 개입은 결국 그가 망하는 계기가 되었다. 1976년 다나카 가쿠에이田中角榮,1918~1993 총리 퇴진을 부른 록히드 사건 배후 알선자로 지목되어 일거에 몰락한 것이다.

---

31 육군본부 정보국에서 박정희와 김종필 등과 함께 근무한 인연으로 5·16 군사정변의 핵심 요원으로 활동한 뒤 박정희를 경호하거나 국무총리 장면 체포 등의 임무를 맡았다. 대통령경호실장으로 재직하면서 재산을 축적해 1980년 5월 권력형 부정축재자로 지목되어 조사를 받았다.

32 육사 8기생으로, 박정희에게 상당한 신뢰를 받으며 5·16 군사정변에 참여한 뒤 중앙정보부장으로 재직했다. 유신 후반에 박정희 정권의 비리를 폭로하다가 1979년 10월 7일 파리에서 실종되었다. 1984년 10월 8일 정식으로 사망 신고가 되었으며 1990년 서울지방법원에서도 사망선고가 내려졌다.

33 이호, '김용태 증언 : 박정희, 6·25 때부터 군사혁명 구상했다', 「신동아」, 1989년 5월호

롯데그룹과 기시 노부스케 그리고 고다마 요시오

롯데그룹 회장 고 신격호辛格浩, 1921~
2020는 원래 이름이 시게미쓰 다케오重
光武雄이고 공식적으로는 한국인도 아
니고 일본인도 아니다. 한국 주민등
록번호도 없고, 일본으로 귀화하지도
않았기 때문이다. 일제강점기 때 19
세가 되던 1941년에 일본으로 건너갔
기 때문에 주민등록번호가 있을 수 없
다. 게다가 부인도 일본인이다.

신격호는 1947년에 당시 일본에 주둔
하고 있던 미군사령부GHQ 병사들이 껌
을 씹는 걸 보면서 일본에서 '껌'을 팔
아야겠다고 마음먹었다고 한다. 그리
하여 1948년에 롯데를 설립하는데,
사실 출발은 그리 좋은 편은 아니었
다. 일단, 당시 일본에는 '껌' 하면 누구
나 다 알아주는 '하리스ハリス'라는 기
업이 시장을 거의 독점하다시피 했다.
신격호가 장사에서 본격적인 힘을 얻
게 되는 계기는 1954년 당시 월드컵
축구 예선전을 치르기 위해 방일했던
대한민국 대표팀을 후원하며 이승만
정권의 지원을 받으면서부터다. 그때
신격호와 이승만 정권을 연결시킨 장

본인이 바로 정건영鄭建永, 1923~2002이
라는 사람이다.

정건영은 일본 이름이 마치이 히사유
키町井久之로 재일대한민국민단줄여서 민
단의 초대회장이자, 부관페리주식회
사의 회장직을 역임했다. 도쿄에서
태어난 정건영은 젊은 시절 '긴자의
호랑이'라고 불린 조선인 깡패이자 반
공 계열의 재일 한국인 조직폭력단인
'동아우애사업조합東亞友愛事業組合, 설립
당시 명칭은 동성회', 줄여서 동아회를 창단
한 인물이다.

전설적인 프로레슬러 역도산力道山,
1924~1963● 을 후원하면서 밀접한 관계
에 있었다. 1963년 12월 8일 역도산
이 야마구치파와 함께 당시 밤무대
를 주름잡았던 스미요시카이 소속의

● 본명은 김신락(金信洛)으로, 일본으로
귀화한 뒤 1950년 스모 선수가 되면서 역도
산 이름을 사용했다. 스모에서 은퇴한 후 프
로레슬링을 시작했다. 미국의 샤프 형제를
때려눕히면서 '반칙을 일삼는 외국 선수에
맞서 최후에 승리하는 일본 영웅 레슬러'로
추앙받았다. 1963년 폭력단원과 말다툼을
벌이다 칼에 맞아 치료하던 중 그해에 복막
염으로 사망했다.

'긴자의 호랑이' 재일 교포 정건영

스물네 살 무라타 가쓰시村田勝志의 칼에 찔리면서 이 폭력단과 정건영의 조직 사이엔 전쟁까지 벌어졌다.

신격호는 이승만과 정건영의 지지를 동시에 받으면서 그 둘을 연계하여 재미를 보고 있었는데, 또 새로운 전기가 나타난다. 바로 기시 노부스케와의 만남이다. 이는 이승만이 하야하고 윤보선 대통령이 쿠데타로 실각하면서 박정희 정권이 들어서게 되자, 손바닥 뒤집듯 후원자를 갈아 탄 정건영이 신격호에게 이후락李厚洛, 1924~2009을 소개하게 되면서 이루어진 만남이었다.

「슈칸분슌週刊文春」2015년 9월 3일자 기사에도 '기시 총리를 신격호 총괄회장과 연결한 인물은 마치이 히사유키'라고 보도한 적이 있다.

정건영과 이후락, 그 뒤의 박정희를 등에 업고 롯데는 자금을 쉽게 후원받아 '껌'의 대명사로 불렸던 하리스에 대한 비방광고를 신문에 거의 도배하다시피 했다. 아울러 이 자금을 국가대표팀에 환원하는 방식으로 박정희 정권과의 관계를 돈독히 다졌다. 이후 아시아 야구선수권, 월드컵 그리고 도쿄올림픽에 출전한 대한민국 국가 대표팀의 메인 스폰서까지 맡았다.

이렇게 정치자금이 재벌에게 유입되고, 그 이익을 바탕으로 하는 헌금이 다시 정치자금으로 세탁되어 돌아오는 과정을 통해 롯데는 쑥쑥 성장해 나갔다. 앞에서도 보았듯 박정희와 기시 노부스케는 매우 끈끈하게 얽혀 있던지라, 이 둘의 후원을 동시에 받는 롯데의 앞길은 탄탄하기 그지없었다.

그리하여 한국 롯데가 1967년에 설립하게 되고, 1973년부터 시작된 정부의 관광진흥정책에 따라 본격적으로 한국에 투자해 지금의 롯데호텔

1969년 1월 프로야구 도쿄 오리온스가 롯데와 업무 제휴를 맺고 롯데 오리온스가 탄생했다. 조인을 마치고 악수를 하는 나가타 마사이치 오리온스 회장(왼쪽), 기시 노부스케, 신격호 회장

1979년 오픈과 롯데쇼핑 1980년 설립이 들어선 땅인 소공동 옛 반도호텔을 인수할 수 있었다. 이 땅은 원래 삼성 이병철이 '삼성타운'을 만들기 위해 눈독을 들여왔던 땅으로 그 역시 이 땅을 매입하기 위해 박정희 정권 실력자들에게 많은 로비를 했으나 신격호에게 가게 돼 있으니 포기하라고 종용을 받은 것으로 알려져 있다.

일본 롯데는 1969년에는 기시 노부스케의 소개로 현재의 '지바千葉 롯데 마린즈'의 전신에 해당하는 '다이에이치映 도쿄 오리온즈'의 스폰서가 된다. 도쿄 오리온즈를 이끌던 사람은 바로 다이에이 영화사의 사장이었던 나가타 마사이치永田雅一였는데, 기시와 어릴

적부터 친구였다. 그런 인연으로 경영 악화로 자금줄이 필요했던 그에게 기시가 신격호를 소개해준 것이다.

롯데는 오리온즈 스폰서가 됐지만, 이에 대한 세간의 반감이 있을 수 있다고 해서 운영은 다이에이가 지속했다. 이후 1971년에 롯데가 정식으로 구단을 인수하기 전까지, 다이에이 체제가 그대로 유지되는데 바로 이 대목에서 고다마 요시오가 등장한다. 롯데가 오리온즈를 정식으로 인수를 했을 당시, 오리온즈의 홈그라운드가 바로 도쿄 스타디움이었는데, 이 구장의 오너가 바로 고다마 요시오였던 것이다.

고다마는 정계 실력자에 암흑의 제왕

이었지만 결국 폭력단이 운영하는 구장이어서 운영 체계나 재정 상태는 좋지 않았던 모양이다. 그래서 고다마는 신격호에게 "야구팀은 홈구장을 소유하는 게 좋지 않으냐"고 구장 매입을 제안했다. 그러나 일단 매입가를 너무 비싸게 불렀고, 또 당시 오리온즈 감독이 도쿄 스타디움은 좌우로 너무 넓어서 안타가 너무 쉽게 들어가므로 우리 투수들한테 불리하다고 해서 협상이 결렬됐다.

결국 롯데 오리온즈는 1991년, 지바에 롯데 스타디움을 건설하고 팀 명칭을 '마린즈'로 바꿀 때까지 약 20년간 센다이仙臺와 가와사키川崎를 전전하면서 '프로팀인데 홈구장이 없는 불쌍한 팀'으로 전전한다. 팀명이 왜 마린즈가 됐느냐 하면, 지바로 본거지를 옮기면서 팀명을 팬들에게 공모했는데, '미 해병대 같은 강인함을 가진 팀으로 성장하길 바란다'고 해서 이렇게 채택됐다고 한다. 일본과 미국은 이렇게 이상한 곳에서도 끈끈하게 얽혀 있다.

고다마 요시오 정치공작으로 수카르노 대통령 후처가 된 일본 여인

1959년 인도네시아 수카르노Sukarno, 1901~1970● 대통령에게 일본으로부터 한 명의 여성이 보내진다. 엄청난 미모의 이 여성은 당시 19세로 일본의 모델이자 영화 단역배우, 아카사카의 고급 클럽 '코파카바나'의 접대부였던 네모토 나오코根本七保子, 1940~였다. 수카르노에게 보내질 때 네모토는 '동일무역東日貿易'이라는 회사의 비서라는 위장 신분이었다.

일본이 이런 젊은 여성을 수카르노에게 '바친' 배경은 무엇이었을까. 앞에서도 보았지만 당시 기시 노부스케가 총리에 취임한 이후 최대 역점

● 인도네시아의 독립운동가이자 초대 대통령으로, 1945부터 1967년까지 대통령을 지내다 쿠데타로 실각한 후 수하르트에게 정권을 물려주었다.

사안이 동남아 국가들과의 관계 개선이었다. 일본이 과거 침략 지배했던 국가들과 우호적인 외교관계를 복구시켜야만 국제 사회의 일원으로서 당당히 활동할 수 있었기 때문이다. 그러나 일제의 지배와 수탈에 의해 적대적인 정서를 돌파하기란 쉬운 일이 아니었다.

이를 위해 일본은 표면적으로는 거액의 개발원조비를 제공하는 한편, 뒤로는 여성을 보내면서까지 수카르노의 환심을 사기 위해 노력했다. 바로 이때 막후에서 기시를 돕고 나선 인물이 바로 고다마 요시오였다고 전해진다. 당시 인도네시아는 독립 후 얼마

되지 않은 채 동서 냉전 하에 있었던 상황인지라, 수카르노 대통령 역시 일본의 재정적 지원과 사회간접자본 시설 설치가 매우 필요했다. 이런 이해관계가 서로 합의된 상징적 결과가 바로 '네모토 나오코라는 공물'이었다. 그리하여 네모토는 1962년 수카르노와 정식으로 결혼해 데비 수카르노Ratna Sari Dewi Sukarno가 되었는데 수카르노의 세 번째 부인이었다.

네모토는 도쿄 출신으로 아버지가 목수인 가난한 집에서 태어났는데, 1955년 15살 때 영화『아오가 섬의 아이들에 대한 여교사의 기록青ヶ島の子供たち 女教師の記録』에 엑스트라로 출연했

1959년 인도네시아
수카르노 대통령과
네모토

1957년 당시의 네모토

다. 중학교 졸업 후 도쿄 도립 미타三田 고등학교에 진학하는 동시에 150대의 경쟁률을 뚫고 지요타千代田생명보험에 입사했지만 가난한 집안 때문에 휴일에도 다방 등에서 아르바이트를 해야 했다. 그러다 1956년 아버지가 사망한 이후 고등학교를 중퇴한 후 클럽에 접대부로 나갔다가 군계일학의 미모로 인해 인도네시아로 끌려가게 된 것이다.

그러나 공식 결혼 3년 후인 1965년 9월 군사 쿠데타로 수카르노가 실각하고 수하르토가 새 대통령이 됨에 따라 네모토는 프랑스로 망명, '동양의 진주'로 불리며 재력가나 귀족들과 많은

염문을 뿌렸다. 이후 뉴욕으로 건너 갔다가 90년대 중반, 일본으로 귀국해 방송인으로 활동하고 있다.

이렇게 외국으로 전전하는 동안, 일본의 어머니는 언론의 집요한 취재활동으로 병을 얻어 사망했고, 하나뿐인 남동생 역시 어머니 사망 직후 전 재산을 사기 당해 가스 자살을 하고 말았다.

북한에 우호적인 수카르노 영향으로 북한에 다녀온 적도 있고, 북한을 옹호하는 입장을 보였다. 2005년에는 민간단체가 북한에 보낸 쌀 120톤의 절반을 담당했고, 일본의 조선인학교에 대한 고교 무상 교육 적용과 보조금 지급 집회에 참가하기도 했다. 재일 조선인에 대한 아베 정권의 탄압과 배타주의에 대해 의문과 분노하는 마음으로 가득하다는 심경을 밝힌 적도 있다.

CHAPTER

4

정치인과 전범기업
먹잇감이 된
한일경협자금 8억 달러

기시를 정점으로 한
세 가닥 파이프라인

국교 정상화 전후 무렵 한국과 일본 사이에는 제가끔 연줄에 따라 이해에 얽힌 여러 갈래의 정치자금 파이프라인이 형성돼 있었다. 이를 크게 나누어 보면 아래와 같다.

- 김종필·정일권 — 오노·고노—고다마로 이어지는 라인
- 이후락·김동조 — 기시·야쓰기로 이어지는 라인

이 밖에 김형욱과 장기영도 나름의 줄을 대려는 루트를 개척하기에 여념이 없었다.

이러한 여러 갈래의 파이프라인은 1960년대 후반에서 1970년대 초에 이르면 대략 다음의 세 갈래 루트로 정리되었다.

- 공화당 재정위원장이었던 김성곤과 미쓰이, 미쓰비시 등 일본 상사들 간에 이루어진 루트

- 이후락을 통해 청와대로 연결되는 루트

- 한일협력위원회의 이병희李秉禧, 1926~1997와 일본 측 친한파 의원들주로 자

  민당 멤버들

당시 주된 한국 측 카운터파트는 이병희였다. 육사 8기로 김종필과 동기인 이병희는 김종필이 초대 중앙정보부장이 되자 중앙정보부 서울분실장이 되었고, 당시 일본에서 귀국한 이병철 삼성그룹 회장을 박정희 국가재건최고회의 의장에게 안내하는 역할을 담당했다. 이병희는 한창 때는 거의 일본에

1979년 3월 27일 국회 외무위원회에서 김종필 의원(가운데)이 이후락(왼쪽), 이병희 의원석을 찾아가 뭔가 얘기하고 있다. 공화당 시절 김종필은 너무 노출된 위치 때문인지 로비 자금은 이후락과 이병희, 김성곤에게로 몰렸다.(사진 출처 : 국가기록원)

서 살다시피 하면서 한일 간 여러 가지 문제점들을 비공식 수준에서 처리하기 위한 다리 역할을 했다.

그러나 이 세 루트의 중심에는 기시 전 총리가 있었다. 한일협력위원회 창립을 주도하고 일본 측 대표를 맡은 기시야말로 이를 통한 한일 유착의 모든 사안을 아우르는 지휘탑이라 할 수 있었다.

이를 가장 상징적으로 보여주는 대목은 바로 1973년 김대중 의원 납치사건의 해결이다. 당시 유신을 반대하며 일본에 머물렀던 김대중 의원이 1973년 8월 8일 일본 도쿄의 그랜드팔레스 호텔에서 괴한들에게 납치되는 사건이 벌어졌다. 김대중을 납치해 바다에 수장하려 했던 이 사건에 한국 정보기관이 개입한 증거가 나왔고, 일본 정부는 국권 침해라며 경제협력을 중단하겠다고 선언했다. 일본 의회에서는 국교 단절까지 거론됐다.

그런데 「JTBC 뉴스룸」이 2019년 8월 6일 최초로 보도한 바에 따르면, 김대중 납치사건으로 급속히 냉각된 한일 관계는 사건 50일이 지난 9월 28일 기시를 필두로 한 한일협력위원회의 일본 대표단이 박정희를 면담한 자리에서 해결한 사실이 드러났다. 이전까지는 그해 11월에 김종필 당시 총리가 박 전 대통령 친서를 일본에 전달해서 얼어붙었던 관계를 회복한 것으로 알려져 있었다.

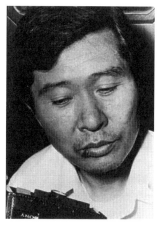

김대중을 납치한 한국 정보기관은 미국의 압력에 의해 김 의원을 동교동 자택에 데려다 놓았다.(사진 출처 : 국가기록원)

JTBC가 입수한 당시 이들의 면담록에는 한일협력위원회가 어떻게 해결사 역할을 했는지 그 정황이 담겨 있다. 냉랭했던 한일 관계와 달리, 박정희와 기시의 면담은 처음부터 화기애애했다.

주한 일본대사를 "(곤경에 처한) 샌드위치맨"이라 부르며 좌중의 웃음을 유도한 박정희는 납치 사건에 대해 처음으로 유감을 표명했다. "한국 사람이 일본에서 물의를 일으켜 면목이 없는 느낌"이라며 "정보기관과 관계 있다면 사과에도 인색하지 않겠다"고도 말했다.

그러자 기시 전 총리를 비롯한 일본 측은 "예상치 못했던 놀랍고 기쁜 말씀"이라며 "이 사건은 바늘과 같이 작은 문제인데 여론이 도끼처럼 떠들고 있다"며 맞장구를 쳤다.

이어서 기시가 "이번 사건과 양국의 우호 친선은 차원이 다른 문제"라고 문제 해결의 실마리를 열어놓자, 박정희는 "이 두 가지 문제는 별개로 다루도록 다나카 총리에게 건의해달라"고 화답했다. 그러고는 납치사건과 별도로 경제협력은 그대로 진행하자는 데 의견을 같이한다.

또한 자민당 원로로 상공대신과 아사히방송 사장을 역임한 바 있는 이시이 미쓰지로 위원은 "마음과 마음의 굳은 유대관계가 있으니까 이런 때일수록 아무 말 없이 그저 손을 꽉 잡는다는 생각에 왔다"라고 말했다. 지배자와 피지배자의 역사를 갖고 있는 한일 관계가 어떻게 '마음과 마음의 굳은 유대관계'가 될 수 있는가. 이는 만주에서 활약하던 만주 인맥이나 서로 통하는 마음, 한일 경협으로 서로 이익을 나눠 갖는 사이나 통하는 한마음일 수 있겠다.

이 자리에서는 한일협력위원회가 청구권 자금이 들어간 사업을 총괄하는 주체라는 언급도 나왔다. 한일협력위원회 사무총장이었던 다나카 다쓰오田中龍夫, 1910~1998 의원은 "한일각료회담이 지연돼도 유무상 사업은 협력위에서 계속 추진해야 한다"고 강조했다. 그러니 앞에서 말했듯 기시가 8억 달러 경제협력의 모든 것을 사실상 주무르는 총지휘자였던 셈이다.

여기서 다나카 다쓰오가 한일협력위원회 사무총장이 된 배경에 대해서도 간단하게 언급하지 않을 수 없다. 다나카는 다나카 기이치田中義一, 1864~1929 전 수상육군 대장의 장남으로, 1937년 도쿄대학을 졸업하고 남만주철도에 입사했다. 이후는 경제기획원과 군수성軍需省 군수관軍需官으로 근무했다. 그러니 그 역시 기시의 만주 인맥에 포함되고, 패망 직전 군수물품을 총괄했던 기시의 부하이기도 했다.

그런데 다나카는 1947년 36세의 젊은 나이에 야마구치 현 지사에 당선된다. 그가 야마구치를 택한 것은 바로 야마구치 메이지 지사들의 중심 하기

다나카 다쓰오(여성 안내원 왼쪽)가
1968년 1월 총리부 총무장관 자격으로
오키나와를 시찰하는 모습

沖縄県公文書館

가 아버지와 자신의 고향이었기 때문이다. 이 젊은 지사는 당시 미군정의 통제를 받으면서도 취임 직후 '조선정보실'을 만들어 한국에 밀정까지 파견했다. 언제든 한반도를 다시 점령한다는 계획을 갖고 있었던 셈이다. 다나카는 정보실의 정보를 취합해 "북한의 침공에 의한 전쟁 발발 가능성이 있다"고 분석하고 이를 정부에 보고했지만 무시당했다. 또한 전쟁으로 인해 한국 정부의 망명이 현실화 될 가능성에 대비해 대피캠프 후보지 조사까지도 해놓았다. 참으로 모골이 송연한 대목이다. 바로 이러한 전력이 있고, 기시의 만주 인맥에다 야마구치 현 출신이라는 사실까지 더해지니 기시가 그를 사무총장에 앉힐 이유는 충분했다.

아무튼 한일협력위원회 일본 대표단이 박정희를 면담한 후 두 달 뒤, 김종필 당시 총리는 박정희 친서를 들고 일본 다나카 가쿠에이 총리에게 공식 유감을 표명했고, 한일각료회담도 재개됐다. 이렇게 해서 미쓰비시 등 일본 전범기업들의 리베이트 창구가 됐던 서울 지하철 차관 사업도 이어질 수 있었다. 이 내용은 뒤에서 자세하게 살펴보자.

이처럼 한일협력위원회는 한일 관계 주요 국면마다 깊숙이 개입했고, 원조로 포장된 8억 달러를 내세우면서 일본의 이익을 대변했다. 그런데 한일협력위원회 멤버들과 박정희의 끈끈한 관계는 앞에서도 강조했듯 바로 만주 인맥을 바탕으로 한다. 기시는 물론이려니와 사무총장 다나카 다쓰오 중의원도 만주철도 출신이고, 시나 에쓰사부로 중의원도 만주국 광공鑛公 사장 출신에다 기시가 상공부장관 시절 차관을 지낸 인물로 "조선 병합은 영광스러운 일"이라고 말했던 자다.

한술 더 떠서 한일협력위원회에는 전범기업들이 대거 참여했다. 대표적

1942년 상공부 장관과 차관으로 있던
시절의 기시와 시나 에쓰사부로

전범기업인 미쓰비시시상사의 후지노 주지로藤野忠次郎, 1901~1985 사장과 미쓰이물
산의 미즈카미 다쓰조水上達三, 1903~1989 사장은 상임위원이었다. 이 외에 21개
전범기업이 포함됐다.

　그런데 이들 한일협력위원회에 참여한 전범기업 인사들은 심지어 우리
나라의 훈장까지 받았다. 한국의 국권 신장과 양국 우호에 기여했다는 이유
였다. 더불어 기시 전 총리는 1970년 부산과 시모노세키를 잇는 부관페리 취
항 다음 날에 박정희에게 직접 국가 훈장인 1등 수교훈장을 받았다. A급 전
범이자 태평양전쟁 달시 군수물자 총괄자로 우리나라 사람들의 강제징용에
직접 개입했던 당사자가 한국의 1등 훈장을 받는 아이러니한 일이 벌어진 것
이다.

　심지어 기시의 훈장 수여는 그의 심경까지 고려한 특별대우 속에서 이뤄
졌다. 이후락 당시 주일대사가 외무부장관에게 보낸 문서에는 '기시 전 총리
가 한일 우호에 큰 공헌을 했으므로, 다른 사람에게 먼저 훈장을 주면 서운
해할 수 있다'는 내용이 들어 있다.

　한일협력위원회 일본 위원들에 대한 서훈은 기시를 포함해 다나카 다쓰오, 야쓰기 가즈오, 노다 우이치野田卯一 전 중의원, 후나다 나카 전 중의원 의장 등 모두 5명이었다. 물론 재계 인사들도 빠지지 않았다. 1973년 산업훈장을 포상할 때 가장 큰 상인 금탑훈장은 우리나라 대상자들을 제치고 전범기업인 신일본제철의 나가노 시게오永野重雄 명예회장이 받았다.

'부산적기론'과
엔화의 한국행 출장러시

한일 간 검은 돈의 유착 구조가 본격적으로 구축되기 시작한 것은 국교 타결의 전망이 뚜렷해지고, 따라서 일본으로부터의 청구권 자금 도입이 확실해진 무렵의 일이다. 1962년 11월, 김종필과 일본 오히라 외상 간에 교환된 '김종필-오히라 비밀 메모'를 통해 유상과 무상의 경협자금으로 8억 달러 이상의 돈이 일본으로부터 한국에 들어올 것이 뚜렷해질 시기다.

8억 달러에 한몫 끼려는 일본 기업과 이권 브로커들이 제 나름의 연줄과 파이프라인을 통해 뻔질나게 현해탄을 건너오고 건너갔다. 한국보다 앞서 이행된 인도네시아 및 필리핀에 대한 배상 과정에서 일본 기업들은 배상자금에 편승한 상행위가 얼마나 돈벌이에 좋았던가를 잘 알고 있었기 때문에 한국에 대한 배상에 있어서도 행여 버스를 놓칠세라 재빨리 움직이기 시작했다.

국교 타결을 전후하여 서울의 호텔들은 일본에서 내한한 기업 간부들과 정권 브로커들로 항상 만원을 이루었다. 당시 서울의 밤은 '8억 달러 버스' 탑승을 놓치지 않으려는 일본 기업들이 한국 군사정부 요인과의 연줄을 찾아 암약하는 무대였다. 그 갖가지 흥정이 이면에서 벌어지고 있었다. 이미 한일기본조약 타결 전에, 한국에 진출하지 않은 일본의 일류 상사는 없었을 정도었다.

일본 각종 경제단체들의 한국행도 러시를 이루었다. 청구권 내지는 경협 자금의 윤곽이 드러나기도 전인 1962년 2월에 이미 일본의 23개 기업 대표들로 구성된 '한국광공업보세가공조성단'이라는 사찰단이 한국을 둘러보았다. 그해 9월에는 우에무라 고고로植村甲午郎 경협단체연합회 부회장을 비롯해 일본 재계의 유력인사 6인으로 구성된 사절단이 한국경제인협회의 초청으로 내한했다. 또한 12월에는 은행, 상사, 철강, 화학, 자동차, 수산 등 각 업계 대표 33명으로 구성된 제2차 사절단이 찾아왔다. 1964년 2월에는 미쓰비시 조선부사장을 단장으로 하는 산업기계공업회의 대규모 사절단도 내한했다.

공식적인 국교 정상화 이전에도 이 정도였으니, 한일기본조약이 체결된 1965년 이후는 더 말할 것도 없다. 각종 사절단이 줄을 이어 한국으로 들어왔다. 제3차 경단련 방한을 비롯하여 일본화섬협회대표단, 일본섬유기계협회 시찰단, 일본산업기계공업회, 일본경제조사협회 시찰단 등등 여러 가지 이름을 붙인 경제관계 사절단이 줄을 이었다.

이 같은 일본 기업의 한국 진출에 대해 일본 경단련이나 상공회의소 같은 경제단체는 그럴 듯한 이유를 붙여 대한경협의 명분을 삼았다. 당시 일본 상공회의소 회장 아다치 다다시足立正, 1883~1973는 "한국은 우리나라에 있어 공산주의에 대한 방벽의 역할을 하고 있다. 이 방벽이 있기 때문에 우리나라는 얼마 안 되는 국방비 부담으로 충분했고 그 덕분에 오늘날과 같은 눈부신 경제 발전을 이룰 수 있었다. 일한 정상화를 서둘러 한국의 경제 재건에 일본이 협력하는 것은 당연한 일이다"라고 말했다. 기시 노부스케의 지론과 전혀 다르지 않다.

이런 명분을 내세우는 사람은 아다치 다다시뿐만이 아니었다. 당시 일본 재계에서는 이른바 '부산적기론釜山赤旗論'이 유행했다. 이는 한국이 적화되어 부산에 공산주의 깃발이 휘날리는 것을 막아 일본 경제 번영을 확보하자는 논거에서 출발한 '대한경협론'이었다. 일본 재계의 공동조사기관인 일본경제조사협의회도 비슷한 논지로 1964년 1월 '한국 경협의 실정'이라는 조사 보고서를 발표, 한국 경제 재건의 급부를 내세웠다.

이런 명분을 내세우고 벌어진 유착 관계의 세 가지 얼굴을 벗기면 대략 다음과 같은 모습이 드러난다.

- 일본으로부터의 경협자금 도입에 따른 직접적인 부정행위
- 일본의 친한파 득세를 위한 정치공작
- 한국의 정치자금과 관련된 커미션 내지는 리베이트

일본 '검은 자금'을 둘러싼 스캔들의 탄생

일본과 연계된 정치자금 조성은 국교 정상화 이전부터 시도되었다. 일본으로부터 박정희 군사정부가 들여온 최초의 자금은 재일 동포 재산이었고, 최초로 말썽이 난 것은 이른바 '새나라 자동차 사건'이었다. 이는 자본금 1억 원으로 '새나라공업주식회사'라는 회사를 설립하여 일본으로부터 소형 자동차 부품을 수입, 한국에서 승용차를 조립하고 생산한다는 구상으로부터 시작됐다. 아이디어의 주인공은 당시 중앙정보부장이었던 김종필과 정보국 제2국장 석정선石正善 등이었다.

1961년 12월 무렵, 최영택 주일공사는 박노정이란 재일 동포 실업인과 접촉해, 이 아이디어를 설명하면서 투자를 종용했다. 박노정은 일본 명 야스다 에이니^{安田榮二}란 사람으로, 재일 교포 거류민단의 부단장을 지낸 적도 있는 교포 유력재벌의 한 사람이었다. 도쿄 긴자와 하라주쿠^{原宿}에 몇 개의 빌딩과 맨션을 갖고 있고, 아타미^{熱海}에 '하쓰초엔^{八丁園}'이라는 요정도 소유하고 있었다.

돈벌이에 재빠른 박노정은 나름대로 주판을 굴려 수지가 맞겠다는 판단 아래 3천만 원을 출자하기로 했다. 1억 원의 자본금 중 나머지는 한일은행에서 융자를 받기로 했다.

1962년 5월, 국가재건최고회의는 '자동차공업보호법'을 제정하여, 향후 5년간 자동차 부품 수입을 무관세로 했고, 이런 바탕 위에 새나라조립공장이 건설됐다. 그러나 조립이라는 것은 명분에 지나지 않았다. 회사는 부품을 도입한 것이 아니라 일본산 소형 자동차 2천여 대를 완제품으로 들여왔다. 자동차를 면세로 수입하여 고가로 시중업자들에게 팔아넘긴 것이다. 대당 수입 가격이 13만 원인 것을 25만 원에 팔아 도합 2억 5천만 원을, 이득으로 거머쥐었다.

사건의 발단은 새나라조립공장에서 처음 생겨난 1천 200만 원의 이익금 분배를 둘러싸고 벌어졌다. 박노정은 기대했던 만큼 자신에게 배당금이 오지 않자 각계에 진정서를 돌려 억울함을 호소했다. 이에 격노한 김종필 중앙정보부장이 박노정의 체포를 지시했고, 사전에 이를 눈치 챈 그는 신변의 위협을 느껴 묵고 있던 반도호텔에서 뛰어나와 부산에서 밀항선을 타고 일본으로 도망쳤다. 결국 박노정은 돈벌이는커녕 원금도 건지지 못한 채 혼비백

1962년 8월 27일 부평 새나라조립공장 준공식에 참석한 후 공장 내부를 둘러보는 군복 차림의 박정희 의장. 자동차 생산 라인이라기보다는 요즘 공업사 수준의 모습이다.(사진 출처 : 국가기록원)

산하여 빈손으로 물러서고 말았다. 이때 중앙정보부가 거둔 새나라조립공장의 '수익금'은 공화당 창당 자금으로 들어간 것으로 알려진다.

　　이처럼 '새나라 자동차 사건'은 결코 세련된 정치자금 조달 방식이 되지 못했다. 최고회의 면세입법을 포함하여 투자자 진정서 소동까지 불러온 노골적인 자금조달 방식은 매우 원시적이었다. 권력을 휘둘러 처음 이런 일을 하는 쿠데타 군정이었으니 당연하다 하겠다.

　　그러나 군사정부는 곧 한일 유착에 의한 거칠지 않고도 새로운 정치자금 루트에 눈을 뜨기 시작했다. 군정 말기가 되면 한국 정부와 일본 정재계의 특정 그룹들이 굵은 파이프라인으로 연결되었다. 이러한 한일 유착 현상에 의한 첫 상징적인 스캔들이 '캐나다·호주산 소맥도입 사건'이다.

1963년 민정 이양을 몇 달 앞두고 군정은 심한 식량난에 허덕이고 있었다. 5·16 군사정변이 일어나던 해부터 계속해서 흉년이 들었고, 원활하지 못한 미국과의 관계 때문에 미국산 잉여농산물의 도입도 여의치 않았던 때였다. 춘궁기를 겨우 넘기고 민심이 흉흉하여 이대로 가다가는 선거에서 승리할 공산이 희박했다.

그런 8월 어느 날, 박정희는 정치자금을 만들고 심각한 식량난을 해결하기 위해 당시 「한국일보」 사장으로 있던 장기영을 장충동 의장공관으로 불렀다. 박정희는 장기영에게 한 통의 필서를 써주면서 일본에 건너가 오노 반보쿠 자민당 부총재를 만나 한국 식량 사정의 해결책을 논의해보라고 지시했다.

그러나 신문사 경영을 하는 장기영에게 어떤 복안이 있을 리 없었다. 고민하던 장기영은 신문용지 매입으로 면식이 있었던 미쓰이물산을 떠올렸다. 장기영은 8월 도쿄로 건너가 먼저 오노 반보쿠를 만났다. 박정희 친서를 전하자, 오노는 '미국 모르게'라는 조건으로 주저 없이 찬성했다. 오노 주선으로 미쓰이물산의 미즈카미 다쓰조 사장을 만난 장기영은 박정희 의장의 특별 부탁이라면서 약 10만 톤가량의 소맥을 제3국에서 사달라고 요청했다.

그러나 당시 식량 사정은 세계적으로 좋지 않아 일본 역시 미국, 캐나다, 호주 등지에서 밀가루를 최대한도로 수입하고 있었다. 이런 시기에, 더욱이 미국 몰래 식량을 빼돌려 한국에 준다는 것은 큰 모험이었다. 그럼에도 미즈카미는 박정희의 특별 부탁이라는 말에 두말없이 이를 허락했다. 나중 장기영의 회고에 의하면 이 거래는 단 2분 만에 성립되었다고 한다.

1966년 10월 31일 방한한 미국 존슨 대통령(왼쪽에서 세 번째)을 마중하기 위해 나선 박정희와 그의 옆에 있는 장기영 부총리(사진 출처 : 국가기록원)

미쓰이물산이 어떤 연유로 이 위험한 거래를 즉석에서 승낙했는지 모르지만 당시 속력을 내며 추진되던 한일 교섭의 전망을 내다보면서 한국 경제 진출의 지렛대로 삼겠다는 속셈이 쉽게 엿보인다. 그들로서는 한국의 최고 실력자와 파이프라인을 만드는 것이 무엇보다 중요한 일이었을 것이다. 사실 이 거래에서 미쓰이물산은 이익을 보지 못하고 약간의 손해까지 보았다.

협상이 타결되자 군정은 즉각 신용장을 개설했고, 미쓰이물산은 현품 구입에 착수했다. 미쓰이물산은 그때 마침 호주에서 소맥 구입 계약을 맺어 놓고 현지에서 선적을 막 시작한 참이었다. 미쓰이물산은 선적이 끝난 배를 한국으로 빼돌리기로 했다. 다만 뒷일에 만전을 기하기 위해 계약된 9만 8천 톤의 소맥을 미쓰비시상사와 절반씩 나누어 맡기로 했다.

장기영이 미쓰이물산과 맺은 계약 조건은 아래와 같다.

❶ 적어도 반년 동안은 미국과 일본에 비밀로 할 것
❷ 화물선은 선적항을 떠난 뒤 행선지를 한국으로 바꿀 것
❸ 선금은 60만 달러, 2년 연불延拂에 이자는 5.5%로 할 것

이 배에 실린 소맥은 그해 9월에 한국 땅에 들어왔다. 이렇게 해서 선거를 앞두고 호주와 캐나다 소맥이 한국 땅에 쏟아 부어졌다. 민정선거 때 방방곡곡에 뿌려져 '밀가루 선거'라는 오명이 붙었던 그때의 소맥이 바로 이렇게 해서 도입되었다는 사실을 아는 사람은 지금도 많지 않다.

1963년 10월에야 '민정 이양[01]'의 약속을 지키기 위해 군복을 벗고 직접 대통령이 되기 위해 선거에 나선 민주공화당 박정희 후보는 46.6%를 획득, 45.1%를 얻은 윤보선(민정당) 후보에게 15만여 표1.5%라는 그야말로 박빙의 차이로 승리했다. 밀가루를 뿌린 덕택으로 그해 12월 17일 박정희는 제5대 대통령에 취임할 수 있었다.

대통령 취임식에는 미쓰이물산 한국 담당의 니시지마 히가시西島東 상무가 초대를 받고 참석했다. 당시 일본 상사는 오직 미쓰이물산만 초대장을 받았다. 태평양전쟁 당시 수많은 한국인을 강제징용자로 끌고 가 노예로 부려

---

01 5·16 군사정변으로 정권을 잡은 박정희는 군인 신분으로서의 대통령이 아니라 의장이라는 직위를 갖고 대한민국을 통치했다. 이때 박정희 의장은 군사정권 기간을 2년으로 정하고, 이후 자신은 다시 군으로 돌아가고 정권은 민간인에게 돌려준다고 약속했다. 이후 박정희는 육군 대장으로 제대해 민간인 신분으로 대통령 선거에 출마해 윤보선을 누르고 당선되어 제5대 대통령이 된다.

먹었던 미쓰이물산은 아이러니하게도 이렇게 해서 한국 진출에 가장 먼저 첫 발을 내디딘 주인공이 되었다. 니시지마 히가시 상무는 이후 엄청난 물의를 일으킨 삼성그룹의 사카린 밀수사건에도 관련되었다.

이런 공로로 인해 장기영은 1964년 5월 부총리에 임명됐다. 마침 그는 한국은행 부총재 출신의 경제통이었다. 당시 외자 도입과 사용은 부총리가 위원장인 외자도입심의위를 거쳤다. 그러니 외자 혜택을 보려는 기업들이 그에게 몰려들었다. 장기영은 취임 1년여 뒤인 1965년 특혜 의혹과 관련해 중앙정보부의 내사를 받았다. 김형욱 중앙정보부장은 비리 증거를 잡기 위해 부총리 집무실 캐비닛을 뒤져 수표와 돈을 발견했다. 김형욱은 대통령에 낱낱이 보고했다.

다음의 내용은 이와 관련해 「한겨레」에 실린 '한일경협 핫라인' 고 박제욱의 비사다. 박제욱은 한국전쟁 당시 종군기자를 거쳐 「한국일보」와 「서

5대 대선 때 박정희 광고

장기영 부총재의 비리를 수사한
김형욱 중앙정보부장

올경제」 등에서 일하던 언론인이었다. 그는 5·16 군사정변 직후 종군기자 시절부터 알고 지내던 김재춘 대령1963년 중앙정보부장 역임이 도움을 요청해 정권을 돕기로 결정하고, 일약 정권의 막후 브레인이 되어 굵직한 일들에 간여하게 됐다.

"기자 시절부터 알았던 장기영이 도움을 요청해와 만났는데, '한 나라의 재상을 이러면 안 된다'며 불만만 늘어놓고 반성의 기미가 없었다. 언론인 이자 독립운동가였던 (내가) 실망해서 그냥 나오려는데 장기영이 사직서 를 내밀며 '나 이렇게 잘리면 매장된다. 도와 달라'고 매달렸다."

박제욱은 아이디어를 냈다. "대통령이 지금 꼭 해야 할 일이 한일회담이 오. 각하한테 가서 '제2의 이완용 역할을 내가 하겠다. 앞으로는 부패하지 않 겠다. 한일회담 끝날 때까지 봐달라'고 하시오." 장기영은 바로 청와대로 올라갔다. 그날 오후 장기영은 휘파람을 불며 집무실로 들어왔다.[02] 이때부터 장기영은 다시 승승장구했다.

이처럼 국교 정상화가 되기도 전에 한국과 일본의 실력자 사이에 부패 커넥션이 생기면서 한국 정가에는 갖가지 스캔들이 난무했다. 그중 주목할 만한 것은 대일청구권 자금 일부가 한일청구권협정이 조인되기도 전에 이미 한국에 들어왔고, 그중 상당 액수가 정부에 의해 부정 사용되었다는 이야기였다.

1963년 5월부터 김병로 등 재야 정치인들이 군사정부의 한일회담 중단과 민간 이양, 김종필-오히라 비밀 메모 내용 공개를 요구하고 나섰다. 2년 동안이나 쉬쉬하며 감춰왔던 그 내용은 1964년 3월 한일회담의 3월 타결과 4월 조인, 5월 비준이라는 정부 방침과 함께 드러났다. 그러자 민정 선거를 치르고 제3공화국이 출범한 지 얼마 안 된 3월 6일 민정당과 삼민회三民會 등 야당이 '대일저자세외교반대범국민투쟁위원회'를 만들었다. 24일엔 수천 명의 대학생들이 한일회담 반대 데모에 나섰고 다음 날엔 전국으로 확산됐다.

26일 학생운동이 최고조에 이르렀을 때 삼민회의 언론인이자 독립운동가였던 김준연金俊淵, 1895~1971 의원이 국회 본회의장에서 "공화당이 한일회담과 관련해 일본으로부터 이미 1억 달러를 받았다"고 주장했다. 이 발언의 진의를 확인하기 위해 특위가 구성됐다. 김 의원은 4월 2일에도 "공화당이 지난 1963년도 선거자금으로 일본에서 2천만 달러를 수수했고 대일 청산계정 4천 700만 달러도 이미 사용했다는 설이 있으니 경위를 밝히라"는 내용의 성명

---

02   '박정희와 미쓰비시와 나」, 「한겨레」, 2015년 8월 15일자

을 발표했다.

그러자 공화당은 허위사실 유포죄로 김 의원을 고발했고 김 의원은 박정희 대통령과 민주공화당 의장 김종필 의원을 외환죄로 고소했다. 공화당은 무고죄로 맞고소했다.

4월 20일 정부는 김 의원의 구속동의요청서를 국회에 제출했다. 당시 재선 의원이었던 김대중 전 대통령의 5시간 19분짜리 필리버스터 연설은 이때 나온 것이다. 김대중은 구속동의안의 부당함을 또박또박 지적했다. 단상에는 그 어떤 원고나 메모도 없었으나 그의 논리는 빈틈이 없었다.

"국회 조사가 진행되고 있는데 구속동의안을 낸 것은 앞뒤가 바뀐 것"이라며 "우리가 구속동의 요청을 받아들이면 우리 스스로 우리 무덤을 파는 것이고, 우리 자신을 형무소에 가두는 것과 같다" 등등 논리 정연한 그의 필리버스터에 공화당과 의장은 발언을 끊고 표결할 기회만 노렸지만 결국 실패하고 말았다. 덕택에 김준연 의원은 국회 회기 동안 체포되지 않고, 폐회 직후인 4월 26일에 구속 수감됐으나 한 달 뒤 병보석으로 풀려났다.

김대중은 일부 방송을 통해 생중계된 이 연설을 통해 전국적으로 주목받는 정치인이 되었다. 김대중과 박정희의 대립각, 이로 인해 납치되어 죽을 뻔한 위기도 겪었던 김대중의 고난사는 박정희 눈에 난 바로 이때부터 시작되었다고 할 수 있다.

박정희는 한일회담 반대 데모를 차단하기 위해 6월 3일 서울시 전역에 비상계엄을 선포했다. 야당은 비상계엄 해제와 학생 및 군이 본연의 자세로 돌아가야 한다는 수습 방안을 제시했으나 박정희는 국회에 나와 '시국 수습에 관한 대통령 교서'를 통해 "불행한 사태가 재발치 않을 확실한 보장의 선행

없이는 계엄 해제만이 시국 수습 방안일 수 없다"고 버텼다.

야당 의원들이 시국수습협의회를 만들어 '계엄해제요구안'을 국회에 제출했지만 계엄령은 본회의 표결 결과 찬성 139표, 기권 3표로 가결됐다. 1965년 2월 18일 한일기본조약의 가조인을 위해 시이나 에쓰사부로 일본 외상이 방한함에 따라 자유민주당과 민정당 재야인사들이 '대일굴욕외교반대 범국민투쟁위원회'를 만들고 3월 28일과 29일에 광주, 마산, 속초, 진주, 여수, 강릉 등에서 유세를 통한 장외투쟁에 나섰다. 자유민주당과 민정당은 5월 14일에 합당, 민중당을 만들어 투쟁을 위한 당력을 키웠다.

그러나 한일 양국은 6월 22일 14년 동안 끌어온 한일 국교 정상화를 비롯한 협정에 정식 조인했다. 아울러 김준연 의원 폭로도 뚜렷한 증거를 갖고 있었던 것이 아니라서 이후 흐지부지되고 역사의 검은 베일 뒤로 사라지고 말았다.

삼성전자의
탄생 비화는?

사실 지금의 삼성전자가 생겨난 배경은 '사카린 밀수 사건' 으로부터 시작된다. 이 사건은 1966년 삼성그룹 계열사인 '한국비료공업'이 일본 미쓰이그룹과 공모하여 사카린 55톤을 건설자재로 위장해서 들여와 판매하다 들통이 난 일을 말한다. '사카린 밀수 사건'은 중앙정보부 비호 하에 박정희 독재정권의 비자금 마련을 위해 기획한 것이었다.

'처음부터 우리가 밀수를 생각했던 것은 아니었다. 처음 (밀수) 아이디어를 낸 사람은 박 대통령이었다. 박 대통령은 돈을 만든 다음 3분의 1은 정치자금으로, 3분의 1은 부족한 공장 건설 대금으로, 3분의 1은 한국비료의 운영자금으로 하자는 안까지 내놓았다. 군사 쿠데타가 일어난 지 불과 3년여. 아직도 군사정부 시절의 기강이 시퍼렇게 살아 있던 시기에 정부의 묵인이나 적극적인 협조 없이 대단위의 밀수를 한다는 것은 불가능했다.'[03]

1967년 대통령 선거를 앞두고 박정희는 조국 근대화의 성공을 상징적으로 보여줄 업적이 필요했다. 박정희는 1964년 5월 이병철을 청와대로 불러 비료공장 설립을 요청했고, 이병철은 비료공장이 자신의 오랜 꿈이었기 때문에 흔쾌히 수락한다. 두 사람의 이해가 맞아떨어진 것이다.

그러나 일이 꼬이기 시작했다. 비료공장 건설에 예상외로 대규모 자금이 투입되면서 삼성 전체의 자금난이 심해졌고, 박정희는 비료공장 건립 허가 등을 미끼로 정치자금을 요구하기 시작했다. 그러던 차에 마침 비료공장 건설을 위한 차관을 제공한 미쓰이물산이 삼성 쪽에 100만 달러의 리베이트를 제공하겠다고 제안해왔다. 자금줄에 목말랐던 이해 공동체에 다가온 '달콤한 유혹'이었다.

이맹희李孟熙, 1931~2015 회고록에 따르면, 삼성은 미쓰이물산의 리베이트 제안을 받은 뒤 그 사실을 박정희에게 알렸다. 그러자 박정희는 "그러면 여러 가지를 만족시키는 방향으로 그 돈을 쓰자"고 제의했다. 당시 외환관리법은 신

---

03   이맹희(이병철 회장 장남), 『묻어둔 이야기』, 도서출판청산, 1993년

고하지 않은 외환의 경우 일체 국내로 반입시킬 수 없도록 규정하고 있었으므로, 100만 달러어치 물품을 밀수로 들여와 국내에서 현금화해 부풀려 나눠 갖자는 제안이었다.

이병철 장남과 차남인 이맹희와 이창희李昌熙, 1933~1991가 밀수의 실무 작업을 진두지휘했다. 그들은 암시장에서 유통 가능한 품목을 선별하기 시작했다. 양변기, 냉장고, 에어컨, 전화기, 스테인리스 판 그리고 사카린의 원료인 OTSA 등이었다. 당시 비료회사 재료로 둔갑한 사카린은 2천 400포대로 당시 금액으로 5천만 원 어치에 해당했다. 그래서 '사카린 밀수 사건'이 되었다.

1966년 9월 15일 삼성의 사카린 밀수를 특종 보도한 「경향신문」

이 사건은 1966년 9월 15일 「경향신문」의 특종 보도를 시작으로 언론을 통해 대대적으로 보도된다. 분노한 민심이 들끓기 시작했고, 9월 22일 국회 대정부 질문에서 한독당 소속 김두한金斗漢, 1918~1972 의원은 "이 나라의 모든 부정과 부패를 옹호하고 있는 현 내각은 피고 취급을 받아 마땅하다. 나는 행동으로 부정 불의를 규탄한다"면서 미리 준비해온 사카린을 국무위원 자리에 뿌린 다음 깡통 속에 담아 온 오물을 살포했다. 이 바람에 정일권丁一權, 1917~1994 총리와 장기영 부총리 그리고 상당수 장관들이 오물을 뒤집어썼다. 김두한 주장에 의하면 이 똥물은 "선열의 얼이 담긴 파고다 공원 공중변소에서 퍼온 것"이라고 한다.

같은 날 검찰에 출두한 이창희는 특정범죄가중처벌법 위반 등 혐의로 구속됐다. 사건이 커지자 이병철은 한국비료와 대구대지금의 영남대를 국가에 헌납하고 은퇴를 선언한다. 그러나 이병철은 2년 만에 복귀한다. 국가를 뒤흔드는 밀수 범죄를 일으킨 중범죄자가 형사 처벌도 받지 않고 복귀하려니 뭔가 거창한 명분이 필요했다. 이병철은 그래서 1968년 전자산업 진출을 선언한다.

물론 이는 이병철의 관심사이기도 했는데, 이에는 일본 전자회사의 영향이 컸다. 이병철이 흉금을 터놓고 지냈던 인물들이 일본전기NEC, 도에이, 미쓰이, 산요 등 일본 전자업계 경영자들이었기 때문이다. 이 가운데 일본전기 사장은 "삼성은 자동차보다는 전자를 해야 한다"고 수차례 강하게 권유했다고 한다.

이렇게 해서 삼성은 1969년 1월 삼성전자를 설립하고, 이어 삼성-산요전기1969년 12월, 삼성-NEC1970년 1월, 삼성일렉트릭스1971년 9월를 잇따라 설립한다. 미쓰이, 미쓰비시와 함께 전쟁 전 3대 재벌로 꼽히던 스미토모와 산요전기의 도움을 받아 삼성전자를 출범시킨 것이다. 이렇게 일본의 도움을 얻어 시작한 삼성전자가 오늘날에는 일본 전자산업을 거의 초토화시키는 패권을 잡게 되었으니, 참 세상사 요지경이다.

사돈이었던 금성사^{현 LG} 등 기존 전자업계의 강한 반발도 박정희가 해결해주었다. 이병철은 『호암자전湖巖自傳』에서 '그들을 설득하다 못해 부득이 대통령에게 직접 전자산업의 장래성을 설명하여 이것은 국가적 사업이 돼야 한다고 강조했더니, 즉시로 전자산업 전반에 관한 개방 지시가 내려 삼성전자공업의 설립을 보게 되었다'고 술회했다. 유착 관계에 있던 대통령의 힘을 빌려 업계의 반발을 무마했다는 사실을 스스로 밝힌 셈이다.

일본 차관 도입 비리의 통로가 된
일본 육사 박정희 선후배들

미쓰이물산이 이처럼 밀가루와 사카린 밀수를 통해 박정희까지 연결되었다면, 미쓰비시상사와 이토추상사는 박정희의 군 경력을 최대한 활용했다. 일본 육사 출신의 후나바시 다케오舟橋健男는 미쓰비시은행 서울지점장을 맡아 일본 방위청과 한국군과의 교류, 한일 군사 일체화를 촉진하는 역할까지도 담당했다고 한다. 이토추상사 역시 초대 서울지점장에 일본 육사를 나온 고바야시 유이치小林勇一를 내세우고, 박정희와 육사 동기인 다카하라 도모오高原友生, 박정희의 한참 선배인 세지마 류조 부회장 등 세 명의 육사 출신으로 박정희와 연결하는 트로이 인맥을 구성했다.

'황국 군인정신'에 투철했던 박정희에게 일본 육사 출신 선후배는 각별한 신뢰를 받았고, 이들은 자신들이 속한 재벌기업의 대한 경제 진출에 앞장섰을 뿐 아니라 각종 이권에 관여했다.

박정희 정권에 대한 세지마 류조의 침투작전은 돈뭉치를 뿌리는 직접적인 수단으로 수행되었다. 예를 들어 총 공사비 2천 600만 달러에 이르는 영동화력발전소가 건설될 당시, 뇌물은 공화당 재정위원장 김성곤에게 지급될 4%로 족할 줄 알았는데, 별안간 중앙정보부장 김형욱으로부터 "내 몫인 3%는 어떻게 되는 것이냐"는 항의가 들어왔다. 그러자 세지마는 눈 꾹 감고 그것을 승인해 합계 7%, 즉 182만 달러를 지불했다. 김성곤에 대한 4%는 샌프란시스코 아메리카은행BOA 비밀계좌로 지급되었으며, 김형욱에 대한 3%는 이토추상사 홍콩지점이 준비한 현찰이었는데, 김형욱은 부하인 중앙정보부 차장을 시켜 그 돈 가방을 찾아갔다는 것이다.[04]

한일합섬 마산공장 역시 이토추의 차관으로 건설되었을 때, 대통령 비서실장 이후락에 대해서는 세지마 자신이 미리 준비한 고액의 자기앞수표 뭉텅이를 청와대 사무실로 들고 들어가 직접 넘겨주었는데, 부피로 보아 일화로 2천만에서 3천만 엔쯤의 금액이었을 것이라고 이토추 서울지점장은 증언했다.

박근혜는 왜 미쓰비시 등의 국내 강제징용자 손해배상과 관련한 국내 재판을 열지 못하게 하고, 대법원과 합작하여 사법농단 사태까지 일으키게 만들었을까? 이 질문의 대답은 일본 재벌과 유착한 박정희 정권의 행적을 보면 저절로 이해될 것이다.

---

04 『침묵의 파일 '세지마 류조'는 무엇이었던가(沈黙のファイル—「瀬島 龍三」とは何だったのか)』, 신초분코(新潮文庫), 1999년. 이 내용은 2009년 9월 14일 「한겨레」에서 '군부정권 파고든 세지마의 돈뭉치'라는 제목의 재일통일운동가 정경모(鄭敬謨, 1924~)의 기고로 보도되었다.

특히 미쓰비시는 가장 악랄했던 재벌로 일제 치하 당시 직접적인 수탈은 물론, 해방 이후에도 각종 경협을 명목으로 훨씬 교묘해진 또 다른 이름의 수탈을 자행했다. 그 과정에서 박정희는 물론 당시 실력자과 결탁, 각종 뇌물 및 정치자금을 건넸음은 물론이다.

아베 총리는 2013년 2월 22일 "박근혜 대통령의 아버지인 박정희 대통령은 제 조부와 가까운 친구였고, 박정희 대통령은 일본에 가장 우호적인 대통령이라고 말해도 과언이 아닐 겁니다"라고 말한 적이 있다.

이동준 기타큐슈대 국제관계학과 교수는 미쓰비시 재판과 관련 끝까지 비겁한 태도를 보인 박근혜 정부에 대해 이렇게 지적한다.

> "오히려 (미쓰비씨보다) 심각하게 추궁해야 할 것은 대법원 판결을 수용해 정부 차원의 외교적 보호권을 행사할 것인지 아니면 포기할 것인지 입을 닫은 한국 정부의 태도다. 한국 정부의 '직무유기'가 미쓰비시의 '나쁜 용기'를 부추긴다는 피해자 측의 주장에 귀를 기울일 필요가 있다. 이 문제는 언제까지 깔아뭉갤 수 없는 사안이며, 더욱이 한국 정부가 침묵한다고 과거의 어두운 유착 관계가 없던 일이 되지는 않기 때문이다."[05]

박정희가 집권하는 동안 한국의 정재계는 일본 자민당 총재 선거가 있을 때마다 가능한 한 친한 경향 정치인의 선출을 노려 많은 노력을 기울였다. 그런 노력이 얼마나 효과를 거두었는지는 알 길이 없지만, 기존의 파이프라

---

05 「한국일보」, 2015년 6월 29일자

인을 통해 향후 이득을 기대하는 인물에 대해 유무형의 지원을 시도했다.

1972년 사토 에이사쿠 뒤를 이어 다나카 가쿠에이와 후쿠다 다케오가 수상 자리를 놓고 경선을 벌였을 때 한국 정재계 일각에서는 후쿠다를 당선시키기 위한 후원 기금도 마련했다. 다나카가 반한적이라서가 아니라 기시와 연결되는 후쿠다가 더 친한적일 것이라 판단했기 때문이다. 기금이 얼마나 모였고, 어떤 경로를 통해 전달되었는지 알 길이 없는데, 정가에서는 상당한 액수의 자금이 도중에 행방불명이 되어 정작 후쿠다 진영에는 전달되지 못했고 이로 말미암아 한때 큰 말썽이 되었다는 소문이 돌아다녔다.

이외에도 크고 작은 규모의 각종 로비 자금이 서로 오갔을 터지만 워낙 은밀하게 진행되는 성격의 특성상 금전을 매개로 이뤄시는 정치공작의 실상이 드러나는 일이란 거의 없었다.

다만 앞서 잠깐 언급한 적이 있는 대한항공-록히드사 커미션 사건 등이 터졌을 때는 그 내용이 미국과 일본 매스컴에 보도되어 그 일단이 드러났다. 당시 보도된 대한항공-록히드 커넥션의 연결고리는 대한항공 조중훈趙重勳, 1920~2002 사장과 다나카 일본 수상, 고다마, 고다마만큼이나 정치 비즈니스의 괴물로 통했던 오사노 겐지小佐野賢治, 1917~1986 등이었다.

오사노 겐지는 제2차 세계대전 후 일본에 진주한 미군을 상대로 큰돈을 벌어 '괴완 정상怪腕政商, 괴력의 정치적 기업가' 등으로 불린 사람이다. 일본의 고쿠사이흥업國際興業 창업자로 일본항공JAL의 대주주이기도 했다. 당시 자산이 2조 엔에 달한다는 소문도 있었다.

조중훈과 오사노의 연계는 베트남전쟁으로 거슬러 올라가는데, 당시 베트남에 진출한 조중훈의 한진그룹에 오사노가 미군 수송용 버스와 파월 한

한국 방문을 한 오사노 겐지를
영접하는 조중훈

국군 병력, 물자, 노무자 등을 수송하는 데 필요한 항공기를 제공해준 데서
비롯됐다고 한다. 오사노로부터 미군 상대 비즈니스 노하우를 전수받은 조
중훈은 베트남전쟁 특수로 큰돈을 벌었고, 그 돈으로 대한항공을 크게 키웠
다. 대한항공은 국제선을 운항하는 일류 항공사가 되기까지 객실 승무원 교
육 등 모든 노하우를 일본항공으로부터 배웠다.

이후 오사노는 1972년 대한항공 주식 9.9%를 사들여 주주가 되었고,
1973년에는 대한항공과 고쿠사이흥업 공동으로 제주도에 호텔과 레저산업
개발을 추진한 적도 있었다.

조중훈은 오사노 소개로 다나카 가쿠에이와 연결됐고, 다나카를 통해
일본 정계에 로비 창구를 만들었다. 1972년 7월, 다나카가 자민당 총재로 선
출되기 직전 현금 1억 엔이 조중훈으로부터 오사노의 고쿠사이흥업으로 운
반된 사실도 있었다는 일본 보도도 있었다.

국교 타결로 거액의 일본 자금이 밀물처럼 한국에 흘러들면서 온갖 '검

은 소문'들이 꼬리를 이었다. 부산과 시모노세키를 잇는 부관페리의 취항, 포항제철소 건설, 한일 대륙붕 협정 체결 등 중요한 사안들마다 정부 간 공식 회의장이 아닌, 한일협력위원회 같은 뒤무대에서의 로비와 흥정으로 결정되었기 때문에 그런 의혹은 더욱 증폭되었다.

특히 차관을 둘러싼 리베이트 문제는 한일 유착 관계의 가장 큰 알맹이로 의혹과 규탄의 대상이 되었다. 굵직한 사건으로 화력발전 플랜트 도입을 둘러싼 일본 상사들의 암투, 서울 지하철 건설의 수유 경쟁과 리베이트 수수설을 비롯하여 작게는 일반 기업체 차관 도입에 관련된 수수료 문제 등 끝이 없었다. 1960년대 후반으로부터 1970년대에 걸쳐 외국 상사의 국내 활동이나 외국으로부터의 자금 도입은 박정희 정권 최대의 정치자금원이었다. 일본이나 미국으로부터 한국에 도입되는 차관 및 플랜트 도입에는 거의 여지없이 일정한 비율의 커미션이 부과되어 공화당 정부의 정치자금으로 들어갔다.

거둬들인 정치자금 일부는 스위스나 일본 은행에 예치되어 '대통령의 자금'으로 사용되었으나 그중 상당 액수가 당시 실력자들의 주머니에 '떡고물'로 들어갔을 것이 뻔했다. 미국에 망명했다 나중 의문의 죽음을 당한 김형욱 전 중앙정보부장의 경우만 해도 미국에 빼돌린 재산이 1천 500만 달러 이상인 것으로 밝혀졌다.

70년대 일본 차관 관련 최대 의혹
'서울 지하철 부정사건'

1970년대 초 일본 차관 도입과 관련해 말썽이 된 최대의 의혹사건은 '서울 지하철 부정사건'이었다. 이 의혹 자체는 1973년에 있었던 일이나 베일 속에 가려 있다가 들통이 난 것이 그로부터 약 4년이 지난 1977년 무렵이었다.

물론 뒤늦게 벌어진 말썽도 국내가 아니라 일본에서였다. 국내 모든 언론이 침묵을 강요당하고 있는 동안, 일본 매스컴과 의회에서는 연일 이 문제를 크게 다뤘다. 가장 대표적인 것이 차관 부정사건이므로 그 내막을 자세히 보도록 하자.

수도 서울의 교통난 완화와 비상시 대피 장소로 이용하기 위해 서울에 지하철 건설을 검토하기 시작한 것은 1968년 무렵이었다. 막대한 자금이 소요되는 대형 프로젝트였지만 경부고속도로 건설로 자신감을 얻은 박정희는 지하철 건설에도 별로 주저하지 않았다. 당시 서울시장 양택식梁澤植, 1924~2012도 이 계획에 만만찮은 의욕을 갖고 있었다.

도쿄와 파리 등 세계 주요 도시의 지하철 실태를 연구한 다음 대체적인 마스터플랜을 작성하여 서울시 지하철 건설본부를 설치한 것이 1970년 6월이었다. 서울의 동서 9.5km를 관통하는 지하철 1호선 건설 공사에는 계획 단계에서부터 일본과 유럽 대형 상사들이 군침을 흘리며 시설과 차량 발주를 위한 공작에 뛰어들었다.

유럽 쪽은 독일계 유태인 사울 아이젠버그Saul Eisenberg를 앞세운 서독과 프랑스 업자들이 참여했다. 이들은 앞서 강원도의 산업선 전철화 공사를 따내 실력을 과시한 바 있었다. 그때도 일본 상사들이 공사 입찰에 응찰한 바 있었으나 실패했다. 일본은 이런 뼈아픈 실패를 다시 반복하지 않겠다는 결의를 다지고, 서울 지하철만큼은 무슨 일이 있더라도 따내겠다는 마음으로 한일 간 온갖 유착 파이프라인을 동원하여 로비전에 들어갔다.

일본은 미쓰이, 미쓰비시, 마루베니丸紅, 닛쇼이와이日商岩井 등 4개 대기업이 연합을 결성하여 유럽에 대항했다. 간사가 된 미쓰비시의 후지노 주지로 사장과 나카가와 시노부이치中川忍− 서울지사장 등이 당시 김형욱 중앙정보부장을 비롯한 실력자들을 뻔질나게 방문하며 공작을 벌였다. 그보다 윗선에서는 한일협력위원회 일본 측 회장이었던 기시도 박정희 등을 방문하여 서울 지하철 차량과 시설 발주가 일본에 떨어지도록 청탁했다.

이런 막후 흥정의 한국 측 중개자의 핵심 인물이 바로 김성곤, 당시 공화당 재정위원장이었다. 그의 역할은 시설 발주에 필요한 차관을 유리한 조건으로 체결하고, 리베이트를 최대한으로 받아내는 일이었다. 김성곤이 일본 상사연합을 상대로 공사 낙찰의 대가로 요구한 사항은 첫째 연리 8% 선인 상업 차관을 연리 4%로, 유리한 조건의 정부 차관으로 진환도록 할 것, 둘째 발주 대금의 8%를 리베이트로 공화당에 제공할 것 등이었던 것으로 알려졌다.

이런 조건을 접수한 일본 상사연합은 이를 자국 정부에 적극 로비하여 결국 정부 차관을 주선하는 데 성공했다. 이 차관은 1971년 8월에 열린 제5회

1960년대 박정희의 지방순시 때 뒷자리에서 뭔가 이야기를 건네는 김성곤 공화당 재정위원장. 당시 공화당 최대 실세였다. (사진 출처 : 국가기록원)

한일 정기 각료회의에서 정식으로 결정되었다.

한편 이보다 앞서 4월에 상사연합은 1차 리베이트로 120만 달러를 김성곤이 지정한 미국 체이스맨해튼은행의 뉴욕 지점으로 송금했다.

그러나 당초 김성곤이 요구한 8% 리베이트 요구는 나중에 일본 상사연합이 너무 많다고 이의를 제기함에 따라 결국에는 4%로 낙착됐고, 이에 따른 리베이트 잔금 130만 달러는 1972년 1월과 1973년 5월 두 차례에 나누어 한국 외환은행의 어느 가공인물 계좌에 납입됐다.

한일 각료회의에서 차관이 결정된 지 약 2년 후인 1973년 1월, 서울 지하철 프로젝트에 관한 국제 입찰이 시행됐다. 그러나 이 입찰은 사실상 요식 행위에 지나지 않았고, 이미 일본의 4사연합에 낙찰이 결정된 상태였다. 낙찰 결과는 지하철 차량 1대에 평균 6천 350만 엔으로, 총액 192억 2천 800만 엔 규모의 매매 계약이 1973년 5월에 체결됐다.

그런데 이렇게 낙찰된 차량 가격이 시가에 비해 엄청난 폭리를 붙인 고가였다는 사실로 인해 서울 지하철 의혹이 불거지기 시작했다. 대당 6천 350만 엔이라는 가격은 당시 일본 국내 가격인 대당 3천 204만 엔에 비해 거의 두 배에 달하는 가격이었다. 그렇게 터무니없이 부풀린 가격으로 일본 상사연합은 한국 정치자금 리베이트로 충당하고 폭리를 취했을 것이라는 의혹이 부각된 것이다.

일본 언론과 의회가 이 문제를 끈질기게 거론하면서 그 진상을 파헤쳐 들어간 결과, 한국의 공화당 정부에 들어간 리베이트 흐름과 그 규모 및 결탁 관계의 구조가 거의 백일하에 드러났다.

이와 관련, 당시 참고인으로 출두한 미쓰비시상사의 다나베 분이치로田部

文一郎 사장은 '특별한 중개료'가 존재했음을 공식적으로 인정했다. 총 사업비의 7~8%가 리베이트였는데, 현지 대리점의 중개수수료인 2%를 제외한 5~6%는 한국 정치권 등에 '윤활유'로서 흘러 들어갔다는 것이다.[06]

당시 다나베 사장은 250만 달러를 한국 유력 인사의 지시로 한국외환은행 뉴욕지점에 송금했다고 증언했지만 그 유력 인사가 누구인지 더 이상은 밝히지 않았다. 그 유력 인사는 당시 「아사히신문」 사회부 오치아이 히로부미 기자나중 편집국장으로 승진에 의해 밝혀졌다.

"저는 취재를 더 진행해서 상사도 정부도 말 못하는 한국의 거물이 누구인지 알아보았습니다. 그래서 체이스맨해튼과 외환은행에 계좌 명을 알아보니 이름이 알파벳으로 S.K.KIM이었습니다. 즉 공화당의 재정위원장인 김성곤이라는 사실을 알았죠."[07]

그런데 또 다른 의혹이 제기됐다. 김성곤 계좌로 입금된 250만 달러 중 120만 달러가 한국으로 가고 나머지 130만 달러가 일본으로 역송금된 것이다. 이와 관련한 오치아이 히로부미 편집국장의 증언은 이렇다.

"이 단계에서 일본은 그야말로 대소동이 일어납니다. 이 130만 달러는 실은 일본 정치가에게 간 것이 아니냐고 모두 생각한 것입니다."

---

06 「한국일보」, 2015년 6월 29일자

07 「이제는 말할 수 있다 : 일본 커넥션 – 쿠데타 정권과 친한파」, MBC , 2000년 8월 6일 방송에서 발췌

당연히 기시의 이름이 의혹 대상자로 지목됐다. 당시 「아사히신문」 서울 특파원인 히시키 가즈요시羮木一美는 이렇게 말했다.

"한국 철도공사 입찰에 대해서는 박정희 대통령이 기시 전 수상에게 부탁
해서 직접 담판했습니다. 김형욱 부장이 자신이 조언을 했다는 사실을 스
스로 폭로했습니다."[08]

이를 정리해보자. 지하철 차량과 시설 기재 등을 수출하여 일본의 4개 상사연합이 올린 판매 이익은 전체 판매액의 9%에 해당하는 17억 500만 엔이었는데, 이 가운데 4%인 7억 5천만 엔약 250만 달러은 김성곤의 지시에 의하여 뉴욕으로 송금되었다. 또한 2억 2천 200만 엔이 수수료 명목으로 4사연합의 한국 측 브로커인 '창일엔터프라이즈'에 지불됐다.

그런데 이 '창일엔터프라이즈'가 도대체 정체를 알 길이 없는 수수께끼 회사였다. 브로커 명목으로 받은 거액의 수수료가 서독, 홍콩 등 의혹스러운 곳으로 송금됐기 때문이다.

창일엔터프라이즈의 사장은 1933년생인 문의룡이라는 자로, 서울 지하철 계획이 본격화될 무렵 회사를 설립하여 미쓰비시상사 서울지사에 자주 드나들면서 브로커 역을 따냈다. 종업원은 불과 4명으로, 회사 소재지도 확실하지 않았고, 문의룡 자신의 경력이나 정체도 확실하지 않았다. 그와 거래한 일본 상사 사람들도 키가 175cm 정도의 건장한 체구였으며 미성의 소유자였

---

08   271페이지 각주 7번과 동일

다는 점만을 알고 있었을 뿐, 그 이상의 것에 관해서는 아무도 아는 사람이 없었다. 이 의문의 인물은 2억여 엔의 돈을 쥔 다음, 사건이 일본 의회에서 말썽나기 직전인 1977년 1월 가족과 함께 미국으로 도주하고, 이후 종적을 감췄다.

문의룡은 커미션 대부분을 미국과 서독의 뒤셀도르프, 홍콩 등지에 송금토록 4개사에 의뢰했다. 계좌 주인은 한국인이 아닌 외국인이 대부분이었다. 그런데 뒤셀도르프에는 서울 지하철 발주 때 배후에서 영향력을 행사한 기시 노부스케의 비서로, 기시가 연루된 거의 모든 스캔들에서 핵심인물로 등장하는 가와베 미치오川部美智雄가 경영하고 있던 사업체호텔, 식당, 나이트클럽가 있었다. 기시가 돈 세탁을 하는 숨어 있는 돈줄이라는 의혹은 당연했다.

1970년대 서울 남대문 앞의 지하철 1호선 공사 현장의 모습. 엄청난 로비와 리베이트 자금이 오고간 최대의 부정부패 대상이었다.

김성곤과 문의룡에게 건너간 리베이트와 커미션을 제외하고 일본의 4개 상사가 벌어들인 순이익은 9억 5천 505만 엔으로, 판매 총액의 5%에 해당하는 상당히 높은 이익률이었다. 일반적인 상거래 행위에서 일본 상사들이 버는 순이익률이 평균 2% 정도였다는 사실을 감안하면, 두 배 이상의 이익률은 실로 놀라운 성과였다. 결국 정치자금으로 흘러가는 리베이트나 커미션을 떼어주고도 이렇게 큰 이득이 남기 때문에 일본 재계가 눈에 불을 켜고 한국의 실력자와 파이프라인을 만들었다고 할 수 있다.

그렇다면 서울 지하철에 대한 부정 의혹이 일본에서 큰 스캔들로 거론되던 동안 당시 한국의 사정은 어땠을까. 국회나 언론 등 모두 이를 쉬쉬하면서 일종의 금기사항으로 취급해 어디에서도 이와 관련한 소식이 알려지지 않았다.

다만 유일하게 1973년 10월 국회 내무위원회에서 공화당 김진봉金振鳳, 1934~ 의원이 일본 신문 보도를 인용, 한국이 도입한 지하철 차량이 일본 국내 시가에 비해 엄청나게 비싼 이유를 물은 적이 있었다.

이때 답변에 나선 서울시장 양택식은 "우리 지하철은 레일 폭이 넓고 또 일본 것과는 달리 직류, 교류 양용이어서 가격이 비싸진 것뿐이며 정치자금과는 관계가 없다"고 답했다. 그걸로 끝이었고, 다시 어둠 속으로 자취를 감추었다. 그러나 미쓰비시상사 대표는 1977년 일본 의회청문회에서 서울 지하철의 납품가를 빼돌렸고, 일부는 한국 정부에 뇌물로 줬다고 분명히 밝혔다.

당시 우리 경제정책을 총괄했던 경제기획원 내부 문건 기록에는 애초 국무회의에 보고된 지하철 객차 예산이 84억 엔으로 돼 있다. 그런데 미쓰비시 등이 물가 상승을 이유로 1년여 만에 40% 넘게 납품가를 올려 118억 엔이 됐다. 특히 해당 문건에는 우리가 공급받은 차량 가격이 일본 도쿄시가 납품받 았던 가격보다 비싸다는 지적이 일본 국회에서 제기됐다는 내용도 있었다. 그 러니 당시 경제관료나 지하철 사업 핵심 당사자들은 이 사업이 부당거래라는 사실을 알고 있었다.

김명년金命年, 1932~ 전 서울지하철본부 초대본부장의 증언이다.

"일본 것이 아니면 차관을 안 주기로 돼 있었어요. 돈을 빌려줄 때, 돈을 어 떻게 쓰라고 하고…… 일본 것을 쓰라고 딱 돼 있어요."[09]

그러나 그들은 침묵할 수밖에 없었다. 오늘도 수많은 서울 시민들이 이 용하는 지하철 1호선. 그 뒤에는 이처럼 씁쓸하고 구린내 나는 뒷거래가 오 갔지만 그 실체는 역사의 뒤안길로 사라졌다.

일본 전범기업은 차관 제공하면서 우리에게 '공해산업'도 떠넘겼다

아베 정권은 식민 지배에 대한 책임을 얘기할 때마다 1965년의 한일청구권 협정으로 다 끝났다고 주장한다. 일본이 이 협정으로 우리에게 보낸 자금은 무상 협력기금 3억 달러, 유상차관 2억 달러 그리고 상업차관 3억 달러까지 모두 8억 달러였다. 그러나 이야말로 허구에 불과한 일본의 일방적 주장에 불과하다.

---

09 「JTBC 뉴스룸」, 2019년 8월 5일 보도에서 인용

2015년 일본 외무성이 전 세계에 공개한 홍보 영상을 보면 일본의 원조로 아시아가 번영할 수 있었다면서 그 대표적인 사업으로 서울 지하철과 포스코포항제철 건설을 꼽고 있다.

그런데 앞에서 보았듯 일본에서 빌린 건설 자금 8천만 달러가 들어간 서울 수도권 지하철 사업을 수주한 곳은 전범기업 미쓰비시와 마루베니 등이 주도한 합작사였다. 다시 말해 기시와 같은 전범, 전범기업에 그 돈이 다시 되돌아간 것이다. 전쟁을 일으킨 당사자로서 당연히 갚아야 할 책임이었지만 일본과 당시 박정희 정권은 이를 '원조'라는 이름으로 둔갑시켰고, 일본 정부는 스스로에게 면죄부까지 주었다. 그리고 지금은 이를 통해서 강제징용에 대한 개인 배상도 끝냈다고 주장하고 있다.

서울 지하철 건설에 투입된 일본 차관은 다시 전범기업들에게 돌아갔다. 그런데 문제는 여기서 그치지 않는다. 당시 일본이 제공한 차관을 쓰기 위해서는 일본에서 생산된 특정 품목을 구입해야 한다는 조건이 있었다. 화학과 플라스틱 제품이 대표적이다. 이 품목들은 지금도 일본 수입의존도가 가장 높은 품목들로 꼽힌다.

1972년 일본과 맺은 서울 지하철 건설을 위한 차관계약서에는 '차관을 일본의 물자와 용역을 위해 쓴다'고 돼 있다. 돈은 빌려주지만 일본에서 만든 물건과 용역만 써야 된다고 못박은 것이다. 처음에는 공개경쟁입찰이라고 했지만 철강재 등은 전범기업 미쓰비시와 수의계약을 했다.

기술이전 약속도 어겼다. 기술용역에 우리 업체가 참여할 수 있도록 계약해놓고, 뒤늦게 말을 바꿨다. 결국 우리는 기초적인 하청 작업에만 참여했다. 당시 일본이 빌려준 돈의 이율은 4.125%다. 2년 뒤 미국 차관의 이자보다

1% 넘게 높았다.

고금리로 돈을 빌려주면서도, 화학 재료와 플라스틱 등 16개 핵심 품목들은 일본에서 구매하는 조건을 걸었다. 일본이 당시 정했던 화학, 광물, 플라스틱, 비금속 등은 지금도 일본 수입의존도가 90%를 넘는 것으로 나타났다. 일부 목재류는 70%, 방직용 섬유의 일본 수입의존도는 60%가 넘는다.

1973년 열린 일본 국회 중의원 예결위에서 아베 스케야 일본사회당 중의원은 "우리는 36년 동안 한국의 땅과 생명을 빼앗았다"며 "지금도 일본의 검은 안개가 한국의 발목을 잡고 있다"고 지적했다. 여기서 '검은 안개'는 당연히 비리와 부당한 이득을 뜻한다. 일본이 한국을 돕는 것이 아니라 오히려 경제협력이라는 허울 좋은 이름으로 뒤에서 부당한 이익을 취하고 있다고 지적한 것이다.[10]

위에서 언급한 '한일경협 핫라인' 박제욱 씨는 "한일 정경유착 세력이 대일청구권 자금 집행 과정에서 개인의 사리사욕을 채우기 위해 치밀한 계획을 세웠다. (일본은) 인도네시아의 수카르노 정권을 대일청구권 자금을 이용해 부패시켜 일본의 경제적 지배 아래 놓이게 한 것과 똑같은 짓을 한국에 대해서도 획책했다"고 말했다.

그는 한일 유착 세력과 관련해 한국 쪽에서는 장기영 부총리 겸 경제기획원 장관, 이후락 청와대 비서실장, 김동조[11] 주일대사, 이동원李東元, 1926~2006

---

10   「JTBC 뉴스」, 2019년 8월 15일 보도에서 인용

11   일제강점기 때 일본 후생성 내무성에서 근무한 후, 해방 후 여러 관직을 거쳐 초대 주일대사로 역임했다. 1965년 한일회담의 수석대표로도 활동했다. 브루스 커밍스(Bruce Cumings)는 『한국현대사』에서 일제강점기 때 일본에 협력한 한국인으로 지목했다.

외무장관을, 일본 쪽에서는 기시 노부스케 총리, 다나카 통산상, 폭력단인 고다마 요시오, 세지마 류조 이토추 회장^{당시는 임원}을 대표적으로 꼽았다.[12]

일본이 건넨 8억 달러 가운데 3억 달러는 무상 경제협력 기금이었다. 무상 기금이 가장 많이 투입된 곳은 포항종합제철, 지금의 포스코다. 그런데 원래 일본은 무상 기금으로 포항제철 건설에 부정적이었는데 갑자기 협력하겠다고 돌아섰다. 그 이유가 무엇이었을까?

1970년 한일협력위원회 총회 문건을 보면, 일본 측이 철강과 알루미늄 등의 공업을 위한 토지 이용과 관련해 공해 대책에 협력할 수 있는지 한국 측에 묻는다. 공해 물질이 나오는 공장이라도 받을 수 있냐는 질문이다.

바로 여기에 일본의 검은 속내가 드러나 있다. 당시 일본에서 환경문제로 공장을 더 이상 짓기 어렵게 되자 가까운 한국에 공장을 지음으로써 활로를 뚫으려 한 것이다. 실제 1950년대와 1960년대 일본은 중금속 오염병인 이타이이타이병과 미나마타병으로 환경오염 문제가 극심했다. 당시 제철소나 화학공장 등을 늘리는 것을 반대하는 목소리도 컸다.

한국과 일본이 포항제철 건설에 동의한 것도 1969년 말이다. 전체 청구권 자금의 15% 수준인 1억 1천 948만 달러를 투입하는 협약을 맺었다. 무상협력기금 용도를 농업 분야로 국한했던 일본 정부가 갑자기 포항제철 건설에 동의해준 것이다.

왜 그랬을까? 제철업은 공장에서 폐수가 많이 나온다. 위에서 말했듯 환경문제로 골치가 아프다. 그러니 한국에 떠넘긴 것은 아닐까?

---

12 「한겨레」, 2015년 8월 15일자

1970년 4월 1일 포항제철 기공식. 왼쪽부터 박태준 사장, 박정희, 김학렬 부총리(사진 출처 : 국가기록원)

포항제철 건설은 당시 이를 수주했던 신일본제철과 미쓰비시상사 등 전범기업에게도 큰 이익을 안겨줬다. 당시 한국이 일본 기업으로부터 사들인 설비 금액만 해도 1억 7천 765만 달러로, 지원 자금보다 50% 가량 많다.[13]

포항제철 건설은 흔히 불가능을 가능으로 만든 성공신화로 많이 이야기된다. 물론 그런 측면도 있다. 1968년 기준으로 국민소득이 200달러도 되지 않았던, 방글라데시보다 가난한 나라에서 철강공장을 세우는 일은 기본적으로 피와 땀, 눈물의 결정체였을 것이다. 그러나 그 이면에는 위와 같은 일본의 속내도 작용했다는 사실 역시 기억해야 한다.

---

13 「한겨레」, 2015년 8월 15일자

한국을 하청기지로 만들려 한
한일협력위원회의 '야쓰기 안'

1965년 한일청구권 협정 이후 일본의 8억 달러를 어디에 쓸지 공식적으로 논의한 것이 '한일 각료회의'였다면, 포항제철 사례처럼 민감한 사안은 막후 모임인 한일협력위원회에서 다뤄졌다.

기시가 이끌었던 한일협력위원회는 당연히 한국의 정치와 경제 문제에 깊숙이 개입했고, 이곳의 문건에는 일본의 속내가 고스란히 담겨 있다. 기시의 심복으로 그 누구보다 많은 한국의 정재계 실력자를 만났던 야쓰기 가즈오가 제시한 경제협력방안, 이른바 '야쓰기 안'이 대표적이다.

1970년 4월 2차 한일협력위원회 총회를 앞두고 일본 측이 제시한 장기 경제협력방안, 일명 '야쓰기 안'은 한국의 포항 남쪽 공업지역과 여기서 가까운 일본의 돗토리鳥取, 야마구치, 기타큐슈北九州, 오이타大分 일부 지역을 아우르는 한일 협력경제권을 만들자는 것이다.

구체적으로 보면 한국에서 관세를 면제해주는 보세 지역과 자유항을 늘리고, 일본 제품을 가공해주는 합작회사를 세우자는 것으로 일본의 기술력과 한국의 노동력을 결합시켜야 한다고 강조했다. 중화학과 같이 일본과 겹치는 산업을 키우면 안 된다는 내용도 담겨 있다. 다시 말해 한국을 중공업 일본의 하청기지, 경공업 중심으로 키우려는 의도였다. 이를 통해 아시아 식의 '유럽경제공동체'를 만들 수 있다는 장밋빛 전망도 나온다.

이에 대해서 물론 한국에서도 '한국 경제를 일본의 하청계열화 체제로 몰아넣을 위험성이 있어 우리 나름의 방안을 세워야 한다'는 위기론이 제기됐다. 일본 산업의 하청 자본이 되어 '일본은 중공업, 한국은 경공업'이라는 분업론은 위험하다는 지적도 많았다. 하지만 실제 산업계에서는 일본 중소기업들이 기초 소재를 대주고, 한국 공장이 완제품을 만드는 하청 구조가 1970년대 중반부터 형성되기 시작했다.

일본 경제 상황으로 봤을 때 당시는 내수뿐만 아니라 해외 시장을 절실히 필요로 하는 단계에 접어든 때였다. 따라서 한일 국교 정상화나 경제원조는 일본이 수출 시장을 넓히려고 하는 일본 자본주의 대팽창의 하나의 수단으로 이용된 것이기도 했다.

> "가마우지 아시죠. 오리 과에 속하는 가마우지는 목이 길고 가늘죠. 그 목에 쇠줄을 묶어놓고, 가마우지가 물속에 물고기를 먹으려고 들어갔을 때 쇠줄을 잡아당기면 고기를 못 넘기고 문 채로 옵니다. 그걸 뺏어서 고기를 잡습니다. 가마우지 낚시법입니다. 한국이 부품, 소재, 기계를 일본에서 가져와 한국의 저임금 노동하고 결합해서 그걸 미국에다 수출해가지고 번 돈을 다시 일본에 다 갖다 주죠. 그 다음에도 일본서 또 부품, 소재 가져와서 또 만들어가지고 또 미국에 수출해서 그 돈 또 일본 다 갖다 주고……. 한국은 지난 65년부터 최근까지 무려 35년간 가마우지 노릇을 했습니다."[14]

수출을 많이 하면 할수록 정작 이득은 일본에 돌아간다는 의미를 지닌 '가마우지 경제'라는 말은 1980년대 말 일본 경제평론가 고무로 나오키小室直

---

14 김영호 전 산업자원부 장관의 발언, 「이제는 말할 수 있다 : 일본 커넥션 - 쿠데타 정권과 친한파」, MBC, 2000년 8월 6일 방송에서 발췌

樹가『한국의 붕괴』라는 책에서 처음 사용하면서 알려졌다. 우리나라에서는 한국인 최초로 일본 도쿄대학 정교수를 지냈고, 김대중 정부에서 산업자원부 장관 등을 역임한 김영호 씨가 이를 처음 언급했다.

가마우지 경제의 가장 큰 문제는 가마우지 새가 자신의 노동이 착취당하는 사실을 모르고 매일 열심히 고기를 잡는 것처럼, 해당 국가의 자각과 자성을 통해 뼈를 깎는 체질 개선을 이루지 못하면 영원히 그 굴레를 벗어날 수 없다는 사실이다.

'가마우지 경제'라는 단어는 일본이 2019년 8월 2일 한국을 화이트리스트 수출 심사 우대국 명단에서 제외하는 경제 도발을 하면서 다시 등장했다. 바로 그날 김현종金鉉宗 청와대 국가안보실 2차장이 일본 정부의 결정에 대해 브리핑을 하면서 우리는 이제 가마우지 경제에서 벗어나야 한다고 강조한 것이다.

사실 한국의 대일 무역수지는 1965년 이후 단 한 번도 흑자를 본 적이 없고 내리 적자를 기록 중이다. 지난 54년 동안 우리나라 대일무역수지 적자 규모는 무려 6천 46억 달러708조에 달한다. 우리의 10대 교역국 가운데 무역수지 적자를 내고 있는 나라는 일본과 대만뿐이다.

그런데 2019년 일본에 대한 무역수지 적자가 16년 만에 가장 낮은 수준으로 개선됐다. 2020년 1월 1일 산업통상자원부 수출입동향 자료를 보면 2019년 대對일본 연간 무역수지 적자는 191억 5천만 달러로 2003년190억 4천만 달러 이후 최저치를 기록했다. 이 수치가 200억 달러를 밑돈 것도 16년 만이다. 일본 정부가 그해 7월 반도체와 디스플레이 핵심소재에 대한 수출규제를 발표했지만 우리 경제에는 큰 영향을 주지 못한, 제 발등 찍기였음이 드러난 것이다.

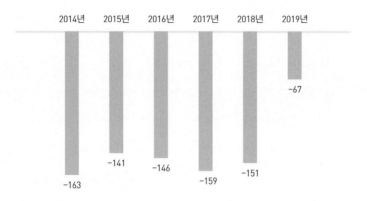

소재·부품 부문 대일 무역수지 적자 규모
(단위:억달러)

2014년	2015년	2016년	2017년	2018년	2019년
-163	-141	-146	-159	-151	-67

일본의 무역 도발이 일어났을 당시 국내 거의 모든 언론들과 경제단체, 소위 전문가나 학자들은 일본의 수출규제로 대한민국 경제가 '폭망'한다며 아베 총리에게 사과하고 일본에 머리를 조아려야 한다고 정부에게 성토했지만 결국 결과는 정반대로 나타났다.

우리나라는 현재 불화수소 등 그동안 자체 생산이 어렵다고 주장되던 핵심 소재를 국산품으로 대체하는 데 성공했고, 이제는 일본 기업들이 국내에 공장을 만들어서라도 계속 납품하겠다고 매달리는 반대의 형국이 됐다.

박정희 정권에서 우리가 일본에게 받은 원조금의 성격도 사실 우리에게 불리한 구조였다. 무상원조와 달리 차관 형태로 들여오는 유상원조는 수혜국이 아니라 오히려 공여국供與國의 이득에 기여하는 측면이 강하다. 바로 그래서 일본의 원조는 유상원조가 많았고, 유상원조를 가장 많이 하는 국가 중 하나였다. 한일청구권 협정에서 상업차관 3억 달러를 제외한 일본이 제공한 배상금 5억 달러 중에서 유상차관이 2억 달러에 달하는 것도 일본 기업의 진출로를 확보하기 위한 목적이었다는 추론이 가능하다.

무상원조마저 현금 지급이 아니라 일본의 플랜트를 구입하는 데 주로 사용하도록 용도를 지정해놓았다. 그나마도 일본은 억지주장을 하면서 배상금을 깎으려고 했다. 일본이 한반도에 남겨둔 재산이 많다면서 한국에 보상금을 요구하는가 하면, 원양어선 도입 자금도 삭감하자고 주장하는 등 동남아의 다른 피해국의 경우와 비교했을 때 유독 한국에 매우 인색한 태도를 보였다.

일본은 걸핏하면 자신들의 원조금으로 한국이 '한강의 기적'을 이뤄냈다고 주장한다. 일본인들만 그러는 것이 아니라 국내의 종일주의자들, 일본 자금에 길들여져 촌지나 받아먹고 꼬리를 흔드는 소위 전문가라는 학자들도 그런 주장을 편다. 그러면서 일제의 공로를 인정해야 한다고, 우리보다 경제력이 강한 일본에게 고개를 조아려야 우리 경제가 살 수 있다고 떠벌린다.

그러나 이런 소리는 그들의 자가당착 혹은 자기합리화에 불과하다. 그 '기적의 생명수'는 일본이 아니라 미국에서 왔다. 한국의 경제개발 기초가 됐던 박정희 정권의 경제개발 계획이 시작된 1962년부터 10년간 한국이 도입한 해외 공공차관의 61%가 미국이 지원한 원조금이었다. 게다가 일본의 유상차관 제공 역시 경제적 부담이 커졌던 미국이 역할 분담을 하자고 일본에게 넣은 압력이 작용한 탓이 크다. 아울러 유상차관의 이율은 4.125%였는데, 75

년에 미국이 제공한 개발차관[15]에 비해서도 1~2%가 높았다.

　이렇게 자신들의 이익을 최대한 살린 원조금을 제공하면서 일본은 이 자금의 성격에 대해서도 이중적인 태도를 드러냈다. 기시의 측근 다나카 다쓰오는 "한일 경제협력에는 여러 종류가 있는데 유상 협력도 있고 거의 배상에 가까운 무상 협력이 청구권 협정으로 추진돼오고 있다"라고 말한다.

　'거의 배상에 가까운 무상 협력'이라니? 이건 또 무슨 말인가. 배상은 불법행위에 대한 손해를 갚아주는 것을 의미한다. 그렇지만 일본은 한일협정 당시에도, 지금도 여전히 전쟁을 도발한 것과 식민 지배를 불법한 행위로 생각하지 않고 있다. '배상'이라는 단어를 사용하면 자신들의 불법성을 인정하는 것이니, 그렇게는 말하지 못하고 '배상에 가까운'이란 이해하기 어려운 말을 사용하여 당신들의 요구를 들어주었다고 강조하고 싶은 것이다.

　차관 제공의 국가 간 중요 사안이 각료회의 같은 공식석상이 아니라 한일협력위원회의 막후 채널에서 결정되다 보니 부작용도 만만치 않았다. 당시 일본은 지하철 차관을 늦게 보내 공사가 상당 기간 지연됐다. 또한 우리가 "단기 고리의 민간 차관 비중이 높아 차관 업체의 8% 이상이 부실기업이 되고 있다"고 우려를 제기하니 일본은 "업체가 알아서 하는 것이지 협력위가 개입할 수 없다"고 회피를 했다. 잇속을 차리는 일에는 모두 개입하면서 골치 아픈 문제에는 그냥 발뺌해버리는 것이 바로 한일협력위원회의 실태였다.

15　개발도상국의 경제개발을 위해 미국이 제공하는 장기융자의 하나다. 1951년 제정된 상호안전보장법에 의거한 개발차관기금(DLF, Development Loan Fund)에서 시작된 것으로 미국 대외원조법 중 경제원조 분야인 국제개발법(AID:Act for International Development)에 근거를 두고 있어 AID차관이라고도 한다.

미쓰비시,
한국을 해외 수출 하청기지로 삼다

현재 폐쇄돼 공원으로 변모한 서울화력발전소 건설, 경인선 전철화 사업, 동양 최대 규모의 쌍용시멘트 공장 건설, 수출공업단지 조성, 포항종합제철소 건설, 서울 지하철 사업, 대한조선공사 확장 공사, 신진자동차 기술 제공, 엘리베이터 제조 기술 제공 등. 미쓰비시가 1965년 한일 국교 정상화 이후 박정희 정권과 손을 잡고 한국에 남긴 흔적들이다. 단일 기업집단이 이처럼 굵직굵직한 실적을 남길 만큼, 박정희 정권과 미쓰비시는 마치 혈연관계처럼 찰떡같이 서로 엉켜 있다.

그런데 '전범기업' 미쓰비시는 어떤 곳이었던가. 일제는 미쓰비시의 첨단 무기로 무장한 채 한반도와 중국, 동남아를 침략했다. 태평양에선 미쓰비시가 만든 제로센 전투기와 전함을 앞세워 미국과 전면전을 벌였다. 미쓰비시는 전범기업 가운데 가장 많은 10만여 명의 조선인 징용자를 데려다 혹사시켰다. 징용 피해자들은 미쓰비시의 깃발이 휘날리던 나가사키長崎조선소나 하시마端島 해저탄광 등에서 중노동에 시달리다 무수히 죽어갔다.

전쟁 말기에는 수천 명의 10대 초중반 미성년 여성들마저 '근로정신대'라는 희한한 이름으로 끌려와 미쓰비시 군수공장에서 각종 무기 제작에 동원됐다. 이로 인해 미국은 히로시마와 나가사키에 소재한 미쓰비시의 군수공장들을 핵심 표적으로 삼아 원자폭탄을 투하했다. 수많은 징용자들이 희생됐고, 심각한 후유증을 앓았다.

미쓰비시가 한국에 재진출하여 국책사업을 거의 독점하게 된 계기는 박정희와 후지노 주지로 미쓰비시상사 사장과의 개인적 유대관계에서 출발한

남자들은 물론 여성들까지 '여자근로정신대'라는 이름으로 강제 징용했던 최대 전범기업 미쓰비시는 박 정희 정권에서 최대의 특혜를 받았다.

다. 후지노는 수시로 박 전 대통령과 만나 한국의 산업화 전략에 대해 조언하면서 적극적으로 관련 프로젝트를 챙겼다. 이때 미쓰비시와 군사정부 간의 연결고리 역할을 한 인물이 위에서 몇 번이나 등장했던 신문기자 출신의 박제욱이다. 그는 김재춘金在春, 1927~2014[16], 이후락 등 정권 핵심 세력과 가까웠다.

박제욱의 회고를 토대로 한 자료에 따르면 박 전 대통령과 후지노는 한일협정 체결 4개월 전인 1965년 2월 청와대에서 처음 만났다. 당시 그들이 나

---

[16]   5·16 군사정변에 가담한 후 제3대 중앙정보부장을 역임했다. 1973년 제9대 국회의원 선거에 출마해 당선되기도 했다. 현재 서울대공원이 그의 땅이기도 했다.

눈 대화는 대략 이러했다.

"김포공항에 내려보니 컴컴했습니다. 불을 밝히지 않으면 국민들이 희망을 가질 수 없습니다. 미쓰비시는 앞으로 한국의 경제개발5개년계획과 중공업 입국立國을 위해 어떠한 협력도 불사할 각오가 돼 있습니다."

"지금 한국은 돈도, 시장도 아무것도 없습니다. 후지이 씨와 같이 청렴하고 경륜이 있는 분이 지도해주면 좋겠습니다. 일본 육군사관학교에 재학 중일 때 미쓰비시중공업을 방문한 적이 있습니다. 거기서 만든 군함과 잠수함을 보고 감동했습니다."

둘은 이렇게 의기투합했다. 박 전 대통령은 이 자리에서 한국 지도를 펼쳐놓고 고속도로, 발전소 건설 등 국가 개조 계획을 설명하면서 미쓰비시의 지원을 호소했다. 이에 대해 후지노는 "미쓰비시는 앞으로 박 대통령과만 상의하겠다"고 굳게 약속했다. 이후 후지노는 박 전 대통령에게 직접 전화 통화가 가능할 정도의 관계를 만들어갔다고 한다.[17]

이후 미쓰비시의 한국 진출은 거침이 없었다. 1967년 미쓰비시은행현 미쓰비시도쿄UFJ은행이 일본 은행 가운데 가장 먼저 서울에 지점을 개설했다. 한국 정부의 대형 프로젝트도 독점이라는 말이 무색할 정도로 싹쓸이했다. 이 가운데 가장 대표적인 사업이 포항제철 건설 사업이다. 박정희는 1968년 2월

---

17 「한국일보」, 2015년 6월 29일자

9일 일본 제철소들의 지원을 간곡히 요청했고, 후지노는 미쓰비시그룹 안에서조차 반대가 많았음에도 결국 일본 제철업계의 동의를 얻어냈다. 이로써 미쓰비시상사는 일본 정부의 차관이 대거 투입된 포항제철 건설 사업의 간사회사幹事會社 [18]로서 한국만이 아니라 일본 재계에도 막강한 영향력을 발휘하게 된다.

태평양전쟁 당시 최대 군수회사로서 전후 반성은커녕 문어발식 확장을 거듭해온 미쓰비시는 한국에 어떤 생각을 갖고 들어왔을까. 미쓰비시상사 출신으로 일본 참의원 국회의원을 역임한 야기 다이스케八木大介, 1926~2012의 회고에 따르면 미쓰비시는 최대 장점인 중화학 관련 계열사를 앞세워 한국의 산업을 하청업체 혹은 가공 기지로 육성한다는 전략적 구상을 갖고 있었다.[19] 다시 말하면 미쓰비시는 3국간 무역의 수단으로서, 특히 대미 수출의 하청기지로서 한국을 활용한 것이다. 이는 좋게 말하면 한국이라는 국가와 미쓰비시라는 일개 기업 간의 상호의존관계의 형성이며, 나쁘게 말하면 미쓰비시그룹 산하에 한국의 주요 산업이 수직적으로 계열화되는 황당한 관계가 구축되는 것을 의미했다.

이런 미쓰비시의 사업 구상은 박정희 정권의 산업화 전략과 맞물려 막대한 이익을 챙겼다. 미쓰비시상사의 거래량은 1963년 1조 엔 대였으나 1967년 2조 엔, 1969년 3조 엔, 1970년에는 4조 엔을 각각 돌파했다. 이는 1960년대

---

18 유가증권의 발행회사와 투자자 사이에 발행증권이 원활하게 이동 또는 배분될 수 있도록 인수단을 구성하고, 인수에 관한 모든 사항을 결정하는 회사를 말한다.

19 야기 다이스케, 『미쓰비시상사를 변혁시킨 남자 후지노 주지로(三菱商事を変革した男 藤野忠次郎)』, 다이아몬드사(ダイヤモンド社), 1987년

일본의 평균 경제성장률 10%와 비교하더라도 거의 2~3배나 높은 것으로, 일본의 대형 상사 중에서도 압도적인 성장세였다. 더욱이 미쓰비시는 이후에도 한국에 투입한 자본재와 기술을 토대로 지속적으로 '상호의존'을 통한 이익 확장을 도모할 수 있었다.

미쓰비시와 한국 간의 '독점적' 관계는 박정희 전 대통령과 후지노 미쓰비시상사 사장 간의 '의기투합'만으로 유지된 것은 아니었다. 여전히 많은 부분이 베일에 가려져 있지만 여기에도 어김없이 '검은' 뒷거래가 활개를 쳤다. 1965년 한일협정 이전부터 미쓰비시는 군사정부에 정치자금을 제공해왔다.

사실상 미쓰비시의 한국 대리인 역할을 해온 박제욱은 "1963년 대선을 앞두고 미쓰비시로부터 100만 달러를 빌려 대선자금으로 사용했다"고 주장한 바 있다. 여기서 박제욱이 표현한 '빌렸다'는 것은 몇 년 뒤 서울화력발전소 프로젝트를 미쓰비시에 주는 형식으로 갚았기 때문이다.

다음은 이와 관련한 「한겨레」의 기사 내용이다.

> 당인리발전소서울화력발전소 건설에는 정치자금 관련 일화가 얽혀 있다. 박정희는 1963년 10월 제5대 대통령 선거에 출마했으나 돈이 없었다. 박제욱이 해결사로 나섰다. "미쓰비시에 개인적으로 100만 달러당시 환율과 물가 수준을 고려해 현재 가치로는 1천억 원 정도 추정를 빌려와 청와대에 전달했다. 빌린 돈은 당인리발전소 건설 대금 결제 때 포함시켜 갚았다." 박제욱은 1967년 제6대 대선 때도 박정희를 위해 500만 달러현재 가치로는 3천 500억 원 추정를 조달했다. 이 돈 역시 미쓰비시에서 빌려왔다. "홍콩 상하이은행에서 인출한 돈을 김형욱 부장이 책임지고 국내로 들여왔다. 대신 김형욱은 공식 환율

서울화력발전소 역시 박정희와 미쓰비시 그룹의 검은 돈이 오간 결과물이다.

과 암시장 시세 간의 차액10%을 챙겼다."[20]

    일본 기업들이 한국의 민주공화당에게 정치자금을 제공한다는 사실은 미국 CIA가 작성한 내부 보고서에도 등장한다.

    '특별 보고서-한일관계의 미래'라는 제목을 달고 있는 이 보고서 내용에 따르면 6차와 7차 한일회담이 한창 진행 중이던 1961년에서 1965년 사이 일

---

20   「한겨레」, 2015년 8월 15일자

본 기업들이 민주공화당 예산의 3분의 2를 제공했다. 6개 일본 기업이 총 6천 600만 달러를 지불했고, 기업 별로 100만에서 2천만 달러에 이르는 돈을 지불했다는 구체적인 수치까지 밝히고 있다.

또한 김종필은 한일 협상을 추진한 것과 일본 기업들로부터 한국에서 독점권을 행사하도록 해준 것에 대한 대가를 받았다고 밝혔다. 아울러 한국 정부로부터 불하받은 쌀 6만 톤을 일본에 수출해 돈을 벌은 8개 한국 기업이 민주공화당에게 11만 5천 달러를 주었다고 한다.

이 문서는 그 내용에 대해 'well founded' 라는 표현을 사용하고 있는데, 이는 근거가 있고 신용할 만하며 증거가 있다는 뜻이다.[21]

박정희의 육사 선배 세지마 류조에게 놀아난 전두환과 노태우

『세지마 류조 회고록幾山河瀬島龍三回想録』[22]에 의하면 1980년 3월 삼성 이병철 회장이 세지마 류조 이토추상사 회장에게 전화를 걸어 "전두환, 노태우 두 장군을 만나 격려와 조언을 해줬으면 좋겠다"라고 얘기했다는 대목이 나온다. 1980년 5·17 쿠데타[23] 이후 우리나라 정계와 재계가 일본과 어떤 유착 관계로 흘러갈 것인지 극명하게 보여주는 대목이다.

---

21 '최초 공개, 베일 속의 한일협정 문서, 한일 양국은 왜 40년 동안 침묵하나?', 「KBS 일요 스페셜」, 2004년 8월 15일 방송에서 발췌

22 산케이신문뉴스서비스(産経新聞ニュースサービス), 1995년

23 1980년 5월 17일 전두환, 노태우를 비롯한 하나회(신군부) 인사가 시국을 수습한다는 명목으로 비상계엄을 전국으로 확대하면서 제5공화국을 출범했다. 5·17 내란 사건으로도 불리며 이 쿠데타에 대한 항의로 5·18 광주 민주화 운동이 일어났다.

1980년 5월 17일 전두환과 신군부 세력은 전국에 계엄령을 선포하고, 5월 18일 광주 민주화 운동을 공권력으로 진압하고 사실상 국가 권력을 완전히 장악한다. 12·12 군사반란[24]은 1차 쿠데타, 5·17 비상계엄 선포와 광주 학살은 2차 쿠데타라고 할 수 있다.

전두환 신군부 세력의 최대 조언자였던 세지마 류조

이렇게 무력으로 나라를 차지했지만 권력 장악과 국가 경영은 완전히 다른 차원의 문제다. 당시 전두환의 고민은 두 가지였다. 하나는 비민주적으로 권력을 장악했기 때문에 국민 여론을 신경 써야만 했다. 당시 참모 허화평許和平, 1937년~은 "3김 씨를 제거하고 직선제를 통해 정당하게 권력을 잡아야 정권이 안정된다"고 수차례 주장했다.

두 번째는 경제 위기였다. 1979년 제2차 오일쇼크와 불황으로 경제문제가 심각한 상황이었다. 무역량과 수출액은 지속적으로 늘었지만 수입액은 더 빨리 늘어났다. 외채와 무역적자가 쌓인 상태에서 오일쇼크는 치명타였다. 당시 민심 이반離反은 박정희의 오랜 독재에 국민이 지친 점도 있지만 경제 위기도 상당한 역할을 했다.

과연 어떻게 난제를 풀어갈 것인가. 그때 신군부 세력에 구세주로 등장

---

24 1979년 12월 12일 전두환과 노태우 등이 이끌던 신군부 세력(하나회)이 일으킨 군사 반란으로 군부 내 주도권을 장악하기 위해 육군참모총장이나 계엄사령관인 정승화를 연행하고 당시 대통령이었던 최규하를 협박해 사후 승인을 받았다.

한 인물이 바로 세지마 류조였다. 기시 노부스케는 관료 출신으로 군인이 아니었기 때문에 박정희와 더 긴밀한 관계가 되기에는 다리 하나 정도의 간극이 있었는지 모른다. 그러나 세지마는 전두환이나 노태우와 마찬가지로 육사 출신에다 관동군으로 만주에서 직접 전투를 경험했기에 베트남전에 참전했던 전두환 등과는 훨씬 끈끈한 유대감이 있었을 것이다.

세지마가 1980년대 한국군의 중심세력인 일심회하나회의 모태와 접근하게 되는 경위에 대해 재일통일운동가 정경모는 이렇게 설명했다.

"1979년 10·26으로 박정희가 죽고 12·12를 거쳐 급부상한 신군부의 3인방은 전두환, 노태우, 권익현이었는데, 당시 권은 삼성물산 중역으로 있었던 관계로 세지마는 이병철 회장을 통하여 권익현을 만나게 되고, 다음에는 권을 통해서 일심회의 중심인 전두환과 노태우를 만나 서로 친분을 두텁게 하게 되는데, 전두환이나 노태우나 자기들이 숭상하는 박정희보다 일본 육사의 까마득한 선배인 세지마에 대해서는 그 앞에서 무릎을 꿇고 머리를 조아려도 시원치 않을 만한 심정이 아니었겠소이까."[25]

광주 민주화 운동을 공권력을 통해 진압한 직후인 1980년 6월, 서울 신라호텔에서 전두환과 노태우는 세지마를 만났다. 이 자리에서 세지마는 전두환에게 '선배'로서 조언을 했다. 그 조언의 요점이 바로 우리가 잘 아는 '3S 정책', 즉 섹스와 스포츠, 스크린screen이다.

---

25 「한겨레」, 2009년 9월 14일자

첫째 그는 체제 안정을 위해선 올림픽이나 만국박람회 같은 국가적 거대 행사를 유치해 국민들의 관심을 돌려보라고 조언했다. 실제로 전두환 정권은 이 조언을 받아들여서 1988년 서울 올림픽 유치에 사활을 걸었다.

세지마 류조는 올림픽과 같은 대형 스포츠 이벤트에 국민들이 얼마나 열광하는지 상세히 설명해줬다. 이후 1980년대 초 컬러텔레비전 방송 시작과 더불어 프로축구, 프로야구, 국풍운동 등 온갖 문화행사와 섹스물이 국민들의 시선을 사로잡았다.

이 당시는 정부의 방관 속에 각종 세미 포르노물이 한국 역사상 가장 많이 넘쳐났던 때였다. 치부만 겨우 모자이크 처리한 각종 포르노 만화가 등장해 만화방에 버젓이 진열되어 있었다. 영화도 마찬가지였다. 한 예로 1982년 개봉 영화 56편 중 35편62.5%이 「애마부인」 류의 에로영화였다. 당시 개봉되는 국산 영화 대부분이 「산딸기」 시리즈나 「무릎과 무릎 사이」 같은 자극적 제목의 에로영화다. 전두환의 첫 번째 고민은 이렇게 해법을 찾았다.

두 번째 고민은 어떻게 할 것인가? 아직 산업 기반이 건실하지 못한 한국이 경제 위기를 자력으로 풀어나갈 힘은 없었다. 결국 방법은 어디서 돈을 마련하는 것뿐이다. 이때 외무장관 노신영盧信永, 1930~2019이 나섰다. 노신영은 일본에게서 100억 달러를 받아낼 수 있다고 말했다. 그의 논리는 이랬다. 대한민국은 공산주의 세력을 막는 일종의 완충지대다. 대한민국 덕분에 일본은 안보 비용을 크게 부담하지 않고 안정적으로 국가 발전을 할 수 있었다. 따라서 이 '안보 비용'을 명분으로 돈을 받아내면 된다는 주장이었다.

논리적으로는 그럴싸하지만 누가 어떻게 일본과 접촉해 해결해나갈 것인가. 이번에도 역시 일본 누군가의 도움이 필요했다. 전두환은 결국 세지마 류조를 다시 찾을 수밖에 없었다. 일본에서도 세지마를 특사로 지명했다. 노신영은 줄기차게 60억 달러를 요구했지만 세지마는 일본 정부안인 40억 달러를 관철시켰다. 세지마는 엔화 차관으로 18억 5천만 달러, 수출입은행 융자로 21억 5천만 달러 대출^{7년 거치 금리 6%}을 하는 조건으로 전두환을 설득했다.[26] 결국 돈을 받은 게 아니라 꿔온 것이지만 전두환 정권은 일본 차관 덕택으로 급한 불을 끌 수 있었다.

앞에서 보았듯 1911년생 세지마 류조는 일본 육사 선배로 박정희와 한국군 주요 인사들을 만나왔다. 이미 1960년대부터 한국에 자주 들락거리며 김종필, 김정열金貞烈, 1917~1992, 전 국무총리, 유재흥劉載興, 1921~2011, 전 국방장관, 박원석朴元錫, 1923~2015, 전 공군참모총장 등 한국군 인맥을 확보했다. 그런 연속선상에서 전두환과 노태우 역시 세지마를 '선배'로 대접했다.

세지마가 대외적으로 주목받은 계기는 1973년 10월 제1차 오일쇼크다. 세지마는 중동과 관련된 사소한 기사들도 다 모아 분석한 결과 '곧 중동에서 전쟁이 일어날 것이고, 기름 값이 폭등할 것이다'라는 내용의 보고서를 올렸다. 그의 예상은 적중했다.

영민한 세지마는 육사 인맥을 활용해 2차적으로 정재계 인사로 네트워크를 확대해나갔고, 대일청구권 보상으로 한국에 보상된 8억 달러를 적극 노렸다. 위에서 언급했던 내용을 다시 복기하자면, 당시 한일경협을 관리했던 박제욱 전 영진흥산 사장은 2015년 「한겨레」와 인터뷰를 통해 "(대일청구권 보상 자금을 노리는) 한일 유착 세력은 한국 쪽에서는 장기영 부총리, 이후

---

26 「딴지일보」, 2016년 5월 18일

1990년 1월 일본을 방문한 노태우
(사진 출처 : 국가기록원)

락, 김동조 주일대사, 이동원 외무장관이고 일본 쪽에서는 기시 노부스케, 폭력단 출신인 고다마 요시오, 세지마 류조 등이었다"고 증언했다.

그런데 박제욱이 청구권 보상금에 손을 못 대게 하자 세지마는 박태준과 함께 일본 정치깡패인 고다마를 움직여 그를 제거하려고 했다고 한다. 이 증언이 어디까지 사실인지 모르지만 분명한 것은 1960년대 후반, 이미 세지마는 한국 군부와 재계 인맥을 확보해 상당한 영향력을 행사했다는 사실이다.

박정희에 이어 다시 쿠데타 군부 세력이 집권하자 1980년대 세지마의 활약은 눈부셨다. 전두환 정권은 취약한 정권 정당성을 항상 고민했고, 세지마는 전두환에게 대외적 활동으로 이를 상쇄하라고 조언하면서 한일 밀사 역을 자처했다. 확인되는 청와대 방문만 해도 무려 15차례였다. 그의 손에 의해서 1983년 현직 총리로서는 최초로 일본 나카소네 총리의 공식 방한이 이뤄졌고, 이는 전두환 일본 답방으로 이어졌다. 40억 달러 경협자금은 나카소네의 방한 기간 동안 노신영과의 밀담을 통해 결정돼 집권 초기 전두환 정권에게 활력을 열어줬다.

그러나 잘나가던 한일 관계가 1986년 일본 역사 고교 교과서 왜곡 문제에서 걸렸다. 지금은 더 심해졌지만 교과서 역사 왜곡에다 일본 극우 인사들의 망언이 이어졌다. 전두환조차 난감할 정도였다.

표면적으로는 전두환 정권이 일본에 항의를 하는 모양새를 취하고, 일본 정부가 교과서 수정을 수락하면서 문제를 해결한 듯 보인다. 그러나 당시 전두환은 세지마에게 다음처럼 전언을 보냈다고 한다.

> "원래 타국의 교과서에 대해 의견 같은 것을 말해서는 안 된다고 나는 생각한다. 다만 양국 관계의 과거 특수 사정 때문에 국내에서 항의가 확산되고 더욱이 그것이 자칫하면 양국 관계를 손상하겠기에 이번 귀 정부에 대한 항의 조처를 취한 것이다. 이에 대한 나카소네 총리의 조치에 신뢰를 보낸다."[27]

전두환은 결국 겉으로 쇼를 한 것이다. 이명박 역시 독도 문제가 불거졌을 때 이와 비슷한 행동을 했다.

세지마가 제안한 '통석의 염'은 우리나라에 대한 모독이자 조롱의 표현

1990년 아키히토明仁 일왕이 표현한 '통석痛惜의 염念'이라는 말도 세지마가 권

---

27 「딴지일보」, 2016년 5월 18일

유한 단어다. 1990년 당시 노태우 대통령의 방일을 앞두고 세지마는 가이후 도시키海部俊樹, 1931~ 총리에게 일왕 사죄 문제에 대해 다음과 같이 조언했다.

"과거사 사죄 문제는 1984년 전두환 대통령 방일 때 이미 쇼와 천황이 유감의 뜻을 표한 이상, 이번에 또다시 새 천황이 되풀이할 필요는 없지 않는가. 만약 여러 관계상 새 천황이 그렇게 한다 하더라도 1984년 수준 이상으로 갈 필요는 없으며 표현상의 문제만 잘 궁리하면 되지 않겠는가. 일본 통치하의 여러 시책으로 피해를 준 데 대해서는 국정상 책임자인 총리가 명확하게 사과하면 되지 않는가. 다만 그 경우에도 메이지 43년1910년 한일합방을 '침략' 또는 '식민지화'로 정의하는 것은 역사적 사실에 비춰 보아 부적당하다."

그러자 가이후 총리는 일단 일왕이 직접 발언을 하되, 적절한 용어를 찾아보라고 했다. 그리하여 세지마는 '통석의 염'이라는 애매하기 짝이 없는 단어를 찾아낸다. 사죄의 의미는 없지만 뭔가 안타까워하고 사과하는 듯한 느낌을 주는 묘한 표현을 찾아낸 것이다.

그럼 '통석'이란 일본에서 어떻게 사용되는 단어일까? 가장 일반적으로 사용하는 것이 '애석해 마지않다痛惜の念に堪えない'라는 용법이다. 이 말은 사람이 사망했을 때 가장 많이 사용하는데 직접 만나서 하는 말로는 부적합하고 조전弔電을 보낼 때 쓰는 문어체 표현이다. 따라서 고인의 사망이 몹시 아쉽다, 혹은 매우 애석하다 정도의 말이다. 여기에는 사죄나 사과의 의미가 전혀 없다.

그런데 이 '통석의 염'은 그로부터 25년이나 지난 2015년 아베 총리가 일본의 70주년 패전기념일 담화에서 다시 꺼냈다. 당시 이 말이 들어간 아베의 담화 내용은 이렇다.

> "전후 70년에 즈음해, 국내외에서 숨진 모든 사람들의 목숨 앞에 깊이 머리를 숙이고, '통석의 염'을 나타내는 것과 함께 영겁의, 애통의 마음을 올립니다."

아베 역시 마치 장례식의 추도사처럼, 숨진 사람들의 목숨 앞에 '통석의 염'이란 문어체로 애도를 표현했다. 그러므로 일왕과 일본 정부는 장례에나 사용하는 표현을 찾아내 우리나라에 사과한 것이다. 우리나라에 대한 조롱이나 모독일 수도 있다. 세지마의 의도는 그럴 가능성이 높다.

그런 말이니 당연히 일본은 외교나 의전용으로 이를 사용한 적이 없다. 그런데 당시 우리 언론이나 학자들도 그렇고, 지금도 역시 이 말이 장례식장에나 어울리는 단어라는 사실을 지적하는 사람이 없다. 오히려 일본이 사과를 했다고 추켜세우느라 여념이 없다.

세지마는 말년에 일본 극우세력의 후원자로 변신했다. '새로운 역사교과서를 만드는 모임'과 독도는 일본 땅이라고 기술한 역사 왜곡 교과서의 대명사 '후소샤扶桑社 교과서'를 적극 지원했다. 일본 왕의 사죄를 가로막고 묘한 단어로 문제를 넘길 때부터 이미 세지마 류조의 본심은 드러났던 셈이다.

이런 식의 사고를 하고 뒤에서 조롱을 했을 것이 너무나 분명한 세지마 류조 앞에서 박정희와 전두환, 노태우에 이르기까지 세 명이나 되는 대통령과 수많은 관료들, 재계 인사들이 놀아났다. 세지마가 원한 것은 한국에서 종일이나 친일 성향이 강한 세력이 계속 지배권을 유지하는 것이었다. 그래야 일본의 이익과 자신의 이익을 함께 기대할 수 있었기 때문이다. 지금의 아베가 그랬듯 말이다.

그런 세지마의 손아귀에서 군부 인사들뿐만 아니라 재계 사람들도 그를 깍듯이 모시고 휘둘렸다. 이병철, 정주영鄭周永, 1915~2001, 김우중金宇中, 1936~2019, 박태준朴泰俊, 1927~2011, 최종현崔鍾賢, 1929~1998 등 우리나라를 대표하는 재벌 총수였던 사람들이다.

노태우는 1989년 7월 6일 청와대에 '선배' 세지마 류조를 초청했다. 그 앞에서 일본 국민가수였던 미소라 히바리美空ひばり, 1937~1989[28]의 노래를 일본어로 몇 곡 불러 세지마를 놀라게 했다. 이는 마치 일본을 방문했던 박정희가 도쿄 아카사카 요정에서 유창한 일본어로 "메이지유신 지사의 심정으로 일하고 있다"고 말해 기시 노부스케의 환심을 샀던 장면을 연상케 한다.

전두환이 백담사에 유배당했다는 말을 들었을 때, 세지마는 지원품을 보내 전두환을 위로했다. 전두환은 감사의 인사를 표했으며 유배가 풀린 후 일본을 방문했다. 1990년 당시 여소야대 정국을 돌파하기 위해 노태우가 김영삼金泳三, 1927~2015과 김종필 손을 잡고 3당 합당을 해서 민자당을 출범시킨 아이디어도 세지마 머리에서 처음 나왔다고 한다. 1955년 보수대연합으로 출발해서 30년 넘게 장기집권 중이던 일본 자유민주당의 경우를 알려준 것이다. 한국 정치사와 현대사를 크게 후퇴시킨 3당 야합이 일본인의 머리에서 나

---

28 1945년 일본이 패전국이 되면서 깊은 절망에 빠진 일본인들에게 용기를 불어넣어주는 노래로 많은 사랑을 받았다. 사후에 여성으로선 최초로 국민영예상을 수상했다. 한국계 일본인으로, 재일교포의 민족적 차별 속에도 한국계임을 밝히며 당당하게 활동했다고 한다.

왔다는 사실을 어떻게 생각하는가.

세지마는 또 "종합상사 설립을 통해 수출 주도 전략을 펴라"는 조언을 했고, 이 조언에 따라 박정희는 종합상사를 적극 키우는 경제정책을 펼쳤다. 지금까지 우리 경제의 큰 틀을 이루는 재벌 주도의 경제정책이 이렇게 일본 육사 출신의 일본인에 의해 이루어진 것이다.

1988년 1월 노태우 대통령 당선자를 만난 자리에서는 "올림픽 앞으로 00일 이런 식으로 전광판을 설치해봐라"라든가 "기회를 봐서 헌법을 개정해 대통령 직접선거 대신 내각책임제를 확립하라" 등의 조언을 했다. 노태우는 실제로 내각책임제 개헌 화두를 꺼내들었고, 이로 인해 우리 정가는 상당히 오랜 기간 요동쳤다. 3당 야합부터가 내각제 개헌을 전제로 추진된 것이었다.

세지마는 또한 서울올림픽 개최지 선정을 앞두고 서울과 일본 나고야가 서로 경쟁을 했는데, 한국에 올림픽을 양보해야 한다는 입장을 피력했던 것으로도 알려져 있다. 그런데 이는 한국에 대한 선의라기보다는 일본의 안전을 지켜야 한다는 기시 노부스케 일파의 생각에 따른 것이었다. 남한이 일본을 공산주의로부터 지켜주는 방파제가 돼야 한다는 것이 기시의 지론이었다. 다카시마 노부요시高嶋伸欣 오키나와 류큐대학 교수는 이렇게 말하기도 했다.

> "올림픽을 한국에 양보하는 것이 좋겠다고 말한 세지마는 한국을 일본이 병합했을 때의 발상과 같은 맥락으로 보셔야 됩니다. 즉 이것은 한국이 힘을 갖게 되면 일본이 안전할 것이라는 생각이죠. 일본을 위해서 한국이 그만큼 부담을 나누려면 올림픽을 통해 힘을 길러야 한다는 것이었습니다."

1990년 1월 22일 3당 합당과 민주자유당 창당도 세지마의 머리에서 나온 아이디어였다. 왼쪽부터 김영삼, 노태우, 김종필

오노다 아키히로小野田明廣 당시 「교도통신」 서울특파원은 이렇게 말했다.

"반공反共에 대해서 우익, 특히 일본 애국당을 비롯한 극우단체가 친한파
였습니다. 심한 표현으로는 반공을 위해서 한국의 박정희 대통령을 십자
가에 매달려야 한다는 말도 했습니다. 집회에서 그런 이야기를 자주 했죠.
그렇다면 도대체 친한파란 무엇이겠습니까. 일본이 살아남기 위해서 한
국이 희생양이 되어달라는 이야기가 되는 것이지 않겠습니까."[29]

---

29 「이제는 말할 수 있다 : 일본 커넥션 – 쿠데타 정권과 친한파」, MBC , 2000년 8월 6일 방송에서
    발췌

장순張純, 1935~은 장면 총리의 넷째 아들로 1963년부터 보스턴 인근 리지 스칼리지 교수로 재직하다가, 1976년부터는 하버드대학교 페어뱅크센터 연구원을 거쳐 1999년 은퇴했다. 그는 2013년에 『미국의 한반도 개입에 대한 성찰Reflections on the Roots of US Involvement in Korea』이란 책을 펴냈는데, 이 책의 주제는 한마디로 '우리가 아는 미국은 진짜일까?'라는 물음이다. 국제정치학적 측면에서 그가 보는 진짜 미국은 이런 나라다.

"미국-소련 간의 영향권 확장을 위한 생사를 건 경쟁으로 냉전이 불길하게 전개되었고, 따라서 미국은 일본을 자신의 패권 하에 있는 '동아시아 속주 총독국'으로, 독일을 '유럽의 속주 총독국'으로 결정했다. 혹은 세례를 주었다고 해야 더 옳을지도 모르겠다."

제2차 세계대전 직후 제국이 된 미국 지배력은 바로 전까지 적국이었던 일본과 독일을, 얼마 전까지 연합국 일원이던 소련에 대적하기 위한 핵심 기지로 육성하면서 그들 전범국을 동맹세력으로 키워 연합했다.

'독일이 지휘하는 유럽 지구와 일본이 지휘하는 동아시아 지구가 미국의 지휘 하에 연합을 완성시킬 것이었다. …… 그 지역적 통합이란 과거 일본 제국의 대동아공영권이 재생된다는 것 그리고 그 지역 내의 주요부분인 한국의 원료와 노동력이 일본 산업의 수요에 종속된다는 것을 의미했다.'

요컨대 미국은 한국을 일본의 재산업화라는 과제에 종속된 존재, 즉

'일본을 보호하기 위한 방패인 요새국가이자 원료와 싼 노동력을 공급하는 공급원'으로 만들었다.

결론은 이것이다. 미국의 이익과 필요에 의해 '한국은 미국과 일본의 식민지 − 종속국가 −로' 취급돼야 했다. 이게 비극적인 분단국가인 대한민국 현대사의 원점이다. 친일파가 득세하고 분단체제가 고착된 것도 여기서 비롯됐다.

CHAPTER

5

일본 왕실에게
전쟁은
비즈니스였다

기시 노부스케 뒤에
어른거리는 미 CIA와
군산복합체 그림자

도쿄 JR 이케부쿠로池袋 역을 나서면 동쪽 하늘에 드높이 솟은 초고층 빌딩 '선샤인 60'이 있다. 이 일대가 '선샤인 시티'다. 전쟁 중이 일대는 공습이 극심했다. 그 때문에 전후 한동안은, 구불구불한 오솔길 양쪽 여기저기에 큰 구멍이 뚫려 있었다고 한다. 선샤인 60 옆에는 히가시이케부쿠로東池袋 중앙공원이 있다. 이 공원과 선샤인 시티 일대에 전범 수용시설 스가모교도소가 있었다.

메구로의 꽁치와
스가모의 참치

공원 서북쪽 모퉁이에는 처형장이 있었다. 이곳에서 처형된 전범은 60여 명. 그중 도조 히데키 등 A급 전범 7명의 사형 집행은 1948년 12월 23일 미명에

스가모교도소에서 석방된 기시. 당시 관방 장관이었던 사토 에이사쿠가 담뱃불을 붙여주고 있다.

있었다.

그 다음날, 똑같은 A급 전범 용의자로 스가모에 3년여 구속되었던 기시 노부스케는 불기소 석방으로, 미군 차로 동생인 사토 에이사쿠 당시 관방장관 관저로 보내졌다. 동생은 까까머리에 누더기 옷을 입고 콧수염을 기른 형을 맞이했다. 마침 점심시간이어서 동생은 "먹고 싶은 음식이 있으면 말하라"고 했다.

기시는 스가모교도소에서 서너 번 참치 회를 먹은 적이 있었다. 2조각밖에 없었지만 정말 좋았던지라 동생에게 이를 부탁했다. 다음은 『기시 노부스케의 회상岸信介の回想』[01]에 나오는 이야기다.

'훗날 출옥했을 때는 참치 회를 실컷 먹어보고 싶었다고 말했더니 큰 접시에 참치 회를 가득 가져다주었다. 그런데 먹어보니 이게 하나도 맛이 없어 (웃음). 그래서 말야, 만담에 있지 않나. '메구로의 꽁치'[02]라고. 여기서는

---

01 기시 노부스케, 야쓰기 가즈오, 이토 다카시(伊藤隆), 『기시 노부스케의 회상』, 문예춘추사(文藝春秋社), 1981년

02 서민 음식인 꽁치는 아무렇게 구워 먹어야 맛있지 정성스럽게 요리하면 맛이 없다는 뜻. 옛날 한 영주의 사냥 나들이에 시종들이 점심 도시락을 깜빡 잊어서 배가 고팠을 때 마침 근처에서 꽁치 굽는 냄새가 풍겨 그 꽁치를 맛있게 먹었는데, 나중 성에서 꽁치를 먹고 싶어 요리를 시켰더니 그 맛이 나지 않아 "꽁치는 역시 메구로에 한하는 것이군"이라고 말했다는 일화에서 나온 말이다.

스가모의 참치야. 참치는 스가모에 국한되는 거지(웃음)."

이렇게 기시는 형장의 이슬이 된 도조 히데키와 달리 운 좋게 풀려나와 참치의 추억을 웃으며 회상할 수 있는 행운아가 됐다. GHQ는 왜 기시를 A급 전범으로 기소하지 않았을까. 그를 왜 살려주었을까.

A급 전범으로 기소된 사람은 28명. 그중에는 가야 오키노리 대장대신이나 도고 시게노리東鄕茂德, 1882~1950 외무대신 등 전쟁에 대한 책임이 기시보다 무겁다고 생각할 수 없는 사람들이 있었다. 그러나 가야는 종신형을, 도조는 금고 20년형을 받았다. 가장 가벼운 형량이 역시 외무대신을 지낸 시게미쓰 마모루重光葵, 1887~1957 **03**의 금고 7년형이었다. 그런데 이들보다 훨씬 막중한 죄를 지은 기시는 오히려 기소되지도 않았고, 석방된 후에는 초스피드로 정계에 복귀했다.

과연 이 수수께끼는 어떻게 풀어야 할까? 앞에서 나온 기시에 대한 심문 조서, 『국제검찰국 IPS 심문조서』가 역시 그 단서가 된다.

1945년 말에 작성된 25장에는 기시에 대한 상세한 내용들이 나온다. 일본 정부의 공문서와 일본과 연합국의 전쟁 중 신문 보도, 출판물, 연합국이 감청한 라디오 방송 그리고 GHQ에 접수된 투서 등에 근거한 정보가 열거된다.

익명이나 진배없이 가타카나로 쓴 '야마다 사다오ヤマダサダオ'라는 이름으

---

03 시게미쓰 마모루는 미주리호 함상에서 항복 문서에 사인할 적에 다리를 심각하게 절었는데, 그 이유는 상해 홍커우 공원에서 열린 행사에 참석했다가 윤봉길(尹奉吉, 1908~1392) 의사가 던진 폭탄에 한쪽 다리를 잃었기 때문이다.

로 맥아더 사령관에게 보내진 투서에는 이렇게 쓰여 있었다.

'기시는 진주만 공격을 결정한 도조 내각의 각료다. 그는 거액의 뇌물을
받았다고 한다. 기시의 재산은 1억 엔이 넘는다고 한다. 도조가 과거에 그
랬던 것처럼 기시는 정부에 의한 재산 몰수를 면하기 위해 가족이나 친척
에게 재산을 분배한 것으로 추정한다.'

또 다른 익명의 투서는 이렇게 말한다.

'기시는 닛산그룹의 총수 아이카와 한 패다. 기시는 만주의 갱이요, 주
전론자였다.'

그런데 해가 지나서 1946년 1월 19일자 문서를 보면, 기시가 전쟁에서 수
행한 역할에 대한 추궁이 점점 옅어진다. GHQ 수사관은 '기시는 일본의 극
적인 경제구조의 변혁통제, 배급경제의 강화을 추진하는 신관료의 리더였다'라고 지
적하면서 '기시는 감옥에서의 구속을 지속해야 한다. 전쟁 중 오랫동안 정부
에서 활동했고, 진주만 공격 때도 도조 내각의 각료 자리를 차지하고 있었다'
라고 결론을 내렸다. 어디에도 그가 전쟁의 주범이므로 기소를 해야 한다는
말은 없다. 그저 구속을 연장해야 한다는 내용만 있다. 게다가 경제구조의 변
혁을 꾀한 신관료의 리더였다고 칭찬까지 한다. 참으로 엄청난 봐주기다. 유
독 기시에 대해서만 베풀어진 이런 특혜, 그 배경은 과연 무엇일까?

기시 노부스케는 어떻게
「뉴스위크」의 표지인물이 되었을까?

미국에서는 아직 이름이 거의 알려지지 않았던 기시 노부스케는 1955년 8월 시게미쓰 마모루 외무대신과 함께 미국을 방문해 존 덜레스 국무장관과 회담한다. 이 회담에서 시게미쓰 대신은 안보조약의 개정을 요구했지만 덜레스 장관은 말도 안 된다는 투로 일축해버렸다. 이 회담에 동석했던 기시는 미국의 이 같은 태도에 큰 충격을 받았다.

미국의 엄격한 입장의 배경에는 일본이 자주 국방의 노력을 게을리 하고 미국의 국방력에 무임승차한다든지, 미국의 우산에서 이탈할 가능성을 사전에 방지하려는 의도가 있었다. 그러나 기시는 미국의 이러한 우려를 해소하고 안보조약의 불평등성을 해소해야 할 필요성을 강하게 인식하게 되었다.

그러던 1957년 1월 30일 군마 현群馬県에서 미군 윌리엄 지라드가 탄피를 주우러 연습장에 들어온 주부를 사살하는 소위 '지라드 사건'이 발생한다. 이 사건으로 미군 재판 관할권이 일본에 없으며, 일본은 미국의 기지 사용에 대한 발언권이 없다는 불평등성이 국민에게 알려져 여론이 격앙되고 미일안보조약 개정에 대한 여론이 생성되기 시

기시가 표지 인물로 등장한 1957년 6월 24일자 「뉴스위크」

작했다.

이에 따라 기시는 그해 2월에 미국 맥아더 대사와 은밀하게 협의하고 4월에는 조약 개정과 오키나와 반환에 대한 메모를 전달했다. 아울러 1957년 5월 20일 일본의 국력에 따라 방위력 또한 증대할 것을 명기한 '국방 기본 방침'을 의결해 미국의 우려를 불식시켰다.

기시가 시사지 「뉴스위크」의 표지를 장식하며 미국 언론의 주목을 받기 시작한 것은 바로 이즈음부터였다. 그런데 가장 먼저 「뉴스위크」가 기시를 띄우기 시작한 것은 매우 특별한 의미를 지닌다. 「뉴스위크」는 어떤 연유로 기시를 표지 인물로까지 내세웠을까?

먼저 「뉴스위크」의 속사정을 보면 일차적인 실마리가 나타난다. 「뉴스위크」의 주요 주주에는 당시 미국 최대 갑부의 한 명이자 정계 실력자였던 윌리엄 해리먼William Averell Harriman, 1891~1986이 있었다.

윌리엄 해리먼은 은행가이자 유니언퍼시픽철도와 서던퍼시픽철도를 운영하는 철도왕 에드워드 헨리 해리먼Edward Henry Harriman, 1848~1909의 아들로 태어났다. 예일대학교를 졸업한 윌리엄 해리먼은 1932년 유니언퍼시픽철도의 CEO가 되고, 아버지의 투자은행을 인수하여 1922년 'WA Harriman & Co'라는 은행업을 시작했다. 1931년에는 'Brown Bros. & Co'와 합병하여 월스트리트에 'Brown Brothers Harriman & Co'를 설립했다.

그런데 여기서 주목해야 할 사실은 나중 상원의원이 되는 프레스콧 부시Prescott Bush, 1895~1972가 'WA Harriman & Co' 은행에 근무했다는 사실이다. 프레스콧 부시는 미국 41대 대통령 조지 부시George Herbert Walker Bush, 1924~2018의 아버지다. 조지 부시는 그의 둘째 아들이다.

그가 이 은행에 몸담게 된 이유는 그의 장인 조지 허버트 워커George Herbert Walker, 1875~1953[04]와 그의 친구이자 예일대 동창인 에드워드 로널드 해리먼Edward Roland Harriman이 은행의 공동 투자자였기 때문이다. 그런데 에드워드 해리먼은 바로 윌리엄 해리먼의 동생이다. 프레스콧 부시 역시 나중 이 은행의 이사이자 공동 투자자가 된다.

윌리엄 해리먼(왼쪽)은 1963년 당시 후르시초프 공산당 서기장과의 회담을 위해 모스크바를 방문했다. 이를 보도한 「라이프」의 표지

이렇게 해서 해리먼 가문과 부시 가문은 자본을 함께 운용해, 이익을 공유하는 끈끈한 패밀리가 되었고, 이는 미국 현대 정치사에서 매우 중요한 대목이다.

여기서 또 하나 주목해야만 하는 사실은 프레스콧 부시와 해리먼 형제가 모두 비밀결사인 예일대 '해골단' 즉 'S & BSkull and Bones'의 일원이었다는 사실이다. 부시가 에드워드 해리먼을 알게 된 것도 이 모임에서였다.

해골단은 뉴잉글랜드의 노예 및 아편무역상의 후손인 사업가 윌리엄 헌팅턴 러셀William Huntington Russell, 1809~1885과 27대 대통령 윌리엄 하워드 태프트

---

04 세인트루이스 만국박람회(1904) 개최의 최대 공헌자로 미국골프협회 회장을 지냈다. 오스트리아 비엔나에서 열리는 유명한 '워커 컵 골프대회'는 바로 그의 이름을 딴 것이다.

William Howard Taft, 1857~1930 [05]의 아버지이자 외교관인 알폰소 태프트Alphonso Taft, 1810~1891가 1832년 공동으로 만들었다. 구성원들이 서로 협력하여 미국에서 경제적, 사회적으로 성공하는 것을 목적으로 하고 있다. 이 비밀 클럽에 가입하면 해골에 키스를 하고 지하실에서 알몸으로 씨름하는 등의 의식을 치른 후 각종 다양한 시사에 관해 토론했다고 한다. [06]

이후 예일대 해골단 출신들은 실제로 미국 사회에서 걸출한 두각을 나타냈다. 2004년 미국 대통령 선거의 경우 공화당 후보 조지 W. 부시George Walker Bush, 1946~와 민주당 후보 존 케리John Forbes Kerry, 1943~는 모두 해골단 출신이었다. 선배인 존 케리가 1966년, 43대 대통령이 된 조지 부시가 1968년 입단했다. 부시 대통령 일가는 할아버지1917년 입단와 아버지1948년 입단, 아들 3대가 모두 해골단원이다. [07]

이처럼 해골단 출신들은 대대로 CIA 국장을 맡거나 국무부나 국방부 등 정부기관의 핵심부서나 금융, 석유 등 산업의 중추에서 활약하고 있다고 한다. 「타임」지 창립자인 헨리 루스Henry Robinson Luce, 1898~1967 역시 대학 시절

---

05 1905년 7월 미국과 일본이 대한제국과 필리핀에 대한 서로의 지배를 인정한 '가쓰라-태프트 밀약'의 당사자인 바로 그 태프트다. 당시 태프트는 육군장관이었다. 이 협약으로 일본이 제국주의 열강들의 승인 아래 한반도의 식민화를 노골적으로 추진하는 직접적인 계기가 되었다.

06 '해골단의 변화: 유명한 예일클럽은 규모를 두 배로 늘렸다-오래된 관례의 증식(Change In Skull And Bones .; Famous Yale Society Doubles Size of Its House - Addition a Duplicate of Old Building)', 「뉴욕타임즈」, 1903년 9월 13일자

07 알렉산드라 로빈스(Alexandra Robbins), 『무덤의 비밀: 해골단, 아이비리그, 파워의 숨겨진 길(Secrets of the Tomb: Skull and Bones, the Ivy League, and the Hidden Paths of Power)』, 리틀브라운, 2002년
벤자민 풀포드(Benjamin Fulford), 『짜여진 미국 해체의 진실(仕組まれたアメリカ解体の真実)』, 청춘출판사(青春出版社), 2009년
벤자민 풀포드(1961~)는 캐나다 출신의 저널리스트로 「포브스(Forbes)」지 아시아태평양 지국장을 거쳐 2007년 일본에 귀화했다. 프리메이슨, 일루미나티 등의 비밀결사에 관한 전문가다.

1945년 얄타회담, 왼쪽부터 처칠, 루스벨트, 스탈린. 처칠 뒤에 서 있는 사람이 윌리엄 해리먼이다.

「예일 데일리 뉴스The Yale Daily News」의 편집장을 지낸 해골단 출신이었다.

그런데 「타임」지와 함께 쌍벽을 이루는 시사지로 1933년 창립된 「뉴스위크」는 1937년 「투데이」와 합병하는데, 이 과정에 윌리엄 해리먼이 자본을 투자함으로써, 최대 주주이자 대표가 된 억만장자 빈센트 애스터Vincent Astor, 1891~1959에 이어 2대 주주가 되었다. 따라서 「뉴스위크」 역시 모두 해골단 출신의 해리먼 가문과 부시 가문의 영향력에 놓여 있다고 할 수 있다.

윌리엄 해리먼은 1952년과 1956년 민주당 전당대회 대통령 지명에 두 차례나 도전했던 정계의 실력자였다. 비록 대통령 지명에는 실패했지만 1954년에는 뉴욕 주지사에 당선되었고, 루즈벨트 대통령에 의해 소비에트연방 주재 미국대사이자 유럽 담당 특명전권대사로 임명돼 영국의 처칠 수상과 손을 맞추며 제2차 세계대전의 정리에 대한 거의 모든 회의에 관여했다. 케네디와 린든 B. 존슨 행정부에서는 베트남전쟁에 깊이 관여해 베트남 내부 쿠데타의 배후로 활약하기도 했다. 그러니 이런 해리먼 가문과 상원의원 부시 가문의 동맹은 엄청난 정치적 힘을 가진 것이었다.

그러니 기시 노부스케가 난데없이 「뉴스위크」의 표지 인물로 등장한 데에는 바로 해리먼과 부시, 두 가문의 정략적인 개입이 있었다고 할 수 있다.

또 하나, 주목할 사실은 해리먼 가문이 일본과 오래전부터 인연을 맺어왔다는 사실이다. 윌리엄 해리먼의 아버지 철도왕 에드워드 해리먼은 뉴욕 금융계의 실력자로서 러일전쟁 중에 일본의 전시공채戰時公債 500만 달러어치를 사들였다. 일본의 승리로 막대한 이익을 본 것은 당연했다.

또한 에드워드는 1905년 포츠머스조약 체결 전후에 남만주철도를 인수할 목적으로 두 차례나 일본을 방문했다. 1905년 에드워드 가족은 8월 10일 뉴욕을 출발, 샌프란시스코를 경유하여 31일 요코하마 항에 도착했다. 이후 에드워드 일행은 일본철도주식회사의 특별열차로 닛코日光를 여행하고 메이지 일왕을 접견하는 등 특사 대접을 받았다.

이 과정에서 에드워드는 한일합방을 시킨 당사자인 당시 가쓰라 다로桂太郎, 1848~1913 내각과 이토 히로부미에게 남만주철도 인수 및 미국 자본 투자를 제의했다. 당시 가쓰라 다로를 비롯한 일본 정치인들은 러일전쟁의 전비戰費를 비롯한 부채로 인해 이에 관심을 보이고 에드워드에게 구체안을 제시하라고 요청했다.

이에 따라 에드워드는 남만주철도 시찰을 위해 9월 중순 일본을 떠나 대한제국과 청나라 북부에 걸쳐 남만주철도를 시찰했고, 10월 9일에 도쿄로 놀아와 가쓰라 내각에 협정을 제안했다. 협정 내용은 남만주철도 및 다롄 등 주변 부대시설의 균등한 대표 권리와 이익의 절반이었다. 또한 철도 부설 주변에서 전투나 전란이 발생하는 경우 일본이 대처와 안전을 보장한다는 요구도 포함됐다. 협정 조건으로 약 1억 엔이라는 파격적인 재정 지원을 제의하고, 남만주철도의 공동 경영을 희망했다.

그런데 가쓰라 내각에서는 외국자본이 급선무이니 이 협정에 동의하자는 의견과 당시 미국을 방문하고 있던 고무라 주타로小村壽太郎, 1855~1911 외무대신이 귀국할 때까지 기다려 포츠머스조약[08]에 대한 상세 보고를 들은 다음에 판단하자는 의견이 갈렸다. 이에 따라 에드워드가 귀국 길에 오른 10월 12일까지 조인은 하지 못하고, 에드워드의 요구에 따라 비공식 각서만 체결되었다.

10월 15일 고무라 외상의 귀국 후 포츠머스조약을 근거로 이 안건을 검토했는데, 창춘과 여순 철도를 일본에 이양하는 내용의 강화조약 6조에 영향을 주는 내용이 포함된 것을 발견해 에드워드의 남만주철도 인수는 결국 성공하지 못했다.

만약 이때 미국 해리먼 가문이 남만주철도를 인수했더라면 역사는 또 어떻게 변했을까? 만약 그랬다면 일본의 중국 침략 최대 교두보이자 만주사변을 일으키는 구실이 되었던 남만주철도가 미국 회사 소유였을 것이므로 상황은 실제 역사와 크게 달라졌을 것이 분명하다. 남만주철도에 대한 미국의 간섭권이 적용되어 일본이 만주에서 제멋대로 날뛰지 못했을 것이다. 여러모로 아쉬움이 남는 대목이다.

다시 기시 노부스케와 미국의 유착 관계 이야기로 돌아가자. 이런 복잡한 이해관계의 결과, 기시는 「뉴스위크」의 포섭 대상이 되었다. 실제는 미국

---

[08] 러일전쟁이 끝난 후 1905년 9월 5일 미국 루스벨트 대통령 중재로 고무라 주타로 전권외상과 세르게이 비테(Sergei Yulyevich Witte) 재무장관 사이에 맺은 강화조약이다. 이 조약에 의해 일본은 남만주철도와 영지의 조차권, 대한제국에 대한 배타적 지도권을 획득했다.

정재계 유력 컨소시엄의 표적이 되었다고 하는 게 더 정확한 표현일 것이다.

기시는 방미 중 「뉴스위크」 편집장의 소개로 록펠러 3세^{John Davison Rockefeller} III, 1906~1978와 회담을 갖게 된다. 전후 일본 정치인으로서는 최초의 일이다. 이를 통해 기시가 록펠러 가문의 '보증금'을 받아오게 된 것은 물론이다.

일본에 귀국하기 전 기시는 24시간 내내 록펠러와 해리먼, 부시 가문 부하들의 감시를 받았다. 또한 「뉴스위크」 일본 지국장이 기시의 영어 어학교사이자 통역사로 졸졸 따라다녔다. 기시의 일거수일투족은 모두 이들의 이익에 부합되는 행위여야만 했다.

1957년 드디어 기시가 총리가 되자 그는 6월 곧바로 미국을 방문한다. 박정희가 대통령이 되자마자 일본에 달려갔듯이 말이다. 기시는 아이젠하워^{Dwigh - Eisenhower, 1890~1969} 대통령, 록페러 3세와 회담을 갖고 일본에 영구적으로 미군을 주둔시키는 것에 동의한다.

또한 골프를 좋아했던 기시를 회담 중간에 불러내 함께 라운딩을 한 사

미국 방문에서 아이젠하워 대통령(왼쪽)과
골프를 치는 기시.
오른쪽 끝이 부시 대통령의 아버지인
프레스콧 부시 상원의원

람은 바로 부시 대통령의 할아버지 프레스콧 부시 상원의원이었다. 자, 이렇게 보면 기시가 「뉴스위크」의 표지 인물로 '만들어진' 배경이 눈에 선하게 보이지 않는가? 이야말로 전후 일본에 대한 미국 주축 세력의 공작모략의 일환이었다고 할 수 있다.

부시와 기시가 골프를 치는 동안, 클라렌스 딜런^{Clarence Douglas Dillon,} 1909~2003 국무차관은 일본에 미군을 상주시키는 미일안보조약 문서의 타이핑 작업을 지시하고 있었고, 그와 부시 가문이 개입해 있는 군사산업 전문 투자회사 칼라일^{Carlyle}은 일본 자위대에 팔 수 있는 무기의 견적을 계산하고 있었다.

칼라일그룹은 2천 220억 달러 이상의 운용 자산을 보유한 세계 최대 규모의 투자 펀드사다. 수수께끼로 가득찬 펀드사며, 수많은 정치인과 깊은 관계로 '전직 대통령의 클럽'으로도 불린다. 이 회사의 과거 고문에는 두 명의 부시 대통령과 존 메이저 전 영국 총리, 제임스 베이커 전 미 국방장관 등 수많은 거물 정치인들이 이름을 올리고 있었다.

지난 2008년 7월에는 첩보 컨설팅업체인 부즈 앨런 해밀턴^{Booz Allen &} Hamilton Inc., 이하 부즈 앨런 사의 정부 관련 부문을 인수하기도 했다. 부즈 앨런 사는 민간 군사첩보 관련 대기업으로 미국에서 진행한 '정부 첩보활동의 민영화'에 전략적으로 중요한 역할을 맡고 있었다. 특히 국가안보국^{NSA}과 미군의 전투 지휘관 또한 CIA 등 정보기관 컨설팅을 주 업무로 한다.[09]

미국 정보기관의 개인정보 수집활동 등을 폭로하고 러시아로 도피해 체

---

09   팀 쇼록, 『고용간첩 : 첩보활동의 은밀한 외주화(Spies for Hire : The Secret World of Intelligence Outsourcing)』, 딕 힐(Dick Hill), 2008년

류 중인 미 전직 정보요원 에드워드 스노든Edward Joseph Snowden, 1983~도 2013년 의 한 인터뷰에서 미국 국가안보국의 비밀감시프로그램에 관한 증거 수집을 위해 국가안보국의 외주 컨설팅업체였던 부즈 앨런 해밀턴에 취업했다고 밝 힌 적이 있다. 스노든은 이 인터뷰에서 "부즈 앨런 해밀턴에서 NSA가 해킹한 전 세계 기기의 목록에 접근할 수 있었다"고 말했다.

탐사보도 저널리스트인 팀 쇼록에 따르면 미국 첩보활동 전체 예산의 70%가 부즈 앨런 사와 같은 '첩산복합체諜産複合体'에 발주된다. 이들 기업은 록히드 마틴이나 노스롭 글래먼 같은 거대한 군산복합체에서부터 직원 200 명에서 300명의 작은 기업까지 다양하고, 매우 높은 수준의 기밀 취급 허가 를 가진 회사도 있다. 물론 부즈 앨런 사도 그중의 하나다.

위에서 본 것처럼 기시가 「뉴스위크」 표지인물로 등장하게 된 뒤배경 에는 해리먼과 부시 가문, 록펠러 등의 자본이 버티고 있었다. 그래서일까? 나중 기시와 회담을 가진 존 덜레스 국무장관은 "기시는 미국의 최상의 선 택"[10]이라며 "기시는 우리 사람"[11]이라고 말한다. 너무 황당하지 않은가?

불과 몇 해 전까지만 해도 기시는 전쟁악마 도조 히데키의 심복으로 그 와 함께 만주 강경파 지배집단의 일원이었다. 1941년 12월 대미 전쟁선언서 에 서명도 했다. 또한 태평양전쟁 동안 군수공업부 차관과 상공부 장관을 지 냈고, 강제 징용자들의 노예 노동에 적극적으로 관여했다. 그런 기시가 난데

---

10 마이클 샬러(Michael Schaller), 『미국이 좋아하는 전쟁범죄자 : 기시 노부스케와 미일 관계 의 변화(America's Favorite War Criminal : Kishi Nobusuke and the Transformation of U.S.- Japan Relations)』, 1995년

11 마이클 샬러, 『변경된 국면 : 점령 이후 미국과 일본(Altered States: The United States and Japan Since the Occupation)』, 1997년

없이 '미국의 최상의 선택'인데다가 '우리 사람'이라니? 기시에 대한 이런 태도는 미국 정부와 재계의 이해관계가 맞아떨어져서 나온 전략이라는 사실을 명백하게 보여준다.

그런데 따지고 보면 덜레스 국무장관도 일본과의 인연이 없지 않다. 그와 일본과의 연계는 그의 동생 알렌 덜레스Allen Welsh Dulles, 1893~1969와 이어진다. 알렌 덜레스는 미국의 외교관이자 변호사로, 최초의 민간인 출신 중앙정보국CIA 국장이 되었고, 현재까지 가장 오랫동안 재임했던 책임자다. 1953년부터 1961년까지 무려 8년 동안, 부국장으로 있던 1951년부터 따지면 10년 넘게 CIA의 사령탑이었다. 냉전 초기 CIA 수장으로서 1953년 이란 쿠데타, 1954년 과테말라 쿠데타 등 각종 공작을 주도했다. 존 F. 케네디 대통령John F. Kennedy, 재위 기간 1961~1963 때 해고됐다.

그의 경력에서 또 주목할 만한 것은 그가 제2차 세계대전 기간 동안 CIA

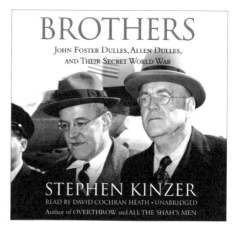

냉전시기를 지배했던 형제.
형 존 덜레스(오른쪽)는 미 국무장관,
동생 알렌 덜레스는 CIA 국장이었다.

의 전신이라 할 수 있는 OSS^{Office of Strategic Services, 전략정보국}의 스위스 책임자로 활약했다는 사실이다. 그는 이 당시 히틀러에 대한 암살 시도 등 각종 스파이 활동에 간여한 것으로 알려졌다. 히틀러의 V-1 및 V-2 미사일 계획에 대한 개발 보고서를 대략적인 스케치 정도의 정보이나마 사전에 서방에 알려준 것도 그의 활약이었다.

그런데 OSS 스위스 지부 덜레스 밑에서 근무한 직원 중에 폴 찰스 블룸 ^{Paul Charles Blum, 1898~1981}이란 사람이 있다. 폴은 아버지와 어머니가 모두 유태인 인데, 일본 요코하마에서 태어났다. 아버지가 일본에서 커다란 보석상을 했기 때문이다. 폴은 고교 시절까지 프랑스와 스위스에서 공부하다가 미국 예일대학교를 졸업했다.

태평양전쟁이 시작된 후 OSS에 들어가 태국과 포르투갈 근무를 거쳐 1944년부터 1947년까지 덜레스 밑에서 각종 정보활동에 종사하다가 종전 무렵 일본공사관의 해군 고문보좌관으로 주재하면서 포츠담선언[12]이 성립될 수 있도록 일본의 종전 공작에 관여했다. 이 대목에서 해리먼과도 연계된다.

그는 1948년이 되면 주일 미국대사관의 무관으로 미쓰이 본관에 있던 GHQ 외교국에 근무했는데, 이는 형식상의 직책이었고 실제 직함은 CIA 초대 일본 지국장이었다.

폴은 1948년부터 일본이 오피니언 리더나 지식인들이 모이는 좌담회 '화요일회'를 열어 정보를 수집했다. 이 자리에 주로 나타난 사람이 태평양전쟁 중 「아사히신문」의 유럽 특파원^{종전 후 논설주간}이었던 류 신타로^{笠信太郎, 1900~1967}

---

12 1945년 7월 26일 제2차 세계대전 이후 유럽의 전후질서 구축 문제를 논의한 회담으로, 회담 기간 중 미국의 주도로 태평양전쟁에서 일본 항복 권고와 전후 일본에 대한 처리 문제가 논의됐다.

등 8명이어서 이들은 '8명의 사무라이'로 통칭되었다. 폴 블룸이 CIA 책임자로 도쿄에 왔을 때 먼저 연락을 취한 사람도 류 신타로였다고 한다. CIA의 대일 공작에서 류는 가장 핵심적인 인물로, 그에 관한 비밀 파일은 아직 미공개로 묶여 있어 CIA와의 협력 관계의 전모가 베일에 싸여 있다.

이처럼 폴은 기시에 대해 아주 잘 알고 있었다고 할 수 있고, 이는 그의 상관 알렌 덜레스도, 그의 형 존 덜레스도 마찬가지였다.

기시와 아베의
평행선? 대척점

아베 총리는 그의 자서전 『아름다운 나라를 위하여美しい国へ』에서 6살인데도 1960년의 충격적인 시절을 기억한다고 주장했다. 이를 기억하고 있다니 정말 놀라운 일이다.

아베는 책에서 새 안보조약이 통과되기 전날인 1960년 6월 18일의 유년 시절 기억을 되짚어본다. 시위대가 의회 건물을 에워싸고 기시는 총리 관저

1960년 1월 19일 미일안보조약에
서명하고 있는 기시.
그 옆은 아이젠하워 대통령

안에 갇혔다. 아베의 기억에 따르면 기시는 나중에 총리가 된 동생 사토 에이사쿠와 술을 마시고 있다가 이렇게 말했다고 한다.

"나는 틀리지 않았다. 만약 이 일로 내가 죽임을 당하면 그러라지 뭐."

대중의 대규모 반대에도 불구하고 미일안보조약이 통과된 것은 일본 역사에 그리고 기시 자신에게도 획기적인 순간이었다. 그것은 전쟁과 미군 점령으로 인해 신뢰가 추락한 전쟁 전 보수 엘리트들의 위신과 권력을 회복하는 데 있어서 매우 중요한 단계를 통과했다는 사실을 의미했다.

아베가 2015년 달성한 획기적인 성과도 이와 비슷하다. 2015년은 한일 수교 50주년이자 패전 70주년, 중의원 선거를 앞둔 해였다. 아베는 55년 전 외할아버지와 똑같은 상황에 처해 있었다. 아베는 그 속에서 친근함과 반감을 동시에 느끼는 미국이라는 지배적 존재와 마주해 일본 변혁에 대한 자신의 비전을 밀어붙여야만 했다.

여하튼 아베가 이끄는 자민당은 그해 중의원 총선거에서 압승을 거뒀다. 집권 3년차를 맞는 아베는 장기 집권 발판을 마련했고, 그의 대외정책도 한층 탄력을 받게 됐다.

실제로 아베는 중의원 선거 승리 후 일본 언론과의 인터뷰에서 다음 해 2016년 일본 패전일8월 15일 담화에 대해 "전쟁에 대한 반성과 전후의 행보, 일본이 이제부터 어떤 길을 갈 것인지를 담고 싶다"고 강조했다. 집단적 자위권과 관련된 법안을 정비한 뒤 상반기 중에 집단적 자위권 행사를 공식화하겠다는 것과 평화헌법 개정을 추진하겠다는 방침을 분명히 한 것이다. 한마디로,

과거를 털어버리려는 '역사수정주의'의 강화였다.

평화헌법을 개정하려는 아베는 의회 안팎에서 시위대에 시달리기는 했지만 1960년 미일안보조약 투표 강행에 격분한 야당 의원들을 피해 의회 밖으로 피신하기 위해 경찰을 불렀던 외할아버지처럼 극한 상황으로는 몰리지 않았다. 기시는 쇼와 군국주의자로서 깊은 증

미일안보조약에 대한 반발로 칼에 찔려 병원으로 옮겨지는 기시

오와 경멸을 받았지만 아베는 오히려 높은 지지율의 방석에 앉아 있었다.

또 아베는 기시가 그랬던 것처럼 불만을 품은 우익의 잇따른 암살 시도를 감수할 필요도 없었다. 옛 기록물을 보면, 기시를 암살하려던 사람이 붙잡히는 가운데 기시가 병원으로 급히 이송되는 자료가 나온다.

이런 상황의 대척점에도 불구하고 아베와 기시 사이에는 평행선이 있다. 그들의 상황, 사고방식 그리고 도전은 매우 놀랍도록 닮아 있다. 기시와 미국의 특별한 관계, 미일 군사 파트너십을 형성하는 데 있어 그의 핵심적인 역할은 손자의 행동에 대해 흥미로운 관점을 제공한다.

마약당, '약탈금괴당'으로 변신하다

기시는 전후 자민당과 미국의 동맹에서 양치기 이상의 역할을 담당했다. 그는

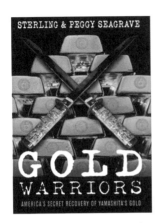

<STERLING & PEGGY SEAGRAVE

『황금 전사들 : 야마시타의 금을 찾으려는 미국의 비밀스런 작업』의 표지

'제국주의 전쟁기계'의 핵심 톱니바퀴였고, 전쟁 이후에는 일본에서 미국 정책의 가장 중요한 핵심 축이 되었다.

이 모든 게 가능했던 것은 전범이었던 기시가 기소를 면했기 때문이다. 반복해서 말하지만 미국이 그를 사형시키지 않고 구제했기 때문이다.

스털링 시그레이브Sterling Seagrave과 페기 시그레이브Peggy Seagrave 부부가 함께 저술한 책 『황금 전사들 : 야마시타의 금을 찾으려는 미국의 비밀스런 작업Gold Warriors : America's Secret Recovery of Yamashita's Gold』[13]은 이 상황에 대해 이렇게 말한다.

"1956년 아이젠하워 행정부는 기시를 자민당의 우두머리이자 새 총리로 만들기 위해 매우 길고도 어려운 노력을 했다. …… 10년 동안 기시는 '미국의 소년'으로 몸치장을 했다. …… 미국의 일본평의회는 마치 쥐 같은 기시의 이미지를 개선하기 위해 지치는지도 모르게 일했고, 영어로 그를 지도했으며, 스카치를 사랑하도록 가르쳤다. 그들에게 기시는 일본에 남아 있는 '미국의 유일한 대안only bet left in Japan'[14]이었다."

---

13   한국에선 2003년 『야마시타 골드』라는 제목으로 옹기장이에서 출간했다.

14   당시 미 국무장관 존 포스터 덜레스(John Foster Dulles)의 표현

'이 모든 조작에도 1956년 선거 결과가 나오자 기시는 자민당 내 라이벌 파벌 리더이며 '자민당에서 친미적 성향이 가장 덜했던' 이시바시 단잔에게 패배했다. …… 격분한 아이젠하워 대통령은 CIA에 이시바시를 무너뜨리고 기시를 자민당 총재로 앉히라고 지시했다. 이것은 자민당 내 모든 파벌에 다량의 자금을 제공해 그들의 지지를 기시 쪽으로 옮기도록 하는 것을 의미했다. 1957년 2월 결국 기시가 이시바시를 대신하여 자민당 총재가 되어 수상으로 지명되었다.'

역사학자 마이클 샬러는 이에 대해 "그때부터 기시는 고다마로부터 '미국의 총애 받는 전범 자리'를 물려받았다"고 표현했다.

애리조나주립대학교 교수를 지낸 역사학자 샬러는 미국의 외교정책에 대한 깊이 있는 연구로 유명하다. 특히 1930년대 이후 중국, 일본, 동남아시아와 미국의 관계를 연구한 샬러 교수의 저술은 이 분야에 관련된 후속 연구의 방향을 규정한 선구적인 해석으로 인정받는다. 『변경된 국면 : 점령 이후 미국과 일본』과 『더글라스 맥아더 : 극동장군Douglas MacArthur: The Far Eastern General』, 『미국의 일본 점령The American occupation of Japan』, 『미국의 한계 : 글로벌 전후의 미국 역사American Horizons: U.S. History in a Global Context』 등 많은 저술이 있다.

그런데 그는 왜 기시가 고다마로부터 '미국의 총애 받는 전범 자리'를 물려받았다고 했을까? 여기서 언급된 고다마는 앞에서 수도 없이 등장한 일본 정치깡패의 대명사 고다마 요시오다.

『황금 전사들』은 이 물음에 대해서도 답하고 있다.

"고다마는 전범으로 기소되어 스가모교도소에서 2년을 보냈지만 자신이 CIA에 1천만 달러오늘날 가격으로는 10억 달러에 해당하는를 제공하겠다는 찰스 윌로비Charles Andrew Willoughby, 1892~1972 장군과의 거래를 통해 1948년 중반에 석방되었다. 이 거래로 고다마는 교도소에서 석방됐을 뿐만 아니라 모든 전범 혐의도 벗었다. 이 돈은 미 대사관 내 CIA 부서가 관리하는 비밀 매수 자금의 하나가 되었다. 그 후 고다마는 직접 CIA에 고용되었으며, 1984년 죽을 때까지 그랬다. 「뉴욕타임즈」의 테드 슐츠는 '고다마는 CIA와 일 관계를 맺고 있었다'고 밝히기도 했다. 미국 정치학자 찰머스 존슨Chalmers Johnson, 1931~2010은 고다마가 '아마 일본에서 CIA의 핵심 정보 제공자'였을 것이라고 추측했다."

여기서 윌로비 장군은 더글러스 맥아더 장군의 밑에서 정보국장을 맡아 미국의 첩보작전을 이끌었던 사람이다. 계속 인용해보자.

찰스 윌로비

'고다마는 문자 그대로 미국 정부의 피고용인이었으면서도 계속 일본의 전후 마약 거래를 감독했다. 만주뿐 아니라 북중국, 한국에 있던 헤로인 제작소들이 일본으로 옮겨졌다. 마약 제조 및 분배와 관련하여 일본과 협력했던 중국인들은 일본에서 피난처를 제공받아 작업을 재개했다. …… 1951년 상하이 대부 두웨셍이 홍콩에서 자연사했다. 그리하여 고다마는 미국에 고용된 상태면서도 아시아 최고의 마약왕이 되었다.'

바로 이처럼 고다마가 전후 미국 정부와 CIA의 최대 협력자로 온갖 특혜를 받았는데, 기시가 총리가 된 다음부터는 그런 고다마의 역할을 물려받았기 때문에 '총애 받는 전범 자리'를 물려받았다고 표현한 것이다.

그런데 기시가 전범 교도소에 풀려나온 것도 사실은 고다마의 작품이라는 얘기가 70년이 지난 지금까지도 잦아들지 않고 있다. 다시 말해 엄청난 돈을 미국에 제공하고 먼저 풀려나온 고다마가 CIA와의 협상을 통해 나머지 전쟁 잉여 금괴_{일제강점기에 일본 엘리트들을 대우하기 위해 조성된 거액의 비자금}를 미국에 넘겨주기로 하고 기시를 사면시켰다는 것이다.

다만 고다마가 만주에서의 끈끈한 인연 덕택으로 미국과 협상해 기시를 구출해준 것인지 아니면 미국이 자국의 이익을 위해 허수아비로 조종할 수 있는 사람으로 기시를 선택하고 먼저 고다마에게 협상 카드를 제시한 것인지는 불명확하다. 아마 둘 다였을 가능성이 높다.

아무튼 전범을 다룬 도쿄재판이야말로 엄청난 흑막 속에 정작 처형을 받아야 할 사람과 그렇지 못한 사람이 엇갈린 엉터리 혹은 사기극 그 자체라고 할 수 있다. 1937년 12월 13일 난징 함락 당시 난징 사령관으로 대학살의 실제 주모자인 아사카노미야 야스히코^{朝香宮鳩彦王, 1887~1981}[15]는 기소조차 되지

---

15 쇼와 일왕에게 삼촌뻘이자 고모부가 되는 인물로 육군 대장이었다. 태평양전쟁 종반에는 시종 강경한 주전론자로 본토 결전에 대비한 육해군 통합을 주장했다.

전범에 대한 도쿄 재판은 정치적 이해관계에 의해 정작 처벌을 받아야 할 사람들이 많이 구제된 최악의 엉터리 재판이었다.

않은 반면, 마쓰이 이와네松井石根, 1878~1948 육군 대장은 난징대학살을 비롯한 범죄에 대한 관한 처벌을 게을리 했다는 이유로 교수형대로 보내졌다.

마쓰이는 쑨원孫文, 1866~1925의 대아시아주의大亞細亞主義에 깊이 공명해 신해혁명辛亥革命을 지원했던 인물로, 11월 19일 난징전투 개시도 제10군의 그의 지휘권을 무시하고 독단으로 시작한 것이었다. 그가 제지하려고 했을 때는 이미 늦은 시점이었다. 또한 12월 7일 난징 공략을 앞두고 마쓰이는 '약탈 행위와 불법 행위를 엄벌에 처한다'는 훈령을 내렸으나 지켜지지 않았다.

찰스 월로비 장군을 비롯해 당시 재판관 중 한 명은 사석에서 "도쿄전범 재판은 인류 역사가 기록된 이래 최악의 위선이다"라고 말할 정도였다.

수십 년간 히로히토 일왕을 연구해온 도요시타 나라히코豊下楢彦, 1945~ 간사이학원대학関西学院大学 법학부 교수도 "도쿄재판은 주역을 빼놓은 채 도조

일파에게 모든 책임을 뒤집어씌운 미일의 합작품이었다"**16**고 정리했다. 미국이 기시에게 가지는 핵심적인 매력은 물론 친미 성향이었다. 마이클 샬러는 다음과 같이 쓰고 있다.

'기시가 미국의 냉전 전략에 충실하겠다고 재확인하면서 중국과의 접촉을 제한하고, 대신에 미국에 대한 수출과 동남아시아와의 상호적 발전에 일본의 경제적 역량을 집중하겠다고 약속하자 워싱턴은 공공연하게 안도의 한숨을 내쉬었다.'**17**

16   『쇼와 천황의 전후 일본 '헌법·안보체제'에 이르는 길(昭和天皇の戦後日本〈憲法·安保体制〉にいたる道)』, 이와나미쇼텐, 2015년

17   마이클 샬러, 『미국이 좋아하는 전쟁범죄자 : 기시 노부스케와 미일 관계의 변화』, 1995년

2

일본 왕실의
전쟁 비즈니스

　자, 여기까지 와도 또 하나의 의문이 남는다. 그것은 참으로 엄청난 미스터리다. 고다마는 어디서 얼마만큼의 금괴와 전쟁 잉여자금을 가져와 어디에 숨겨놓고 있었던 것일까? 또한 전후에 그것들은 어떻게 처리되었을까?

　이에 대한 이야기를 더 나가기 전에 『황금 전사들』의 저자 스털링 시그레이브에 대해 자세히 알아보도록 하자. 이는 앞으로 나올 이야기들의 신뢰를 위해 필수적인 작업이다.

'골든 릴리'의 탄생
그는 아내 페기 시그레이브와 공동으로 쓴 소설과 논픽션 13편의 책을 출간한 작가다. 미얀마가 아직 영국 식민지였던 시절 그는 미얀마와 중국의 국경지대에서 자랐다. 그곳은 세계 아편 생산지인 황금의 삼각지대이기도 했다. 그의 아버지는 1832년 버마에 처음 온 미국 의사의 5대손이었다. 그는 버마가 1942년 일본의 침략을 받았을 때 가족들과 함께 인도로 가는 마지막 난민선에 탑승했다. 이후 인도와 북미, 남미에서 교육을 받았다.

그는 18세 때부터 「워싱턴포스트」 등 각종 신문사에서 기자로 활동했고, 21세가 되던 1958년에는 「시카고 데일리뉴스」 통신원으로 쿠바에 갔다. 거기서 그는 기사를 쓰는 대신 밀수선이 가져온 탄약과 약을 피델 카스트로 Fidel Castro, 1926~2016에게 가져다주는 일을 했다. 1965년부터는 「타임」을 비롯 유명한 잡지의 프리랜서 기자로 활동했다.

1979년 그는 화학무기와 생화학무기의 비밀 사용에 관한 글을 쓰기 시작했고, 이어 아시아의 강력한 다이너스티 가문에 대한 일련의 책들로 선전과 칭송 일색의 전기로 날조된 그들의 실제 역사를 폭로했다. 베스트셀러가 된 이 책들로 그는 대만에서 살해 위협을 받기도 했다. 그 다음으로 내놓은 책, 일본이 제2차 세계대전 당시 아시아에서 약탈한 보물들이 어떻게 CIA에 뇌물로 전해졌는지 그리고 어떻게 훼손되었는지에 대한 책이 바로 『황금 전사들』이다.

일본의 전쟁 잉여자금 규모에 대해 말하기 전에 우선 고다마의 은닉 재산 규모부터 살펴보기로 하자. 이에 대한 『황금 전사들』의 내용을 인용한다. 앞으로 계속되는 인용은 모두 이 책의 것이다.

지하자금의 또 다른 원천은 고다마였다. 그는 개인적으로 사용하기 위해 약 130억 달러의 약탈물을 축적했던 것으로 알려졌다. 여기에는 트럭 두

대 분의 다이아몬드, 금괴, 백금과 라듐, 구리, 기타 주요 물자들이 포함되었다. 고다마는 맥아더 사람들로부터 환심을 사기 위해 라듐을 점령군 사령부에 넘겨주었다고 「슈칸분슌」은 전했다.

앞에서 고다마가 스가모교도소에서 풀려나기 위해 쓴 돈이 1천만 달러고, 요즘 화폐가치로는 10억 달러에 해당한다고 말했다. 그런데 여기서 등장하는 그의 비자금 규모는 무려 130억 달러다. 이를 현재 시세로 하면 도대체 얼마인지 가늠도 되지 않는다. 너무나 엄청난 자금인데, 앞으로 등장하는 일들은 일반인의 상식을 모조리 파괴하는 그런 내용들뿐이다.

「도쿄저널」에서 존 캐롤은 전쟁이 끝났을 때 '고마다가 상당량의 자기 귀중품을 왕궁의 왕실 창고로 옮겨놓았다'고 말했다. 비록 고다마는 일생 동안 암살, 납치, 마약, 약취에 관여했지만 히로히토 일왕은 그를 진정한 애국자라고 생각했다. 왜냐하면 그가 '골든 릴리'를 위해 자금을 조성했기 때문이었을 것이다. 바로 이 때문에 일본 최고위원회 갱단 두목이 자신의 약탈물 중 일부를 왕실 창고에 보관하도록 허용 받을 수 있었을 것이다.

여기서 등장하는 '골든 릴리'는 바로 뒤에 설명이 나올 것이므로 궁금해도 잠시 참도록 하자. 이는 일본 왕실의 비자금과 관련된 단어다.

「도쿄저널」에 따르면 왕궁의 왕실 금고에는 운송돼온 고다마의 보물들의 상당 부분을 차지했다. 결국 궁내부대신이 그에게 점령군 당국이 그것들을 발견하기 전에 치우라고 말했다. 그 관리의 행동은 일왕의 직접적 요청에 따른 것이었다는 소문이 있다.[01]

심지어 고다마는 약탈물뿐만 아니라 마약도 왕실 창고에 보관했다. 전쟁이 끝나고 나가노에 있는 히로히토 일왕의 마쓰시로 지하호 부근에서는 수톤의 마약이 점령군 사령부 관리들에 의해 발견되었다.[02]

이상의 기록을 보면 고다마가 주체하지 못할 정도로 어마어마한 각종 자산, 다이아몬드와 금괴, 마약 등을 갖고 있었으며, 이를 어쩌지 못해 왕실 창고에까지 보관해왔다는 사실이 드러났다. 바로 그 자산이 자신과 기시 노부스케의 석방 그리고 자민당의 창당 자금으로 쓰인 것이다.

고다마 자산의 규모는 정확하게 알 수 없다. 아마 그 자신도 몰랐을 것이다. 그리고 이에 대한 문서들 상당수가 기밀로 분류되어 아직도 워싱턴에 꼼꼼하게 밀봉돼 있기 때문에 언제 밝혀질지 기약도 할 수 없다. 다만 여러 가지 단편적인 사실들을 종합해 미루어 짐작할 따름이다.

그러면 이 어마어마한 자산은 대체 어디서 온 것들일까. 그 자산의 출처 일부에 대해서는 이미 앞에서 자세히 살펴보았다. 바로 마약이다. 1937년이 되면 전 세계 아편과 모르핀의 90%가 일본산이었다.[03] 무려 90%다. 1911년의

01 존 캐롤(John Caroll), '고다마 요시오의 수수께끼(The enigma of Yoshio Kodama)', 「도쿄저널」, 1988년 7월

02 「뉴욕타임즈」, 1945년 10월 31일

03 메이리온 해리스 & 수지 해리스(Meirion Harries & Susie Harries), 『태양의 후예들 : 일본제국 군대의 흥망성쇠(Soldiers Of The Sun: The Rise and Fall of the Imperial Japanese Army)』, 랜덤하우스, 1994년

경우 만주에서 생산된 아편은 2천 500kg에 지나지 않았다. 그러나 그로부터 15년 후 관동군과 일본의 지하조직들이 장악한 거대 농장들의 연간 생산량은 3만 6천kg으로 껑충 뛰어올랐다. 1934년 제네바의 아편감독위원회는 단일 규모로 세계 최대의 금지약물 기업을 운영하고 있다는 혐의로 일본을 고발했다.

만주국 총무장관으로 만주를 실질 지배했던 호시노 나오키는 나중 히로히토 일왕의 관방장관이 되었다. 이로 인해 일왕과 일본의 대규모 마약 거래 사이에 직접적인 커넥션이 성립되었다. 히로히토 일왕은 일본이 파렴치한 마약으로 엄청난 돈을 벌고 있다는 사실을 몰랐을 리 없다. 그 자신은 아니었을지 몰라도 그의 아들들은 만주로부터 엄청난 돈을 상납 받고 있었다.

따라서 일본은 마약제국이라 불러도 전혀 손색이 없다. 그러나 우리는 오늘날 일본이 수많은 사람들을 파멸로 몰아넣어 세운 마약왕국에 기반하고 있다는 사실을 잘 모른다. 아니, 거의 모른다. 지금까지 은폐돼왔기 때문이고, 역사학자들은 이에 대해 전혀 언급하지 않았기 때문이다.

일본 왕실의 막대한 자산지금까지도 실체가 밝혀지지 않은의 출처가 마약 자금만은 아니다. 누구나 쉽게 짐작할

중국과의 전쟁을 위한 국채 판매를 독려하는 일본 대장성 포스터. '전선으로 탄환을!'이라는 구호가 쓰여 있다. 그러나 지나사변 이후 일본은 대대적인 약탈로 엄청난 재화를 모으기 시작했다.

수 있듯, 더 막대한 자금은 약탈 행위에서 들어왔다. 물론, 일본 왕실의 약탈 자산은 일본군이 조선과 중국, 만주, 동남아에서 수탈한 그 수많은 재화들의 일부에 지나지 않았다. 일본은 침략국에서 도대체 얼마나 많은 보물과 귀중 품들을 강탈한 것일까. 이 역시 전체 규모는 전혀 알 수 없지만 개개의 사례로 미루어 짐작만 할 따름이다.

앞에서 고다마의 약탈물이 트럭 두 대 분의 다이아몬드, 금괴, 백금괴, 라듐, 구리, 기타 중요 물자들에 달했다고 언급했다. 대체 상상이나 가는가? 트럭 두 대 분의 다이아몬드와 금괴, 더구나 백금괴라니!

또 한 예를 들어보자. 1947년 맥아더 장군은 많은 보석학자들을 일본으 로 데려왔다. 이것부터 수상한 일이다. 대체 GHQ에 왜 보석학자들이 필요했 을까? 그중 한 사람은 훗날 맥아더가 자신에게 도쿄에서 발견한 약 5천만 달 러 상당의 보석을 감정하게 했다고 밝혔다.[04]

이것만이 아니다. 저널리스트인 로버트 휘팅Robert Whiting에 따르면 약 80만 캐럿의 다이아몬드가 일본은행으로부터 맥아더의 지휘 아래 운반되었는데, 이 다이아몬드들은 다시는 세상에 나타나지 않았다.[05] 무려 80만 캐럿이다! 짐작이나 되는가? 미국으로 운반됐는지 아니면 유럽 등에서 팔아넘겼는지 그 행방을 모른다. 일본의 전쟁 약탈물 가운데 일부인 이 다이아몬드들이 어 떻게 '국가안보상의 일급비밀'이 되었는지 참 흥미로운 연구 주제다. 아직도

---

04   마이클 케르먼(Michael Kerman), '몰 주변(Around the Mall)', 「스미스소니온 매거진」, 1995년 5월

05   로버트 휘팅, 『도쿄 언더월드 : 일본 속 미국 갱단의 패스트타임스와 하드라이프(Tokyo Underworld : The Fast Times and Hard Life of an American Gangster in Japan)』, 빈티지, 2000년

1945년 9월 3일 도쿄 만에서 열린
일본 항복 기념파티에서 연설문을
읽는 맥아더 장군.
맥아더는 막대한 승리의 노획물을
챙겨 미국으로 공수했지만
그 규모는 아직 베일에 가려 있다.

이에 관한 실체는 봉인돼 있다.

　다만 당시 일본은행 본점에 보관돼 있던 귀금속을 관리하던 GHQ 경제과학국 소속 직원들이 나중에 처벌 받는 사건이 발생해, 대규모 다이아몬드의 실재 사실을 알려준다. 당시 관리담당관이었던 에드워드 머레이^{Edward J.} Murray는 귀국 후, 약 500개의 다이아몬드를 무단 반출한 혐의로 미국 당국에 체포돼 징역 10년형을 받았다. 또한 경제과학국 초대 국장 레이몬드 C. 크레이머를 비롯해 이 국의 초기 장교들 수십 명이 나중에 미국에서 부패와 횡령 등의 혐의로 검거되고 경질됐다.[06]

　일본군과 일본 폭력단에 의한 각 나라의 귀중 자산^{다이아몬드, 금은 및 각종 보석과 보물, 귀중 문화재}의 약탈 규모는 전쟁이 끝난 지 75년이 지난 지금도 여전히 오리무

06　이치하시 후미야(一橋文哉), 『돈의 어둠(マネ−の闇)』, 가도카와쇼텐, 2013년

중이다. 아마 영원히 알 수 없을지도 모른다. 그러나 분명한 사실은 실로 그 규모가 상상을 초월할 정도로 엄청났다는 것이다.

영어는 '골든 릴리', 일어는 '가네노 유리金の百合'라고 하는데 이는 1937년 11월에 생긴 일본 왕실의 재산을 관리하는 조직, 혹은 그 재산을 일컫는 말이다. 일본 왕실은 매년 정월 중순 '그 해의 와카和歌'를 부르는 '우다카이 하지메歌会始'를 열고 와카의 표제를 정하는데, '백합'은 그 가회의 표제에서 유래했다고 한다.

'골든 릴리'가 생긴 배경은 1937년 일본에 의한 난징대학살 시점부터 너무나 많은 금은보화 등 재화에 대한 약탈 행위가 벌어지기 시작했는데, 이를 통제하기 어려웠기 때문이다.

많은 수의 부대가 전투에 참여하면서 라이벌 관계의 장군들이 전리품을 놓고 서로 경쟁을 했으므로, 일본 지배 엘리트의 시각에서는 재정적 측면에서 점령지에 대한 통제권을 상실할 우려가 있었다. 병사들의 소소한 노략질은 물론이고 고급 장교들이 금괴와 귀중한 예술품을 빼돌리는 행위를 어떻게 방지할 것이냐의 문제는 매우 커다란 사안이었다. 게다가 중국에 진출한 폭력단 조직들도 나름대로 신규 점령지에 들어와 테러와 약탈을 자행했다.

특히 만주에서의 경험도 '골든 릴리'라는 전문 조직을 만드는 '타산지석'이 되었다. 만주 관동군의 경우, 모든 측면에서 본토의 통제를 벗어날 정도로 독자적으로 세력화가 되었기 때문에 이런 일이 반복되지 않도록 제어할 강력한 필요성이 있었다.

이에 따라 왕실과 최고사령부는 최고위 수준에서 모든 약탈 행위를 엄격히 통제하고 모든 약탈품을 왕실로 귀속시킬 왕실 조직을 만들었다. 이 조직에는 일본의 최고 재정금융 전문가, 문화와 종교 유물을 포함해 모든 보물을 평가할 수 있는 전문가들이 포함됐다.

이후 중국과 아시아 전역은 '골든 릴리'에 의해 소 우유 짜내듯 착취를 당하기 시작했는데, 일본군이 소를 꼼짝도 못하게 억압하는 역할이었다면 왕실의 왕자들이 그 유제품을 거둬들이는 일을 담당했다. 골든 릴리의 수장은 히로히토 일왕의 동생 지치부노미야 야스히토 왕자였다.

지치부노미야 왕자는 골든 릴리 감독자로서 적격이었다. 왕세자로서 협소하고 엄격한 교육을 받은 히로히토와 달리 지치부노미야는 코스모폴리탄적인 교육을 받았다. 옥스퍼드대학교에서 반년을 교육받았고, 알프스 등산도 즐기는 등 해외여행의 경험이 많았다. 아돌프 히틀러와 뇌른베르크에서 회담을 하고 만찬을 하는 등 외교적 임무를 수행하기도 했다. 당시 히틀러는 그에게 스탈린을 증오한다고 이야기하자 지치부노미야가 "국제관계에서 상대국 지도자를 혐오한다고 이야기할 수 있느냐"고 말했고, 이에 히틀러가 그를 노려봤다는 일화가 있다.

'골든 릴리'의 책임자였던 지치부노미야 야스히토 왕자

요시히토 다이쇼嘉仁大正 일왕의 사형제 중에서 가장 활달하고 유머 감각도 뛰어났으며, 불필요한 오락에는 덜 탐닉했다. 상대적으로 유연한 사고를 가져 효율적 약탈을 위한 조언자들의 여러 대안들을 재빨리 받아들였다.

난징에서 최초로 활동을 전개한 골든 릴리 조력자는 헌병대였다. 이들

난징에 입성한 관동군.
대대적인 약탈과 강간, 대학살이 벌어졌다.
이에 따라 "본 것을 누구에게도
말하지 말라"는 명령이 떨어졌다.

은 정부의 모든 자산을 장악하고 은행 금고를 털었으며, 부유한 가문의 집을
비워냈다. 1천 년 이상 부유함을 자랑했던 난징에는 약탈할 재물이 얼마든지
넘쳐났다. 일본의 첫 난징 침략 당시 헌병대가 끌어 모은 금의 양은 최소 6천
톤이었다고 한다.[07]

헌병대와 달리 골든 릴리 직속 특수부대는 은행가, 전당포 주인, 씨족 종
친회 원로 등 개개인에 초점을 맞췄다. 특히 삼합회 등 폭력단 조직의 두목들
도 표적이 되었다. 그들이 탈출한 경우에는 친척을 인질로 활용했다. 이들의
수탈은 영미와 유럽 제국들의 거친 약탈과는 차원을 달리할 정도로 치밀하
고 집요했다.

지치부노미야 왕자와 그 동생들은 약탈품을 일일이 목록을 만들어 봉
인했다. 오로지 왕자들만이 최종적인 재고를 점검하고 보물 컨테이너를 봉인

---

07 허버트 P. 빅스(Herbert P. Bix), 『히로히토와 근대 일본 만들기(Hirohito and the Making of
Modern Japan)』, 하퍼 퍼레니얼, 2001년

할 수 있었다. 이런 보물상자들은 특수부대의 호위 아래 상하이로 극비리에 옮겨지거나 비행기로 바로 도쿄에 이송되었다.

다음은 현재 골든 릴리의 약탈품에 대해 얘기되고 있는 개괄을 종합한 내용이다.

• 골든 릴리의 규모는?

1945년 6월 1일 밤, 일본 육군이 아시아 12개국으로부터 빼앗은 막대한 금은보화를 필리핀 각지의 175개 지하기지에 숨겨 매장했다. 마지막으로 입구를 폭파시킨 지하창고 8호 기지 한 곳에 축적된 금괴의 양만으로도 3~4세기 전에 서구에 개설된 모든 은행이 보관한 금괴의 총량과 제1차 세계대전 때 세계 제일의 금괴 보유량^{약 3천여 톤}을 자랑했던 미국 전량의 10배가 넘는 양이었다. 그러니 나머지 174곳의 지하기지에 보관된 금괴 보물의 총량은 헤아릴 수 없었다.

175개 기지에 저장된 금괴 총량은 확인되지 않았지만 미 CIA와 영국 정보기관 MI-6가 15년여에 걸쳐 추정한 양은 모두 14만 1천 톤. 그 내역은 바티칸 명의로 된 것이 1만 4천 톤, 일본 왕실 명의의 2만 4천 톤으로 나머지 10만여 톤은 명의가 불분명하다고 한다.

이 재화들을 숨기는 작업을 현지에서 지휘한 사람은 속칭 '킴수'라 불린 다케다노미야 쓰네요시^{竹田宮恒徳, 1909~1992}였다. 그는 메이지 일왕의 첫 외손자로 쇼와 일왕과는 사촌지간이다. 관동군 참전을 자원한 그는 1942년부터 관동군의 재무 담당 지휘자로 활동하면서 731부대의 소위 '마루타 생체실험'에 관여했다.

후일 그는 언론들과의 기자회견에서 자신의 생체실험 참여를 인정했으나 "그 정도 생체실험에 대해서는 양심의 가책이 없다. 미국도 원자폭탄을 만들어 히로시마에 투하하지 않았는가"라고 반문했다. 또한 태평양 전쟁에서는 대본영 참모의 일원으로 미야타 쓰네요시宮田恒吉라는 가명을 사용하며 필리

다케다노미야 쓰네요시

핀 히시마 공략, 과달카날 전투 등에 관여했다. 1947년 신적강하臣籍降下에 의해 방계 황족들의 황족 신분이 박탈되면서 다케다 쓰네요시竹田恒德라는 이름으로 평민이 되었다.

● 금괴는 어떻게 모았나?

일본 육군의 고위 관료들은 일왕의 이름으로 일본 장병과 일본에서 불러온 우익단체인 흑룡회와 겐요샤玄洋社 두목과 하수인들, 중국 지하조직 구성원들을 동원해 아시아 12개국에서 금은 보물을 강탈했다. 이들 나라는 한반도, 만주, 중국, 인도차이나반도, 인도네시아, 필리핀 등이다.

앞에서 대략 말한 대로 각국 정부의 금고나 민족의 조상들을 모시는 사원이나 사당, 은행, 박물관, 화교의 회사 금고, 개인주택 뒷마당 등 별의별 금은재보를 뒤지고 강탈했다. 강탈한 재화들은 한반도에서 배와 비행기로 일본으로 운반됐다. 이를 군인이나 정부 관료들은 '전리접수품戰利接收品'이라고 불렀다.

이들 금은 보물들은 일본은행 본점, 요코하마쇼킨은행橫浜正金銀行과 다

이이치은행第一銀行, 산와은행三和銀行 그리고 여러 박물관 등에 보관됐다. 금괴의 일부는 금화나 잉곳ingot[08]으로 주조하여 유통되었다. 그 밖의 금은 보물은 육해 양군의 창고에 보관되었다.

전후, 스미다 강隅田川 운하에 접한 도쿄 쓰키시마月島의 창고에서는 수십억 엔 규모의 금괴를 채운 나무 상자가, 일본은행 지하실에서는 수백억 엔을 훌쩍 넘는 다이아몬드가 미군에 압수되었다. 당시 점령군 미 장교가 "이렇게 많은 돈을 갖고 왜 일본이 전쟁에 패했는가……"라고 말할 정도였다.

● 필리핀에 숨겨진 금괴

아시아 국가들로부터 강탈해온 금은재보는 필리핀에도 모아놓았다. 그러나 1943년 무렵부터 필리핀과 일본을 잇는 해상항로는 연합군 잠수함에 봉쇄돼 일본으로 보낼 수 없게 됐다. 그래서 어쩔 수 없이 필리핀 각지의 지하[175개 터널 기지에 분산해 매장됐다.

다음은 이에 대한 『황금 전사들』의 내용이다.

미군 탱크가 20마일도 채 안 되는 거리에 접근한 1945년 6월 초, 창고 건설을 담당한 175명의 수석 엔지니어들은 벽을 빙 둘러 금괴로 가득찬 '터널-8'이라는 거대한 구축물의 220피트 지하에서 송별 파티를 했다. 그들은 밤이 깊도록 엄청나게 술을 마셨으며, 애국가를 부르고 반자이万歳를 외쳐댔다. 한밤중이 되어 야마시타 도모유키山下奉文, 1885~1946 장군과 왕자

---

08 금속 또는 합금을 한 번 녹인 다음 주형에 흘려 넣어 굳힌 것. 주괴(鑄塊)라고도 한다.

들이 슬며시 빠져나간 사이 터널에서 다이너마이트가 터졌고, 엔지니어들은 모두 생매장되었다. …… 그리하여 그 창고는 비밀 속에 묻히게 되었다. 그 이후 왕자들은 잠수함을 타고 일본으로 탈출했으며, 3개월 후 야마시타 장군은 미군에 항복했다.

야마시타는 개전 초기 싱가포르에서의 특별한 승리로 인해 '말레이반도의 호랑이'라 불리며 일본에서 대중적인 영웅으로 떠올랐다. 이 때문에 그는 도조 수상에게 경계와 질시의 대상이 되었고, 도조는 그를 소환해 만주로 배속시켰다. 그러나 1944년 도조가 사임하자 최고사령부는 야마시타를 만주에서 다시 필리핀 루손으로 파견하면서 또 하나의 기적을 이루어주길 바랐다.

그러나 1944년 10월 6일 그가 마닐라에 도착했을 때는 뭔가 의미 있는 진전을 이루어내기에는 너무 늦은 시기였다. 그래서 야마시타는 전쟁이 종결되기 마지막 열 달 동안 골든 릴리에 개입하게 되었다. 공교롭게도 야마시타는 지치부노미야 왕자와 친구였다. 지치부노미야가 1930년대 젊은 사관 시절, 도쿄에서 그의 연대에서 함께 근무했다.

야마시타는 1개 기갑부대와 6개 보병연대를 포함해 27만 5천 명 이상의 병력을 보유하고 있었지만 그가 할 수 있는 일이라곤 산악지대에서 최대한 오래 버티면서 왕실이 보물을 무사히 숨길 수 있는 시간을 벌어주는 일밖에 없었다. 그는 그렇게

미군에 항복하고 있는 야마시타

자신의 마지막 소임을 다하고, 왕실 보물이 있는 동굴 폭파 작업의 뒷정리를 끝낸 다음, 1945년 9월 2일 참모장교들을 데리고 나와 미군에 항복했다.

그렇게 생매장되어 사망한 사람들에는 군인뿐 아니라 그들보다 훨씬 많은 민간 전문가들이 있었다. 천연 동굴의 공간이나 지면을 굴착해 터널을 통과시키거나 그 터널을 이어 지하 구조물을 확대 신설하는 민간인, 광산 기사, 지질학자, 건축가, 세라믹 도료로 가공해 지반이나 겉을 위장하는 장인, 지하 시설 곳곳에 폭약을 장치해 침입자를 막는 폭파전문가, 화학약품 과학자, 도자기 작품의 연대나 작자 그리고 역사적 가치를 판정하는 전문가, 금 함유량의 검사나 주조, 광물자원을 분석하는 사람, 청동제품이나 서화 골동품 등 역사 유산에 정통한 대학교수나 박물관과 학예원 큐레이터, 불상과 불교 도구의 가치에 심미안을 가진 일본의 저명한 사찰의 불승, 아시아 전역의 지형이나 지리에 정통한 전문가, 일본 주요 은행에서 파견되어 아시아 12개국 정부와 은행 소유의 방대한 채권, 종이화폐, 재무자료나 장부를 조사하는 은행원들……. 이 수많은 전문가들이 일본 왕실 욕망의 희생양으로 지하에서 서서히 죽어갔다.

지난 반세기 동안 이 소름끼치는 생매장지는 누구에게도 알려지지 않았다. 숨겨진 보물들은 '야마시타 금의 전설' 정도로 치부되었다. 그러나 그 모든 광경을 목격한 사람이 있었다. 벤 발모레즈Ben Valmores, 1925~?[09]였다. 그는 우리책의 저자인 시그레이브 부부를 '터널-8'로 데려가 그것에 얽힌 자신의

---

09 타칼로그와 지역 발음으로는 '벤하민'으로 발음되어, 이 발음대로 표기한 저술들도 있다.

chapter 5

이야기를 들려주었다. 벤은 전쟁 기간 동안 필리핀의 모든 일본 왕실 재산 저장소를 건설, 관리, 은폐하는 책임을 맡았던 일본 왕자의 시중을 들던 젊은 필리핀 하인이었다. 그 왕자는 교육 수준이 높았고, 감상적인 면이 있어 마지막 순간에 벤의 목숨을 구해주었다. …… 우리가 인터뷰할 당시 벤은 70대 중반의 노인으로

벤 발모레즈. 다케다노미야는 자신의 시종이었던 그를 175개 비밀 기지 작업에 데리고 다녔다.

매우 병약한 상태였다. 그는 1943년에서 1945년 동안 그 왕자를 따라다니면서 자신이 보고 겪은 것들을 수개월에 걸쳐 우리에게 들려주었다. 그는 그 왕자뿐 아니라 여타 관련 왕자들 대부분의 신원을 확인할 결정적인 단서를 제공해주었다.

'킴수'[10]라 불린 다케다노미야 쓰네요시가 바로 벤을 데리고 다녔고, 마지막에 살려준 왕자였다. 일왕의 특사 자격을 가진 다케다노미야는 아시아 전역에서 골든 릴리 작전을 지휘하는 지치부노미야 왕자 다음의 부사령관이었다. 그는 중령으로 승진한 후 '미야타 중령'이라는 가명으로 작전국 전략과의 참모장교로 배속되었다. 그는 공식적으로는 사이공에 배속되었지만 필리핀에서 골든 릴리의 현장 작업을 총괄했다. 벤은 1943년 마닐라에서 모든 왕자

---

10 '킴수'는 다케다가 가진 여러 가명 중 하나였다.

들이 모여 전략회의를 할 때 지치부노미야를 두 번 보았다고 했다. 벤의 증언에 따르면 지치부노미야는 적어도 6개월 동안 계속 마닐라와 필리핀에 머물렀다고 한다.

킴수는 장교들과 채굴기술자, 지질학자, 건축가, 화학자, 세라믹전문가, 전기기술자, 폭파전문가를 포함한 수백 명의 사람들로 이루어진 매우 큰 작업팀과 1개 대대의 병력을 이끌고 있었다. 산 페르난도 주둔지에는 1천 명이 족히 넘는 사람들이 있었고, 이들의 유일한 임무는 전재 약탈물을 옮기고 숨기는 것이었다.

벤은 대부분 청동으로, 일부는 나무로 만들어진 엄청나게 큰 수천 개의 상자들을 보았다. 가죽 끈으로 된 걸개를 사용해 각각의 상자들을 옮기는 데 대여섯 명 혹은 여덟 명이 필요했다. 그는 도합 수백 명의 완전히 발가벗은 한국인, 중국인, 필리핀인 노예노동자들이 그 상자들을 옮기는 모습도 보았다. 그들은 가끔 눈가리개를 할 때도 있었다. …… 그들의 발목은 쇠사슬로 묶여 있고, 허리는 로프로 묶여 서로 연결되어 있어서 곡괭이나 삽을 움직일 수 있을 정도만 자유로웠다.

『황금 전사들』에 따르면 '킴수', 다케다노미야는 수년 동안 자신을 열심히 보좌한 청소년[11] 벤에게 매우 특별한 감정이 있었다. 그리하여 미군이 추격

---

11 처음 만났을 때 18세였다.

하자 킴수는 벤을 위한 금괴까지 따로 마련해주었다.

킴수는 벤이 자기와 피를 나누는 맹세 의식을 해야 한다고 했다. 이를 위해 오른손 손가락 끝을 조금 잘라 욱일기에 피를 떨어뜨려야 한다(실제로 우리는 벤의 오른손 손가락 끝이 잘라져 나간 것을 보았다). 첫 번째로 벤은 지치부노미야 왕자에 대해 절대로 말하지 말아야 했다. 둘째로 다케다노미야 왕자의 비밀 이름을 절대로 밝히지 말아야 했다. 마지막으로 모든 보물창고 현장을 '미국인이나 필리핀인, 게릴라, 중국인, 심지어 일본인에게도' 누설해서는 안 되었다. 킴수는 이 장소들이 오직 황실 사람들을 위해서만 보존되었다고 말했으며, 장래에 벤에게 주기 위해 금으로 가득찬 두 개의 철제 트렁크를 감춰두고 있다고 말했다.

야마시타는 벤을 동굴에 남겨둬야 한다고 했지만 킴수는 이에 반대하고 그와 함께 나왔다. 이후 그들이 헤어질 때 킴수는 벤에게 자신의 제복과 칼을 주었다. 그리고 떠났다가 다시 돌아와 무슨 결심을 했는지 지도^{보물동}굴의 위치가 그려진 세트가 든 가방도 넘겨주었다. 아마 자신이 일본으로 타고 갈 잠수함이 일본에 닿지 못할 수도 있다는 생각이 들었던 모양이다. 그러면서 이렇게 말했다.

"나 대신 이걸 맡아줘. 이걸 상자에 넣어 너희 집 뒤 땅속에 묻어둬. 너의 맹세를 잊지 마. 넌 지도를 누구에게도 줘서는 안 돼. 단지 날 기다려야 해. 기다려. 내가 돌아와 이걸 가져갈 때까지 말이야. 30년만 기다려 줘. 내가 돌아오지 않으면 이 지도들을 일본에 갖다 줘. 만약 내가 죽었으면, 지도들을 내 가족에게 전해줘."

다케다가 벤에게 준 칼은 일본 인간문화재가 만든 것으로, 할아버지메
이지 일왕의 선물이었다. 그런 가치를 모르는 벤은 그 칼로 논의 볏단을 베는 데
사용했다. 그러나 오랜 세월 벤은 다케다와의 약속을 지켰다.

이후 '야마시타의 골드'는 어떻게 되었나.

로헬리오 도밍고 로하스Rogelio Domingo Roxas, ?~1993는 필리핀 전직 군인이자
자물쇠 전문가, 보물 사냥꾼이었다. 그는 1971년 1월 24일 바기오Baguio의 바기
오종합병원 근처 국유지에서 야마시타 골드로 추정되는 금괴와 1톤 정도 무
게의 1m짜리 황금 불상을 찾아냈다. 7개월 동안 찾아 헤맨 끝에 발견한 개
가였다.

그는 먼저 한 굴에서 철사와 라디오, 총검, 소총, 일본군 군복을 입은 유
해를 발견했고, 몇 주 동안 굴을 더 탐사해서 약 3m 두께의 콘크리트 벽을 발
견했다. 그 벽을 무너뜨리자 불상이 나타났다. 로하스는 불상의 머리가 이동
될 수 있도록 돼 있었고, 22K 금으로 만들어진 불상 안의 오목한 공간에는
적어도 두 움큼의 다이아몬드가 들어 있었다며, 그 불상이 야마시타 보물의
일부라고 주장했다.

로하스는 발견한 24개의 금괴 중 7개를 팔았는데, 이 사실이 알려지면서
그의 고난이 시작되었다. 황금 불상과 나머지 금괴는 4월 5일 국가 기관에서
나온 정체불명의 무장 남자들에게 압수당했다. 그 역시 5월 18일 체포되어
징역형에 처해졌다. 그는 여타의 금괴가 있는 다른 터널을 가리키는 지도에 대
해서도 자백을 강요당했다.

1988년 3월, 미국 하와이에서 로하스가 페르디난드 마르코스Ferdinand
Emmanuel Edralin Marcos, 1917~1989와 부인 이멜다 마르코스Imelda Romualdez, 1929~를 상

1 1971년 '야마시타 골드'를 발견한 로하스와 황금 불상

2 로하스가 동굴의 시멘트 벽을 부수고 발견한 금괴들과 일본군 칼

대로 한 소송이 시작됐다. 로하스는 마르코스 대통령이 압수를 지시해 그가 보물을 갖고 있다고 주장했다. 재판이 하와이에서 열린 것은 마르코스가 1986년 실각해 하와이로 망명했기 때문이다. 무려 1천 켤레의 명품 구두를 가진 것으로 유명한 '사치의 극치' 이멜다는 1991년 필리핀 대법원의 사면을 받고, 필리핀에 귀국해 지금도 잘 살고 있다.

1996년 호놀룰루 배심원단은 220억 달러^{한화약24조 원}의 피해 보상금을 지급하라는 판정을 내렸고, 1998년 11월 17일 하와이 대법원 역시 410억 달러^{한화약45조 원}의 판결을 내렸다. 하와이 대법원은 페르디난드 마르코스가 로하스가 찾은 보물을 가져갔다는 충분한 증거가 있으며, 로하스가 보물을 발견했다는 배심원의 결정에 충분한 증거가 있다고 판결했다.

그러나 이멜다는 이 판결을 지키지 않고 140만 달러만 마지못해 지급했

1 이멜다와 황금 불상
2 이멜다와 마르코스의 황금 흉상

고, 나머지 금액은 지불을 미루고 있다. 현재는 로하스가 당한 체포와 고문에 대해 600억 달러한화약66조 원의 재판이 진행 중이다 그러나 로하스의 후손들이 이에 대해 보상받을 가능성은 매우 적어 보인다.

금으로 마르코스의 동상을 만들고, 집에서 사용하는 변기마저 금으로 만드는 등 상상을 초월한 이멜다의 사치 행각 비용은 마르코스가 다른 곳에서 찾아낸 야마시타의 보물이 큰 재원이 된 것으로 보인다. 그러나 이에 대해 이야기하는 것은 너무 길고도 긴 스토리다. 책 몇 권으로 다 담지 못할 내용이다. 이 책의 주제와 상관이 있기는 하지만 지엽적이기도 하다.

간단히 말하면 야마시타 보물의 일부는 필리핀 마르코스 대통령이 파내 자신과 가족의 사치를 위해 사용했을 것이라고 관련 전문가들은 보고 있다. 나중 마르코스에 대한 재판에서는, 그가 동굴에서 운 좋게 발견해낸 금괴의 환금 과정을 아는, 금융계 거물들이 관계한 증거자료가 공표되었다. 이 때문에 미국 정부와 비밀 협상을 벌이기도 했지만 마르코스가 미국의 요청을 거절해서 큰 갈등이 생기기도 했다. 또한 막대한 금괴들 일부가 미 CIA에 의해서도 넘어갔지만 그 전모는 아무도 알지 못한 채 여전히 '컨피덴셜 파일'로 남겨져 있다.

일본 보수 자민당을
막후에서 움직인 M-펀드

'골든 릴리'의 실체와 더불어 필수적으로 연결될 수밖에 없는 것은 'M-펀드'의 존재다. M-펀드는 GHQ가 점령지 일본에서 접수한 재산 등을 바탕으로 지금 현재도 극비리에 운용되고 있다고 소문이 난 비자금이다. M은 GHQ 경제과학국 2대 책임자였던 윌리엄 마쿼트^{William F. Marquat, 1894~1960} 소장의 이니셜에서 왔다는 것이 정설로 돼 있다. 그는 1945년부터 1952년까지 경제과학국을 이끌었다.

물론 M-펀드의 존재가 공식적으로 확인된 적은 한 번도 없다. 1952년에 일본 정부는 GHQ가 접수한 자금을 전액 환불했다고 밝혔다. 따라서 M-펀드는 공식적으로 가상의 존재이고 실재성이 없는 것으로 돼 있다. 그러나 이 자체가 골든 릴리의 존재와 필연적으로 연계돼 있는 것으로, 그 존재 여부 또한 이와 맞물려 있다. 특히 전후 암시장에서 이와 관련된 것으로 보이는 금괴 등의 자산이 흘러 다닌 것도 이의 존재를 더 부각시키는 요인이 되었다.

따라서 일본에서는 M-펀드가 언급되는 대형 사기 사건들이 여러 번 발생했다. 한 예를 들면 자민당 최대 뇌물사건의 하나인 '록히드 사건'으로 발전

마쿼트 장군과 히로히토 일왕.
패망한 국가의 왕이라는 자가
웃고 있다.

하는 이런 것도 있다.

1969년 전 자유당 의원 스즈키 아키라鈴木明良, 1909~1985가 전일본공수全日本空輸,민간항공사인ANA의 사장을 찾았다. 그는 자민당 현직의원인 오이시 부이치大石武一, 겐 하라다原田憲의 소개장과 함께 '대장성특수자금운용위원회大藏省特殊資金運用委員会'라는 명함을 내밀었다.

그러면서 그는 M-펀드의 행방을 말했다. 점령군 총사령관 맥아더가 귀국할 때 요시다 시게루 수상에게 M-펀드를 투입했고, 요시다의 사망 이후 이는 일본은행에서 잠자고 있었는데, '대장성특수자금운용위원회'에서 이를 빌려줄 합당한 투자처를 찾고 있었고, 아나항공이 선정됐다는 얘기였다.

대출 금액은 3천억 엔, 상환 기간은 30년, 연리 4.5%라는 파격적 조건이었다. 아나항공의 사장은 이 말을 곧이 믿고 융자신청서나 각서를 몇 통이나 발행했다. 이 서류 일부가 고다마 요시오의 손에 넘어갔고, 고다마는 이를 근거로 이듬해 주주총회에서 사장을 실각시켰다. 이후 와카사 도쿠지若狭得治가 사장으로 승진하여 미국 록히드사의 트라이스타[12] 도입이 결정되었는데, 이 과정에서 고다마와 다나카 가쿠에이 총리가 거액의 뇌물을 건네받은 것이 폭로되어 '록히드 스캔들'로 비화됐다.[13] 스즈키는 사업 실패로 이런 사기 행각을 벌인 것으로 돼 있는데, 그는 이 사건으로 구속 중 교도소에서 사망했다.

『황금 전사들』에서 언급되는 M-펀드의 내용들은 매우 구체적이다.

---

12   미국 록히드사 제조 기종(L-1011)의 애칭

13   다카노 하지메(高野孟), 『M자금, 알려지지 않은 지하금융의 세계(M資金─知られざる地下金融の世界)』, 「일본경제신문사(日本経済新聞社)」, 1980년

명목상 마쿼트는 전쟁 폭리를 취했던 일본 기업들을 처벌, 개혁하는 미국의 프로그램을 이끌었다. 그러나 실제로 마쿼트가 직면한 최대의 골치 아픈 문제는 통상 왕족에게도 돌아간 더러운 이득을 어떻게 은폐할 것인가 하는 것이었다.

마쿼트는 일본을 좀더 민주적인 방향으로 변화시킬 임무를 맡았음에도 불구하고 반대로 행동했다. M-펀드는 완전히 반공주의자들인 일본 극우 정치인들에게 표를 매수해주기 위해 창출되었다. …… 워싱턴은 일본이 경제적으로 번영하여 노동조합과 좌익조직 혹은 혁명이 필요없게 되어 공산주의에 대한 자본주의의 보루가 되길 원했다. 이것은 미국 보수주의자들의 관점이었다. …… 이런 사고방식의 결과로써 일본에 대한 개혁 플랜은 용두사미가 되거나 유산되었다.

M-펀드가 사용된 첫 번째 사례는 1940년대 말 일본 사회주의 세력이 선거에서 승리하여 정부를 장악했던 사태에서였다. 이 사태 전개에 GHQ는 마치 전기 충격을 받은 듯 정신적 공황 상태에 빠졌다. GHQ는 즉각 대량의 자금을 살포해 사회주의 내각을 불신임시키고 워싱턴이 선호하는 정권으로 대체했다. 나중에 일본이 중화인민공화국과 관계를 수립하려고 했을 때 또 다시 일본을 우익 노선으로 되돌려놓기 위해 대량의 자금이 살포되었다. 요시다 시게루가 수상이 되자 워싱턴은 안심했다. 그는 개인적으로 큰 부자이고 보수적이었으며 믿을 만했기 때문이다. 그의 재임 기간 동안 M-펀드는 '요시다 펀드'라 불렸다. 그가 수상에서 물러난 이후 그 이름은 다시 M-펀드로 돌

아왔다. 1987년 백악관 안보보좌관 리처드 앨런^{Richard V. Allen}은 한 회의석상에서 "내 일생동안 난 요시다 펀드라는 단 한 가지 이름만을 들어왔다. 나는 그것이 M-펀드와 같은 것이라 생각한다"[14]고 말했다.

오키나와 반환을 둘러싼 기시와 닉슨의 막후 거래

자, 이제 M-펀드는 드디어, 요시다 시게루에서 기시 노부스케로 이어진다. 이를 말하기 위해 골든 릴리를 거쳐 M-펀드 이야기까지 매우 길게 돌아왔다. 이를 알아야 기시 노부스케의 정확한 정체를 알 수 있기 때문이다.

> 기시의 수상 재임 기간^{1957~1960} 동안 자민당은 CIA로부터 매년 1천만 달러를 직접 지원받았다. 물론 그 자금원은 주로 M-펀드였다. 1955년부터 1958년까지 일본에서 M-펀드를 관리하고 여타 많은 공작을 지휘했던 CIA 요원 알프레드 울머 주니어는 이렇게 말했다. "우리는 자민당에게 자금을 대주었다. 이는 CIA가 정보를 자민당에 의존했기 때문이다."[15]

팀 와이너가^{Tim Weiner} 쓴 「뉴욕타임즈」의 기사에는 이런 이야기도 있다.

---

14 리처드 앨런이 노버트 A. 슐라이(Nobert A. Schlei) 법무차관에게 보낸 편지. 슐라이는 M-펀드에 대해 닉슨의 안보보좌관 리처드 앨런, 마이크 맨스필드(Mike Mansfield) 대사, CIA 법률고문 스탠리 스포킨(Stanley Sporkin)과 긴 대화를 나누었다.

15 마이클 샬러, 『변경된 국면 : 점령 이후 미국과 일본(Altered States: The United States and Japan Since the Occupation)』, 1997년

1960년 6월 27일자「타임」표지 인
물로 나온 더글라스 맥아더 2세.
제목에 '일본 냉전의 조종실'이라
고 쓰여 있다.

기시를 수상에 앉히려는 엄청난 노력 때문에 자민당 금고가 바닥나자, 재무장관인 사토 에이사쿠는 대사인 더글라스 맥아더 2세Douglas MacArthur II, 1909~1997 [16]에게 추가 비밀자금 지원을 호소했다. 1958년 7월 맥아더 대사는 국무성에 이 요구사항을 상세히 적어 편지로 보냈다. '사토는 미국이 공산주의에 대항한 끊임없는 싸움에서 보수 세력을 지원하기 위한 재정자금을 지원할 수 있을 것인지 물었습니다. …… 이런 질문은 우리에게 너무나 당연해 보이는데, 왜냐하면 작년에도 그가 전반적으로 똑같은 생각을 말했던 적이 있기 때문입니다.' [17]

사토 에이사쿠가 맥아더 대사에게 자금 지원을 요구한 사실, 미국이 자신들의 필요에 의해 보수 자민당 정권을 유지하려 막대한 자금을 퍼부은 사실은「뉴욕타임즈」의 기사로도 보도된 사실이다.

1959년과 1960년 사이 (당시 부통령이었던) 닉슨이 일본과 상호안보조

16 　맥아더 장군의 조카로 1956년에서 1961년까지 주일 미국대사를 지냈다.

17 　팀 와이너, 'CIA, 50~60년대 일본 권익 지원에 수백만 달러를 썼다(CIA Spent Millions to Support Japanese Right in 50s and 60s)',「뉴욕타임즈」, 1994년 10월 9일자

약을 협상했을 때, 기시에게 M-펀드를 넘겨주었을 뿐 아니라 자신이 대통령이 되면 군사기지만을 남겨두고 오키나와를 일본에 반환하겠다고 약속했다. 다나카 전 수상과 가까운 소식통들에 따르면, '닉슨은 기시에게 일본이 자신의 대통령 선거에 도움을 주면 미국이 M-펀드를 관리하는 역할에서 철수하고 당선된 후 오키나와를 일본에 반환하겠다'고 말했다.[18] 따라서 1960년 닉슨과 기시가 안보조약 수정을 타결지었을 때 M-펀드는 기시에게 넘겨졌다. 그리고 1969년 1월 닉슨이 대통령에 선출되자, 그는 오키나와를 일본에 반환했다.

리처드 닉슨Richard Nixon, 1913~1994은 아이젠하워 대통령 때 부통령이 되어 무려 8년1953~1961 동안 부통령을 지냈다. 따라서 부통령으로서의 그는 기시와 긴밀한 카운터파트가 될 수밖에 없었고, 이 관계는 형 기시에 의해 동생 사토 에이사쿠에게 넘겨졌다. 오키나와 반환 협정은 1971년 6월 17일 서명되었고, 실제 발효는 1972년 5월 15일에 이루어졌다.

나중에 백악관 안보보좌관 리처드 앨런은 오키나와 반환이 이해가 되지 않았다고 말했다.

"1972년 닉슨이 오키나와를 일본에 반환했을 때, 나는 사태의 추이를 면밀히 관찰했다. 나는 백악관과 접촉하고 있었지만 그것은 내게 이해하기 어려운 일이었다. 이는 그것이 정말로 뜻밖의 일이었기 때문이 아니라 그

---

18   노버트 슐라이 법무차관의 증언

1 1969년 백악관에서 다시 만난 사토 에이사쿠 총리와 닉슨 전 대통령. 형 기시가 닦아놓은 과실은 모두 사토가 가져갔다.

2 1972년 오키나와는 반환됐지만 미군 기지로 인해 여전히 갈등의 씨앗이 돼 있다.

것에 대한 아무런 여론 조성 작업이 없었기 때문이다. 그닉슨는 갑자기 그

일을 했다. 나는 그가 왜 그 일을 했는지 정말로 이해하지 못했다. (닉슨과

기시의 M-펀드 거래를 알게 된) 지금은 이해가 된다."[19]

기시는 사실 태평양전쟁의 피해자가 아니라 최대 수혜자였다. 그는 단지

몇 년 동안 스가모교도소에서 지낸 덕택으로 일본 제왕과 버금가는 전후 최

고의 실력자로 길이 남게 됐다. 오키나와 반환의 기초를 닦은 공헌으로 노벨

평화상 후보에 오르기까지 했다. 오키나와 반환은 동생인 사토 에이사쿠 때

이뤄졌고, 사토가 실제 노벨평화상을 받은 일본 최초의 인물이 되는 데 기여

했다.[20]

그때 이후 일본의 거의 모든 수상이 M-펀드를 통제하던 도당에 의해 뽑

혔는데, 이는 그들이 나눠줄 수 있는 대부분의 유인책을 갖고 있었기 때문

이다. 이 도당은 비꼬는 투로 황야의 7인이라고 불렀는데, 총리를 지낸 기

시 노부스케, 다나카 가쿠에이, 다케시타 노보루竹下登, 1924~2000, 74대 내각총리

대신, 나카소네 야스히로, 미야자와 기이치宮澤喜一, 1919~2007, 78대 내각총리대신,

부총리를 지낸 고토다 마사하루後藤田正晴, 1914~2005, 자민당 부총재를 지낸

19 노버트 A. 슐레이, '일본의 M-fund 각서(191년 1월 7일)[Japan's 'M-fund' Memorandum
    (January7, 1991)]', 「일본정책연구소 워킹페이퍼(Japan Policy Research Institute Working
    Paper)」No.11, 1995년 7월

20 노벨상위원회가 사토를 평화상 수상자로 선택한 이유에는 '베트남전쟁에서 미국 정책을 전면
    적으로 지지하고, 일본이 미군의 보급기지로서 중요한 역할을 했기 때문'이라는 내용도 들어
    있다.

가네마루 신金丸信, 1914~1996 등이 그들이다. …… (그들은) 다른 정치인들에 비해서 일본의 대중에게는 책임지지 않으면서도 모든 수준의 일본의 경제, 정치, 정부를 조정할 무소불위의 위치에 있었다.

닉슨이 기시에게 M-펀드 자금을 주었을 때, 기시가 최초로 취한 행동 중의 하나는 당시 금액으로 1조 엔30억 달러을 스스로 챙긴 것이었다. 이 금액은 1960년도 M-펀드 총자산의 거의 10%에 해당했다. 기시는 더 이상 수상이 아니었음에도 새로운 이케다 하야토 내각과 동생 사토 에이사쿠 내각에서 (고등학교 중퇴자 학력의) 다나카 가쿠에이가 재무상으로 선출되도록 조정했다.

기시가 만든 고교 중퇴의
총리 다나카 가쿠에이

기시가 사람은 잘 선택했다. 1957년 자신의 첫 각료 자리우정성대신를 기시로부터 300만 엔을 주고 샀다고 자랑했던 기시의 후계자 다나카는 고교 중퇴의 학력에도 불구하고 수완이 좋아 1960년에 약 350억 달러의 자산이었던 M-펀드를 1970년에는 거의 600억 달러로 증가시켰다.[21]

다나카는 이를 위해 각종 이권에 개입하는 것은 물론, 전쟁 동안 일본이 외국인들로부터 몰수한 부동산 가운데 이들의 실제 주인이 전후에 반환 신

---

21 노버트 A. 슐레이, '일본의 M-fund 각서(191년 1월 7일)[Japan's 'M-fund' Memorandum (January 7, 1991)]', 「일본정책연구소 워킹페이퍼(Japan Policy Research Institute Working Paper)」 No.11, 1995년 7월

청을 하지 못한 '주인 없는 재산'을
터무니없이 낮은 가격으로 친구들
에게 매각했다. 친구들은 이를 인
플레된 공개 시장에 재매각해서
그 수익금을 다나카에게 돌려주
었다. 그 이익이 자그마치 7조 9천
억 엔약 220억 달러에 달했다.

고교 중퇴의 학력에도 기시 노부스케의 강력
한 후원으로 총리에 오른 다나카 가쿠에이

다나카는 고교 중퇴 학력에
장사로 잔뼈가 굵은 사람이어서
으레 그 주변에는 그와 비슷한 자수성가형의 노련한 장사치들이 포진해 있
었다. 소위 '다나카 클럽'이라 불린 다나카와 그 친구들 모임에는 국제흥업의
오사노 겐지도 있었다.

어린 시절 마을 신사의 처마를 빌려 생활할 정도로 가난한 집에서 태어난
오사노 겐지 역시 스스로 사업을 일구어 태평양전쟁 당시 군수성에 물자를
보급하는 과정에서 연을 맺은 고다마와 친구가 되었다. 이후 고다마와 함께
패전 당시 일본 왕실과 군벌의 약탈물 은폐에 관여해 이를 암시장에 빼돌려
엄청난 수익을 챙겼다.

미 점령기에 지하 통화시장의 큰손으로 군림했고, 운수와 관광사업에도
진출해 일본의 유명 호텔을 여러 개 인수했으며, 나중에는 하와이의 관광 자
원에 재빨리 주목해 와이키키의 명문 호텔을 다수 손에 넣는 등 '호텔 왕'으
로 불린 적도 있다. 사망할 당시 약 10조 엔의 자산가였다. 다나카는 비록 고
교 중퇴가 전부였지만 결혼은 백작 가문의 딸과 했다.

그와 다나카 가쿠에이는 생사生死를 같이 하여 목이 떨어져도 두려워하지 않을 만큼 친親한 사귐이라는 이른바 '문경지우刎頸の友'로 불릴 만큼 끈끈한 관계가 지속됐다. 그리하여 1976년 다나카가 록히드 뇌물 수수로 체포되었을 때 오사노 겐지도 청문회에 호출되어 증언을 해야만 했는데, 모든 질문에 번번히 "기억이 나지 않는다記憶にございません"라고 답해, 이 말이 당대의 유행어가 되었다. 지금 우리나라 정치인들이나 기업 총수들이 각종 부패 스캔들로 재판을 받을 때 앵무새처럼 반복하는 "기억에 없다"는 말의 원조다. 아마도 이 또한 오사노 겐지에게서 힌트를 얻은 '종일문화'의 하나일 듯하다.

그러나 과감한 다나카의 행보는 그만큼 M-펀드의 실체가 대중에게 노출되는 위험이 있었다. 실제 '다나카-오사노 복덕방'이 술안줏감으로 일본인들 입에서 몇 년 동안 오르내렸다. 이에 따라 M-펀드를 감추려 노력했던 사토 에이사쿠와 갈등이 생겨났고, 사토는 다나카의 부동산 사기 행각을 중단시켰다.

그런 다음 사토가 어이없게 사망하고 만다. 1975년 5월 19일 쓰키지築地에 있는 일본 3대 요정의 하나인 '신키라쿠新喜楽'의 연회 중 사토가 화장실에 가려다 갑자기 쓰러졌는데 정말 이상한 일이 벌어졌다. 달려온 도쿄대학 의사와 가족들이 아무도 그를 병

1976년 록히드 뇌물 사건으로 청문회에 불려나온 오사노 겐지. "기억이 나지 않는다"는 말만 반복해, 이 말이 일본 사회의 유행어가 됐다.

1966년 12월 세타가야(世田谷) 사저에서
출근하는 사토를 배웅하는 히로코

원에 바로 데려가지 않았다는 사실이다. 특히 부인인 히로코 여사가 무려 4일이나 요정에 그를 그냥 두게 강력하게 요청하는 일이 벌어졌다. 이후 병원에 옮겼지만 혼수상태가 지속되었고, 6월 3일에 사망했다.

공식적인 사인은 뇌내출혈이었지만 많은 일본인들은 사토 총리가 M-펀드 통제권을 둘러싸고 벌어진 다나카와의 극심한 경쟁의 와중에 독살당한 것으로 믿고 있다. 사토의 죽음을 둘러싼 스캔들은 다나카가 사토의 미망인 히로코에게 무려 3천억 엔을 지급함으로써 무마되었다.[22] 무려 3천억 엔이다!

여기서 다시 주목할 것은 사토의 부인 히로코가 야마구치 현 다부세에 이전한 조슈 번사의 사족 사토佐藤 가문의 당주 마쓰스케松介의 장녀라는 사실이다. 아버지 마쓰스케는 메이지시대 중반에 도쿄제국대학 의과대학을 나와 오카야마 의학전문학교 교수를 지냈고, 어머니 후지에다藤枝 역시 나중

---

22   노버트 A. 슐레이, '일본의 M-fund 각서(191년 1월 7일)[Japan's 'M-fund' Memorandum(January 7, 1991)]', 「일본정책연구소 워킹페이퍼(Japan Policy Research Institute Working Paper)」 No.11, 1995년 7월

에 외무장관을 지낸 마쓰오카 요스케松岡洋右의 여동생이다. 따라서 상당한 명문가라 할 수 있는데, 이 부부 사이에 히로코와 여동생 마사코표子밖에 태어나지 않아 사토를 데릴사위로 맞은 것이다.

그런데 원래 사토 에이사쿠는 마쓰스케의 누나인 모요와 기시 가문에서 들어온 데릴사위 히데스케 사이에서 태어난 삼남이므로, 부인 히로코와는 사촌지간이 된다. 히로코는 도쿄 아오야마靑山학원 영문과를 졸업하고 1926년 사토와 결혼했다. 1969년쇼와44년, 오키나와 반환 협정 체결을 위해 남편과 동행해 미국으로 갔을 때 미니 스커트를 입어 화제가 되었고, 에이사쿠의 사후에도 여성 주간지 등 매스미디어에 많이 다루어진 소위 신여성이었다.

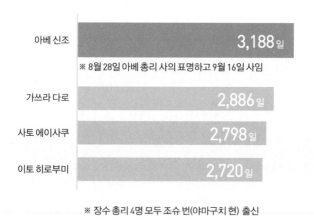

역대 일본 장수 총리 통산 재임 기간
(출처 : 일본 언론 종합)

아베 신조 **3,188**일
※ 8월 28일 아베 총리 사의 표명하고 9월 16일 사임

가쓰라 다로 **2,886**일

사토 에이사쿠 **2,798**일

이토 히로부미 **2,720**일

※ 장수 총리 4명 모두 조슈 번(야마구치 현) 출신

사토 에이사쿠의 갑작스러운 죽음의 와중에서 여러 사람이 의문의 죽음을 당했다. 고다마의 사업 파트너였던 하비 후쿠다가 병원에서 알코올 중독 치료를 받던 중 갑자기 심장마비로 사망했고, 다케시타 수상의 비서로 M-펀드에 대해 많은 내용을 알고 있었던 아오키 이헤이도 '자살'을 당했다. 그는 자신의 손목과 다리, 목을 난도질했으며, 그것이 실패하자 커튼 봉에 목을 매달았다. 정말 기이한 자살이었다.

나중에는 이 모든 사실들을 샅샅이 조사하고 다닌 슐라이 자신마저도 M-펀드의 실체에 대한 메모를 남긴 이유로 인해 일본과 미국 실력자들의 합동 공작에 의해 재정적으로도, 정치적으로도 파경을 맞고 은퇴하는 운명이 됐다.

현대 일본 정치를 주름잡은 사람들을 보면 한결같이 M-펀드의 계승자이거나 주변 인물이었다. 사실 이는 놀라운 일도 아니다. 일본처럼 파벌에 의한 금권정치가 모든 것을 좌우하는 나라에서는 매우 당연한 일이다.

이는 기시와 사토의 손자로 'M-펀드의 진정한 후계자'가 된 아베 신조가 이전까지 3번째 장수 총리였던 할아버지 사토 에이사쿠의 기록 2,798일을 갱신2019년 8월 23일 기준하고, 두 번째 장수 총리인 가쓰라 다로의 2,886일2019년 11월 24일도 지나쳐, 드디어 2020년 8월 24일 통산이 아닌 연속 재임 기간으로도 일본 기준 최장수 총리 자리를 기록한 사실에서도 여실히 드러난다. 그는 자신의 지지도가 최악으로 떨어진 2020년 8월 28일 건강상의 이유로 사임을 표명했다.

3

쇼와 일왕이
전쟁광이 된 이유

**일왕이 '돈 맛'을
알기 시작한 청일전쟁**

청일전쟁은 일본이 군국주의로 나아가는 시발이 되었다고 할 수 있는 침략 전쟁이다. 이 당시 이토 히로부미의 연설에도 있듯, 침략 전쟁을 위해 군비 증강을 달성하려면 증세增稅를 하지 않으면 안 됐다. 그 시점의 총리는 이토 히로부미의 고향 후배이자 후계자인 야마가타 아리토모山県有朋, 1838~1922였다. 야마가타 내각은, 의회에 증세법안을 몇 번이나 상정했지만 모두 부결되었다.

그러자 야마가타는 반대파 의원을 매수하기 위해 의원 세비를 한꺼번에 다섯 배로 올려 의원들을 회유한 다음, 유력 인사에 직접 매수자금을 주고 증세법안을 통과시켰다. 그럼 그 매수자금은 어디서 나왔을까?

그 돈의 제공자는 바로 일왕이었다. 당시 돈으로 98만 엔, 지금 돈으로

청나라 군사를 참수하는 그림. 청나라와의 전쟁 승리는 일본이 군국주의로 나가는 기폭제가 되었다.

하면 아마 100억 엔 이상의 거액이다. 그때는 1천 엔으로 도쿄 도심에 단독저택을 살 수 있었다. 이런 사실을 지금 우리가 알 수 있는 것은 이런 일의 경과를 지켜본 사이온지 긴모치西園寺公望, 1849~1940의 일기와 관계 문헌들이 국회도서관에 헌정돼 보관돼 있기 때문이다. 일기에는 '야마가타 총리는 의원 매수를 위해 천황으로부터 받은 자금을, 아무래도 일부 자신의 주머니에 넣고 있는 것 같다'라고 쓰여 있다.

　사이온지 긴모치는 프랑스 유학을 다녀온 이유로 이토 히로부미가 1882년 헌법 조사를 위해 유럽 순방을 할 때 수행원으로 차출된 이후, 이토의 심복이 되었다. 이토의 총리 사임 이후 1903년에는 총리 자리까지 물려받았다. 그가 총리가 되자 메이지 일왕은 "구게公卿[01]에서 처음으로 수상이 나왔다"며

01　왕실의 신하. 행정기관의 관료와 다르다.

사이온지 긴모치

매우 기뻐했다고 한다.

게다가 그의 친형 도쿠다이지 사네쓰네德大寺實則, 1840~1919는 1912년 메이지 일왕이 죽을 때까지 무려 41년 동안 최측근인 시종장을 지냈다. 따라서 메이지 일왕과 그 아들 다이쇼大正 요시히토嘉仁, 1879~1926 왕에 이르기까지 왕궁에서 벌어지는 모든 일은 이 형제의 눈에서 벗어날 수 없었다.

다시 본론으로 돌아와서 그러면 일왕은 왜 이런 큰돈을 내놓았을까. 그 이유는 일왕이 청일전쟁의 결과로 얼마나 큰돈을 벌었는지 보면 잘 알 수 있다. 엄청난 군비 증강을 통해 전쟁에 이긴 일본은 청나라로부터 3억 5천만 엔의 보상금을 받는데, 그중 2천만 엔이 일왕의 몫으로 돌아갔다. 당시 국가 예산이 약 1억 엔 남짓했으니까 국가 예산의 20%에 해당하는 돈을 받은 것이다.

또한 전쟁 승리의 부산물로 일본은 대만을 식민지로 만들어버렸다. 그때 대만의 최대 산업은 설탕을 만드는 제당업製糖業. 이 산업을 미쓰이물산이 독점적으로 경영하게 된다. 이를 미쓰이가 가져간 것은 당시 최대 실력자 이토 히로부미가 바로 미쓰이의 후견인이었기 때문이다.

그런데 대만제당台湾製糖의 둘째 주주가 바로 일왕이었다. 왕이 민간기업의 주주까지 해먹고 있었으므로 당연히 이런저런 특혜를 몰아주는 게 당연하다. 대만제당의 주식 배당은 10년 후에 12%였는데, 20년 후에는 100%까지 올라갔다. 엄청난 이득이 이를 통해서도 들어왔다.

일본 국가로 보았을 때도 일본이 받은 배상금은 청나라 국가 예산의 3배나 되는 거액이었다. 역사가들은 이를 통해 일본이 자본주의 경제 발전의 토대를 마련할 수 있었다고 평가한다. 그러니 침략 전쟁과 이를 통한 식민지 획득은 일왕에게나, 일본 국가에게나, 일본을 실질 통치하는 군벌과 정치인에게나 모두 막대한 이익으로 연결되는 비즈니스였다. 일왕이 전쟁을 마다할 이유가 결코 없었던 것이다. 이는 메이지 일왕의 뒤를 잇는 다이쇼 일왕과 쇼와 일왕도 마찬가지였다.

일본 왕실의 전쟁 비즈니스를 좀더 구체적으로 살펴보자. 전쟁 이전 왕실 예산은 연간 450만 엔이 국가 예산 항목으로 잡혀 있다. 그러나 당시 일왕의 총자산은 약 16억 엔으로 알려져 있다. 그러나 궁내청의 이 숫자는 거짓이고 해외에 빼돌린 자산을 포함한 진짜 자산 총액은 믿기 어려운 천문학적 액수라고 보는 것이 일반적인 시각이다.

대만제당을 위해 놓은
철도를 회고하는
2019년 전시회의 포스터

당시 왕실은 요코하마쇼킨은행, 흥업은행興業銀行, 미쓰이, 미쓰비시 외에도 만철, 대만은행台湾銀行, 동양척식주식회사東洋拓殖株式會社, 왕자제지王子製紙, 대만제당, 관동전기関東電気, 닛폰유센日本郵船 등의 은행과 대기업 주주였으므로 그 배당 총액은 막대한 것이었다.

이로 인해 얻은 이득을 373페이지의 1905년과 1942년 보유 주식 비교표로 살펴보자.

보는 바와 같이 1905년과 1942년 사이에 보유 주식 수가 엄청난 격차로 증가해 있다. 가히 일본 제일의 부자라고 할 수 있다. 일본은행이나 요코하마쇼킨은행 등 알짜배기 은행의 주식 수도 늘어나 있고, 침략 전쟁의 대가로 남만철도, 대만제당, 조선은행, 동양척식 등 식민지 지배 관련 회사의 주주가 되어 있다. 일본이 침략 전쟁을 하고 식민지를 확대하면 거대한 이익을 얻을 수 있는 구조가 만들어진 것이다. 경제 발전의 변화에 따라 도쿄전기나 도쿄가스 등 신문물 도입에 따른 새로운 주식이 들어와 있는 것도 흥미롭다.

또 일본 왕실은 1905년에 이미 경부선 철도의 주주였고, 동양척식주식회사의 대주주였다는 사실에서 보듯 왕실 자체가 한반도 수탈의 직접적인 수혜자였다. 1903년도 2월 당시 경부철도의 상위 주주 명단을 살펴보면 조선 왕실 2천, 일본 왕실 5천, 미쓰이 1천, 미쓰비시 1천, 다이이치은행 1천, 오오와타은행大和田銀行 1천, 스미토모 864, 메이지생명 509 등이다. 조선 땅에 있는 철도인데도 일본 왕실이 조선 왕실보다 주식 수가 더 많았다.

메이지 유신 전과 후의 왕실 재산 증가 현황은 374페이지 표와 같다.

봉건 시대 말기인 게이오慶応 3년만 해도 전체 자산의 현금 평가 금액이 불과 10만 2천 268엔에 불과했다. 이 무렵의 왕실은 단골 두부가게에 '오늘

일본 왕실 보유 주식 비교

회사명	1905년 보유 주식	1942년 보유 주식
일본은행	65,650	211,528
일본코교은행(日本興行銀行)	5,000	22,725
요코하마쇼킨은행	60,400	224,912
북해도척식은행(北海道拓殖銀行)	67	3,000
일본철도(日本鉄道)	27,422	–
북해도철도(北海道鉄道)	1,000	–
이와코시철도(岩越鉄道)	2,000	–
교토철도(京都鉄道)	3,000	–
경부철도(京釜鉄道)	5,000	–
북해도탄광철도(北海道炭鉱鉄道)	27,690	159,776
일본기선	80,550	161,000
쇼난기선	4,400	–
제국호텔(帝国ホテル)	4,400	147,00
일본간교은행(日本勧業銀行)	–	12,750
제15은행(第十五銀行)	–	3,055
다이이치은행(第一銀行)	–	5,000
미쓰이은행	–	4,500
미쓰비시은행	–	4,500
스미토모은행	–	3,000
미쓰비시신탁(三菱信託)	–	5,000
오사카상선(大阪商船)	–	12,825
대만은행(台湾銀行)	–	15,132
조선은행(朝鮮銀行)	–	2,600
남만주철도	–	37,500
동양척식	–	50,000
대만제당	–	39,600
도쿄전기	–	23,842
도쿄가스	–	62,068
합계	286,579	1,079,013

일본 왕실 재산 증가 현황

연도	자산규모(엔)	비고
게이오 3년 초(1867)	102,268	
메이지 8년(1875) 초	510,572	
메이지 9년 초	583,519	
메이지 10년 초	805,982	
메이지 11년 초	1,072,663	
메이지 12년 초	1,085,423	
메이지 13년 초	1,218,385	
메이지 14년 초	1,320,273	
메이지 15년 초	1,442,345	
메이지 16년 초	1,710,182	
메이지 17년(1884) 초	1,927,665	
메이지 17년 말	4,374,935	일본은행, 요코하마쇼킨은행 주식 편입
메이지 18년 말	4,505,967	
메이지 19년 말	5,157,230	
메이지 20년 말	7,885,841	닛폰유센 주식 편입
메이지 21년 말	9,189,268	
메이지 22년 말(1889)	9,747,517	

의 지불은 잠시만 기다려 달라'고 외상을 할 만큼 가난했다는 얘기가 교토 상인들 사이에 퍼질 정도였다.

그런데 메이지유신 이후 일본이 자본주의적 발전을 시작한 이후로는 표에서 보듯 급격히 자산이 증가하고 있다. 당시의 권력자 이토 히로부미 등은 왕에게 힘을 실어주어, 그 힘을 이용하여 일본을 자본주의로 발전시키려고 생각했다. 이는 뇌물이 통하지 않을 정도로 왕을 부자로 만들라는 비스마르크의 조언에 따른 것이었다. 이에 따라 최고의 재정 브레인들이 왕실의 부를 극한까지 늘리기 위해 일했다.

이토는 '돈은 힘이다'라면서 지방의 다이묘들이 소유했으나 국가 자산으로 강탈한 것을 차례로 왕가 자산으로 만들었고, 일본의 일류 기업이나 은행의 주식, 연간 수익의 10%가 왕에게 양도되도록 했다. 이런 작업도 헌법이 제정되어 국회가 만들어지면 하기 어렵다고 판단해 국회 개원 이전에 서둘러 작업을 마쳤다.

조선에서의 동양척식주식회사도 이런 작업의 일환이었다. 동양척식주식회사는 조선 땅의 개간과 농업 발전을 돕는다는 명목으로 세워졌지만 실제로는 조선의 토지와 자원을 빼앗는 역할을 했다.

경성(서울)에 있었던 동양척식주식회사의 건물 모습. 현재 을지로 부근으로, 의열단 단원이었던 나석주가 조선의 백성들을 수탈하는 데 대해 응징하기 위해 폭탄을 던졌던 곳이다. 현재 이곳에는 나석주 의사 기념비가 마련되어 있다.

일제는 조선을 식민지로 만든 후 먼저 토지 조사 사업을 실시했다. 일본인 지주가 차지한 토지의 소유권을 법적으로 보호하고, 세금을 잘 걷기 위해서 였다. 이 사업의 결과, 예전에 조선 정부나 왕실이 소유했던 많은 농토나 숲, 산지 등이 조선총독부 소유로 넘어갔고, 조선총독부는 이 땅을 다시 동양척식 주식회사에 넘겨 관리하도록 했다.

이후 동양척식주식회사는 조선 최대의 지주가 되어 농민들에게 땅을 빌려주거나 곳곳에서 직접 농장을 경영했다. 이 회사로부터 땅을 빌린 농민들은 수확의 절반 가까이를 소작료로 내야 했다. 국유지나 왕실 소유의 땅을 농사짓던 농민들도 이 회사의 소작농이 되거나 동양척식주식회사가 소유한 농장에서 돈을 받고 일하는 신세가 되고 말았다.

또한 동양척식주식회사는 조선으로 건너온 일본인들에게 땅을 헐값으로 넘겨주었다. 조선을 안정적으로 다스리기 위해서는 적당한 숫자의 일본인이 필요했기 때문이다. 이에 따라 조선에서 일본인 지주의 숫자가 점점 늘어났다.

그리하여 1884년부터 1890년에 걸쳐 정부 소유의 일본은행, 요코하마 쇼킨은행, 닛폰유센 회사주株의 편입, 사도佐渡와 이쿠노生野 광산의 이양, 350만 정보의 산림과 벌판의 편입 등 막대한 왕실 재산이 축적되었다.

"메이지 14년의 왕실 소유 토지는 겨우 634정보였지만, 9년 후인 메이지 23년에는 365만 4천 정보에 이르렀다. 실로 6천 배가 늘어난 것으로, 그해 민간이 소유한 임야 총면적 838만 5천 정보의 절반에 가까운 엄청난 면적이다.

또한 토지 이외의 주권과 화폐에 의한 왕실 재산은 메이지 15년의 171만 여 엔이, 메이지 17년 12월에는 일본은행의 주식 350만 엔을 편입하고, 다 시 메이지 20년에 닛폰유센 주식 260만 엔을 거두어, 같은 해 말에는 소계 788만 5천여 엔의 거액에 이르고 있었다. 어떤 재벌도, 물구나무를 서도 따라잡을 수 없는 급격한 팽창이다."[02]

또한 앞에서 말한 것처럼 청일전쟁에서 획득한 보상금 약 3억 엔 중 2천 만 엔이 왕실로 들어갔고, 왕실 운영비는 러일전쟁 이후 450만 엔으로 증액 돼 제2차 세계대전 종전 때까지 매년 지출됐다.

메이지유신 정권은 토지세 개정 및 식산흥업정책을 시행하여 국가 주도 의 자본주의를 강행함으로써 그 경제적 기반을 형성하려 했다. 농민과 중소 상인층에 의한 아래로부터의 자본주의 성장을 억압하고, 세수 탈취를 바탕 으로 군사기구 중심의 국가자본을 육성해 메이지유신 정권에 결탁해온 정상 배政商輩[03]들을 산업자본으로 전환시켰다. 이렇게 해서, 국민의 돈이 왕실에 모 이는 구조가 완성되었다. 그와 동시에 군인칙어軍人勅語, 교육칙어教育勅語 등을 발표하며 제국주의로 나아갔다.

1900년대에 확립된 근대 천황제 국가는 정상배에서 발전한 재벌자본의 계급적 이해를 대표하여 지주 및 지방 기업가의 지배로 인한 지역공동체적 질 서를 사회적 기반으로 하는 자본주의 국가였다. 쇼와 일왕은 아시아 침략이

02 이로카와 다이키치(色川大吉), 『일본의 역사 21: 근대국가의 출발(日本の歴史 21: 近代国家の 出発)』, 주코분코(中公文庫), 1984년

03 정치가와 결탁하거나 정권을 이용하여 이익을 꾀하는 무리를 말한다.

깊어지면 깊어질수록 돈을 버는 은행이나 회사의 대주주였던 것이다.

이 모든 것을 주도한 이토 히로부미야말로 왕실 재탄생의 설계자에 총책임자였다. 실질적으로 그가 왕실을 만든 것과 마찬가지다. 이토는 과연 왜 그랬을까? 그 이야기는 이 책의 마지막 단원에서 보도록 하자.

일본 왕실은
금융 갱이었다

이후 아시아 침략 전쟁을 시작하면서부터 왕실 자산이 눈덩이처럼 불어났다. 1917년 러시아혁명으로 러시아 황제가 쓰러진 뒤에는 일왕이 세계 제일의 대부호가 되었다.

쇼와 일왕이 유럽 금융시장에서 영향력을 가질 수 있었던 것은 일본은행만큼 엄격한 규제를 받지 않는 민간은행인 요코하마쇼킨은행의 주식을 보유하고 있었기 때문이다.

에도 막부 말기에 요코하마가 개항한 이래, 외국과의 무역과 금융 거래는 외국의 상인들이 주도해왔다. 이를 개선하기 위해, 1880년메이지 13년에 국립은행에 준거하는 요코하마쇼킨은행이 설립되었다. 쇼킨正金이란 현금의 의미로, 그 이름 그대로 일본의 불이익을 경감하기 위해서 주로 현금 거래를 했다. 이후 정부의 보호를 받아 외국과의 무역 관계 업무를 전담하는 은행으로서 성장했고, 다이쇼시대에는 세계 3대 외환은행의 하나로 꼽히기에 이르렀다. 패전 이후에는 외환 업무를 도쿄은행에 인계해, 현재의 미쓰비시 UFJ 은행의 전신이 되었다.

앞에서 말한 대로 요코하마쇼킨은행은 1887년에 조례가 제정되어 특수

1904년(메이지 37년)에 세워진 요코하마쇼킨은행 본점. 설계자는 메이지를 대표하는 공학박사 쓰마키 요리나카(妻木賴黃)로, 독일 르네상스 양식을 채용해 옥상 부분의 팔각형 돔이 특징이다. 1923년(다이쇼 12년)의 간토 대지진이나 1945년(쇼와 20년)의 요코하마 대공습의 재화를 넘어 1967년(쇼와 42년)에는 증축한 신관과 함께, 가나가와현립박물관(神奈川県立博物館)이 되었다. 메이지시대의 서양식 근대 건축물로 1969년(쇼와 44년)에 국가 중요문화재로 지정됐고, 1995년(헤이세이 7년)에 히로시마 원폭 돔과 동시에 근대의 것으로는 처음으로 국가사적으로 지정됐다.

1946년 일본 왕실의 재산 총액

종류	규모	현금 추정액(엔)	비고
토지	1,352,210정보	362,293,953	평균 1반보(反步) 26엔 70전
목재	56억 151만 9천 석	592,865,000	1석당 약 1엔
건물	약 15만 평	299,296,657	평당 약 2천 엔
현금		24,788,387	
유가증권		311,871,503	
구입 및 출자금		159,061,559	
합계		1,780,177,059	

은행으로서의 외환은행이 되었다. 그 후 러일전쟁 때는 외채 모집에 힘썼고 러일전쟁 후에는 만주의 중심 금융기관이 되어 지점망을 넓혀 외국과의 무역과 금융 측면에서 거액의 이익을 올렸다. 쇼와 일왕은 이런 은행 전체 발행 주식 수의 22%인 22만 4천 912주를 보유한 가장 중요한 대주주였다. 두 번째 대주주는 2만 2천 주밖에 보유하지 않았다.[04]

그러면 패전 당시 왕실 재산은 얼마까지 불어났을까? 1945년 맥아더 점령군이 조사해 발표한 것에 따르면 토지 135만 정보는 일본 면적의 3% 이상에 해당한다. 또한 산림 면적은 군마 현과 도치기 현栃木県을 합친 것과 같고, 농지는 나라 현奈良県의 전 경지 면적과 맞먹는 규모였다. 56억여 석의 목재는 일본 전체 임야의 8%에 해당한다. 유가증권에서는 배당금만 연 800만 엔이나 됐다. 쇼와 일왕은 개인적으로는 세계 최대의 지주에, 최고의 부르주아였다.

---

04   파울 맨닝(Paul Manning), 『미 종군기자가 본 쇼와 천왕(米従軍記者が見た昭和天皇)』, 마르주사(マルジュ社), 2005년

이렇게 상상하기 힘든 규모의 재산을 보고받은 GHQ의 한 담당관이 놀라서 "일본 황실은 금융 갱ᵍᵃⁿᵍ에서도 으뜸"이라고 말했다고 한다.

GHQ에 의해 해체된 왕실 재산 총액은, 총사령부 발표로 약 17억 8천만 엔미술품,보석류 제외이다. 이는 1946년 3월의 재산세 납부 때 재산조사에 의하면 약 37억 5천만 엔으로 평가됐다.

메이지 10년 때만 해도 불과 1천만 엔 정도에 불과했던 자산이 패전 때에는 무려 37억 5천만 엔으로 부풀어 올랐다. 이는 스미토모그룹의 스미토모 기치자에몬住友吉左衛門의 자산 1억 1천 738만 엔, 미쓰이그룹의 미쓰이 다카히로三井高広의 9천 628만 엔 등 일본을 대표하는 재벌총수보다 무려 30배나 많은 액수다.

일본이 그토록 강조했던 국체國體란 것이 사실은 왕실 재산을 늘려주는 램프의 요정 '지니'였다. 전쟁터에서 산화하는 젊은이들을 방패삼아 지배층이 지키려 한 것은 국가가 아니라 이 '신성재벌神聖財閥'을 정점으로 하는 지니였던 것이다.

그런데 380페이지 표를 보면 금방 드러나지만 평가액이 너무나 엉터리였다. 최초 평가의 기초는, 토지 1반보가 26엔 남짓이라고 돼 있는데, 이는 당시 시가의 10분의 1 가격이었다. 목재도 1석에 1엔이라고 하는, 무려 시가의 100분의 1밖에 안 되는 부당하게 싼 평가다. 이런 평가는 정부나 궁내성이 실시해 GHQ나 세계의 주목을 피하려고 한 잔꾀였다. 따라서 패전 직후의 표준에 따른 37억 엔은 이후의 평가에서는 660억 엔 이상으로 수정되었다.

1945년 11월의 37억 엔이 얼마나 어머어마한 돈이냐 하면, 공무원 월급이 65엔이었고, 쌀 10kg이 6엔이었던 시절이었다. 국민은 기아 상태에 놓였던 당시의 1엔은 현재의 1만 엔 정도라고 보면 된다. 따라서 단순 계산만으로도 37억 엔은 지금의 3천 700억 엔이라 볼 수 있지만 실제로는 1조 엔에 육박하는 금액이 될 것이다.

아무도 알 수 없는
일왕의 해외 재산 도피

기노시타 미치오木下道雄, 1887~1974 전 궁내부 시종차장이 쓴 『측근일기—시종차장이 본 종전 직후의 천황側近日誌 — 侍従次長が見た終戦直後の天皇』[05]이 일왕 사망 다음 해인 1990년에 출간됐다. 이 책의 해설은 이토 다카시伊藤隆 당시 도쿄대 교수가 맡았는데, 그는 다음과 같이 썼다.

'종전 직후의 천황가 재산은 37억 5천만 엔이었다. 일본은행 물가 시세 통
계에 의한 현재 화폐 가치의 311배로 환산하면 7천 912억 엔이다.'

무려 8천억 엔에 가까운 수치다. 당시 일본의 전체 예산은 100억 엔에 못 미쳤다. 어쨌든 형식상으로 GHQ는 당시 자산 평가에 따라 약 33억 4천 268만 엔을 징수하고 나머지는 물납으로 국가에 귀속시켰다.

물론 이 숫자는 정확하지 않다. 왕도, 미쓰이도, 미쓰비시도, 패전 전에 대부분의 돈을 스위스 은행 비밀 계좌에 넣었기 때문이다. 아울러 앞에서 본 것처럼 필리핀이나 남미 등 외국으로 도피시킨 금괴와 다이아몬드 등의 자산

---

05   주코분코, 1990년

역시 들어가지 않은 것으로, 순전히 요식 절차에 불과했다.

마크 게인Mark Gayn, 1902~1981은 청나라 말기 중국에서 태어나, 1930년대 중국 상하이에서 「워싱턴 포스트」 기자로 활동했고, 1960년대 중반에 중국 입국을 허가 받은 최초의 서방 언론인이었다.

그는 1945년 12월부터 1948년 5월까지 일본에 머물면서 전후 일본 사정을 취재했다. 이후 1948년에 GHQ에 의한 점령 통치의 내막을 다룬 『일본 일기ニッポン日記』[06]를 일본에서 출간했다. 연합군 총사령부의 한 전문가가 말했다는 대목이다.

> "천황의 재산은 5억 달러에서 10억 달러 사이이다. 이 빈자리는 우리가 도착
> 하기 직전 그의 재산이 얼마나 은닉되었는지 우리가 알지 못하는, 또 아마
> 장래에도 알 수 없는 사실에 의해 생기는 것이다."

이 '아마 장래에도 알 수 없는 사실'에 대해 「타임」과 「뉴스위크」 기자를 오래 지냈고 홍콩에서 아시아지국장을 맡았던 에드워드 베어Edward Behr, 1926~2007는 『히로히토 천황—신화의 뒤에서裕仁天皇—神話に包まれて』[07]에서 다음과 같이 썼다.

> 왕실은 자산의 대부분을 잃었지만, 사령부의 엄격한 감시의 눈을 피해 남

---

06   마크 게인, 『일본 일기』, 이쿠마쇼보(筑摩書房), 1948년
07   주니치분가쿠칸(駐文館), 1992년

긴 자산도 있었다. 패전이 짙어진 1943~1944년 전문가의 조언을 따르고, 해외 중개인을 통해서 일본, 독일, 이탈리아 추축국에 호의적이었던 스위스나 아르헨티나 같은 라틴아메리카 국가들의 은행에 자산을 옮겼다고 한다. 1948년 7월 19일 사령부 보고서에는 '일본의 공적, 사적 재산은 모두 사령관의 충분한 감시가 이루어지지 않는 라틴아메리카 각국에 유출되었다'고 적시돼 있다.

평론가 오니즈카 히데아키鬼塚英昭의 『천황의 묵주天皇のロザリオ』[08]라는 책에 따르면, 일본 금융자산 전문가들은 전시 중에 총 4천 100만 파운드의 왕실 재산 대부분 요코하마쇼킨은행을 통해 해외로 반출한 것으로 보고 있다. 그 가운데 스위스에 흘러간 것은 850만 파운드, 라틴아메리카에 건너간 것은 1천 4만 파운드였다.

앞에서 패전 당시 요식 행위로 발표된 왕실 자산이 8천억 엔 가까이 됐다고 했다. 그런데 이 숫자의 수십 배 금액이 종전 공작을 통해 스위스 은행에 보내진 것이다.

이 자산의 존재 일부를 뒷받침하는 더 자세한 이야기를 계속 할 수도 있지만, 여기서는 생략하도록 하자. 이러한 불분명한 재산 회수 작업을 하지 않는 채 1951년에 점령이 종결되었다. 점령 사령관 맥아더는 분명 일왕의 해외자산 조사에 전반적으로 소극적인 태도를 보였다. 그 이유는 무엇이었을까. 일왕의 재산은 어디로 사라졌나. 수수께끼는 여전히 남는다.

---

08   세이코쇼보(成甲書房), 2006년

이렇게 해서 형식적으로 왕실에 남겨진 금융자산은 1천 500만 엔에 불과했는데, 이 1천 500만 엔이 쇼와 일왕이 사망했을 때에는 무려 20억 엔으로 다시 증가해 있었다. 왕실 경제고문으로 투자 컨설팅을 한 사람들은 전 경단련 회장 이시자카 다이조石坂泰三, 전 미쓰비시 은행장 가토 다케오加藤武男, 전 일본은행 총재 모리나가 데이이치로森永貞一郎였다.

1945년 9월 27일 일본 패전 직후의 맥아더 장군과 히로히토 일왕

일본은 전쟁을 통한 경제성장 국가의 전형

자, 이제 앞에서 나온 사실들을 정리해보기로 하자. 메이지시대가 30년 정도 지나자 일본의 내수 시장은 한계에 봉착하면서 경제성장이 보합 상태에 이르게 됐다. 이렇게 일본 경제 발전이 막다른 골목에 다다를 무렵, 해외 시찰로부터 돌아온 이토 히로부미가 전국으로 유세를 다니며 연설을 한다. 연설 제목은 '세계의 진보와 일본 국민의 자각世界の進歩と日本国民の自覚'이다. 그 요지는 다음과 같다.

이제 세계 각국은 상공업의 경쟁을 해외에서 벌이고 있으며, 최근 전쟁은 단순히 영토를 넓히거나 국가의 명예를 위해서가 아니라 상공업의 이익을 세계적으로 확충하거나 그 확충을 방해받는 것을 방지하기 위해 벌이고 있다. 일본도 국내 단합을 다져 상공업 발전을 기본 방침으로 삼아 세계열강과 경쟁해야 한다. 그러기 위해서는 군비를 확장해서 상공업을 중국이나 조선 혹은 동남아시아까지 발전시켜야 한다.

요컨대 일본의 경제 발전을 위해서는 전쟁을 통해 중국, 조선, 동남아시아를 식민지로 만들고 자원과 노동력의 독점 시장을 획득해야 한다고 강조한 것이다. 이 방침대로 일본은 메이지유신 이후 꾸준히 군비를 증강해 1894년 청일전쟁 이래로 1904년 러일전쟁, 1914년 제1차 세계대전 등 10년마다 전쟁을 해왔다. 그리고 이 전쟁 때마다 차례로 조선, 대만, 만주를 식민지로 획득하여, 그것을 발판으로 경제성장을 했다.

일본 비행기 제조사로 제일 중요했던 '나카지마 비행기' 회사를 운영하고 있던 나카지마 지쿠헤이中島知久平, 1884~1949는 지나사변 당시 육군이 전선을 황하 근처까지만 유지하려고 하자, 병력이 한커우漢口[09]까지 가야 한다고 주장했다. 당시 그는 내각의 상공차관이었고, 나중에 A급 전범이 되었으나 사면됐다.

가장 대담하게 중국 전선 확대를 주창한 사람은 나일론 등의 합성섬유와 합성고무로 유명한 가네보鐘紡 사의 쓰다 신고津田信吾 사장이었다. 그는 중국과의 전면전과 함께 영국과의 전쟁도 적극 주장했다. 그의 강경론은 가네보의 높은 수익 창출에 해외 지사의 다각 경영이나 중국에서의 원재료 기지

---

09   오늘날 우한(武漢, 武汉)

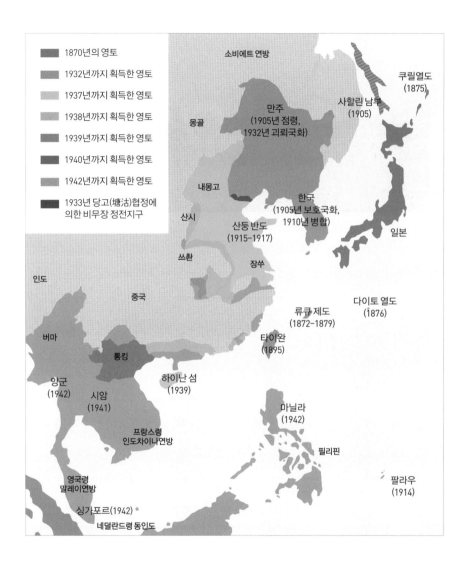

범례:

- 1870년의 영토
- 1932년까지 획득한 영토
- 1937년까지 획득한 영토
- 1938년까지 획득한 영토
- 1939년까지 획득한 영토
- 1940년까지 획득한 영토
- 1942년까지 획득한 영토
- 1933년 당고(塘沽)협정에 의한 비무장 정전지구

소비에트 연방

쿠릴열도
(1875)

사할린 남부
(1905)

만주
(1905년 점령,
1932년 괴뢰국화)

몽골

내몽고

산시

한국
(1905년 보호국화,
1910년 병합)

산둥 반도
(1915~1917)

쓰촨

장쑤

일본

인도

중국

다이토 열도
(1876)

류큐 제도
(1872~1879)

버마

통킹

타이완
(1895)

양군
(1942)

시암
(1941)

하이난 섬
(1939)

프랑스령
인도차이나연방

마닐라
(1942)

필리핀

영국령
말레이연방

싱가포르(1942)

네덜란드령 동인도

팔라우
(1914)

태평양전쟁 당시 일본 해군의 주력기였던 나카지마 비행기 1- Ki 84 '질풍'

구축이 매우 중요했기 때문이다.

　나카지마 지쿠헤이가 각료가 되어 전쟁을 주장한 것처럼, 또 왕자제지 사장 후지와라 긴지로藤原銀治郎도 상공대신, 국무대신, 군수대신을 역임하면서 그 자리를 이용하여 전쟁으로 왕창 돈을 번 인물이다. 전후 자민당 중진 의원으로 1960년 안보파동 당시 외상을 지낸 후지야마 아이이치로藤山愛一郎도 전쟁 전 대일본제당 사장으로서 전쟁을 부추겼다. 그는 대만에서의 제당 사업을 한손에 쥐고 있다가 다시 남방과 중국 남부에 제당공장을 넓힐 목적으로 군부와 결탁한 사람이다.

　이처럼 미쓰이나 미쓰비시 이외의 중소 재벌도 적극적으로 전쟁경제를 추진하는 데 혈안이 되어 있었다. 이를 가장 기뻐한 사람은 물론 이들 회사들의 대주주였던 일왕이었다.

미쓰이물산의 돈벌이와 군부와의 유착 관계를 나타내는 실례를 하나 더 보도록 하자. 러일전쟁 이후 일본이 만주를 획득하고, 미쓰이물산이 크게 실적을 낸 품목의 하나가 콩이었다. 만주는 세계적인 콩 산지였다. 이를 미쓰이물산이 거의 독점적으로 매입해, 그 기름으로부터 마가린을 만들어 유럽에 수출하고, 그의 부산물인 콩깻묵은 국내에서 비료로 팔아 큰돈을 벌었다.

그러나 1920년대가 되자 미쓰이의 콩 취급량이 둔화되었다. 이 시기 미쓰이물산 지점장 회의록에는 마적단 출신 만주의 군벌 장쭤린이 콩 매입에 손을 대서 곤란해졌다는 내용이 있다.

게다가 장쭤린은 일본이 식민지 지배의 동맥으로 이용하고 있는 만주철도에 평행으로 달리는 독자적인 철도를 계획하고, 착공을 시작했다. 이 철도가 부설되면 일본의 식민지 경영에 큰 타격이 될 것이 불 보듯 뻔했다. 이에 따라 철도공사가 시작된 직후, 장쭤린은 관동군에 의해 열차에서 폭살된다. 이것이 1928년의 일이고, 다음 해인 1929년 미쓰이물산의 콩 거래액은 두 배 가까이 치솟았다. 일본 역사서에는 장쭤린 살해가 단지 관동군 소행이라고만 나와 있고 자세한 이야기는 없지만, 이런 두 일의 인과관계를 그저 우연이라고 보기는 어렵다.

그 후 살해된 장쭤린의 아들 장쉐

중국을 대표하는 군벌 장쭤린. 일본 관동군에 의해 암살됐다.

량張學良, 1901~2001이 아버지의 유지를 이어 사업을 시작하려던 1931년 일본군은 만주사변을 일으킨 데 이어 중국 본토로 전선을 확대하고 1932년에는 만주국을 건국했다.

제1차 세계대전 중 무기 수출 총액은 2억 9천만 엔으로 주요 수출 품목은 총이 9만 3천 660정, 야포 총알 410만 발, 구축함 12척, 전함 2척 등이다. 대전 중의 유럽 투자 총액은 약 7억 7천만 엔이었다.

다음의 표는 일본 자본이 제1차 세계대전을 통해 얻은 이익을 보여준다.

이처럼 이들 기업과 은행의 성쇠는 왕실의 재산 축적에 그대로 영향을 미쳤다. 전쟁으로 식민지에서 재계와 금융계의 착취가 많아질수록 왕실은 풍요로워진다. 따라서 일왕은 전쟁에 깊이 관여했다. 대기업과 대형 은행을 모두 전쟁경제로 유도한 것이고, 그 대주주인 일왕이 전쟁을 지도했으므로 일왕이 전쟁에 책임이 없다는 것은 말도 안 되는 어불성설이다. 그러나 지금껏 우리 역사학계는 전쟁의 책임이 일본 군벌의 소수 전쟁광에게만 있다는 식으로 가르쳐왔다. 심각한 역사 왜곡이다.

항목	전쟁 개시	전쟁 종결
종합주가	100	246
수출	5억 9천 100만 엔	20억 9천 800만 엔
수입	5억 9천 500만 엔	21억 7천 300만 엔
이윤율	15.2%	57.8%
불입자본	24억 5천 100만 엔	85억 5천 100만 엔
취급량	4억 5천 200만 엔	21억 300만 엔

미국 이민과 '천업부인(賤業婦人)'의 해외 돈벌이

닛폰유센과 왕실은 메이지시대부터 깊은 관계였다. 닛폰유센의 대주주는 일왕과 미쓰비시였다. 닛폰유센은 반관반민 형태로 1885년에 설립되어 1893년에는 봄베이 항로, 1899년에는 유럽과 미국, 호주 항로가 열렸다. 당시는 해외에 오갈 수 있는 수단이라곤 선박밖에 없어서, 닛폰유센은 일본 무역의 생명선이었다. 미국에 대량의 이민을 보낸 것도 닛폰유센과 오사카상선의 배였다.

1 닛폰유센의 포스터
2 오사카상선의 포스터

일왕은 닛폰유센뿐만 아니라 오사카상선의 대주주이기도 했다. 당시 일본의 가장 큰 운송회사를 모두 손에 놓고 있으면서 이를 통해 사람과 물자를 실어 날라 막대한 이익을 거두었다. 이렇게 해외와 미국으로의 운송비로 벌어들인 막대한 돈은, 후쿠자와 유키치福沢諭吉, 1835~1901가 말하는 '지존의 지위와 강력한 힘' 즉, 왕실과 미쓰비시의 품으로 들어갔다.[10]

일본 이민의 역사는 1868년 153명이 하와이로 간 것이 최초다. 에노모토 다케아키榎本武揚가 1893년에 설립한 '식민협회殖民協会' 등의 민간 이주전문회사가 탄생하면서 본격화되었다. 농촌 인구 과잉에다 병역 기피에도 해당이 되지 않기 때문에 10대부터 20대 젊은 층이 캘리포니아를 위주로 미국으로 건너갔다. 그러니 조선과 만주로 일본인 이주가 본격화되기 훨씬 오래전부터 일본인들은 '아메리칸 드림'을 찾아갔다.

1901년 공산주의자의 가타야마 센片山潜은 소책자『도미안내渡米案内』를 발행했다. 일주일에 2천 부가 팔릴 만큼 당시에는 베스트셀러가 됐다. 1905년 9월 러일전쟁에서 승리한 이후에는 미국 이민이 더욱 늘어났다. 1908년이 되면 미국의 일본 이민자는 약 10만 명으로 늘어났다. 러일전쟁 당시 미국에 가는 데 약 250엔의 거금이 필요했는데 현재 일본에 밀입국하려는 중국인이 중국 마피아에 지불하는 정도의 액수다.

그러나 미국에 건너갔어도 신문과 잡지에 실린 광고나 책의 감언이설과는 달리, 신산하고 비참한 생활이 그들을 기다리고 있었다. 남자들은 철로 중노동과 양파 밭에서 일했고, 여자들은 상당수가 유곽에 내던져졌다. 임금은

---

10   야마다 메이코(山田盟子),『토끼들이 건너간 단혼교-일본인 위안부의 궤적(ウサギたちが渡った断魂橋－日本人慰安婦の軌跡)』, 신일본출판사(新日本出版社), 1995년

철도 노동자의 경우 1899년께 하루 1달러에서 1.3달러 정도였다. 물론 이도 일본 현지 임금의 몇 배이기는 했다.

따라서 1920년께가 되면 미국 이주 일본인은 무려 12만 명 이상이 되었다. 출신지로는 히로시마, 야마구치, 와카야마 현 등이 많았다. 그런데 여기에는 수만 명의 젊은 여성도 포함돼 있었다. 일부 학자들은 이들 여성을 해외에 창기로 수출한 것이라 말한다.

사실 일본 여성의 국제 매춘은 이미 19세기 후반부터 동남아시아 일대에서 성행했다. 이들은 '가라유키상唐行さん'이라 불렸다. '가라唐'는 중국만 뜻하지 않고 조선이나 외국을 뜻하는 단어로, 여기에 '가다'는 뜻의 '유키行'를 붙여 원래는 해외로 돈벌이 나간 사람들을 뜻하는 말이었지만 해외 원정 매춘 여성의 은어로 사용됐다.

가라유키상들의 주된 목적지는 중국, 홍콩, 필리핀, 보르네오 섬, 태국, 인도네시아, 베트남, 싱가포르 등지로 매우 넓었다. 필리핀은 미국, 싱가폴과 미얀마는 영국, 베트남은 프랑스가 지배하고 있었기 때문에 이들을 상대로 한 수요가 꾸준했다. 더 멀리는 만주, 하와이, 캘리포니아 심지어 아프리카의 탄자니아 잔지바르까지 뻗어나갔다

가라유키상들은 주로 빚에 허덕이는 시골 빈농의 딸들이었으나, 이를 위한 유괴와 납치도 매우 빈번하게 일어났다. 그럼에도 이런 국제 매춘이 사회 문제가 되지 않았던 이유는 바로 이들이 집으로 보내는 돈 때문이었다. 일본인 매춘여성이 집으로 돈을 송금하기 시작하면서 시골 빈농 일부에서는 상당한 부를 축적하는 가구가 늘기 시작했고, 이를 지켜본 어린 여자아이들이 나중에 커서 가라유키상이 되겠다고 다짐하는 현상까지 벌어졌다.

베트남 통킹 만에서 활동하던
일본 가라유키상들

또한 이런 자본 축적은 엄청난 외화 유치로 이어져 국가 경제에 도움이
되었기에, 조직적으로 여자들을 송출하는 중개 알선업자와 회사까지 등장
해 성행했다.

이런 일본인 매춘여성들의 해외 진출에 대해 당시 여론은 '낭자군娘子軍'
이라는 이름으로 미화해서 부르기까지 했다. 이들은 메이지 말기에 절정을
이루었으나 점차 일본의 국부가 성장해가자, 이들에 대한 관점도 '국가의 수
치'로 바뀌어 비난 여론이 높아졌다. 그리하여 1920년 매춘금지령이 만들어
지고 해외에 있는 일본인 사창가들도 없어지게 되었다. 가라유키상은 대부분
일본으로 돌아왔으나, 생계가 막막하거나 본국과의 연이 없는 사람들은 그
냥 현지에 남았다.

앞에서도 언급한 평론가 오니즈카 히데아키의『천황의 묵주』에 따르면
후쿠자와 유키치는 '천업부인賤業婦人, 매춘여성의 해외 돈벌이 활동을 공적으로
허가하는 것이 이득의 책략이 될 수 있다'고 주장했다고 한다. 외화벌이에 일

본 여성을 쓰라고 공공연하게 주장했던 것이다.

유키치는 '하늘은 사람 밑에 사람을 만들지 않는다'고 주장해왔는데, 젊은 여성의 해외 수출이 왕실과 미쓰비시에 이익을 가져오기 때문에 '득책得策'이라고 태연히 말했다.

후쿠자와 유키치는 에도와 메이지시대의 계몽 사상가로 봉건시대의 타파와 서구 문명의 도입을 주장했다. 특히 자연과학과 국민 계몽의 중요성을 강조하여 일본이 근대로 나아가는 데 큰 역할을 했다. 우리 역사학계는 이런 측면만 강조하면서 그를 떠받들기까지 하는데, 그가 매춘여성 수출 같은 천박한 이론도 주장했다는 사실은 전혀 알리지 않는다.

한편 미국은 1924년 5월 26일 '일본이민금지법'을 정식으로 실행한다. 1908년 미국으로의 도항이 미국 체류자의 부모와 자식 등에 한한다는 협정이 맺어지고, 1920년에는 일본인 이민자의 토지 소유 금지, 1922년에 귀화가

19세기 후반부터 20세기 초까지
일본 농촌에서 흔히 볼 수 있었던
'처녀매매상담소' 모습

금지된 이후의 조치였다. 이것만 보아도 일본인들의 미국 진출이 얼마나 심각한 사회문제였는지 알 수 있다.

미일 외교 관계는 심각하게 험악해지지 않았지만 일본에서 너무나 많은 젊은이들이 건너와 미국인들이 일자리에 위협을 느끼는 상황까지 되었고, 특히 1920년 이후 동남아에서 일자리가 없어진 여성이 매춘부로 미국에 새롭게 진출하는 것이 큰 문제로까지 발전했다. 나아가 제1차 세계대전 후, 미일이 잠재적인 적국이 되면서 반일 감정은 점점 확산됐다. 이로 인해 기존의 중국인에 대한 감정을 뛰어넘는 새로운 인종차별 감정이 생겨나서 미국 백인 사회가 들끓었다.

게다가 미국인들의 감정을 더더욱 상하게 만드는 또 다른 요인도 있었다. 먼저 미국 이주 일본인들은 미국 은행에 일절 예금을 하지 않았다. 미국의 일본인이 10만 명을 돌파하는 시점에 그들이 1년에 버는 금액은 대략 1억 달러 이상인데, 그중 4천만 달러가 매년 일본으로 보내졌다. 이 사실만 해도 미국인의 감정을 자극하기에 충분한데, 추가로 남은 6천만 달러도 거의 현지에 환원되지 않았다. 이들은 이 돈을 요코하마쇼킨은행과 스미토모의 두 은행 중 어느 한 곳에만 맡기고 결코 미국은행에 예치하려 하지 않았다.

1922년 당시의 사진신부. 신부는 19세였다.

요코하마쇼킨과 스미토모에 돈을 맡겨도 이자는 붙지 않는다. 따라서 백인 은행들은 바로 이 대목부터 공략하는 전략을 세우고, 예금에 이자를 지급하고 예치금 이상의 저리 융자가 가능하다고 홍보했지만 일본인들은 이에 동조하지 않았다.

게다가 그들은 쇼핑할 때도 결코 백인 가게에서는 물건을 사지 않았고, 모두 일본인이 경영하는 점포에서 구매했다. 일본인 상점이 같은 물건을 백인 점포보다 훨씬 비싸게 팔고 있어도 그랬다. 일본인들은 지금도 한국 상품을 거의 사지 않는다. 2020년 코로나 -19 만연으로 일본에서 사재기 열풍이 벌어졌을 때도 마트의 매대에는 한국 상품만 남았다. 아주 철저하다.

이들은 현지 사회에 스며들지 않으려 했다. 왜냐하면 그들은 본질적으로 '이민'을 간 것이 아니라 '외화벌이'를 하러 간 것이며, 목돈을 벌면 곧바로 조국으로 돌아오기로 마음먹었고, 그때만을 하루하루 천추의 마음으로 계속 기다리고 있었으니까. 따라서 녹아들 필요를 아예 느끼지 못했던 것이다. 당연히 배척당할 수밖에 없는 상황을 스스로 만들었다.

게다가 결정적인 사안도 하나 추가됐다. 바로 '사진신부写真花嫁'의 등장이었다. 일본 청년들은 사진만 보고 결혼 상대를 정해 미국으로 불렀고, 이를 통해 많은 여성들이 미국으로 건너갔다. 그런데 이는 단순한 결혼 목적 이외 미국 태생의 시민권을 가진 2세를 가질 수 있는 편법으로 작용했다. 자녀 명의로 토지를 구입하면 농사를 계속 지을 수 있었기 때문이다. 또한 재산이 많다고 거짓말을 해서 새색시를 불러들여 거짓이 들통 나면서 파탄이 나는 경우도 많아서 미국인들은 '사진결혼'을 '희대의 잔꾀'로 생각해 일본인 이민을 완전히 저지하는 수밖에 없다고 생각하기에 이르렀다.

'일본이민금지법'은 이런 사정에서 나오게 됐다. 그런데 이 법에 대한 일본인들의 반발은 상상 외로 극렬했다. 이민자들에게 이 법은 날벼락과 다름없었다. 이제 신부를 일본에서 불러들이는 것도 불가능해지고 후계도 이을 수 없다, 결혼을 위해 귀국해서 다시 미국으로 갈 수 없다, 일본에 있는 아이도 더 이상은 부르지 못하고 가까이 할 수도 없다, 이제는 농지도 없이 살아가야만 한다…… 등등의 사유가 미국에 대한 커다란 배신감, 나아가서는 증오로 커져갔다.

미국에서 이미 성공한 일본인은 단념하고, 귀국하거나 남미 등지로 떠나갔다. 미국 국적을 가진 2세들도 배척 운동을 면할 수는 없었다. 미국인이 배척하려고 한 것은 일본 국적이 아니라 누런 얼굴의 '잽jap'이었으니까.

일본의 진주만 공습에는 바로 이민금지법이 매우 커다란 이유로 작용한다. 결혼을 하지 못하고 땅도 구할 수 없는 이주자들의 삶은 황폐해졌고, 술과 도박에 몸을 망쳐 담요 한 장을 짊어지고 농장을 떠도는 노동자로 살았다. 일본인 사회에서조차 동떨어진, 갈 곳 없는 이주자들이 캘리포니아에서만 수천 명이 넘었다. 바로 이런 현실이 미국에 대한 적대감이 되었다.

일왕의 발언들을 기록한 『철저검증 쇼와천황 독백록』[11]을 보면 태평양전쟁의 원인 항목에 1946년 3월 18일 일왕의 발언으로 다음과 같은 것이 등장한다.

'미국 캘리포니아 주의 이민 거부는 일본을 분개憤慨시키기에 충분했다.'

11　후지와라 아키라(藤原彰) 외, 『철저검증 쇼와천황 독백록(徹底検証·昭和天皇独白録)』, 오쓰기쇼텐(大月書店), 1991년

다시 말해, 미국이 일본 이민을 거부해서 일왕 자신이 몹시 분노하고, 그 사실이 미국에 전쟁을 도발한 이유의 하나라고 일왕 자신이 고백하고 있는 것이다.

그런데 일왕은 이민 거부에 왜 그렇게 화가 났을까? 단순히 자존심이 상해서? 국민이 타지에서 고생하는 현실이 안타까워서? 물론 그런 마음도 없지 않았을 것이다. 그러나 이민사업혹은 매춘업을 더 이상 하지 못함으로써 자신의 손에 들어올 돈이 사라지는 사실에 대한 분노도 어느 정도 작용하지 않았을까?

미쓰비시는 매춘여성의 이주를 포함해 막대한 부를 낳는 운송업에 참가하게 해준 답례로, 1936년에 쇼와 일왕의 신혼집을 지어준다.[12] 시부야渋谷 어용지 '하나고텐花御殿'이 바로 그것이다. 이 저택은 현재는 후지야호텔富士屋ホテル로 변해 있다.

국민을 죽음으로 몰고 간
일왕의 구걸과 위장극

『천왕의 묵주』는 일본 왕실이 은행 지배에도 매우 철저했다는 사실도 적시하고 있다. 왕실은 일본은행의 지분 47%를 갖고 있었다. 그래서 채권을 발행하고 재할인율을 조정할 때마다 막대한 이익이 흘러들어왔다. 오니즈카 히데아키는 이 책에서 일왕과 아편의 관계도 폭로했다. 이 내용은 앞에서 이미 자세히 살펴봤으니 생략하도록 하자. 그는 '천황도, 재벌도, 군인도, 아편이라는

---

12 398페이지와 동일

수치스러운 거악^{巨惡}에 손을 대고 큰 이익을 얻어 유흥에 쓰기 위해 전쟁을 잇달아 치렀다'고 강조하고 있다.

이렇게 조선과 중국에서의 수탈로 거부가 된 일왕이 끝내 조선과 중국 땅에 발을 들여놓지 못한 사실은 매우 아이러니하다. 메이지 이전부터 수탈의 대상이었던 오키나와도 일왕은 자신의 구명의 대가로 미국에 영구 사용을 제공했는데, 그 자신은 결국 오키나와를 가보지 못했다.

왕실은 축적한 자산을 J. P 모건^{J.P. Morgan}을 통해 해외에서 운용했는데, 금괴, 백금, 은괴 등이 스위스, 바티칸, 스웨덴의 은행에 예치되어 있었다. 왕실뿐만 아니라 이와 연결된 실력자들 역시 J. P 모건 회사에 자신들의 자산 확대를 맡겨놓고 있었다.

중립국 스위스에는 적대국의 은행가들이 사이좋게 책상을 나란히 놓고 일하는 기현상이 나타났는데, 특히 국제결제은행, 통칭 바젤클럽은 세계의 부호들이 비밀계좌를 갖고 있는 은행으로 치외법권적인 존재였다. 은행은 불안정한 지폐가 아니라 모든 것을 금괴로 결산했다.

내대신 기도 고이치는 태평양전쟁 말기인 1944년 1월 일본의 패배가 점점 확실해지자 재벌과 은행의 대표를 모아놓고 당시 무려 660억 엔이라는 아찔한 거액의 왕실 재산을 해외로 도피시키라고 지시했다. 왕실 재산은 중립국인 스위스 은행으로 옮겨져 그곳에서 깨끗한 통화로 세탁되었고, 적대국에게 들키지 않도록 나치 자산 형태로 처리됐다. 『황금 전사들』에 따르면 왕실 금괴들은 필리핀뿐만 아니라 해군 잠수함을 통해 머나먼 남미 아르헨티나까지 피신을 갔다.

쇼와 일왕은 태평양전쟁 중 왕실에 대본영을 두고 참모를 지휘하며 작전을 실행했다. 그 실체가 연합군에게 들통 나면 자신도 전범으로 처형된다는 두려움과 애서 축적한 막대한 자산이 압수될 것을 걱정하고 있었다. 그리하여 진주군이 왔을 때 자신은 기독교인이 되어도 좋으며, 일본을 가톨릭 국가로 바꾸어도 좋다고 맥아더에 비굴하게 말했다. 궁중 여성을 도쿄재판을 담당한 키난 검사에게 제공해 환심을 사고, 전쟁 중 군 내부 정보를 흘려 책임을 전부 도조 등에 떠넘기고, 그들이 교수형이 되도록 유도하는 한편, 자신의 목숨과 재산 보전을 구걸했다.

일본 왕은 재산 축재를 위해 재벌 및 군벌과 짜고 국민을 팔아먹고 전쟁을 도발해 자신의 국민을 죽음으로 몰아넣었다. 러일전쟁에서 쌍방 모두 23만 명의 인명을 잃었고, 제1차 세계대전은 참전국 군인 802만 명, 민간인 664만 명의 목숨을 앗아갔다.

태평양전쟁에서 죽은 일본인은 약 310만 명이다. 그중 91%에 해당하는 281만 명이 1944년 이후 사망했다. 전쟁을 1년만 일찍 끝냈어도 281만 명의 목숨을 구할 수 있었다.

전체 사망자 중 군인의 수는 230만 명인데 대부분 전사가 아니었다. 61%에 이르는 140만 명이 굶어 죽었다. 전선戰線이 길어져 보급이 어려워진 탓에 굶어죽거나 영양실조로 병사했다. 또한 '처치處置'라는 명목으로 부상병을 죽이거나 자살을 강요했다.

따라서 일본 왕과 왕실의 막대한 부는 식민지로 지배된 조선, 중국, 대만, 그리고 자신의 백성에 대한 필설로 다할 수 없는 고난의 역사를 대가로 얻은 것이다.

그러면서도 일본 왕실은 책임을 모두 군인과 군벌에게 떠넘겼다. 1945년

전쟁 패망 후 일본 국민을
위로하기 위해 나선
히로히토 일왕

8월 15일 정오의 항복 방송에서도 "타국의 주권을 배하고 영토를 범함은 물론 짐의 뜻이 아니었다"고 책임 미루기의 뻔뻔한 궤변으로 일관했다. 일본 국민은 아직도 이런 쇼에 속아 넘어가 최면에 걸려 있다.

패전 후 그는 인간 선언을 한 다음, 전쟁으로 지친 국민을 격려한답시고 방대한 예산을 써가면서 전국을 순회했다. 당시 그는 일부러 헌옷에 닳은 구두를 신은 장면을 연출해 '군부에 속은 딱한 천황'이라는 동정론을 얻고자 했다. 1901년생인 그는 그때 겨우 40대 중반밖에 되지 않았음에도, 일부러 새우등을 하고 마치 60대 노인인 양 보이게 행세했다.

전쟁 전에는 절대 대중 앞에 나타나지 않았던 그가 대중을 향해 모자를 흔들고 미소를 지으며 '평화천황平和天皇'을 연기한 것은 전범에서 제외받기 위한 포즈였고, 이는 맥아더가 보기에는 참으로 위선적이었겠지만 국민을 속이는 데는 성공했다.

그는 또한 무엇을 설명하든 "아, 그래"라고 소극적으로 대답하는 것으로 유명했는데, 이는 자신이 전쟁을 지휘하거나 명령하지 않았고, 그저 시키는 대로 하는 유형의 인간이었다는 인상을 주려는 의도였을 것이다. 참으로 가증스런 가면극이다.

앞에서 보았듯 일왕은 신도 아니고 국가도 아니며, 그저 단순한 장사치, 심지어 국민의 생명을 담보로 잇속을 챙긴 양아치에 불과했다. 그런데도 오늘날 일본인들은 여전히 "천황폐하 만세"라고 외치고 있다.

1945년 8월 15일 정오. 무릎을 꿇고 조아린 채 히로히토 일왕의 항복 방송을 듣고 있는 일본 국민들. 항복했다는 말은 하나도 없고 말을 배배 꼬아서 이를 듣고 항복했다고 생각한 일본인은 거의 없었다고 한다.

히로히토의 항복 선언문 전문

짐은 깊이 세계의 대세와 제국의 현상에 감하여 비상조치로써 시국을 수습코자 여기 충량忠良한 그대들 신민臣民에게 고하노라.

짐은 제국정부로 하여금 미, 영, 소, 중 4국에 대하여 그 공동선언을 수락할 뜻을 통고케 하였다. 생각컨대 제국신민의 강령을 도모하고 만방 공영의 낙樂을 같이함은 황조황종皇祖皇宗의 유범遺範으로서 짐의 권권조치에 상응하는 바, 전일에 미, 영 양국에 선전한 소이所以도 또한 실로 제국의 자존과 동아東亞의 안전을 서기함에 불과하고 타국의 주권을 배하고 영토를 범함은 물론 짐의 뜻이 아니었다.

게다가 교전交戰이 이미 사세四歲를 열閱하고 짐의 육,해 장병의 용전勇戰, 짐의 백료유사百僚有司의 정려勵精, 짐의 1어 중서衆庶의 봉공奉公이 각각 최선을 다하였음에도 전국戰局은 필경에 호전되지 않으며 세계의 대세가 또한 우리에게 불리하다. 뿐만 아니라 적은 새로이 잔학한 폭탄을 사용하여 빈번히 무고한 백성을 살상하여 참해慘害에 미치는 바 참으로 측량할 수 없게 되었다.

이 이상 교전을 계속하게 된다면 종래에 우리 민족의 멸망을 초래할 뿐더러 결국에는 인류의 문명까지도 파각破却하게 될 것이다. 이렇게 되면 짐은 무엇으로 억조億兆의 적자를 보保하며 황조황종의 신령에 사謝할 것인가. 이것이 짐이 제국정부로 하여금 공동선언에 응하게 한 소이이다. 짐은 제국과 함께 종시終始 동아 해방에 노력한 제 맹방諸盟邦에 대하여 유감의 뜻을 표하지 않을 수 없다.

제국신민으로서 전진戰陣에 죽고, 직역職域에 순殉하고, 비명非命에 폐斃한 자 및 그 유족에 생각이 미치면 오체가 찢어지는 듯하며 또 전상戰傷을 입고 재화災禍를 만나 가업을 잃어버린 자의 후생에 관해서는 짐이 길이 진념

軫念하는 바이다. 생각하면 금후 제국의 받을 바 고난은 물론 심상치 않다. 그대들 신민의 충정은 짐이 선지하는 바이나 짐은 시운의 돌아가는 바, 깊은 어려움을 감堪하고 인고하여서 만세를 위해 태평을 열고자 한다.

짐은 여기에 국체國體의 호지護持를 얻어 충량한 그대들 신민의 적성赤誠에 신의信倚하여 항상 그대들 신민과 함께 있다. 만약 정에 격激하여 자포자기하거나 동포를 배제한다면 서로 시국을 어지럽게 하고 대도大道를 그르치게 하여 세계에서 신의를 세계에 잃는 것이니, 이를 짐이 가장 경계하는 바이다.

모름지기 거국일가擧國一家 자손상전子孫相傳하여 굳게 신주神州의 불멸을 믿고 각자 책임이 중하고 갈 길이 먼 것을 생각하여 총력을 장래의 건설에 쏟을 것이며 도의를 두텁게 하고 지조志操를 튼튼케 하여 국체의 정화를 발양發揚하고 세계의 진운進運에 뒤지지 않도록 노력할지어 그대들 신민은 짐의 뜻을 받들어라.

CHAPTER

6

아베 3대(三代)

1926년 8월 4일 새벽. 일본 시모노세키下關를 출발해 부산으로 향하는 부관연락선釜關連絡船이 쓰시마 옆의 칠흑같이 어두운 새벽 바다를 지나고 있었다. 양장을 한 한 여자와 신사가 서로 껴안고 갑판에서 바다에 몸을 던진다. 여자는 윤심덕尹心悳, 1897~1926, 남자는 김우진金祐鎭, 1897~1926이었다.

윤심덕은 한국 최초의 소프라노이자 대중가수로 1920년대 신여성의 대표인물이다. 김우진은 신극[01] 운동을 하던 전라도 거부의 아들이었다. 두 사람은 1897년생 동갑내기였지만 윤심덕은 미혼이었고 김우진은 유부남이었다. 이들은 이루어질 수 없는 사랑에 괴로워하다 동반 자살한 것으로 추정됐

---

01 서구의 새로운 사조와 방법에 영향을 받아 생긴 연극이지만 한국의 신극 운동은 그 시초를 어디에 두느냐에 따라 맥락이 달라진다.

부산과 시모노세키를 오갔던 부관연락선 쇼케이마루

다. 하지만 이 소식은 한국과 일본에서 대대적인 스캔들로 회자됐다. 서양 노래 '다뉴브 강의 잔물결'이라는 곡에 윤심덕이 직접 가사를 붙인 노래 '사의 찬미'는 일약 유행곡이 되었다.

　부관연락선은 1905년 9월 처음 운항을 시작했다. 일본의 산요山陽기선 주식회사는 일본 도카이도東海道 - 산요 - 규슈九州 철도와 조선의 경부선을 연결하면서 여객과 수화물 등을 취급했고 이후 국가 소유가 됐다. 이 항로에 처음 투입된 배는 1천 680톤 이키마루壹岐丸로 11시간 50분이 걸렸다. 1년 뒤에는 쓰시마마루對馬丸가 취항해 매일 부산과 시모노세키를 운항하는 시대를 열었다.

　그 뒤 7천 톤 급의 곤고마루金剛丸, 고안마루興安丸, 3천 톤 급의 도쿠주마루德壽丸, 쇼케이마루昌慶丸 등이 제2차 세계대전 종전 직전까지 취항했으며 이 무렵 운항 소요 시간도 7시간 30분으로 단축됐다. 일본 패망으로 운항이 중단될 때까지 부관연락선은 모두 11척이 운항했다. 태평양전쟁 때는 미군이 설치한 기뢰와 어뢰 공격으로 상당수 부관연락선이 침몰하거나 파괴되기도 했다.

운항이 중단됐던 부관연락선 운항이 재개된 것은 1970년 6월 17일이었다. '부관페리'라는 이름으로 다시 뱃길을 열어 오늘에 이르고 있다. 1967년과 1968년에 열린 한일경제각료회의에서 부산과 시모노세키 항로 개설이 논의되기 시작했고 2년여 뒤 노선이 폐쇄된 지 25년 만에 부활했다.

처음엔 여객 234명, 승용차 30대를 실을 수 있는 일본 국적선 부관페리 3천800톤급가 취항했고 1983년에는 우리나라 국적의 부관페리5천632톤급도 투입돼 매일 번갈아 운항하기 시작했다.

1970년 부관페리를 타고 부산에 첫발을 내디딘 사람 중에 기시 노부스케가 있었다. 자신의 고향인 야마구치 현의 시모노세키에서 부산으로 뱃길

1970년 시모노세키에서의
부관페리 운항 재개 기념식에 참석한
오른쪽의 기시 노부스케

을 연 것을 자축한 것이다.

시모노세키 역 앞의 '리틀 부산'이라 불리는 그리온몰グリーンモール 한인 상점가에는 '아리랑アリラン'이라는 상호의 식당이 있다. 2020년 현재 73년 동안 영업을 계속하고 있는 한국식 불고기와 곱창을 파는 가게다. 주인 가와다 준코河田順子, 93세가 남편 히데오秀夫, 82세로 사망와 함께 1947년에 문을 열었다. 가와다 준코는 전남 순천이 고향이다. 이름에서 앞의 '가와다河田' 성만 빼면 한국 이름인 순자順子가 된다. 한국 이름은 정순자다.

'아리랑'은 이곳이 선거구인 아베 신조의 단골집이다. 부인 아키에昭惠와 자주 와서 곱창전골을 즐겨 먹었다고 한다. 식당에는 아베가 직접 쓴 '복福'이라는 붓글씨 액자가 그의 부인과 같이 왔을 때 찍은 사진과 함께 걸려 있다. 사실 이 식당은 아베의 부친 아베 신타로도 다녔던 집이다. 그의 지역구 역시 이곳이었기 때문이다.

아베 3대, 재일 교포의 지원으로 성공할 수 있었다

1993년까지의 중선거구 시절 기시 노부스케는 생가가 있던 야마구치 시를 포함한 구 야마구치 2구, 그의 사위 신타로는 고향인 유야 초油谷町, 지금의 나가토長門 시와 시모노세키 시 등으로 이루어진 구 야마구치 1구가 선거구였다. 이후 소선구제로 전환되면서 시모노세키와 나가토로 이루어진 야마구치 4구가 현재 아베 신조의 지역구다. 그러니 시모노세키는 기시 노부스케, 아베 신타로, 아베 신조의 3대가 계속 이어온 텃밭이자 정치적 고향이다.

시모노세키라는 지명은 재일 한국인과 조선인에게 특별한 울림으로 작

시모노세키 번화가의 휴일 풍경. 143m의 전망대 '가이쿄유메타워(海峡ゆめタワー)'가 보인다.

용한다. 전쟁 전이나 전쟁 때는 부관연락선이 연간 200만 명을 실어 날랐다. 한반도에서 노동자로 이송된 사람들은 이곳에 재일 커뮤니티를 만들었다. 패전 이후에는 고향으로 돌아갈 사람들을 보내고, 재일본대한민국민단[02]과 재일본조선인총연합회[03]가 처참한 항쟁을 벌였다.

02 　재일 한국인을 위한 단체로 보통 민단이라고 한다. 1946년 재일본조선거류민단이라는 이름으로 설립되었다가 1948년 대한민국이 정부를 수립한 후 재일본대한민국거류민단으로 명칭을 바꾸었다. 지금의 단체 이름은 1994년 4월 20일에 변경된 것이다. 일본인에 의한 법적 경제적 차별 철폐와 일본지방참정권 부여, 한일 교류 촉진 등을 위해 활동하고 있다.

03 　일본에 있는 조선민주주의인민공화국에 소속되어 있는 재일 조선인의 단체다. 보통 조선총련, 조총련이라고 부른다. 1955년 재일본조선인연맹을 모태로 설립되면서 지금에 이르고 있다. 일본 내 조선민주주의인민공화국 대표부라고 할 수 있다.

해마다 그 숫자가 줄고 있지만 현재 시모노세키에 거주하는 재일 한국인과 조선인 국적을 가진 사람은 약 2천 900명 남짓이다. 유학생 등도 포함된 숫자이지만 대다수가 전쟁 때 강제로 끌려온 사람들과 그 자손이다.

시모노세키의 전체 인구약 27만 명에서 차지하는 이들 비율은 1% 정도로 전국 평균0.4%의 두 배 이상이다. 일본 국적을 취득한 사람과 그 가족을 더하면 시모노세키의 재일 한국인은 1만 명이 넘는다.

따라서 이곳 출신 정치인과 한국인 커뮤니티의 관계가 깊어지는 것은 사실 이상한 일이 아니지만 그 당사자가 기시와 아베라는 사실이 참으로 기막히다. 기시에서 아베에 이르는 3대 정치인은 단순한 선거구민과의 관계로 보기 어려울 만큼, 재일 사회와 깊은 인연을 맺고 있다.

지금 시모노세키 최대의 유흥가 부젠다노도오리豊前田の通り는 밤이 되면 인적이 드물고, 지역 경제의 쇠락이 걷잡을 수 없다. 그 이전도 그랬지만, 2019년 아베가 무역 도발을 한 이후 한국인 관광객이 뚝 끊기면서 완전히 초토화되다시피 했다.

그렇지만 1960년대의 모습은 전혀 그렇지 않았다. 당시 시모노세키 어항의 어획량은 일본 제일을 자랑하며, 지역 경제 번영이 극에 달했다. 선원이나 수산 관계자들에 의해 떨어지는 돈만으로도 대단한 호황을 누렸고, 도쿄나 오사카 등지에서 오는 출장 손님이 매일 바글바글했다. 그 계기가 된 것이 다름 아닌 한일 국교 정상화였다.

이승만 대통령 시절에는 배타적 경제 수역 설정으로 인해, 이를 넘어온 일본 어선을 나포하는 일이 잦았다. 한때는 4천여 명 가까운 선원이 억류되었던 때도 있었다. 그 대부분이 야마구치 현 주민들이었다. 따라서 기시에게는 이들의 석방을 요구하는 진정이 쇄도했다.

그런데 국교 정상화와 동시에 한일어업협정이 체결되면서 소위 '이승만 라인'이 철폐되었고, 시모노세키를 모항으로 하는 어선단의 어장이 단번에 확대되었다. 바로 이 사실이 야마구치 경제의 융성을 부른 것이다.

당시 시모노세키의 활황을 한 지역 재계 인사는 이렇게 회고한다.

> "시모노세키에 본사가 있던 대양어업^{현 마루하니치로홀딩스}은 도쿄대를 졸업
> 한 신입 사원을 마음대로 할 정도로 기세가 있었다. 어업뿐 아니라 관련
> 산업도 순조로워 쌍끌이와 윈치 제조에서 세계 1위를 차지한 회사도 있
> 다. 그 업자들이 모두 기시 노부스케의 후원자여서 헌금도 많이 했다."[04]

이를 보면 1965년 한일 국교 정상화는 일본 재벌에게만 먹잇감을 던져준 것이 아니라 기시 자신의 지역구에도 엄청난 선물을 안겨준 셈이다. 물론 우연이 아니고, 이 모두가 기시의 노림수였겠지만 말이다. 기시가 1970년 부관 연락선 재개 때 첫 배를 타고 부산에 왔던 이유도 다 설명된다.

그로부터 30년이 지난 2001년 JR 시모노세키 역에서 차로 5분 거리인 간 몬해협^{関門海峡} 간몬대교 밑에 조선통신사^{朝鮮通信使} 기념비가 세워졌다. 무로마 치시대부터 에도시대에 걸쳐 일본을 방문했던 통신사들이 첫 혼슈에 도착 해 교토로 향하던 길목에 세워진 이 기념비는 현지 정재계 유지들이 건립했

---

04 리 첵(李策), "한일국교50년 : 기시 노부스케에서 아베 신조까지 총리 가문의 '재일 인맥'과 '금
    맥'(日韓国交50年: 岸信介から安倍晋三まで…首相一族の「在日人脈」と「金脈」)", 「데일리
    NK」, 2015년 3월 5일자

시모노세키 간몬해협의 조선통신사 상륙기념비. 글씨는 김종필의 것이다.

는데, 비석의 뒷면에는 아베 신조의 이름도 새겨져 있다. '조선통신사상륙엄유지지朝鮮通信使上陸淹留之地, 조선통신사가 상륙해 머물렀던 장소'라고 쓰인 휘호는 다름 아닌 김종필의 글씨다. 김종필이 기시와 신타로 모두 친했기 때문에 그의 글씨가 새겨진 것이다.

그런데 간몬해협은 기시와 아베의 조상들, 즉 조슈 번이 부국강병의 각성을 하는 데 가장 중요한 장소다. 1863년분큐 3년 5월 10일양력 6월 25일이 에도 막부의 도쿠가와 이에모치德川家茂, 1846~1866 장군이 고메이 일왕의 강력한 요구에 따라 어쩔 수 없이 양이를 실행하겠다고 약속하고, 이를 제번에 통보한다. 그러나 이후 아무런 행동도 하지 않고 지지부지 시간만 끌자, 조슈 번이 독자적으로 양이를 실행하겠다고 나서서 간몬해협을 지나는 외국 배들에게 포격을 가하기 시작했다.

당시 미국과 프랑스, 네덜란드 등 대부분 유럽의 군함들은 요코하마에 정박해 있었고, 또 상선들은 나가사키와 요코하마를 왕래했으므로 규슈와 혼슈를 잇는 간몬해협을 반드시 지나야 했다. 그런 요충지에 조슈 번이 자리 잡고 있었기 때문에 이들은 해협 한쪽 조슈 번 영토에 포대를 설치하고 군함도 배치하면서 해협 봉쇄 태세를 갖추었다. 그리하여 미국과 프랑스, 네덜란드 배들이 이들의 1차 목표가 되었고, 이들 배들은 포격을 받으며 겨우 도망칠 수 있었다.

자국 배가 공격을 당한 사실에 분노한 미국과 프랑스는 요코하마에 정박 중이던 군함을 이곳에 보내 조슈 번의 대포를 파괴하고 포대 진지를 쑥밭으로 만들어놓았다. 미국과 프랑스 군함의 잇따른 공격을 받고 조슈 번은 그제야 서양 군사력을 실감하고, 양이가 불가능하다는 사실을 깨달았다.

조슈 번의 자각은 대대적인 군제 개혁으로 이어졌다. 미국과 프랑스의 연

시모노세키 '고잔지(功山寺)'에 있는
다카스키 신사쿠 동상

이은 공격으로 위기에 처한 조슈 번의 모리 다카치카毛利敬親, 1819~1871 번주는 난국을 헤쳐 나갈 임무를 다카스기 신사쿠高杉晋作, 1839~1867에게 맡겼다. 요시다 쇼인吉田松陰, 1830~1859의 사설 학당 '쇼카손주쿠松下村塾'에서 공부하면서 일찍이 깨달음을 얻은 다카스기는 번 인구의 1%도 되지 않는 사무라이 병력만으로는 구미 열강과의 전쟁에서 이길 가능성이 없으므로, 사무라이 이외에 농민, 상인 계층에서도 널리 모병해 군사력을 보충하고 새로운 형태의 부대를 결성해야 한다고 혁신적인 개혁안을 내놓았다.

이에 따라 만들어진 것이 하급무사와 농민, 서민으로 이루어진 기병대奇兵隊다. 이밖에 응징대膺懲隊, 팔번대八幡隊, 유격대遊擊隊 등 여러 부대도 결성되었다. 심지어는 백정으로 구성된 도용대屠勇隊도 만들어졌다. 이런 여러 부대를 제대諸隊라 일컬었다. 이때 이토 히로부미도 스모 선수들로 이루어진 역사대力士隊를 만들어 이끌면서 출세의 기회를 잡을 수 있었다.

이렇게 임진왜란 당시 조선에서의 의병처럼 자발적인 민중부대가 만들어진 것은 다카스기가 신분과 가문에 관계없이 "오로지 실력 있는 자는 귀하게 된다"고 지도했기 때문이다. 이렇게 모든 인민이 무장을 할 수 있는 자유, 민간의 대장간이 마음대로 무기를 만들 수 있는 자유를 인정한 것은 일본 역사에서 전무후무한 일대 혁명이다.

하급 사무라이와 서민으로 이렇게 제대가 결성되자, 상급 사무라이들도 선봉대先鋒隊라고 하는 별도의 부대를 만들었는데, 조슈 번 안에서의 내전은 하급 사무라이 대 상급 사무라이의 실질적인 계급전쟁이라고 할 수 있다. 상급 사무라이들은 거의 교토 조정과 에도 막부와의 관계를 원만히 유지하고 급격한 변화를 제지하면서 자신들의 기득권을 지키려 했고, 하급 사무라이들은 '갑상큼'이 모든 것을 지배하는 봉건체제 억압의 쇠사슬에서 벗어나 새로운 세상을 만들고자 했다.

이렇게 중세 봉건제도를 깨는 혁명이 바로 조슈 번의 자각에서 비롯된 것이다. 그러니 이런 역사적인 곳에 조선통신사 기념비가 세워졌고, 그 휘호가 김종필 글씨로 새겨진 것은 정말 아이러니한 역사의 장난질이라 할 수 있다. 메이지유신의 기초를 세운 조슈 번의 각성이 결국은 그곳 출신 인물들에 의해 1910년 조선 병탄으로 이어졌기 때문이다.

앞에서 재일 거류민이 만든 폭력단 '동아회' 회장 마치이 히사유키, 한국 이름 정건영과 일본 정치인, 한국 재벌과의 유착 관계에 대해 몇 차례 얘기한 적이 있다. 그런데 정건영은 정계의 최고 폭력배 실력자 고다마 요시오와도 친구 사이처럼 가깝고, 또 기시는 고다마와 특별한 관계였는지라 정건영의 파티에도 가끔 얼굴을 보였다. 정건영이 도쿄 롯폰기六本木의 대형 복합빌딩 'TSK·CCC 터미널'을 지을 때도 주빈으로 준공식에 초대됐다.

국교 정상화 이후 서울시 지하철 개발 등 거액의 한일 사업을 지배하고 있던 기시는 마치이와 이권을 나누는 중요 파트너였고, 이들의 협력 관계는 시모노세키에서도 이루어졌다. 바로 부관페리의 취항에 마치이가 뒤에서 뛰었던 것이다. 마치이가 최대 공헌자였음에도 '부관페리 취항 기념 앨범' 관계자 명단에 이름을 넣을 수는 없었다. 폭력단은 폭력단이었으니까 말이다.

기시가 한일 국교 정상화를 발판으로 마련한 시모노세키 왕국과 인맥은 그의 비서관을 거쳐 정계에 진출한 사위 신타로에게 계승되었다. 게다가 신타로는 재일 코리안 파이프를 더 굵게 키워 나간다.

한때 신타로가 살았고, 지금은 아베 신조 명의로 돼 있는 부지 면적 2천여 평방미터의 대저택은 시모노세키 시내를 내려다보이는 언덕에 세워져 있다. 이 집의 전 주인은 요시모토 쇼지吉本章治다. 후쿠오카에 본사를 둔 파친코 체인으로 2010년 기준 한 해 매출이 280억 엔에 달하고, 지금도 전국에서 250개 매장을 운영하는 동양엔터프라이즈 모회사인 '시치유물산七洋物産'의 창업자로 일본에 귀화한 재일 동포 1세대다. 작고했지만 2002년 한국에서 국민훈장 '무궁화장'을 수상하는 등 재일 한국인 사회의 중진이었다.

그런 요시모토는 아베 신조의 아버지 신타로 때부터 시모노세키의 유력한 스폰서였다. 요시모토가 무궁화장을 수상했을 때, 파티에 내빈으로 참석한 아베는 이런 인사말을 했다.

"요시모토 씨는 45년 전에 아버지가 국회 선거에 나왔을 때부터 교제하기
시작해서 아버지가 외무대신 때 한국에 동행했다."[05]

그 지원은 정치자금 수지 보고서에 기재되어 있는 정치 헌금뿐만이 아니었다. 앞서 말한 것처럼 아베의 자택과 사무실은 원래 동양엔터프라이즈 소유로, 아베 집은 이를 임대하는 형태였다지만, 임대료에 대해 회사는 "집과 사무실 합쳐 임대료가 약 20만 엔에서 30만 엔"이라고 답했다. 집은 2,174㎡ 부지에 346㎡의 건물이고, 사무소는 JR 시모노세키 역 바로 앞의 449㎡ 건물이다. 아무리 지방도시라고 해도 이 두 개를 합쳐 20~30만 엔이라는 임대료는 있을 수 없다.

---

05 「통일일보」, 2002년 5월 1일자

게다가 집은 1990년에 동양엔터프라이즈에서 아베 신타로에게 소유권이 이전되었는데, 이때 저당권이 붙은 흔적이 없다. 이후 아베 가문의 시모노세키 집은 '파친코 저택'이라고 불리고 있는 실정이다. 지역 사무소는 지금도여전히 아베가 임대해 사용하고 있다. 사실상 공짜라고 해도 과언이 아닐 것이다. 직원들도 무상으로 제공받아 부리기도 한다.

　　요시모토는 시모노세키에서 장사를 시작해 지반을 규슈로까지 넓히고성공을 거머쥐었다. 80세 나이로 사망한 요시모토는 생전에 신타로에 대해"사는 자세가 재일 교포와 닮은, 정말 기분이 좋은 사람이다"라고 말했다고한다.

　　요시모토는 골치 아픈 사안의 처리를 매우 잘했는데, 이는 그의 폭넓은인맥 덕택이었다. 그는 이런 인맥으로 신타로의 당선에 많이 기여했다.

　　의외일지 모르지만 원래 신타로는 선거 지반이 취약했다. 중선거구 시절신타로가 출마한 것은 구 야마구치 1구라서, 기시의 지반을 이어받지 못했고

아베 신타로(왼쪽, 외무대신 시절)와
아베 신조의 의회 답변

또 사실상의 낙하산 후보였다. 실제로 두 번째 선거에서는 낙선의 쓰라림을 맛보기도 했다.

그런데 야마구치 1구는 당선권 4석 가운데 3석은 자민당 후보가, 나머지 1석은 사회당이 갖는 구도가 정착돼 있었다. 따라서 차기 총리를 노리려면 단순한 당선만으로는 안 되고, 반드시 1등으로 당선돼야 하는 것이 지상 명제였다.

게다가 신타로에겐 하야시 요시로林義郎 전 재무장관이라는 강력한 라이벌이 있었다. 하야시 가문은 시모노세키 3대 명가名家의 하나로, '산덴교통サンデン交通'이나 '야마구치합동가스'라고 하는 현지 대기업의 오너였다. 이런 배경의 하야시를 이기기 위해 신타로는 지역 중소기업을 폭넓게 규합할 필요가 있었다.

그런데 재일 교포 기업은 자금력이 있어, 많은 종업원을 거느리고 있었다. 귀화했다면 헌금을 해도 문제없고 종업원은 대부분 일본인이기 때문에 표 모으기에서 결코 무시할 수 없었다.

또한 신타로는 현시에서 표 생발선뿐만 아니라 중앙 정치권의 권력 투쟁도 이겨내야 했다. 지금도 전혀 변하지 않았지만 당시는 파벌 정치가 극에 달했던 시기였다. 총리 자리를 잡기 위해선, 돈이 아무리 많다 해도 줄을 잘 잡아야 했다. 바로 그런 시기에 시모노세키에서는 한일 국교 정상화로 인해 사업 기회를 잡은 재일 교포 장사꾼이 급속히 힘을 얻고 있었던 것이다.

교포 수산업자는 어획뿐만 아니라 '부업'에서도 막대한 수익을 얻었다. 1960년에서 1970년대 가난했던 시절의 한국에서는 일제 손목시계가 대단히 인기가 높아, 싼 물건도 비싸게 팔렸다. 그러나 정상적 수출에는 고율의 관세가 붙으므로, 선원들이 속옷에 시계를 여러 개 꿰매는 방법으로 밀수를 했다. 그러다 보니 시모노세키의 시계상은 바느질꾼 여성들을 잔뜩 고용했다.

교포들은 수산업 이외의 장사에서도 크게 재미를 보았다. 시모노세키 전성기 때 어부들은 큰돈을 쥐고 뭍에 올라와 술과 여자, 노름에 돈을 물 쓰듯 썼다. 재일 교포는 원래 수산업보다 그쪽 장사가 강했다. 이후 덩치를 키운 파친코 가게들은 바로 그때 장사의 토대를 마련했다.

이후 수산자원 남획으로 인해 어획이 감소하면서 시모노세키 수산업이 급속히 동력을 잃어가자, 오히려 파친코에 손님들이 더 몰리면서 파친코 머니의 외연이 계속 확장됐다. 지역의 재일 교포들이 매일 벌어내는 방대한 현금에 총리 자리를 엿보는 정치인들이 매력을 느끼지 않을 리가 없었다.

기시 노부스케가 고다마 요시오를 통해 마치이 히사유키, 즉 정건영 동

시모노세키의 가라토 시장. 이 지역 수산업자들은 아베 신타로가 농림대신일 때 여러 도움을 받아 아베 신조의 후원자가 많다.

아회 회장에게 신타로를 지원해달라는 부탁을 했다는 것도 바로 이런 지역 사정을 배경으로 한다. 한국 민단 초창기의 실력자였던 정건영은 시모노세키에 많은 동료들이 있었으므로, 얼마든지 '집합 명령'을 내릴 수 있었다.

정건영이 잡음이 나지 않고 조용히, 시모노세키의 재일 교포에게 신타로를 지원하도록 할 이유는 얼마든지 있었다. 당시는 한국과 북한의 국력에 지금만큼 큰 차이가 없었고, 냉전시대의 치열한 체제 경쟁이 벌어지던 시절이다. 따라서 '미래의 총리 후보'와 친교를 나누는 것은 한국계 민단이나 북한 조총련계에게나 모두 중요한 과제였다.

아베 신타로는 1974년 농림대신으로 첫 입각을 했다. 신타로에 접근해 어획과 수산물 수입 물량 할당을 늘리려고 하는 수산업자는 일본인뿐 아니라 당연 재일 교포에도 있었다. 이에 따라 신타로 관계자의 도움을 받아 실적을 크게 늘린 재일 교포 수산업자도 있었고, 그 회사들은 지금 아베 신조 대에 내려와서도 후원을 계속 하고 있다고 한다.

신타로는 입각 이후 관방장관, 통상대신, 외무대신 등으로 경력을 넓히며, 거듭 권력의 계단을 차근차근 올라갔다. 신타로가 '미래의 총리'로 촉망받는 이 시절, 한국과 북한의 체제 경쟁은 더 치열하게 진행됐다. 한국 경제력과의 격차가 점점 더 벌어지는 사실에 대한 북한의 초조함과 위기감은 1983년 아웅산묘소폭파암살사건[06]으로 나타났다. 이러한 본국의 사정은 당연히 재일 민단과 조총련에도 영향을 주었고, 일본 정계의 뉴 리더 신타로와 굵은

---

06 1983년 10월 9일 미얀마 아웅산 묘소에서 한국의 외교사절단이 북한 테러리스트가 장치한 폭발물 폭파로 암살당한 사건을 말한다. 당시 서석준 부총리 등을 포함 17명이 사망하고, 합참의장 이기백 등 13명이 중경상을 입었다.

아베 신타로의 젊은 시절.
왼쪽 꼬마가 아베 신조.
아베를 안고 있는 엄마는
기시 노부스케의 딸 요코

파이프를 가지는 것이 무엇보다 중요한 일이었다.

그런데 신타로는 민단이나 조총련 양쪽과 관계를 가졌다. 표를 생각하면 굳이 어느 한쪽을 택할 이유가 없었다. 시모노세키에는 여성근呂成根이라는 조총련계의 거물 상공인도 있었는데, 그와도 상당히 친했다. 그랬어도 양쪽 모두에서 인기가 높았다.

아베 신타로는 체형과 골격이 한반도 쪽에 가까운 사실로도 교포 사이에 친근함을 얻었다. 아베 집안에서 40여 년 동안 가정부로 있었던 구보 우메久保ウメ는 2006년 「주간 아사히週刊朝日」의 인터뷰에서 이렇게 말하고 있다.

"(신타로가 사망해) 관에 넣을 때 그 사람의 골격은 역시 일본인의 것이 아니라고 생각했어요. 어깨 너비에서 아래까지 똑바로 자를 그은 것 같았 죠. 그건 완전히 한국의 체형이죠. 평소 그 스스로도 나는 조선인이다, 라 고 말을 했지만 눕혀져 있는 모습을 보니 과연 조선인이 맞구나 싶었죠.

그래서 저쪽_{재일교포}에서 인기가 굉장히 많았어요."

앞에서 교포 출신 파친코 업계 거물 요시모토가 신타로에 대해 "사는 자세가 재일 교포와 닮은, 정말 기분이 좋은 사람이다"라고 말했다는 것도 이와 같은 맥락일 듯하다.

그러면 아베 신조의 경우는 어떠할까. 아베 신조가 첫 출마를 한 것은 1993년 중의원 선거다. 그런데 선거구에서 신타로 계열이었던 현 의회가 갑자기 반기를 들고 일어나 대립 후보를 지원하는 역풍이 발생했다.

그런 와중에도 아버지 대부터 아베 가문을 뒷받침했던 재일 교포들은 신조를 계속 응원했다. 호텔을 운영하는 한 교포는 호텔 직원들과 함께 성원을 보내기도 했다. 심지어 비서와 기존 지원자 일부도 반대 진영으로 돌아서는 가운데, 재일 교포들의 의리는 지역 사회에서 미담으로 돌아다닐 만큼 빛났다.

그래서 그런지 아베 신조도 그런 교포들에 대한 처신이 나쁘지 않았던 듯하다. 앞서 언급한 '아리랑' 식당 주인은 "손사의 피로연 때 (아베가) 삿포로에서 달려와주었다. 정말 의리 있는 사람이다"라고 회고했다. 교포들 사이에서도 신조의 인품에 대한 평판은 나쁘지 않은 편이라고 한다.[07]

물론 세월이 지나면서 선대와 비교하면 신조와 교포 커뮤니티의 관계에는 변화가 생겨났다. 신타로와 교포 1세대 시절에는 정치인과의 유착에 대해 세간의 시선이 좀 느긋했다. 외국인 헌금이 어쩌고 하면서 세세한 사항에 대

---

07 「통일일보」, 2002년 5월 1일자

해 별로 시비를 걸지 않았다. 그러나 지금은 10만 엔이나 20만 엔의 헌금이라도 두들겨 맞는다.

그렇다고 해도 아베 신조 주변에서 교포 인맥이 완전히 사라진 것은 아니었다. 앞서 말했듯, 신조의 시모노세키 현지 사무소는 신타로의 후원자였던 시치유물산에서 지금도 빌려주고 있고, 신타로의 조력으로 실적을 올렸던 교포 수산업자들은 신조에게도 지원을 계속하고 있다. 물론 일본에 귀화했다면 그들이 헌금 등의 형태로 신조를 지원해도 아무런 문제가 없다.

일본의 시사지 「주간 포스트週刊ポスト」는 2012년 10월 26일자에서 "아베 신조 '검은 교제' 사진의 모략安倍晋三「黒い交際写真」の謀略"이라는 제목의 기사를 게

아베 스캔들을 다룬 「주간 포스트」의 2012년 10월 26일 기사

재했다. 그 사진은 의원회관 아베 사무실에서 찍은 것으로, 신조를 가운데 두고 서 있는 두 남자가 찍혀 있다.

신조의 오른쪽에 서서 하얀 치아를 보이며 웃고 있는 사람은 미국 전 아칸소 주지사, 마이크 허커비Mike Huckabee, 1955~다. 공화당의 거물 정치인으로 2008년 대선 때는 당 후보 경선에도 출마했다. 허커비는 그해 6월 일본을 방문했는데, 사진은 그때 찍힌 것이다.

「주간 포스트」가 문제 삼은 사람은 신조의 왼쪽에 선 반백에 하얀 정장 차림의 남성이다. '야마구치파의 금고지기'라고 불리는 재일 교포 2세 거물 금융 브로커로, 이름은 나가모토 다이주永本臺柱로 알려져 있다. 야마구치파는 잘 알려져 있다시피 일본 최대의 폭력단이다. 나가모토는 민단이나 조총련과도 굵은 파이프라인을 가지고 있는데, 사진을 찍고 몇 년 후 한 중견 건설사의 가상증자 사건에 관련돼 유죄 판결대금업법 위반을 받았다.

이 사진과 관련해 신조 측에서는 아주 단순한 이유라고 설명했다. 신조의 한 유력 후원자인 재일 교포 실업자에게 허커비가 '아베를 소개해달라'고 요청해시 곧 승낙했는데, 허커비의 일본 도착 당일 대선 후보에 걸맞은 픽업 차량이 준비가 되지 않아서 그 재일 교포 2세가 자신의 롤스로이스를 내주었다는 것이다. 그런 차원에서 자신도 동행하고 사진을 찍은 것뿐이었다는 설명이었다.

그러나 상식적으로 판단했을 때 이 설명은 전혀 단순하지 않다. 평소 아무런 관련도 없는 최대 폭력단 집단의 금고지기에게 미국 거물 정치인을 태울 차를 빌린다는 것은 누가 보아도 수상쩍다. 오히려 차를 빌릴 정도로 깊은 관계를 유지해오고 있었다는 사실을 드러낼 뿐이다.

야마구치파가 어떻게 일본 최대의 폭력단 파벌로 성장할 수 있었을까. 야마구치 출신의 기시와 사토 에이사쿠 총리 형제, 그 뒤를 이을 재목으로 성장하다가 병으로 총리 직전에 사망한 아베 신조의 아버지 신타로 그리고 그 적자 아베 신조의 뒷받침이 없었어도 가능했을까? 이들은 야마구치라는 지역성 안에서 서로 돕는 상부상조의 커넥션을 이룩하고 있다고 봐야 한다.

'야마구치 4구' 선거구가 지금처럼 된 것은 1994년이다. 그런데 아베 신조는 1996년 선거부터 지금까지 20년이 넘도록 계속 의원직에 당선되고 있다. 이 지역구는 패할 확률이 거의 없는, 전국에서도 열 손가락 안에 꼽는 '무풍지대'다. 이 모두 외할아버지와 아버지 덕택이다.

하나 더 덧붙여서, 신조에게 허커비를 연결한 재일 교포 실업가는 프로레슬러 안토니오 이노키ㅜ>ﾄ二ｵ猪木, 1943~와도 친하고, 북한에도 여러 차례 방문한 적이 있다고 한다. 이노키가 북한을 여러 번 방문한 적이 있다는 것은 잘 알려진 일이다.

그런데 이 실업가는 이노키와 이어지는 '역도산 인맥'과도 매우 가까운 것으로 알려져 있고, 아베 신조와 이노키의 면담도 주선했다.[08]

아마도 이들 인맥은 아베가 직접 만들었기보다는 기시와 사토 형제 때부터 내려온 유산의 일부분일 것이다. 아베 신조는 그 혜택을 이어받아 지금도 누리면서 외연을 확장했다.

아베가 2020년 도쿄올림픽을 추진하면서 동시에 계획한 것은 관광객 4천만 명 유치였다. 관광 수입이 일본 수지 개선에 큰 영향을 미치는 만큼 당

---

08 「통일일보」, 2002년 5월 1일자

연한 목표라고 생각할 수 있지만 그게 그리 단순하지는 않다.

아베는 지난 2013년 중의원 예산위원회에서 "카지노는 장점이 있다. 연구하고 싶다"고 말했다. '카지노 특구' 신설 여부를 묻는 질문에 대한 답변이었다. 아베가 이처럼 경제 진흥 효과에 물음표가 있는 카지노를 고집하는 이유는 파친코 업계와의 밀월 관계 때문이다. 이로 인해 "아베야말로 파친코 의원의 최우익最右翼이다"라는 말까지 나온다.[09]

일본에서 파친코 업계는 카지노 특구 실현을 위해 정치권에 끊임없이 로비를 해왔다. 일본 도박 산업은 2013년 통계로 규모가 19조 660억 엔의 거대한 시장이다.

일본에는 'IR의연Integrated Resort議連'이라는 것이 있는데, 정식 명칭은 '국제관광산업진흥의원연맹'이다. 즉 관광산업 진흥을 위한 의원들의 단체다. 그러나 이는 명목상의 이름일 뿐 나가타초永田町[10]에서는 이를 '카지노연맹'이라 부른다. 다시 말해 'IR의연'은 '파친코 연맹'의 별동대 격인데, 아베가 이 연맹의 최고 고문이다. 파친코 업계 최고의 세가사미홀딩스セガサミーホールディングス의 사토미 히지메里見治, 1942~ 회장은 아베와 막역한 사이다.

카지노를 포함한 통합 리조트를 일본에서도 합법적으로 도입하는 'IR정비법'은 2018년 7월에 정식 통과되었다. 기시 노부스케에서 아베 신타로, 아베 신조의 3대에 걸친 정치 일족이 재일 교포 인맥을 정치적 자산으로 운용하고 있는 것은 틀림없는 사실이다.

---

09 '아베와 카지노업계의 밀월(安部とカジノ業界の蜜月)', 「선택(選択)」, 2013년 9월호

10 우리나라 '여의도 1번지'처럼 정가를 일컫는 말. 국회의사당과 총리 관저, 각 정당이 나가타초에 모여 있어서 나온 말이다.

아베 신조는 왜 친할아버지가 아닌,
외할아버지의 길을 쫓았을까

아베 간安倍寛, 1894~1946이라는 정치인이 있었다. 서민 눈높이에 맞춘 정치를 펼친 사람으로, 도리를 벗어난 권력의 전횡에 거역하고 전시 중에 반전을 외쳐서, 사후 70년이 지난 지금도 일본인들에게 사랑받는 이 인물이야말로 아베신조의 친할아버지다. 아베 신타로는 아버지의 뜻을 이어 '리버럴 보수'를 추구하는 정치가가 되었다. "내 아버지는 대단한 분이셨다"가 입버릇이었던 신타로는 평생 간의 아들인 것을 자랑스러워했다.

그러나 아베 신조는 자신을 신타로의 아들이 아니라 기시의 손자라고 소개하기도 할 만큼, 외할아버지 기시에 대해서는 경애심을 드러내는 한편 친할아버지 아베 간에 대해서는 거의 언급을 하지 않고 있다. 국회의사록에 남겨진 아베 총리의 유일한 언급은 '할아버지는 아베 간이라는 분이다. 반反 도조 정권의 입장을 일관되게 지켜온 의원이었다'고 한 것뿐이다.

잘 알려져 있듯 아베 신조의 정치적 특징은 극우적 이데올로기에 있다. 총리가 되기 이전에도 종종 우파 논단에 등장해 좌익 비판과 편향된 역사 인식을 펼쳐왔다. 제2차 내각 출범 1년 후인 2013년 12월 26일에는 야스쿠니 신사를 참배하고 '내각 총리대신 아베 신조'의 이름으로 헌화까지 했다. 2015년 2월 19일 중

아베 간

의원 예산위원회에서는 민주당 의원이 질문하고 있는 중에 느닷없이 "일교조日教組[11]는 어떻게 할 거야!"라며 소리를 지르고 야유를 해서 비판을 받기도 했다.

　총리가 된 이후 그의 극우적 이데올로기가 훨씬 강해진 것은 주지의 사실이다. 아베는 언제부터 이런 사상을 갖게 됐을까. 또 그 계기나 원인은 무엇일까.

　사실 이 물음에 대해 정확히 답하기는 어렵다. 아베가 의원이 되기 전의 발언이나 사상, 신조에 대한 것은 거의 글로 남아 있지 않아 어떤 생각을 갖고 있었는지 분명치 않다.

　미약하나마 그 수수께끼는 부자 관계의 문제에서 찾아볼 수 있을 것이다. 앞에서도 말했듯 아버지 신타로는 보수이면서도 리버럴한 자세를 견지했다. 그런 정치적 자세는 지역구의 재일 교포들에게도 지지를 얻어 폭넓은 신뢰와 공감을 획득했다. 신타로에게는 아들 신조와 분명히 다른 덕목, 마이너리티에 대한 배려의 눈길이 있었고, 결코 극단적으로 치우치지 않는 정치적 균형 감각, 협량이나 녹선에 빠지지 않는 넉넉한 품의 깊이가 있었다.

　신타로는 평화헌법에 대해서도 옹호하는 자세를 보였다. 신타로를 따라 중앙 정계에 입문했고, 자민당 대표도 지낸 다케무라 마사요시武村正義, 1934~는 신타로가 "기본적으로 리버럴한 편에서 진정한 비둘기파였다"고 말하고 있다.

　그러나 정치 활동에 쫓기던 신타로는 집을 비우는 일이 많아 아들과의 관계가 소원했다. 1954년 차남으로 태어난 신조는 "철이 들고부터 아버지가

11　일본교직원조합

놀아주었다는 기억이 거의 없다”고 회상하고 있다. 초등학교부터 대학까지 세이케이학원成蹊学園을 다닌 신조는 집 근처에 또래 친구들이 거의 없었고 형과 가정교사, 유모와 노는 일이 많았다.

그런 신조를 맹목적으로 사랑한 사람이 바로 외할아버지 기시 노부스케였다. 특유의 노회함과 천운으로 A급 전범으로서의 소추를 면하고 권력의 정점에 올라, 맹렬한 비판을 받으면서도 미일안보조약 개정을 이끈 ‘쇼와의 요괴’는 휴식을 취하러 간 온천 숙소와 별장에서는 오로지 손자 신조에게 애정을 쏟는 자상한 할아버지였다. 안타깝게도 신조에게 친할아버지 아베 간은 ‘부재 상태’였으니, 반복해서 말하지만 아베는 아베 간에 대해 거의 말을 하지 않는다.

1937년 선거에서 아베 간의 선거 선전물. 빈부격차에 분노하고 실업자 대책의 필요성을 호소하며, 생활이 불안정한 근로자나 농가, 중소기업 경영자 등을 배려하는 내용이다. 반면 대자본과 재벌 특권층에겐 곱지 않은 시선을 보냈다.

아베 간이 중의원을 보낸 시절은 전쟁 직전과 전쟁 중이었다. 그는 평화주의자로 반전 주장을 펴면서 도조 내각의 방침에 정면으로 맞섰다. 서민 눈높이에서 부富의 편재에 분노하고, 권력의 전횡에 모든 힘을 다해 항거하는 반골로 지역 주민의 존경과 애정을 받았다. 1942년 총선에서는 도조가 주도하는 대정익찬회大政翼贊会에 항거해 익찬회의 추천 없이 출마, 특고경찰 등의 혹독한 탄압과 감시를 받으면서도 당선에 성공했다. 그러나 패전 후인 1946년 4월 총선에서 일본진보당 출마를 준비하던 도중 심장마비로 사망했다. 향년 51세.

앞에서도 말했듯 간의 아들 신타로는 아버지의 모습과 꼭 닮아 있었다. 전쟁 중 신타로는 징병되어 해군에 입대했다. 그곳에서 특공을 자원해 죽음을 각오한다. 그런데 1945년 봄, 부친을 면회 갔을 때 병상에 누워 있던 간은 아들에게 말했다. "이 전쟁은 질 것이다. 패전 후의 일본이 걱정이다. 젊은 힘이 꼭 필요하게 된다. 헛되이 죽지 마라."

아버지의 당부 덕택인지 신타로는 목숨을 잃지 않고 패전 후 1948년 도쿄대학교 정치학과를 졸업, 「마이니치신문」에 입사해, 기시 노부스케의 딸 요코洋子와 결혼했고, 1958년 중의원이 되었다. 신타로는 입버릇처럼 반복해서 이렇게 말했다.

"나는 기시 노부스케의 사위가 아니야. 아베 간의 아들이야."

신타로는 전쟁에 반대한 아버지를 자랑스러워했다. 그러나 그렇다 해도 신타로는 기시의 지원이 없었더라면 총리감으로까지 성공하지는 못했을 것이다. 신타로가 1963년 중의원 선거에서 낙선하고 야마구치 현에서 영향력 저하의 징후가 나타나자, 기시는 당시 현직 총리였던 동생 사토 에이사쿠와 둘이서 신타로와 같은 선거구의 자민당 의원 스토 히데오周東英雄,1898~1981의 후원회장을 맡고 있었던 후지모토 만지로藤本万次郎 자택을 찾아간다. 신타로의 후원회장을 맡아주길 부탁한 것이다. 전현직 총리가 찾아와 부탁하는데 이를 거절할 수가 있었겠는가. 후지모토를 후원회장으로 맞은 신타로는 1967년 31회 중의원 선거에서 부활한다.

이후 1974년 66대 총리 미키 다케오三木武夫,1907~1988 내각에서 농림대신, 1977년 67대 총리 후쿠다 다케오 내각에서 관방장관, 1977년부터 1981년까지 자민당 정조회장政調會長 등의 요직을 순탄하게 지낸 것은 기시와 사토의 영향력이 없었으면 불가능했을 것이다.

특히 1982년 나카소네 야스히로 수상 취임 후 외무상으로 임명되어 4년 동안 재직한 것은, 나카소네와 기시의 특별한 관계를 염두에 두지 않을 수 없는 대목이다. 아울러 이때 로널드 레이건Ronald Reagan, 1911~2004의 미국 정부와 동맹 관계 강화를 비롯한 1980년대 일본 외교정책을 실무적으로 주도한 것

자민당 정조회장 시절
기자협회 초청으로 인사하는
아베 신타로

은 앞에서 이야기한 바대로 기시와 미국의 매우 '특별한 관계'가 연장된 것으로 볼 수 있다. 나카소네 후임인 74대 총리 다케시타 노보루 내각에서 자민당 2인자 간사장에 오른 것도 다케시타가 기시의 사람이자 M-펀드 후계자여서 가능했을 것이다.

이렇게 신타로가 착실히 주요 직책을 거치면서 자연스럽게 차기 수상이 될 유력 정치인으로 각광받게 되었지만 1988년 리크루트^{recruit} 사건[12]으로 다케시타 내각이 붕괴하고 자신도 부패 정치인의 꼬리표가 붙어 간사장을 물러나야만 했다. 그러던 1990년 설상가상 암 선고를 받아 다음 해 5월 15일 사망한다. 향년 67세. 만약 아베 신타로가 좀더 오래 살아서 총리까지 지냈다면 1976년 67대 총리 후쿠다 다케오, 2007년 91대 총리 후쿠다 야스오^{福田康夫,} ^{1936~} 부자父子보다 앞선 일본 최초의 아버지와 아들 총리로 기록될 수 있었다.

신조가 태어났을 때, 조부 간은 이미 세상에 없었다. 그리고 아버지 신타로는 너무 바빠 집에 거의 없었다. 그런 신조를 귀여워한 것은 어머니 요코와 외할아버지 기시. 그러니 아베 신조는 필연적으로 외가 쪽으로 기울어갔다.

신조는 눈에 띄지 않는 아이였다. 그저 '평범한 착한 아이'로 이렇다 할 에피소드가 전무하다. 좋든 나쁘든 기존 질서에 대한 회의와 반발이 거세지는 소년기부터 청년기까지의 일화가 신조에게는 없다.

일본 언론들이 그가 다녔던 세이케이학원 동급생, 선후배, 교사들을 찾아다니며 물어보아도 돌아온 답은 판에 박은 듯 똑같다. 평범했다는 것이다.

12　일본 정보산업회사인 리쿠르트사가 계열회사 리쿠르트코스모스의 미공개 주식을 상장하기도 전 나카소네 야스히로를 비롯 다케시타 노보루, 아베 신타로 등 정재계 유력 인사 76명에게 뇌물성 리쿠르트 주식을 싸게 양도하면서 부당 이익을 취하게 한 사건이다. 이 사건을 계기로 나카소네 야스히로 전 총리가 자민당을 탈당하는 등 사회적으로 큰 파장을 일으켰다.

기시 노부스케와 아베 신조(왼쪽).
기시는 손자와 잘 놀아주는
자상한 할아버지였다.

공부를 잘하지도 못했고, 좋아하는 스포츠도 없어서 더욱 그렇다. 그렇게 특별한 인상이 없었던 신조를 총리가 될 그릇으로 생각하는 것은 불가능한 일이다.

고교와 대학 시절의 아베도 마찬가지였다. 어디를 둘러봐도 젊은 나이에 스스로의 의지에 따라 정치의식을 키운 흔적은 보이지 않는다. 하물며 현재와 같은 정치적 입장은 찾아볼 수 없다. 기껏해야 엿볼 수 있는 것은, 외할아버지 기시에 대한 경모傾慕뿐. 인간으로서의 본질이 공소空疎, 공허한 것이 아닌가 하는 의심마저 들게 한다.

대학 졸업 후 신조는 낙하산으로 고베제강소神戸製鋼所에 입사해 무난히 일을 해냈지만 형이 정계 입문을 거부함에 따라 신조가 아버지의 비서를 맡게 됐다. 아버지의 비서관이 된 신조는 열심히 아버지를 도왔다. 외무장관이던 아버지를 따라 해외 출장도 자주 다녔다. 신타로는 총리 직전이었다. 그러나 1991년 암으로 병사함에 따라 신조가 선거구를 물려받고, 1993년 총선에 출마했다.

호소카와 전 총리는 몇 년마다 한번씩 기획전을 열 정도로 뛰어난 도예가이자 서예인이다.

1993년은 격동의 해였다. 리크루트 사건 등의 부패 스캔들로 정치 개혁의 기운이 높아지는 가운데, 소선거구제 도입에 소극적인 미야자와 기이치 총리에 대한 내각 불신임안이 제출되자 자민당 다케시타파에서 분열한 오자와와 하네다^{小沢·羽田}그룹, 소위 '개혁포럼21'이 불신임안에 찬성으로 돌아서서 6월 18일에 중의원이 해산된 총선거에 돌입했다.

선거 결과는 자민당이 과반에 훨씬 모자라는 패배로 8월 9일 야당 세력이 결집하는 호소카와 모리히로^{細川護熙, 1938~} 내각이 성립했다. 그 5일 전에는 일본군 성노예 문제에 대해 가장 전향적으로 사과한 '고노담화^{河野談話}'[13]가 나왔다.

총선은 자민당 패배로 정권을 잃었지만 이 선거에서 신조는 조선 의원이 되었다. 여기서부터 신조의 우파 이데올로기에 대한 급진전, 급접근이 시작된다. 8월 10일, 호소카와 모리히로 총리는 취임 후 첫 기자 회견을 열었다. 이 자리에서 호소카와 총리는 태평양전쟁에 대해 "나 자신은 침략 전쟁이었고, 잘못된 전쟁^{間違った戦争}이었다고 인식하고 있다"고 말했다.

---

13 1993년 8월 4일 미야자와 개조내각의 고노 요헤이(河野洋平, 1937~) 관방장관이 일본군 성노예 관계 조사 결과 일본군 성노예로 알려진 여성들을 군용 성매매 업소에 종사하도록 강요했음을 발표하는 담화를 말한다.

호소카와 총리는 나중 「주간 아사히」[14]와의 인터뷰에서 이 발언의 배경에 대해 다음처럼 말했다. 매우 중요한 발언이므로 전문을 게재한다.

나의 (외)할아버지 고노에 후미마로近衛文麿, 1891~1945[15] 전 총리는 돌아가시기 전날 밤 차남 미치타카通隆[16]에게 유서 같은 것을 남겼는데, 그 내용 중에 중일전쟁의 확대, 인도차이나 침공은 자신의 정치적 오류였다는 것을 말하고 있다. 지난번 세계대전은 침략 전쟁이었다는 것을 뒷받침하는 발언이다.

당시 그 책임을 당한 사람이 그렇게 말하고 있으니 그 말을 무겁게 받아들여지지 않을 수 없다. 그런 차원에서 (내가) 수상에 취임한 1993년 8월의 첫 기자회견에서 기자 질문에 "지난번 세계대전은 침략 전쟁이었고, 잘못된 전쟁이었다고 인식하고 있다"고 총리로서 처음으로 말했다. 내가 말하지 않았다면 무라야마村山 담화[17]도 고이즈미 담화[18]도 거기까지 깊이 파

---

14 2010년 8월 21일호

15 아시아태평양 전쟁 중 3차례에 걸쳐 총리에 임명되어 1, 2, 3차 내각을 조직했다. 그때 총리와 외무장관, 농림장관, 법무장관 등을 겸임하기도 했다. 패망 후 A급 전범이 되자 음독자살했다.

16 역사학자로 도쿄대학 사료편찬실 교수를 지냈다.

17 일본의 전후 50주년 종전기념일(1995년 8월 15일) 당시 81대 총리 무라야마 도미이치(村山富市, 1924~)가 발표했던 담화다. 무라야마 총리는 이 담화에서 "식민지 지배와 침략으로 아시아 제국의 여러분에게 많은 손해와 고통을 줬다. 의심할 여지없는 역사적 사실을 겸허하게 받아들여 통절한 반성의 뜻을 표하며 진심으로 사죄한다"고 발표했다. 이는 외교적으로 일본이 일본의 식민 지배를 가장 적극적으로 사죄한 것으로 받아들여졌으나, 일제에 의한 강제동원 피해자에 대한 배상 문제와 일본군 성노예 문제 등은 언급되지 않았다.

18 2005년 8월 15일 88대 총리 고이즈미 준이치로(小泉純一郎, 1942~)가 발표한 성명으로 정식 명칭은 고이즈미 내각총리대신 담화로, 전후 60년 담화라고도 한다. 일본의 침략이나 식민지 지배에 대해 공식적으로 사죄하고, 인류 전체의 평화와 번영을 실현하기 위해 전력을 다할 것을 표명했다.

고들지 않았을지도 모른다.

이전까지 역대 총리들은 전쟁을 통해 막대한 손해를 끼친 것에 대한 진지한 반성의 마음을 기술하고 있었지만, '침략'에 대해서는 정권의 내외에서 어금니에 무엇이 낀 듯 석연치 않은 발언이 반복되어왔다.

그러나 나는 명확한 역사 인식을 보여줌으로써 인근 국가들이 대일 불신을 씻어내는 데 도움이 되지 않을까 하는 믿음이 있었다. 내 발언은 한국과 중국은 물론 서양 정상에게도 널리 환영받았다.

러시아의 옐친 대통령이 방일했을 때 정상회담에서 나의 그 발언이 없었더라면, 자신은 여기 없었을 것이라고 분명히 말했다. 아마 그때가 일본이 다른 나라와 외교적 관계가 가장 좋았을 때라고 생각한다.

그러나 당시 자민당^{이때는 야당}에서는, 이미 총공격이었다. 이시하라 신타로石原慎太郎, 1932~ 씨와 하시모토 류타로橋本龍太郎, 1937~2006 씨 등으로부터, 예산위원회에서도 철저하게 추궁을 당했다. 당시 여당 분들도 놀랐을 것이다. 여당 사람들에게는 별 말이 없었는데 "말 잘했다, 맞아"라고 제일 먼저 말해준 사람은 고이즈미^{전 총리} 씨였다는 것도 의외였다.

아베가 전후 70년 담화를 낸다고 하는데, 내 생각은 매우 간단하다. 무라야마와 고이즈미 담화를 그대로 계승하면 된다는 것이다. 내 발언이나 무라야마 담화에서 조금이라도 벗어나 그 정신을 해치는 것이라면 그것은 해로운 것이 될 것이다. '침략'이나 '식민지'라는 몇 개의 키워드를 계승해가지 않으면 '미래 지향'이라고 말해도 의미가 없다.

애초에 10년마다 담화를 낼 필요도 없다고 생각한다. 과거에 대해 마주보는 것이 10년마다 바뀌는 것은 곤란하다. 그리고 일본과 한국, 중국과의 관계에 있어서는 평화 우호 이외의 선택지가 있을 수 없다.

그러자 이에 반발한 자민당은 8월 23일 당내에 '역사검토위원회歷史檢討委員会'를 설치하고, 10월 15일 제1차 위원회를 개최했다. 여기서 다음과 같은 '취지'를 발표한다.

호소카와 총리의 '침략 전쟁' 발언이나 연립정권의 '전쟁 책임 사죄 표명' 의도 등에서 보는 바와 같이, 전쟁에 대한 반성의 명분으로 일방적인, 자학적 사관의 횡행은 간과할 수 없다. 우리는 공정한 사실에 근거한 일본인 자신의 역사관 확립을 긴급 과제로 확신한다.[19]

이 취지는 또한 일본의 역사 인식은 '점령 정책과 좌익 편향에 입각한 교육'에 의해 부당하게 왜곡되고 있다며, 이래서는 아이들이 자기 나라의 역사에 자부심을 가질 수 없다고 강조하고 있다. 그러면서 전후 교육은 "틀렸다고 말해야 한다", "일방적으로 일본을 단죄하고 자학적인 역사 인식을 강요하는 범죄적 행위라고 해도 과언이 아니다"라고도 말하고 있다.

현재 일본이 역사 교과서에서 침략 전쟁이라는 사실을 지우고, 독도를 자신의 영토라고 기재하는 그 행위의 출발점이 바로 여기다. 이 같은 우파적 역사관을 강조하는 위원회에 초선 의원 아베 신조가 참여했다. 그러니 아베 신조의 역사 인식은 자민당의 야당 시절에 역사검토위원회에 참여하면서부터

---

19 역사검토위원회 편, 『대동아전쟁의 총괄(大東亜戦争の総括)』, 덴텐샤(展転社), 1995년

1 아베의 '역사검토위원회' 참여는 급격한 극우 성향으로 기우는 계기가 됐다.

2 1997년에 결성한 우익단체 '새로운 역사 교과서를 만드는 모임(新しい歴史教科書をつくる会)'에서 만든 역사 왜곡 교과서

생성되기 시작했다고 봐야 한다. 이는 지금까지 어떤 국내 저술에서도 밝혀지지 않은, 너무너무 중요한 대목이다.

아베 신조의 발언이 처음 기록된 것은 1994년 4월 21일에 열린 제9차 위원회다. 여기서 신조는 일왕이 진주만 공격의 위령 시설인 애리조나기념관에 헌화를 예정하고 있는 것에 대한 불만을 토로한다. 그리고 이런 일왕의 행동이 호소카와 총리의 '침략 발언'과 같은 '일련의 흐름'에 있는 것이 아니냐는 우려를 나타낸다. 채 일 년도 지나지 않아 그가 급속히 우파적 가치관으로 기울고 있는 모습이 보인다.

그 뒤 1997년 나카가와 쇼이치中川昭一, 1953~2009가 대표를 맡는 '일본의 앞날과 역사 교육을 생각하는 젊은 의원 모임日本の前途と歴史教育を考える若手議員の会'이 발족하고 신조가 사무국장에 취임한다. 여기서 그의 우파적 역사 인식은 결정적으로 굳어졌다. 그리고 그의 이런 사고의 뿌리는 바로 외할아버지, 진주만 공습이 침략이 아니라 자위행위였다고 주장한 기시였다.

일본 역사 교과서 왜곡의 전위를 담당하고 나선 우익단체 '새로운 역사 교과서를 만드는 모임'이 1997년 결성된 것도 매우 의미심장한 대목이다. 이는 결국 자민당의 역사 모임과 긴밀하게 행보를 맞추고 있다고밖에 생각할 수 없다.

이 모임은 '후소샤扶桑社'를 통해 『개정판 새로운 역사 교과서』를 출판하였는데, 난징 대학살을 '난징 사건南京事件'이라고 바꾸어 부르고, '위안부慰安婦'라는 용어를 계속 사용하는 등, 일제 시절의 전시 활동을 빠뜨리거나 축소하고 있다. 또한 독도와 센카쿠 열도, 쿠릴 열도 남단 4개 섬의 영유권을 강조하고 있다.

아베와 통일교의
유착

2013년 여름의 참의원 선거 직전 통일교는 전국의 신자에 대해서 다음과 같은 내부 통지문을 보냈다.

> 전국구^{비례대표}의 기타무라_{北村} 씨는, 야마구치 출신의 정치가, 천조황대신궁교_{天照皇大神宮教}, 일명 '춤추는 종교_{踊る宗教}'의 기타무라 사요_{北村サヨ} 교조의 손자입니다. 수상으로부터 이 분을 후원해달라는 의뢰가 있는데, 당락은 상기의 '춤추는 종교'와 우리 그룹의 조직표에 달려 있습니다만 아직 C등급으로 당선되기에는 먼 상황입니다. 참의원 선거 후에 우리 그룹을 국회에서 추궁하는 운동이 일어난다는 정보가 있어, 그것을 지키기 위해서도, 이번 선거에서 기타무라 후보를 당선시킬 수 있을지, 조직의 '사활 문제'입니다.

'전국구 기타무라 씨'란 2013년 참의원 선거에서 자민당의 비례 전국구에 입후보하고 당선한 전 「산케이신문」 정치부장 기타무라 쓰네오_{北村経夫, 1955~}다. 그리고 그에게 후원, 즉 조직표 지원을 의뢰한 총리는 그 전년 12월에 자리에 복귀하여 당시 제2차 아베 내각을 이끌던 아베다.

또한 조직표 지원의 대가로 국회 추궁으로부터 '지켜주기'가 필요했던 '우리 그룹'이란 영감상법_{靈感商法}과 위장 권유 등 숱한 사회문제를 일으켜온 종교단체 통일교_{세계기독교통일신령협회, 2015년 세계평화통일가정연합으로 개칭}다.

전국의 교단 지부나 관련 시설에 일제히 송신된 팩스에는 '참원선_{參員選}

추천 후보'로서 각지의 선거구 후보자와 함께 전국구로 '밀어야 할' 후보로
기타무라의 이름이 기록돼 있다.

기타무라는 아베가 자청해서 출마를 시킨 후보자다. 기시 노부스케가
패전 후 전쟁 책임을 묻는 스가모교도소에 구금되기 전, 야마구치 현에 참배
하러 왔을 때, 기타무라 쓰네오의 할머니가 "3년 정도 간다. 영혼을 갈고 닦으
면 총리대신으로 써주겠군"이라고 가까운 장래에 기시가 총리가 될 것임을
예언했다고 한다. 아베에게 기타무라는, 외할아버지와 인연이 깊은 은인의
손자인 것이다.

그런데 기타무라 의원 만들기에는 지금 아베 내각의 2인자였다가 99대
총리로 선출된 스가 요시히데菅義偉, 1948~도 관여돼 있다. 기타무라가 선거 운
동 기간 중 비밀리에 후쿠오카 현의 통일교 지구교회 2곳 예배에 참석해 강연
을 할 수 있도록 지원했다는 것이다.

스가는 아베 1차 개조내각에서 자민당 선거대책총국장에 취임, 후쿠다 내각에서는 선거대책총국 선거대책부위원장을 맡는 등 자민당 선거 대책을 맡아온 선거 전략 전문가다. 그런 그가 기타무라를 통일교에 극비리에 파견했던 셈이다.

기타무라의 후원회 명부에는 교단 체계의 정치단체인 국제승공연합, 세계평화연합의 전국 각지 간부의 이름이 적혀 있으며, 기타무라의 후쿠오카 선거사무소에는 세계평화연합의 여성 스태프가 사무원으로 파견되어 있었다.

게다가 기타무라를 선택하는 기일 전 투표와 그 수를 보고하도록 신자에게 지시하는 교단 내부 메일도 공개됐다. 그해 7월 초 교단의 북도쿄 교구는 아다치足立 교회 교인들에게 다음과 같은 메일을 일제히 전달했다.

기일 전 투표 부탁입니다. 이번에 응원하는 분은 자민당의 기타무라 쓰네오 씨입니다. 이번 추천은 과거보다 더 특별한 분이고 스타트 대시가 중요하므로 멀더라도 3일 동안 투표소까지 갈 수 있도록 여러분의 협조를 부탁드립니다.

전국의 신자에게 송신된 이 메일의 포인트는 '기일 전 투표'다. 그래야만 투표일까지 미리 통일교 표가 확실한 득표수를 계산할 수 있다는 것이다. 다음과 같은 독려 내용도 있다.

본인뿐 아니라 친족에게도 투표 의뢰할 수 있는 분이 있으면 부디 부탁드립니다. 내일부터 3일 연휴, 사전 투표를 할 수 있습니다. 투표하러 가신 분은 메일로도 좋으니 알려주세요.

chapter 6

이렇게 교단 본부는 전국의 신자에 7월 5일부터 7일 사이에 기일 전 투표를 하도록 지구교회 경유로 지시했고, 각 지구교회 책임자는 매일 투표 실적을 본부에 보고하도록 통보했다. 투표수가 낮은 지구의 교회 책임자는 문책되었다고 한다. 신자 3천 명에 의한 특별 전도부대도 결성되어 선거 운동을 지지했다.

아베가 직접 후원을 부탁하고 스가가 방어한 덕택으로 기타무라는 통일교 조직표를 얻어 당선됐다. 당초 통일교의 조직표 목표는 10만 표였지만 실제로는 약 8만 표에 그쳤다고 한다. 그래도 기타무라의 총 득표수[142,613표] 가운데 과반수가 넘는 8만 표가 통일교 신도들의 조직 표였다.[20]

이 당시 신자들에게는 조직표 지원 대가로 교단에 대한 경찰 수사를 미루겠다거나 선거가 끝난 뒤 도쿠노 에이지德野英治 통일교 13대 회장이 아베 총리를 만나러 간다는 얘기가 흘러나왔다는데, 도쿠노 회장과 아베 신조의 밀회는 실현되었다.

당시 통일교 상황으로 보자면 문선명 교주가 참의원 선거 전 해인 2012년에 사망함으로써 후계 문제가 뒤틀려지고 분열 소동이 벌어지는 등 조직 기반이 흔들리는 가운데, 교단은 정치 공작에 의해서 체제 유지를 도모하려고 한 것으로 볼 수 있다.

기타무라는 지난 2019년 7월 제25회 참의원 선거에서도 당선돼 현재 참의원의 외교국방위원장을 맡고 있다. 일본 헌법 개정에 찬성하면서 자위대를

20 　스즈키 에이트(鈴木エイト), '자민당 아베 정권과 통일교회 : 2013년 참의원 선거 때 준동한 책동_정계 종교 오염~아베 정권과 문제 교단의 왜곡된 공존관계 제1회(自民党安倍政権と統一教会 : 2013年 参院選時に蠢いた策動〈政界宗教汚染~安倍政権と問題教団の歪な共存関係・第1回〉)', 「주간 아사히」, 2019년 1월 11일

다른 국가처럼 국방군으로 만들어야 한다고 주장한다.

그렇다면 아베는 과연 언제부터 통일교와 긴밀한 관계가 됐을까?

한일 양국이 반공산주의 정책을 추진하는 과정에서 1968년 문선명은 박정희의 지원 아래 서울에서 국제승공연합国際勝共連合을 만든다. 그러자 아베 외할아버지 기시 노부스케는 이 단체의 일본 설립에 고다마 요시오, 사사카와 료이치 등과 함께 적극 협력했다. 아버지 아베 신타로 역시 통일교도들을 자민당 의원 비서로 소개하거나 각 의원을 교단의 세미나에 권유했다. 그러나 그들과 달리 초기의 아베는 통일교와 일정 거리를 두고 있었다.

그러던 아베 신조와 통일교와의 직접 관계가 처음 노출된 것은 2006년이다. 그해 5월 통일교 계열 정치 단체인 천주평화연합UPF이 후쿠오카에서 개최한 합동결혼식 개최 이벤트 '조국향토환원일본대회祖国郷土還元日本大会'에 당시 관방장관 아베 신조와 전 법무대신으로 중의원 헌법심사회 회장인 야스오카 오키하루保岡興治가 축전을 보낸 일이 발각되었다.

문선명 통일교 교주와
기시 노부스케

야스오카와 관련해서는 그의 아내가 영감상법靈感商法[21] 항아리를 구입하여 열심히 통일교 집회에 참석했다는 말이 나왔고, 2000년에는 법무부 장관 비서관으로 통일교 신자를 등용했다고 지적받기도 했다. 변호사이기도 한 야스오카는, 통일교 고문 변호사를 지낸 이나미 도모유키稲見友之와 게이텐敬天종합법률사무소를 공동 운영하고 있다. 그러나 이 시기의 아베는 통일교와 밀접하게 지낸 흔적이 없었다.

앞에서 통일교가 2013년 참의원 선거에 개입한 사례를 말했는데, 2010년 참의원 선거 이전에도 이와 관련한 문서가 유출했다. 거기에는 저널리스트에서 정치가로 변신한 이후 계속해서 통일교를 비판하고 있는 아리타 요시후有田芳生 참의원을 낙선시키도록 하는 지시가 있었다.

아리타 요시후는 아베가 통일교 행사에 축전을 보낸 것과 관련해 자신의 블로그에 다음과 같은 내용의 글을 올렸다.

> 나는 아베 신조 씨와 통일교 문제로 대화를 나눈 적이 있다. 그가 북한과 통일교의 관계가 어떻게 되는지 물어와서 나는 북한 김정일 체제와 통일교가 깊은 관계에 있음을 전했다. 그러자 그는 "그렇죠"라며 고개를 끄덕이고, 사실 통일교가 매우 왕성하게 만남을 요구해오고 있지만 만나지 않는다고 말했다. 북한에 강경한 입장을 취하고 있고, 게다가 유력한 총재 후보인 아베가 스스로의 판단으로도 굳이 이 시기에 통일교계 집회에 축전을 치지는 않았을 것이다.

---

21 사기나 악덕 판매 행위로, 조상의 영(靈)이 노했다는 등 미신이나 종교, 오컬트적인 이유로 고액의 상품이나 서비스를 파는 판매 방법이다.

또한 당시「교도통신」보도를 보면 축전과 관련해 아베는 "지역구 사무소로부터 관방장관 직함으로 축전을 보냈다는 보고를 받았다. 오해를 살 수 있는 대응이라 담당자에게 주의를 주었다"고 해명했다.

이랬던 아베가 7년의 세월이 지나서는 왜 통일교 조직표 지원을 직접 부탁할 정도로 변절한 것일까? 그것은 아무래도 아베가 거의 목숨을 걸다시피 추진하고 있는 평화헌법 개정 문제와 닿아 있다.

2012년 12월 정권을 탈취한 아베 신조는 헌법 개정을 실현하기 위해서 장기 안정 정권을 계획하고 있었다. 그러려면 조직표에 그치지 않고 무진장한 인원을 파견해주는 통일교를 이용하지 않을 수 없었을 것이다. 눈앞의 국정 선거와 개헌 운동 책동 때문에 아베는 관계를 가져서는 안 되는 통일교의 접근을 받아들인다. 자신의 정치적 야심에 의해 악마와 거래를 맺고 말았던 것이다.

그리하여 2013년 3월에는 통일교 국제승공연합의 회장 취임식에 다수의 자민당 의원이 참석한다. 그리고 그런 흐름이 앞서 말한 7월 참의원 선거의 책동으로 이어지는 것이다.

한편, 교단 측은 이 시기가 격동 중이었다. 앞에서 잠깐 언급한 것처럼 교주 문선명이 2012년 9월에 사망, 후계 싸움은 아들들뿐만 아니라 모자지간의 다툼으로까지 발전했다. 결국 후계 후보자였던 아들들은 줄줄이 포기하고 아내인 한학자韓鶴子, 1943~ 총재의 독재 체제가 된다. 당초 후계자로 지목된 셋째 아들 문현진文顯進은 이미 교주의 명령으로 2010년에 추방됐지만, 경제 부문과 종교 부문을 이어받은 4남 문국진文國進, 통일교유지재단이사장과 7남 문형진文亨進, 통일교회세계회장도 문선명 사후 한학자가 교단의 실권을 잡으면서 잇달아

요직에서 물러났다. 한학자 추종파와 아들의 분파 사이에는 부동산 이권 및 교단 마크의 저작권을 둘러싼 소송도 제기됐다.

현재 통일교 일본 조직은 한학자의 통제 아래 있고, 여전히 아베 정권과 긴밀한 관계를 구축하고 있다. 2019년 10월 5일 나고야 시내의 한 고급 호텔에서 통일교 UPF천주평화연합이 주최한 '일본 정상회의 & 리더십 콘퍼런스'가 열렸다. 여기에는 자민당 최대 파벌인 아베의 세이와정책연구회清和政策研究会와 3명의 참의원, 4명의 중의원, 다테 주이치伊達忠- 전 중의원의장이 참석했다. 다음 날 아이치 현 국제전시장에서 열린 4만인 신도대회에도 복수의 자민당 의원이 내빈으로 모습을 보였다.

두 행사 모두 주빈은 한학자 총재. 리더십 컨퍼런스에서는 세이와정책연구회 회장이 한 총재를 찬양하고, 4만인 신도대회에서는 지방의원 70쌍이 '기성축복既成祝福'을 받으며 통일교 신도가 됐다. 아베와 통일교의 유착은 현재진행형인 것이다.

CHAPTER

7

다부세 시스템의
역설

　　자, 이제 프롤로그에서 화두로 꺼낸 '다부세 시스템'에 대해 다시 말할 때가 되었다. 이에 대해 이야기하고자 하면 필연적으로 메이지유신으로 돌아가지 않을 수 없다. 간단하게 말해서 메이지유신 성공의 최대 요인은 사쓰마 번과 조슈 번이 서로 힘을 합친 '삿초동맹薩長同盟'이다.

　　그런데 이를 더 자세히 보자면 삿초동맹은 근본적으로 사쓰마 가고시마鹿兒島의 가지야 마을鍛冶屋町과 조슈 야마구치의 다부세 마을 출신들의 결합이다. 공교롭게도 이는 조슈 번의 경우, '에타ェタ'라고 불리던 조선인들이 모여 살던 최하위 계급의 피차별부락被差別部落이라는 점에서, 사쓰마 번의 경우 역시 바로 옆에 조선인 부락이 있는 하위 거주민 구성의 마을이라는 점에서 묘한 공통점이 있다.

　　결론적으로 말해 메이지유신은 바로 이렇게 조선인 아니면, 조선인과 밀

'쇼인기념관'에 세워진 야마구치 현의 인물 동상. 왼쪽부터 야마가타 아리토모 총리, 기도 다카요시 참의 (參議), 이토 히로부미 총리

접한 관계에 있는 하급 사무라이들이 상급 사무라이 계급을 전복시키고자
하는 쿠데타였다. 게다가 메이지유신의 성공 이후 이 두 마을에서 계속해서
정치 실력자들이 등장하는 것도 결코 우연이라고 할 수 없다.

실제로 야마구치 현의 다부세와 그 인근 하기 등지에서는 이토 히로부
미를 필두로 육군 대장에 총리를 지낸 야마가타 아리토모, 러일전쟁을 승
리로 이끈 가쓰라 다로, 조선 총독과 총리를 지낸 데라우치 마사타케寺內正毅,
1852~1919 이후 기시 노부스케, 사토 에이사쿠, 아베 신타로와 아베 신조까지 무
려 9명의 총리가 나왔다. 일본 전체 번藩으로 보자면 170여 개 중의 하나, 현縣
으로 따져도 43개 중의 하나에 불과한 시골에서 말이다.

게다가 이토와 가쓰라, 사토, 아베 네 명은 최장수 총리 1위부터 4위를 모조리 차지한다. 메이지유신 이후 어느 지역보다 야마구치 출신 총리들이 가장 오랜 기간 총리 자리에 앉아 있었다고 해도 과언이 아니다. 따라서 현재의 일본은 사실상 '야마구치 막부'가 계속 유지되는 것이라고도 할 수 있다.

또한 여기에 메이지 초기 오쿠보 도시미치와 함께 2대 실력자였던 기도 다카요시와 그의 손자 기도 고이치 내대신, 전후 40년 동안 일본 공산당을 이끈 미야모토 겐지宮本顯治, 1908~2007, 제2차 세계대전 직전 외무대신을 지낸 마쓰오카 요스케松岡洋右, 1880~1946, 종전 시 내무부장관을 지낸 아베 겐키安倍源基, 1894~1989도 있다.

앞에서도 몇 번 등장했지만 야마가타 아리토모는 조선 침략의 추동력으로 매우 중요한 인물로, 자세히 알아볼 필요가 있다. 그는 육군뿐 아니라 정계와 관계를 오랫동안 주무른 실권자였다. 그는 메이지 군대의 산파였던 오무라 마쓰지로大村益次郎, 1824~1869의 후계자로서 군제개혁을 단행하고 징병제

이토 히로부미(왼쪽)와 야마가타 아리토모.
이토가 조선 병탄의 기획자라면
야마가타는 이를 실행하는 집행자였다.

실시를 결행했다. 또한 육군의 기초를 만든 군정가로서 '조슈 파벌'을 이끌던 '군벌의 시조'이기도 했다.

1894년 여름 일본군이 서울에 들어와서 도성을 장악하고 경복궁을 침범했을 때 이토 히로부미는 내각의 총리를 맡고 있었다. 청일전쟁이 일어나자 야마가타는 총리를 비롯 내각의 요직을 역임한 원로이면서도 제1군사령관으로 전선에 나왔다. 그는 조선 침략을 주도한 최고 책임자이며, 동시에 이를 막는 청국과의 전쟁을 결정한 최고 책임자였다. 이토가 조선을 집어삼키는 조선 병탄의 기획자라면, 야마가타는 이를 충실히 실행에 옮기는 집행자였다.

이토는 1885년에 만 44세를 겨우 넘긴 나이로 총리가 된 후 4차에 걸쳐 7년 반 가까이 장수한 총리였고, 야마가타는 핵심 군직을 돌려 맡은 후 2차에 걸쳐 3년 여 동안 총리로 지냈다. 일본제국의 헌법을 제정한 초기에 정계와 육군의 실세는 바로 이들이었다. 물론 조선 침략의 정점에도 이들이 존재했다. 같은 고향 출신이 번갈아가며 한반도 유린의 최선봉에 서 있었던 것이다.

물론 일본 침략정책의 꼭대기에는 요시다 쇼인이 있다. 오키나와를 집어먹고, 조선을 속국으로 만들며, 만주와 대만 그리고 필리핀을 침략한다는 구상은 모두 쇼인의『유수록幽囚錄』에서 비롯되었다.

이토와 야마가타는 요시다의 쇼카손주쿠에서 그런 꿈을 전해 받은 지 꼭 37년 후인 1894년에 실제로 조선에 군사 침략을 감행했다. 이후 청국이 혼란한 틈을 타서 대륙에 군대를 주둔시켰고, 마침내 만주를 침범해서 만주국을 만들었으며, 군국주의의 길로 더 나아가 아시아에 심대한 고통을 주었다.

야마가타 아리토모는 1869년메이지 2년에 구미 사정을 파악하기 위해 유럽으로 건너가서 각국을 다니며 견문을 넓혔다. 조슈 번 출신들은 요시다의 교

하기의 요시다 쇼인 집터 옆에 있는
요시다 쇼인 동상

육 때문인지 구미행이 빈번했다.

이 시기 유럽은 전쟁판이었다. 분쟁이 일어나면 전쟁으로 결말을 지었다. 1870년에 벌어진 프러시아와 프랑스 간의 전쟁이 그러했다. 승리한 프러시아는 독일제국으로 변신했고, 독일은 프랑스를 대신해서 유럽의 중심국가로 외교 무대에서 활약하게 된다. 야마가타는 이런 정세를 보고 약육강식의 국제 관계를 당연한 것으로 생각하게 된다.

그의 앞에 있던 유신 실세들은 짧은 시기에 사라졌다. 사이고 다카모리西鄕隆盛, 1828~1877는 세이난 전쟁西南戰争 [01]에 패해서 자결하였고, 다른 실세들도 이런저런 이유로 정계를 떠났다. 그에게 반대하는 육군 내 세력은 요직에서 쫓겨났다. 대파벌을 장악한 야마가타를 가로막을 세력은 없었다.

---

01   1873년 조선사절단 파견을 둘러싼 대립으로 이와쿠라 도모미(岩倉具視, 1825~1883) 등에게 밀려 정계에서 물러난 사이고가 1877년 일본 서남부의 가고시마 규슈에서 일으킨 반정부 내란으로 정부군에 의해 진압되고 사이고는 자결했다.

세 명의 군벌 총리. 왼쪽부터 야마가타, 야마가타 실각 후 내각을 이어받은 사쓰마 출신의 마쓰카타 마사요시(松方正義, 1835~1924), 데라우치. 야마가타와 데라우치는 야마구치 출신이다.

1882년 임오군란과 1884년 갑신정변 때 조선에서 청군에게 밀려난 후 군사 상국을 목표로 예산을 쏟아 넣었던 국성의 중심에 그가 있었다. 그러면서 1888년 12월부터 다음 해 10월까지 다시 유럽 각지를 다니며 견문을 쌓았다. 독일에서 비스마르크와 빌헬름 2세를 만나 국가 운영과 군대 편제를 배우고 온 것도 그때였다.

그는 1890년에는 의회 개설을 앞두고 일본식 지방자치제를 만들었다. 요점은 중앙 정계의 영향을 기초자치단체인 시정촌市町村이 받지 않도록 한 것이다. 그래서 주민들을 이른바 일본식 공공정신을 함양하는 무대로 만들려고 하였다. 이것은 성공적이었다.

메이지 실권자들에게 자유민권운동[02]은 용납할 수 없는 것이었다. 세금을 많이 낸 사람을 뽑는 유례없는 등급 선거를 실시해서 지방의회를 명망가로 채웠다. 직접선거뿐 아니라 간접선거도 병행해서 부유하고 나이 많은 인사가 의회를 장악해서 사회 질서를 중시하도록 만들었다.

1887년에는 더 적극적인 탄압에 나섰다. 보안조례를 공포하고 군대와 경찰을 동원해서 주요 자유민권론자를 체포한 다음, 대부분 도쿄에서 지방으로 몰아냈다. 메이지 정부가 군대식 질서로 국민을 조직하는 것을 저해하는 요소를 원천적으로 제거한 것이다. 침략과 전쟁 그리고 군국주의의 길은 그런 방식으로 출발했다.

야마가타는 원로로서 군대와 정계에 영향력을 행사했다. 군의 요직은 물론 총리 인선도 그의 말이 좌우하는 경우가 적지 않았다. 그는 여러 차례 군제 개혁과 군대 증설 그리고 전략과 정책에 대해 의견을 제시했다. 이런 의견은 대개 그대로 수용되었다.

가장 큰 주장은 1888년에 주장한 이른바 주권선主權線과 이익선利益線이다. 이때 동아시아는 영국을 비롯한 서구 열강의 동점과 시베리아철도를 부설하며 들어오는 러시아의 위협 때문에 불안해졌다. 일본은 러시아와 청국의 위기를 관리하기 위해 조선을 다뤄야 할 필요가 있는데 이를 야마가타식 용어로 설명한 것이 '주권선'과 '이익선'이었다.

주권선은 일본의 국경을 의미하고, 이익선은 일본의 이익과 관계되는 경

---

[02] 메이지시대에 일어났던 민주주의 운동으로, 이타가키 다이스케(板垣退助, 1837~1919) 등이 「민선의원설립건백서」을 제출하면서 시작됐다. 사쓰마 번의 번벌정치에 항의해 헌법제정운동, 의회수립운동, 지조경감 요구, 유럽과 미국과의 불평등조약 개정 요구, 언론과 집회 자유 등을 요구했다.

계선을 의미했다. 그는 오랫동안 한국에 숙명론처럼 된 지정학적 분석을 적용해서 조선은 일본의 이익선이 된다고 했다. 이익선은 주권선과 밀접한 관계가 있으며, 이익선이 침범되면 주권선도 위험해진다는 개념으로 군비확장론의 핵심이 바로 이 이론이다. 조선을 외국의 영향에서 벗어나게 해서 일본의 영향 아래 두려면 청국을 압도할 군사력이 필요하다고 했다.

이 같은 논리는 청일전쟁에 승리한 뒤에 확대되어 러시아와 전쟁을 준비하는 내용으로 확대되었고, 또 러시아의 보복전쟁에 대비하는 논리와 장래 벌어질 백인과 유색인종 간의 대립을 예상하는 논리로 증폭되었다. 전쟁을 통해 일본 영토가 넓어지면 주권선과 이익선도 더불어 확대되는, 제2차 세계대전을 일으키는 논리까지 제공했던 것이다.

야마가타가 도쿠가와 이에야스德川家康, 1543~1616의 축쇄판이었다면 이토 히로부미는 도요토미 히데요시처럼 신봉자를 거느리면서 서로 좋은 상담역으로 협력했다. 이들을 전국시대 인물에 비교하자면 사이고 다카모리는 오다 노부나가織田信長, 1534~1582였고, 야마가타 아리토모는 도요토미 히데요시와 도쿠가와 이에야스를 합친 느낌이다. 천하통일을 앞두고 쓰러진 오다 노부나가의 과실을 도요토미가 차지해서 통일 후 조선을 침략한 것처럼, 야마가타도 메이지유신을 완수한 사이고 다카모리의 과실을 차지해서 조선과 중국을 침략했다.

세상이 급변할 때 거부가 되거나 비약 출세하는 길이 나온다. 도사土佐 출신인 이와사키 야타로岩崎彌太郎, 1835~1885가 메이지 권력과 결탁해서 미쓰비시란 재벌을 일으켰다면, 이토와 야마가타는 막부 말기 하급무사 집안에서 정치적으로 비약 출세했다.

그런 신분이었던지라 메이지 권력은 유럽 왕국의 귀족들이 부러웠던 모양이다. 그래서 1884년 화족령을 제정하고, 왕족 아래 화족華族이라고 부르는 귀족을 만든다. 그렇게 서민이 넘볼 수 없는 특권 세습 계급을 운영했다.

가장 높은 귀족 공작에는 264년간 막부의 쇼군으로 일본을 지배해온 도쿠가와 가문을 비롯해 섭정과 관백 등에 오른 공가公家 사회의 고노에 가문 등이 들어갔다. 아무리 쿠데타 정권이라고 해도 수백 년간 지방을 지배해왔던 다이묘들의 유력 가문을 배제하긴 힘들었다.

메이지 시기에 모두 4개 가문이 새롭게 공작이 되었다. 조슈 출신인 이토 히로부미, 야마가타 아리토모, 가쓰라 다로와 사쓰마 출신인 오야마 이와오大山巖, 1842~1916 육군 참모총장 가문이다. 조슈 번에서 3개, 사쓰마 번에서 1개 가문이다. 메이지유신에 똑같이 공을 세운 조슈와 사쓰마이지만 이미 그때부터 사쓰마는 조슈 번에 밀리기 시작했다.

가쓰라 다로는 조슈 번벌藩閥의 수장으로 정계에 군림한 야마가타 아리토모의 직계로 출세를 거듭했다. 육군 대신 재임 당시 사단을 설치하고 군령 기관으로서 참모본부를 독립시키는 등 독일식 병제 개혁을 추진했다. 또한 제1차 내각 당시 영일동맹을 체결하여 이를 바탕으로 러일전쟁의 승리를 주도했다. 1908년에 조직한 제2차 내각에서는 무력으로 대한제국을 병합했다. 1912년 제3차 내각을 조직했으나

한일합방을 주도한 가쓰라 다로

'헌정옹호 운동'에 의해 총사직하게 되었다. 총리대신 재임 기간은 2,886일로 아베 신조에 이어 두 번째로 길다.

따라서 이토 히로부미 라인은 야마가타 아리토모를 거쳐 가쓰라 다로에게 이어졌다고 할 수 있고, 이 체제가 만들어놓은 반석이 지금까지 지속되는 것이다.

야마가타와 오야마는 아이러니하게도 세이난 전쟁에서 사이고 다카모리를 무너뜨린 공로로 작위 획득의 기반을 마련했다. 이들은 중앙 정부에 불만을 가진 사이고와 사쓰마의 동향이 심상치 않자, 가고시마에 있는 육군성 포병창의 무기와 탄약을 오사카로 옮기기 위해 세키류마루赤龍丸를 비밀리에 보내어 반출을 실시했다. 이 반출은 당시 일본 육군의 주력장비였던 스나이더 총의 탄약 제조 설비를 오사카로 반출하는 것이 주된 목적이어서 야마가타와 오야마, 즉 육군의 조슈파 리더와 사쓰마파 리더가 협력하여 실시된 것이다.

스나이더 총의 탄약은 사쓰마 번이 설립한 병기 및 탄약공장이 전신인 가고시마 속창屬廠에서 이루어져 거의 독점적으로 공급되던 상황이었다. 후장식後裝式 스나이더 총을 가장 빨리 도입했던 사쓰마 번은 영국에서 설비를 도입하여 1872년에 육군성이 창설되기 이전부터 스나이더 탄약의 국산화에 성공한 유일한 지역이었다. 화약과 탄약, 뇌관 등이 있어야만 사용할 수 있는 전장식前裝式 총과 달리 후장식 스나이더 총의 탄약은 놋쇠를 주재료로 한 탄피가 필수라서, 이것이 없으면 총 구실을 하지 못했다.

나중 사쓰마 군대는 당연히 예상되는 충돌에 대비하기 위해 무기와 탄약을 구하기 위해 소무타草牟田 화약고를 습격해 강탈했지만, 그들이 구할 수

세이난 전쟁에서 구마모토 성의 전투를 그린 그림

있었던 것은 구형의 엔필드 총과 그 탄약뿐이었다. 세이난 전쟁에서 사쓰마가 패한 가장 커다란 원인 중 하나는 정말 아이러니하게도, 사쓰마를 상징하는 신병기였던 스나이더 총이 무용지물이 되고 구식 엔필드 총으로 싸우지 않으면 안 되었던 무기의 차이였다.

이후 야마가타의 작위 상승은 조선 침략에 대한 기여도 때문이었다. 야마가타는 영전을 거듭하면서 1907년 9월 공작에 올랐다. 조선 강점 10주년에 펴낸 사진첩을 보면 이토 히로부미 바로 옆에 자랑스럽게 편집된 그의 얼굴이 나온다.

이토 히로부미의 명령으로 조선의 문화재와 유산 약탈을 진두지휘했던 데라우치 마사타케는 1909년 10월 26일 이토가 하얼빈에서 암살된 이후 제2대와 3대 통감을 지내고, 1910년 8월 22일의 한일합방과 함께 10월 1일 조선

총독부가 설치되면서 초대 조선 총독에 취임했다. 데라우치는 군인인 헌병이 경찰을 겸직하는 헌병경찰 제도를 만들어 조선을 철저한 감시 통제사회로 만들어 무단 정치를 펴 나갔다.

1910년 조선을 완전히 종속화하자, 야마가타는 데라우치 마사타케 총독에게 일본 폭력단 흑룡회의 지원을 받는 비밀경찰 활동을 발전시켰다. 그리하여 헌병대는 흑룡회 수령 우치다 료헤이内田良平, 1874~1937 부하들의 도움을 받아 각 지역에서의 약탈을 전술적으로 조직했다. 공식적으로 일본은 하나의 '공영권'의 창설을 통해 동남아시아를 서구의 식민주의로부터 보호한다고 하면서 말이다.

그는 1911년 4월 한일 병합의 공로로 백작이 되었다. 장남 히사이치寿一도 육군 대장 원수가 되어, 왕족을 제외하고는 부자가 모두 육군 원수가 된 유일한 경우가 됐다.

그런데 흑룡회는 1895년에 명성왕후 살해를 주도한 도야마 미쓰루頭山満, 1855~1944가 인솔하는 국수단체인 겐요샤의 행동대이자 살인 그룹이다. 도야마는 흑룡회의 고문이다. 결국 명성황후 살해는 야마가타 정점의 일본 첩보기관과 도야마가 거느리는 폭력단의 공모 결과였다. 이후 우치다 료헤이는 조선의 유력 가문들을 정복의 전위대로 내세우는 작업에 자신의 전투원들을 투입했다.

겐요샤와 흑룡회가 조선 땅에서 날뛰며 일본의 전위대 노릇을 하는 동안 조선 통감부와 총독부의 헌병사령관 겸 경무총장은 아카시 모토지로明石元二郎, 1864~1919였다. 데라우치 밑에서 조선의 국권을 강탈한 집행자였던 그는 1910년 7월부터 1914년 4월까지 재임하며 의병을 대거 학살한 공으로 대만

데라우치 내각. 아래 왼쪽에서 두 번째가 데라우치, 오른쪽 옆이 만주에서의 마약 재배 공로로 일약 출세한
고토 신페이 당시 내무부장관 겸 철도원 총재

총독이 되었고, 대장 승진까지 했다.

그런데 아카시의 출신지는 규슈의 후쿠오카였다. 조선 침략에 앞장선 극
우 인물 겐요샤 총수 도야마 미쓰루와와 흑룡회의 우치다 료헤이도 같은 후
쿠오카 출신이었다. 야마구치 옆 동네 후쿠오카는 사실 야마구치와 같은 지
역이라고 해도 별 무리가 없다.

도야마 미쓰루와 우치다 료헤이는 한일병합 25주년을 기리기 위해 1934
년 도쿄의 메이지신궁 앞에 '일한합방기념탑'을 세웠다. '메이지 대제大帝의
홍업鴻業을 영원히 경모敬慕하여 받들기 위해' 세운 이 탑의 발기인은 도야마
와 우치다 그리고 종일단체 일진회의 고문 스기야마 시게마루杉山茂丸 세 사람

이다. 한마디로 말해 정치깡패들이 대한제국을 능멸한 것이다. 우치다는 건립 취지문에서 '일한합방은 한국 측의 제창에 의해서 이루어졌다'고 강조했다. 그러니 아베 신조와 아소 다로를 비롯해 일본 극우 정치인들은 이들 정치깡패의 말을 앵무새처럼 반복하고 있는 것이다.

헌병대와 극우단체가 협력하는 똑같은 시스템이 만주에서도 벌어졌다. 바로 기시 노부스케와 폭력단의 협력이다. 만주 괴뢰정부는 관리들과 합작한 대륙낭인과 마약 판매상들의 지배 아래 놓였고, 의욕이 넘치는 깡패들은 약탈을 위한 사병 조직을 만들었다.

아베 긴키安倍近繼는 아베 신조安倍晋三 현 총리와의 정확한 관계는 불분명하지만 가문은 같다. 그는 내무대신 이전에 경찰 권력을 한 손에 쥔 남자로 경시총감을 지내며 특고경찰特高警察에서 군림했다. 특고경찰은 비밀경찰로, 현재 CIA나 KGB와 같은 조직이다. 그러니 권력자에게 너무 중요한 자리인데,

1 국수단체 겐요샤. 정중앙이 도야마 미쓰루
2 겐요샤는 중국에서의 활동도 왕성했다. 왼쪽부터 도야마 미쓰루, 그 다음다음 이누카이 쓰요시(犬養毅) 총리, 장제스 총통

야마구치현 출신 총리

이름	생몰년	비고
이토 히로부미	1841~1909	1·5·7·10대 총리. 초대 귀족원의장
야마가타 아리토모	1838~1922	3·9대 총리
가쓰라 다로	1848~1913	11·13·15대 총리
데라우치 마사다케	1852~1919	18대 총리
다나카 기이치(田中義一)	1864~1929	26대 총리
기시 노부스케	1896~1987	56·57대 총리. 자민당 초대 간사장
사토 에이사쿠	1901~1975	61·62·63대 총리
간 나오토(菅 直人)	1946~	94대 총리
아베 신조	1954~	90·96·97대 총리

이 역시 다부세 출신이 많은 것이다. 기시 노부스케는 자신의 1차 내각을 조각할 때 국가공안위원장 후보로 아베 긴키를 추천했지만 강한 반대로 뜻을 이루지 못했다.

영국에서는 이처럼 일본의 피차별부락被差別部落, 즉 조선인 마을 출신들이 정권의 핵심으로 등장하는 것에 대해 일찍부터 주목을 하고 이를 조사했다. 오니즈카 히데아키는 그의 책에서, 영국 공사 해리 파크스Harry Smith Parkes가 일본의 약점을 찾기 위해 외교관 어니스트 사토우Earnest Mason Satow[03]에게 피차별부락에 대한 조사를 시켰다고 말하고 있다.

---

03 일본어를 구사한 첫 서양 외교관으로 영국의 대일 정책 수립에 큰 기여를 했다. 이후 주모로코 공사, 주일공사, 주청(淸)공사를 역임했고, 회상록인 『일본의 외교관(A Diplomat in Japan)』 등 많은 저서를 남겼다.

가고시마 현의 다부세,
가지야초

앞에서 말했듯 사쓰마 출신으로 메이지 정부에서 출세한 유신 주역들의 면면은 하나같이 현재 가고시마 가지야초加治屋町 출신이다. 가지야초 옛 이름은 '鍛治屋町'로 대장장이 마을에서 유래한 이름이다. 그러니 사족士族이 아니라 천민 마을이라는 사실을 한눈에 알 수 있다. 마을 이름이 나중에 '加治屋町'로 바뀐 것도 대장장이 마을이었다는 사실을 숨기려 한 것이라고 볼 수 있다.

그런데 대장장이는 높은 온도의 철을 다뤄야 하는 직업이다. 다시 말해 화로를 높은 온도로 끌어올리거나 그 상태에서 주물을 다룰 수 있는 기술이 필요하다. 그런데 메이지유신 이전 일본에서 그런 기술을 가진 사람들은 오직 한반도에서 끌려간 사기장도예공뿐이었다. 따라서 가지야초 대장장이 마을 또한 필연적으로 조선인 마을과 연계될 수밖에 없다. 게다가 이 마을 바로 옆에 바로 '고라이초高麗町'가 있다.

이 마을 출신을 보면 '유신 3걸' 중 두 명인 사이고 다카모리와 오쿠보 도시미치가 먼저 등장한다. 총리대신도 3명이다. 게다가 육군 대장이 3명, 해군 대장이 6명이나 된다. 해군 대장이었던 도고 헤이하치로東鄕平八郎 역시 이 마을 출신이다. 다부세만큼이나 실로 대단한 마을이다.

그런데 이것만이 아니다. 가지야초 바로 앞의 고쓰키甲突 하천 건너편에는 우에노소노초上之園町와 고라이초가 있는데, 이 두 곳에서도 역시 다수의 유신 주역들이 나왔다.

우에노소노초 출신으로는 미시마 미치쓰네三島通庸, 1835~1888와 나가사와

가고시마 출신 유력 정치인

이름	생몰년	비고
사이고 다카모리	1828~	유신 3걸. 육군 대장
오쿠보 도시미치	1830~1878	유신 3걸. 총무대신, 내무대신
오야마 이와오	1842~1916	육군대신, 육군 대장
사이고 쓰구미치(西鄕從道)	1843~1902	해군대신, 해군 대장
이노우에 요시카(井上良馨)	1845~1929	해군 대장
도고 헤이하치로	1848~1934	해군 대장, 연합함대 사령관
구로키 다메모토(黑木爲楨)	1844~1923	육군 대장, 백작
구로다 기요타카(黑田淸隆)	1840~1900	육군 중장, 개척장관, 총리대신, 백작
무라타 신파치(村田新八)	1836~1877	포병 대장, 궁내대신
야마모토 곤노효에(山本權兵衛)	1852~1933	해군 대장, 16·22대 총리대신
시노하라 구니모토(篠原国幹)	1837~1877	육군 소장, 근위장관
야마모토 에이스케(山本英輔)	1876~1962	해군 대장, 연합함대 사령관
이와시타 미치히라(岩下方平)	1827~1900	교토부 지사
가바야마 스케노리(樺山資紀)	1837~1922	해군 대장, 초대 대만 총독, 내무대신
마키노 노부아키(牧野伸顕)	1861~1949	외무대신, 이바라키와 후쿠이 현 지사
다시로 안테이(田代安定)	1857~1928	대만총독부 관리, 식물학자
요시이 도모자네(吉井友実)	1828~1891	원로 참의관, 일본철도 사장
요시다 기요히데(吉田淸英)	1840~1918	사이타마 현(埼玉県) 지사

가나에長沢鼎, 1852~1934가 있다. 미시마 미치쓰네는 내무부 토목국장과 대한제
국 경시총감을 지냈다.

나가사와 가나에는 1865년 영국으로 유학을 간 사쓰마 1차 영국 유학생

오쿠보 도시미치의 탄생지. 왼쪽 건물이 막부 말기의 사쓰마와 메이지유신의 전개를 살펴볼 수 있는 '유신고향관(維新ふるさと館)'이고, 그 앞길에는 '유신고향길'이라는 이름이 붙어 있다.

의 한 명이다. 다른 유학생은 런던대학교에 들어갔지만 나가사와는 당시 나이 13세로 입학 연령에 못 미쳤기 때문에 영국 로스차일드 가문을 등에 업고 일본에서 영향력을 행사한 스코틀랜드 무기상 토마스 글로버homas Blake Glover, 1838~1911의 애버딘 집에 머무르면서 어학교를 2년 동안 다녔다.[04]

번의 재정 악화로 대부분 학생들이 귀국하는 가운데, 그는 기독교계 신흥 종교단체인 '새생명 형제단Brotherhood of the New Life'에 들어가 힘든 노동과 신앙생활을 보냈고, 미국 영주권을 받았다. 교단 경영을 위해 와인 양조법을

---

04 사쓰마와 조슈 번의 영국 유학생에 대해서는 『메이지유신이 조선에 묻다 : 일본이 감추고 싶은 비밀들』에 자세히 기술돼 있다.

배워 1875년 교단이 캘리포니아 산타로사에 와이너리를 여는 데 공헌했고, 1900년에는 이를 매입해 캘리포니아 10대 와이너리의 하나로 키웠다. 그의 와인은 영국에 수출된 최초의 캘리포니아 와인으로 기록되었다. 1983년에 일본을 방문한 레이건 대통령이 미일 교류의 시조로 나가사와 이름을 언급한 것을 계기로 그의 존재가 널리 알려졌다.

고라이초는 그 이름에서도 알 수 있지만 임진왜란과 정유재란 당시 조선에서 끌려간 사람들과 그 후손들의 마을이다. 고라이초 앞 고쓰키 하천에는 '고라이바시高麗橋'도 있다.

오쿠보 도시미치는 고라이초에서 태어났지만 어린 시절 가지야초로 이

유신의 주역인 하급 사무라이들. 왼쪽 끝이 이토 히로부미, 오른쪽 끝이 오쿠보 도시미치, 오쿠보 옆이 사이고 다카모리

전하여 이곳의 교육기관인 고주鄕中와 사쓰마 번교藩校인 '조시칸造士館'에서 사이고 다카모리, 요시이 도모자네 등과 함께 학문을 배우면서 친구와 동지가 되었다. 위장이 좋지 않아서 무술은 약했지만 토론과 독서 등의 학문은 매우 빼어났다.

무력에 의한 새 정부 수립을 노리는 오쿠보와 사이고, 고마쓰 다테와키小松帶刀는 1867년 8월 14일 조슈 번의 가시와무라 가즈마柏村数馬에 무력정변 계획을 털어놓았다. 또한 그것을 계기로 9월 8일 교토에서 사쓰마 번의 오쿠보, 사이고와 조슈 번의 히로사와 사네오미広沢真臣, 1834~1871, 시나가와 야지로品川弥二郎, 1843~1900, 히로시마広島 번의 쓰지 이가쿠辻維岳, 1823~1894와 모여 출병 협정인 '삼번맹약三藩盟約'을 맺었다. 이 맹약의 초안은 오쿠보가 자필 작성한 것으로, 현재도 남아 있다.

오쿠보는 메이지유신에 성공한 이후 1873년메이지 6년에 내무성을 설치하고 스스로 초대 내무경으로 실권을 잡으면서 학제 및 일본이 처음으로 토지에 대한 사적 소유권을 확립한 조세 개혁, 징병령 등을 실시했다. 부국강병을 슬로건으로 식산흥업 징책을 추진했다.

1877년메이지 10년 세이난 전쟁 때는 교토에서 정부군을 지휘해, 절친한 친구인 사이고 다카모리와 대립해 그를 죽음에 이르게 할 수밖에 없는 운명의 시련을 겪어야 했다. 또한 같은 해 도쿄 우에노 공원에서 제1회 내국권업박람회를 개최했다. 이후 궁내경에 취임하여 메이지 정부와 일왕의 일체화 구상을 실현하려 했다. 그러나 1878년 5월 14일 도쿄 지요타 구의 기오이 고개에서 이시카와 현과 시마네 현의 사족들에게 습격을 받아 살해됐다. 이를 기오이자카의 변紀尾井坂の変이라고 한다. 향년 49세.

그 밖에도 고라이초 출신으로는 가와무라 스미요시川村純義, 1836~1904, 아리무라 유스케有村雄助, 1835~1860, 아리무라 지자에몬有村次左衛門, 1839~1860, 다카시마 도모노스케高島鞆之助, 1844~1916, 미시마 야타로三島弥太郎, 1867~1919 등이 있다.

가와무라 스미요시는 번 내 최하위 계급 무사의 아들이었다. 아버지의 녹봉이 고작 4석이었다. 그러나 아내 하루코晴子가 나중 육군 소장이 되는 시노하라 구니모토의 딸이고, 시노하라 누나가 사이고 다카모리의 어머니였다. 그러니 시노하라는 사이고 다카모리의 외삼촌이고, 가와무라는 사이고의 외삼촌의 사위다. 그래서 사이고는 가와무라를 친동생처럼 돌봐주었다고 한다.

이후 가와무라는 나가사키 해군전습소 1기생 출신으로 일본 근대해군의 주역이 된다. 해군 중장으로 군 생활을 마쳤으나 사후에 제독대장으로 승진했다. 일본 해군에서 전사가 아닌데도 사후 대장으로 승진한 것은 가와무라가 유일하다. 그의 이런 특혜는 그가 나중 쇼와 일왕이 되는 히로히토의 양육 책임자였기 때문이다.

메이지 일왕의 신임이 각별했던 그는 히로히토의 탄생에 따라 시즈오카현 누마즈 시 가와무라 가문 별장현재 왕실의 누마즈 별장에서 3년 4개월 동안 양육을 지도했다. 쇼와 일왕의 동생인 지치부노미야 야스히토 왕자 역시 그가 양육 책임자였다. 이렇게 최하위 사무라이 출신이 왕족의 양육 책임자가 되는 것에는 어떤 사연이 있을까? 이는 뒤에서 다시 보도록 하자.

아리무라 지자에몬은 막부의 위상을 크게 떨어뜨린 '사쿠라다 문 밖의 변桜田門外の変'을 일으킨 장본인이다. 그는 1859년안세이 6년 다이로大老 이이 나오스케井伊直弼, 1815~1860가 주도하는 '안세이 대옥安政の大獄'이 일어나자 이에 격분해 그를 암살하기로 미토水戸 번사들과 계획하고, 다음 해 3월 24일 아침 삼진

날을 축하해 입성하는 이이 나오스케 행렬을 에도 성 사쿠라다 문 밖에서 습격했다.

그는 행렬 중앙 나오스케의 가마를 덮쳐 그를 길거리로 끌어내 목을 잘랐다. 이후 그의 수급을 가져가려고 하다가 호위 무사에게 뒤통수를 베이는 중상을 입어 할복을 시도하던 중 구출되었으나 바로 절명했다. 향년 22세.

다카시마 도모노스케는 사쓰마 번교인 '조시칸' 출신으로 육군 중장, 대만 부총독, 육군대신, 국무장관을 지냈다.

미시마 야타로는 미시마 미치쓰네의 맏아들로 학교 성적이 우수해 관비

메이지유신 150주년을 기념하는 깃발이 휘날리고 있는 고쓰키 하천을 잇는 다카미바시(高見橋). 다리 왼쪽이 가지야초, 오른쪽에 우에노소노초와 고라이초가 있다. 다리의 동상에는 '메이지유신의 어머니(明治維新の母)'라는 이름이 붙어 있다. 기모노를 입고 있지만 왠지 고려의 어머니 느낌이 나는 것은 왜일까?

유학생으로 도미, 웨스트 필라델피아중학교를 거쳐 매사추세츠대학교에서 농정학을, 코넬대학교 대학원에서 해충학을 배웠다. 귀국 후 1897년메이지30년 상원의원에 당선됐다. 철도 국유화에 노력하고, 금융업에 깊이 관여해 요코하마쇼킨은행 행장을 거쳐 1913년 제8대 일본은행 총재에 취임했다. 일본에서 처음으로 시중 은행의 예금 금리 협정의 성립에 노력했다. 첫 번째 부인은 육군대신을 지낸 오야마 이와오의 큰딸 노부코信子다.

그런데 기이하게 가고시마에도 야마구치 현처럼 다부세라는 마을이 있다. 지금의 미나미사쓰마 시 긴포초金峰町다. 이 역시 조선인 부락이다. 고이즈미 준이치로 전 수상의 아버지 고이즈미 준야小泉純也, 1904~1969가 이 마을 출신으로, 마을에 그의 흉상도 세워져 있다. 고이즈미 준야는 중의원과 방위청 장관 등을 지냈다.

그런데 준야는 가난으로 형제들이 뿔뿔이 흩어져 도쿄로 상경해 고이즈미 마타지로小泉又次郎, 1865~1951의 데릴사위가 되면서 고이즈미小泉 성과 일본 국적을 취득했다. 고이즈미 마타지로는 폭력단 출신으로 중의원과 체신장관 등을 지냈는데, 온 몸에 문신이 있어 '문신장관'으로 불렸다. 준야는 마타지로의 딸 요시에芳江와 사랑에 빠져 '사랑의 도피'를 해서 동거에 들어갔는데, 마타지로는 이 결혼을 반대하며 준야를 죽이는 것까지 고려했지만 자식을 이기는 부모 없듯 결국 수그러들어 의원에 당선되는 것을 전제 조건으로 결혼을 승낙했다.

고이즈미 준이치로는 21세기 최초로 장기 집권을 한 수상으로, 임기 만료에 의한 퇴임은 1987년 나카소네 야스히로 내각에 이어 두 번째였는데 그에게 자민당 총재 바톤을 이어받은 사람이 바로 아베 신조다. 그러니 조선인 부락 다부세초와 긴밀한 인연을 가진 두 사람이 정권을 주고받은 것이다.

그런데 아베는 고이즈미의 차남 고이즈미 신지로小泉進次郎, 1981~를 2019년 9월 자신의 제4차 내각에서 환경대신으로 발탁했다. 역시 매우 '특별한' 주고받기다.

고이즈미 신지로는 배우인 형 고이즈미 고타로小泉孝太郎, 1978~ 대신 2007년에 아버지의 비서가 되어 정계에 입문했다. 2009년 7월 실시된 제45회 중의원 선거에서 아버지의 지역구인 가나가와 현 제11구요코스카, 미우라 시에서 당선되어 정계에 본격 입문했다. 당시 고이즈미 신지로는 28세였다.

2013년 차관급으로 내각에 입성했고, 현재는 여러 여론조사에서 자민당의 차기 총재 후보 선호도 1~2위를 다투기도 했다. 그러나 지금은 모자란 게 아니냐는 생각이 들 정도로 황당한 발언을 여러 차례 해서 이웃나라인 우리나라에서도 유명세와 함께 조롱을 받고 있다. 그를 단번에 '구설수 스타'로 만든 것은 환경 정책과 관련해 기자의 질문에 대한 그의 답변이었다.

> 고이즈미 : 기후 변화에 대해서 펀Fun하고 쿨Cool하고 섹시Sexy하게 대처해야 합니다.
> 기자 : 그게 어떤 대처입니까?
> 고이즈미 : 그걸 설명하는 것 자체가 섹시하지 않네요.

그의 기상천외, 영혼 없는 '유체이탈 화법'은 죽 계속되고 있다. 지구온난화 대책 회의에서는 "지금처럼이면 안 된다고 생각합니다. 그렇기 때문에 일본은 지금처럼이면 안 된다고 생각합니다"라고 말했고, 유엔회의에서는 어떻게 화석연료를 줄일 것이냐는 질문에 한동안 침묵하다가 "저는 지난주에 환경부 장관이 막 되었습니다"라고 답했다.

또한 전 세계를 위험에 빠트린 코로나 팬데믹 대처와 관련해서는 감염 위험이 높은 상황에서도 청소일을 해주시는 분들을 위해 격려와 감사의 마음을 전하는 메시지나 그림을 쓰레기봉투에 그리는 것을 제안하는, 정말 한가하기 짝이 없는 '천진난만한 초등학생'의 아이디어를 내놓았다. 아울러 경제 불황에 대해서도 "경기가 좋아지면 반드시 불경기에서 탈출할 수 있다. 나는 그렇게 믿는다"라고 '확신에 찬' 답변을 내

1 당시 고이즈미 총리와 아베 관방장관
2 당시 아베 총리와 고이즈미 신지로 환경장관

놓았다. 그런데도 그의 지지율이 무려 13%에 달하기도 한다.

이야기가 잠시 다른 곳으로 흘렀지만 사쓰마 조선인 사기장의 후손인 외무장관 도고 시게노리東鄕茂德, 1882~1950의 경우도 조선인 부락 출신이다. 『메이지유신이 조선에 묻다 : 일본이 감추고 싶은 비밀들』에 자세히 기술했고, 뒤에서도 언급하겠지만 쇼와 일왕은 조선인이라는 가능성이 높다. 그렇다면 그가 도고 시게노리를 태평양전쟁이 끝나가는 중요한 시기에 외무장관으로 기

용한 한 이유가 어느 정도 이해가 간다. 같은 조선인 핏줄인 그를 믿고, 그의 외교 루트를 통해 자신의 몸 보전과 가문 축재 은폐를 지시했을 것이다.

똑같은 A급 전범이었어도 다른 사람들은 풀려나서 사면된 것과 달리, 전쟁 자체에 별 참여도가 없어 그리 책임이 많지도 않은 그가 복역 중 병사한 것도 이런 진상을 알고 있기 때문에 의도적으로 '지워진' 것이라고 한다.

종전 내각에서 아나미 고레치카阿南惟幾, 1887~1945 육군 장관[05], 우메즈 요시지로梅津美治郎, 1882~1949 육군 참모장, 도요다 소에무豊田副武 해군 군령부장, 시게미쓰 마모루 외무장관 등 오히타 현大分県 출신이 많은 것도 도고 시게노리와 비슷한 맥락이라는 것이 오니즈카 히데아키의 책『일본의 가장 추악한 날日本のいちばん醜い日』[06]의 주장이다. 오히타 현은 세토내해로 야마구치 현의 다부세와 바로 연결되기 때문에, 어민들의 활동 범위가 겹치고 옛날부터 다부세와 혼인 관계로 연결되어 있었다고 한다. 다시 말해 쇼와 일왕은 그 같은 조선인 혈맥에게 패전 처리를 맡긴 것이다.

이토 히로부미가 바꿔치기 한
메이지 일왕

오니즈카 히데아키의 주장은 여기서 한 걸음 더 나아간다.

이렇게 보면 왜 메이지 권력이 조선반도에 침범했거나 게다가 한반도를

---

05 전쟁 지속과 본토 결전을 주장했던 그는 1945년 8월 15일 일본 항복에 반대해 육군대신 관저에서 할복자살했다. 그의 스토리는 수많은 영화와 드라마로 만들어졌다.

06 세이코쇼보, 2007년

이른바 식민지화 과정 없이 '국내화內地化'하고, 인프라 정비를 철저히 실시해서 '내선 일치內鮮一致'로 밀고 나갔는지 알 수 있다. 즉, 일본이 벌어들인 부를 조국 조선반도에 부지런히 주입한 것이다つまり日本が稼いだ富を祖国·朝鮮半島にせっせと注入したのだ.

현재의 천황가는 오무로大室寅之祐에 의한 메이지 천황의 혈통이 끊어졌지만 다부세 출신의 일족과 가신들이 나라의 권력을 쥐고 있는 것에는 변함이 없다. 아베 신조가 총리를 그만두지 않는다(못한다?)고 하는 오만함도 그가 메이지 이후 일본을 주름잡던 권력을 이어받았기 때문일 것이다.

ㄱ렇다면 현재 메이지 일왕에 익한 오무로 혈통이 단절됐다는 것은 또 무슨 말인가? 그것은 메이지 일왕의 자식인 다이쇼 일왕 요시히토의 후사가 이어지지 못했다는 말이다. 이를 잠시 보도록 하자.

『철저하게 일본의 오류를 바로잡는다徹底的に日本歴史の誤謬を糺す』의 저자 미우라 요시마사三浦芳聖, 1904~1971는 충격적인 이야기를 하고 있다.

사이온지 긴모치는 고메이 천황孝明天皇, 1846~1867의 실제 아들인 무쓰히토 친왕睦仁親王, 메이지 일왕의 유년기를 지켜보았다. 당연히 조슈 기병대 출신의 '大室寅之祐'[07]가 실제 무쓰히토를 대신하고 있음을 알고 있었을 것이다. 그의 형인 도쿠다이지 사네쓰네德大寺實則, 1840~1919도 조슈군 군문에 그와

---

07 '大室寅之祐'라는 이름의 일본어 발음은 어느 문헌에서도 등장하지 않는다. 보통이라면 '오무로 도라노스케'라고 할 수도 있지만 실제 그런지는 알 수 없다. 그래서 인용한 책에서도 모두 '大室寅之祐'고 써놓았다. 다만 오무로(大室) 성씨인 것만은 확실하므로, 이 책에서는 '大室寅之祐'를 '오무로'라고 통칭하겠다.

함께 복무했다.

......

'大室寅之祐'는 야마구치 현 구마게 군 다부세, 즉 조선계 부락민이다. 그리고 이곳과 가까운 부락 출신인 이토 히로부미가 제대의 역사대를 조직했을 때 참가한 병졸 중 한 명이었다. 이 기병대에는 도사근왕당 출신으로 도사를 탈번한 히지카다 히사모토土方久元와 다나카 마쓰아키田中光顯가 있었다. 메이지시대가 되고 천황인 '大室寅之祐'의 자유를 빼앗고 인형처럼 조종하기 위해서였다.

실로 엄청난 이야기다. 메이지 일왕이 사실은 왕실과는 한줌의 피도 섞이지 않은 다부세 출신 '오무로'고, 이토 히로부미가 조직한 민병대에서 천민을 차출해 왕으로 둔갑시켰다는 것이다.

우선 이토 히로부미는 왜 하필 '오무로'를 골랐을까. 이토는 오무로가 태어난 다부세초 오코손麻鄉村의 생가로부터 걸어서 두 시간 정도의 거리에 있는 쓰카리손束倘村에서 태어났다. 쓰카리손 역시 하층빈 마을이었고, 오무로 집에 이토가 자주 놀러왔다는 얘긴 위에서 했다.

매우 흥미로운 사실은 오코손이나 쓰카리손이나 모두 뒤의 촌村을 '무라'라고 읽지 않고, 한국어와 발음 촌과 비슷한 '손'으로 읽는다는 사실이다. 조선계 부락이라서 오코손으로 읽혔다면, 쓰카리손 역시 비슷한 이유라고 추정할 수 있다.

이토 히로부미 역시 조선계일 가능성은 그동안 자주 제기돼왔다. 어릴 때 이름은 하야시 리스케林利助로 선조는 백제계의 목木씨에서 파생되어 나온 하

1 쓰카리손의 이토 히로부미 생가. 바로 옆에 기념관이 있다.

2 이토 히로부미 가족 초상

야시株 씨라는 것이다. 이토의 아버지 이름은 하야시 주조林十藏이고, 할아버지는 하야시 스케자몬林助左門, 증조할아버지는 하야시 리하치林利八다. 하지만 아버지가 조슈 번의 주겐中間, 무가의 하인 이토 다케베伊藤武兵衛의 양자가 되면서 이토로 바뀌었다.

무쓰히토 왕자를 조슈 기병대 출신의 천민으로 바꿔치기 한 것이 사실이라는 정황들은 참으로 많다. 첫째, 앞에서 나온 것처럼 민병대 직속상관인 이토 히로부미, 히지카타 히사모토土方久元, 1833~1918 그리고 다나카 미쓰아키田中光顕, 1843~1939 세 명이 잇따라 궁내대신을 맡은 것부터가 정말 수상쩍기 그지없다. 무엇인가 단단히 비밀을 지켜야 했기에 민병대 상관들이 오무로를 둘러싸고 있었던 것이란 해석이 매우 설득력이 있다.

히사모토의 경우에는 1887년 히로부미로부터 궁내대신을 물려받아 1898년까지 무려 11년 동안 자리를 지키다가 이를 미쓰아키에게 바톤 패스한다. 그런데 미쓰아키 역시 1898년부터 1909년까지 또 11년 동안 궁내대신 자리를 지킨다. 즉 두 사람만 무려 22년 동안 궁내대신을 지냈다. 이들만 유신에서 공을 세운 것도 아닌데 도저히 상식적인 인사가 아니다. 그러니 메이지 일왕, 오무로의 일거수일투족을 감시하기 위해 그토록 오래 궁내대신에 있었다고밖에 해석이 안 된다.

둘째, 무쓰히토 왕자의 어린 시절

도쿠다이지 사네쓰네

을 곁에서 지켜본 사이온지 긴모치의 친형 도쿠다이지 사네쓰네가 메이지 일왕이 죽을 때까지 시종장을 지냈다는 사실도 남다른 대목이다.

위에서 미우라 요시마사는 도쿠다이지가 오무로와 같은 조슈 부대에서 복무했다고 얘기했다. 그러니 도쿠다이지 또한 히로부미, 히사모토, 미쓰아키 세 명만큼이나 오무로에 대해 잘 알고 있다고 보아야 한다. 그가 왕실 업무를 전담하는 궁내성에 들어가 시종장과 궁내경을 겸임한 것이 1871년이다. 1891년에는 내대신 겸 시종장이 되어 1912년 메이지 일왕의 사망 때까지 최측근에서 있었다. 무려 41년의 세월이다.

그러니 오무로는 자신을 잘 아는 사람들에 둘러싸여 평생 엄중한 감시 속에서 꼼짝도 할 수 없었다. 그가 무엇을 하든지 도쿠다이지 시종장의 눈과 귀를 벗어날 수는 없었을 것이다.

도쿠다이지는 평소 메이지 일왕의 정치 참여에 강력하게 반대했는데, 지극히 당연한 일이라 할 수 있다. 메이지 11년 오쿠보 도시미치가 암살당하자, 이를 기회로 여긴 메이지 일왕의 시보侍補, 지호 08 모토다 나가자네元田永孚, 1818~1891가 왕의 친정체제를 강화하는 친정운동을 벌이자, 도쿠다이지는 궁내에서 이를 강력히 저지했다.

저널리스트이자 평론가인 오야 소이치大宅壯一, 1900~1970가 남긴 글을 모은 『오야 소이치 선집大宅壯一選集』09의 제11권은 '종교와 황실' 편인데, 거기에 다음과 같은 대목이 있다.

---

08 왕에게 학문을 가르치는 신하
09 모두 12권으로 가이조샤(改造社)가 1982년에 출간했다.

메이지 정부가 생기고 얼마 후 16세의 소년 천황이 제멋대로 해서 '원훈元勳'[10]들이 말하는 것을 듣지 않으면, 사이고 다카모리는 "그렇게 하면은 다시 예전 신분으로 되돌릴 겁니다"라고 말하며 엄하게 꾸짖었다. 그러자 천황은 금세 얌전해졌다는 이야기가 전해지고 있다.

또 하나. 진짜 무쓰히토 왕자와 어린 시절을 함께 보낸 사이온지 긴모치는 왜 프랑스 유학생활을 10년 동안이나 해야 했을까? 당시 상황에서 조정의 구게가 정부의 녹으로 10년이나 유학을 한다는 것은 이례적이어도 너무 이례적이다. 아니, 그런 경우가 없다. 사이온지는 당시 공비유학생으로 일본 정부에서 연간 1천 400달러를 지급받았다. 이는 일반 공비유학생보다 400달러가 더 많은 금액이었다. 1878년부터 2년 동안은 메이지 일왕이 자신의 용돈에서 매년 300파운드를 보내주기도 했다.

그러니 이 역시 사이온지가 안 들어온 것이 아니라 못 들어온 것으로 봐야 한다. 메이지 정부 입장에서는 진짜 무쓰히토를 너무 잘 아는 사이온지가 국내에 들어와 이런저런 이야기를 할까 봐 입을 막아놓을 필요성이 있었을 것이다. 그가 오랜 시간 유학을 마치고 돌아와 이토 히로부미의 심복으로 승승장구해서 결국 총리까지 올라가는 것도 이와 무관치 않은 것으로 추론된다.

셋째, 메이지 왕가는 메이지 일왕의 생모인 나카야마 요시코中山慶子, 1836~1907의 무덤에 참배를 간 적이 없다. 메이지 일왕은 후궁 요시코에게서 태

---

10   나라에 큰 공이 있어 임금이 사랑하고 믿어 가까이 하는 노신(老臣)

어났지만 고메이 일왕의 정실이 아들을 낳지 못하자 메이지유신 전인 1860년 8월 26일 칙령에 의해 에이조英照 왕비, 구조 아사코九条夙子의 친자식이 되어 그해 9월 28일 왕세자 칭호를 받는 이름으로 '무쓰히토'라고 붙여졌다.

『일본의 가장 추악한 날』에도 매우 흥미로운 대목이 등장한다. 메이지 일왕 생모인 나카야마 요시코의 무덤이 도쿄 분쿄 구의 도시마가오카豊島ヶ岡 묘소에 있는데, 메이지 일왕 때부터 그 이후까지 어느 왕족도 이 무덤을 찾아 참배한 적이 없다는 것이다. 현재 나카야마 가문의 당주는 오니즈카 씨의 문의에 대해 "생모에 관해서는 함구령이 되어 있어 일절 답할 수 없다"고 답했다고 한다.

이 사실은 무엇을 말하고 있는가. 이는 곧 메이지 일왕이 고메이 일왕과 나카야마 요시코 사이의 아이가 아니라는 사실을 말해준다. 메이지 일왕은 생전에 '자신의 생모라는 사람'을 만난 적도 없는 것이다.

비록 생모가 아니더라도, 명목상으로는 자신이 그녀의 자식으로 돼 있는 만큼 한번쯤은 요시코의 무덤을 찾았을 수도 있다. 그런데 그렇게 하지 않았다. 무덤을 찾는 일이 메이지 정부 입장에서도 훨씬 유리했을 텐데 말이다.

사실이 그렇다. 쇼와 일왕은 물론 현재의 왕도, 그밖에 어느 왕족도 자신들을 고메이 일왕의 자손으로 생각한다면, 나카야마 요시코의 무덤을 결코 소홀히 할 리가 없다.

오니즈카는 '이러한 인간관계의 차가운 성품이 일본의 어두움을 더 심화시켜, 일본을 태평양전쟁으로 돌진하게 만들었지 않았나 싶다'라고 쓰고 있다.

넷째, 얼굴과 체격, 분위기 등에서 왕으로 즉위하기 전과 즉위한 다음의 무쓰히토가 매우 다르다. 즉위 전의 무쓰히토는 체격도 왜소했고 내성적으로 외부 출입을 잘하지 않았고, 궁녀들에 둘러싸여 '유희'에 열중했다. 이런 성격 탓인지 승마를 저속하다고 생각해 말을 타지 않았다. 1864년당시 13세 '금문의 변' 당시 포성과 궁녀들의 비명에 놀라 실신했다고 한다. 그만큼 심약했다.

또한 엄격한 교육을 받은 탓에 오른손잡이였지만 정무에 무관심했고 글씨 쓰기도 매우 서툴렀다. 어렸을 때 종두 주사를 맞았으므로 얼굴이 매끈하고 곰보 자국은 당연히 없다.

그런데 16살 때 왕에 즉위한 다음의 무쓰히토는 상당히 다르다. 우선 체격이 매우 건강한 편이었고, 야외 활동을 즐겨서 승마와 씨름을 아주 좋아했다. 씨름을 좋아했다는 점도 의미 있는 대목이다. 또한 왼손잡이였고, 집이 가난해서 2살 때 천연두에 걸렸기 때문에 입 주변에 곰보 자국이 남아 있다.

그 때문에 메이지 일왕은 사진 찍히는 것을 좋아하지 않았고, 코소네 Edoardo Chiossone, 1833~1898[11]에게 초상화를 그리게 했고, 그것을 사진으로 찍어 '어진영御真影'[12]으로 올렸다. 메이지 일왕은 또 곰보 자국을 숨기기 위해 수염을 길렀다. 그리고 가난한 집에서 자랐던지라 제대로 가르침을 받을 수 없어 왼손잡이였다. 90Kg이 넘는 체중으로 측근과 씨름을 하면 상대방을 휙 집어 던질 정도였다. 왕이 된 다음부터는 학문에도 열심이었고 교양도 풍부해서 글씨 또한 달필이 됐다고 한다.

---

11   메이지시대에 일본에서 초청한 이탈리아의 판화가, 화가. 지폐국을 지도해 일본 인지 및 정부 증권, 지폐와 우표 인쇄의 기초를 마련했다.

12   일본에서 천황과 황후의 초상화나 사진을 높여 부른 말

The Emperor Meiji

성장한 메이지 일왕 초상. 병약한 얼굴도 아니고, 매우 건장한 체격이다. 입 주변도 매끈하지 않고 오톨도톨하다. 생전의 메이지 일왕은 곰보 자국 때문에 사진 찍기를 싫어했다고 전해지지만 메이지 정부가 일부러 사진을 찍게 하지 않았을 가능성이 높다. 현재 그의 공식 사진은 세 장 정도에 불과하다.

그러므로 왕에 즉위할 당시 내성적이고 왜소하며 나약하기만 했던 진짜 친왕은 온데간데없고, 키가 170cm이 넘는 우람한 젊은 왕이 도쿄 지요타성千代田城에 나타난 것이니, 진짜 왕자를 아는 신하들이 보면 깜짝 놀랄 일이었다.

그래서 오무로를 무쓰히토로 바꿔치기 한 조슈 번사들은, 이런 사실이 널리 알려지지 않도록 하기 위해서라도 조정을 교토에서 도쿄로 서둘러 옮기고, 교토의 궁녀를 거의 데려가지 않고 현지ﾄ쿄에서 조달해야만 했다.

메이지 일왕부터는 일본 왕실의 종자가 완전히 바뀐 것이라고 할 수 있다.

그런데 여기에 한 술 더 떠서 한일 월드컵 공동 개최를 몇 달 앞둔 2001년 12월 23일 아키히토明仁 일왕은 68세 생일을 맞아 왕실에서 기자회견을 갖는 자리에서 폭탄 발언을 했다.

나 자신으로서는 간무桓武 천황[13]의 생모生母가 (백제) 무령왕武寧王의 자손이라고 『속일본기續日本紀』에 기록돼 있어 한국과의 인연을 느끼고 있습니다.

그의 말은 한일 간의 대형 축제를 앞두고 양국이 더 가까워졌으면 좋겠다는 취지에서 한 것이었지만 일본에서 금기로 통하던 천황가의 백제 유래설을 천황 스스로가 깼다는 점에서 파문을 일으켰다. 천황가가 백제 왕실과 밀접했다는 주장은 일부 한일 역사학자들 사이에서도 꾸준히 제기됐지만 천황 스스로가 말한 것은 처음이었고, 간무 천황과 어머니를 구체적으로 거론했다는 점, 간무 천황 어머니가 무령왕 자손이었다는 『속일본기』 내용을 그대로 인용해 자신노 그렇게 믿고 있다는 것을 우회적으로 밝힌 점 등은 파격으로 받아들여졌다.

그런데 그로부터 3년 뒤인 2004년 8월 3일에는 아키히토 일왕의 5촌 당숙이자 일본 왕족인 아사카 도모히코朝香誠彦가 수행원과 친척 2명만 데리고 무령왕릉을 찾아 참배하고 간 사실이 이튿날 공주시의 발표로 알려졌다. 이

---

13 일본 50대 천황(737~806)으로 고닌 천황과 백제인의 후손 다카노노 니가사(高野 新笠)의 아들이다. 재위 기간은 781~806년이다. 일본의 수도를 나라에서 교토로 옮겼으며, 헤이안시대의시작을 알렸다.

들을 안내한 이석호 전 부여문화
원장은 당시 「연합뉴스」와의 인터
뷰에서 '백제 무령왕의 후손인 일
본 왕족들의 무령왕릉에 대한 관
심이 매우 크다. 이번 참배는 일본
내 여론을 의식해 비공식적으로
이뤄졌다'고 전했다.

1959년 4월 10일 쇼다 미치코(正田美智子,
1934~)와 혼인한 아키히토 일왕은 2019년
4월 30일 건강 상의 이유로 왕에서 퇴위했
다.(사진 출처 : 나무위키)

　　이렇듯 일본 천황가와 백제의
인연은 단순한 전설이나 일부의
주장이 아니라 일본 왕실 스스로
가 인정하는 대목이다. 그런데 사
실은 일본 왕실도 자신들이 백제 왕실의 후손이라는 '허위의식'에 빠져 있
든지, 아니면 다른 사람들이 그렇게 믿게끔 하고자 하는 것일 수 있다. 왜냐
하면 진짜 무쓰히토는 살해되었고, 다부세 출신의 조선계 씨름꾼이 무쓰히
토가 되었기 때문이다.

　　다시 말해 관례를 깨고 당시 아키히토 일왕이 일부러 그런 폭탄 발언을
공개적으로 하고, 왕족이 무령왕릉을 참배하고 갔다는 사실을 일부러 흘린
것은 일본 내에서 꾸준히 제기되고 있는 '메이지 일왕 바꿔치기 설'이 위험할
정도로 만연해서 이에 대해 진화할 필요성을 강력하게 느껴서일지도 모른다.

　　마쓰다 가쓰미益田勝実, 1923~2010는 야마구치 현 시모노세키 출신 국문학자
로 호세이대학法政大学 문학부 교수를 지냈다. 그는 조슈 번 가로였던 마쓰다
가문의 후손이었기에, 메이지유신 전개 과정에 대한 이해도가 깊었다.

그는 잡지 「종말에서終末から」[14]에 실린 그의 논문 '천황사의 일면天皇史の一面'에서 다음처럼 말하고 있다.

(메이지) 천황을 만든 것은 우리들이라고, 메이지 이전에 태어난 조슈 번의 노인들로부터 익히 들어왔다. 근대 천황제 이전에 교토에 천황가는 있었지만, 천황의 국가天皇の国家는 없었다.

존황파가 구상하고 있던 '천황의 국가'는 오로지 생각으로 획득된 것으로, 현실의 교토에 있는 천황과 실제 사람에 맞게 만들어진 것이 아니었다. 그들이 추구하는 이상의 천황과 현실의 천황이 융화되지 않고 모순이 격화되자 …… 천황을 바꾸어버리는 수밖에 없었다.

기병대 거병 이듬해 1866년게이오 2년 말에 고메이 천황은 모살謀殺되고 말았다. 물론 계획한 것은 에도 막부가 아니라 (유신) 지사志士 측이다. 천황이 막부를 타도함에 장애가 되기 때문이다. 이제 이 사실은 공공연한 비밀이 되었다.

가지마 노보루鹿島昇는 『배신당한 세 명의 천황裏切られた三人の天皇』에서 과거 다부세 오무로 집을 방문했을 때 가문의 당주 긴스케近佑의 증언을 싣고 있다.

---

14 지쿠마쇼보(筑摩書房), 1974년 8월호

메이지 천황은 나의 할아버지의 동생으로, 유신 직전 열여섯 살 때 조슈 번주에게 불려가면서 '만두를 만들어 갔다 오겠다'고 말하고 나갔다가, 교토에 가서 즉위한 이후 돌아오지 않았다.

또한 1877년 군함 한 대가 집에서 가까운 바닷가에 왔는데, 함상에서 모습을 보이며 "안녕히 잘 있느냐"라고 외쳤다.

메이지 일왕의 교체에 대한 이야기는 이제 그만하자. 보다 상세한 이야기는 전작 『메이지유신이 조선에 묻다 : 일본이 감추고 싶은 비밀들』을 참조하기 바란다.

그런데 지금의 일왕 가문이 백제계라는 사실을 강조하는 것은 실제 그렇다고 믿기 때문일 수도 있다. 이와 관련해서는 다음의 사실을 강조하고 싶다.

바꿔치기 된 메이지 일왕에게는 또 하나의 소문이 따라다녔다. 즉 매독

사이온지 하치로(西園寺八郞)와 쇼와 일왕 히로히토. 사이온지가 히로히토의 친아버지라는 설이 매우 유력하다.

감염설이다. 사실은 이 대목이 훨씬 중요하다. 매독은 에도시대 개항과 함께 유럽 상인들에 의해 일본에 퍼졌다.

메이지 일왕이 매독에 걸렸다고 하는 이유는, 그에게 5명의 친왕^{왕자}과 10명의 공주가 있었지만 거의 어린 나이에 사망했기 때문이다. 첫째 아들과 첫째 딸은 둘 다 사산死産이었고, 둘째 아들과 둘째 딸 또한 요절했다. 궁녀 야나기하라 아이코柳原愛子 사이에서 태어난 셋째 아들 요시히토는 이런 '난관'을 뚫고 가까스로 태어나서 유일하게 살아난 '기적의 아이'였다. 그 다음의 왕자와 공주들도 모조리 요절했다.

그런데 결정적으로, 그 또한 어려서부터 너무 병약했는데, 선천성 매독이 그 원인이었다. 선천성 매독은 부모 중 어느 한쪽이 매독에 걸리면 자식에게도 이어지는데 그 시대에 궁녀가 매독에 걸려 있을 확률은 거의 없다고 할 수 있으니, 메이지 일왕이 문란한 성생활로 병에 걸려 옮겼다고 볼 수밖에 없다. 이토 히로부미도 자신의 필수품으로 항상 매독 약을 갖고 다녔다. 메이지유신 직후 교토의 '황거皇居'는 집권에 성공한 쿠데타 주역, 소위 유신 지사들이

일왕 3대. 왼쪽부터 나루히토(德仁), 히로히토, 아키히토. 이들 얼굴은 메이지 왕과는 확연히 다르고 쇼와일왕 히로히토 때부터 지금의 얼굴 형태가 됐음을 한눈에 알 수 있다. (사진 출처 : 「아사히 신문(1987)」)

모리 데루모토

몰락한 다이묘의 딸들을 데려다가 맘대로 유린했던 고급 유곽이었다.

다이쇼 일왕은 21세가 되던 1900년 15세의 구조 사다코九条節子, 1884~1951와 결혼하는데, 선천성 매독으로 병약했던 그가 후사를 볼 수 없는 것은 당연하다. 그러면 그의 아이들은 어떻게 태어난 것일까?

결론을 얘기하자면, 쇼와 일왕 히로히토는 구조 사다코, 즉 데이메이 왕비貞明皇后와 요시히토 사이에서 태어난 것이 아니라 사이온지 하치로西園寺八郎, 1881~1946가 아버지라는 것이 거의 정설로 굳어져 있다.

그 사정을 『일본의 가장 추악한 날』은 상세히 기술하고 있다. 사이온지 하치로는 조슈의 마지막 번주 모리 모토노리毛利元德, 1839~1896의 여덟 번째 아들로 태어나 9살 때 사이온지 긴모치에게 입양된 인물이다. 그런데 그 중개를 이토 히로부미와 이노우에 가오루가 하고 있다. 하치로는 독일 유학을 다녀온 다음에는 가쓰라 다로 총리의 비서관으로 일하다가 궁내성으로 자리를 옮겨 줄곧 궁내성에서 쇼와 일왕 히로히토의 측근으로 있었다.

그런데 메이지 일왕도 이토 히로부미도 다이쇼 일왕 요시히토가 아이를 만들 수 없다는 사실을 알고 있어서 사이온지 하치로를 데이메이 왕비의 침소에 들어가게 했다는 것이다. 그렇다면 지금의 일본 왕실은 사실상 사이온지 왕조이고, 사이온지가 모리 가문의 양자인 만큼 다시 조슈 번 모리 가문의 왕조라고 볼 수도 있는 것이다. 참으로 끈질기고 끈질긴 조슈 번이요, 모리 가문이다.

그러면 모리는 어떤 가문인가. 임진왜란 때 쳐들어와서 우리 사기장들을 잔뜩 데리고 간 모리 데루모토毛利輝元, 1553~1625가 바로 모리 가문의 적자다.

그런데 지금 야마구치 현은 예부터 오우치大內 가문이 지배하던 땅이었음을 상기하자. 실학의 선구자 이수광1563~1628의 『지봉유설芝峰類說』은 여러 책을 인용해 "임성태자琳聖太子, 성왕의 세 번째 아들로 추정가 백제 멸망 이후 일본으로 건너가 주방주周防州, 규슈 후쿠오카를 도읍으로 하고 '오우치노도노大內殿'라고 칭하였다"고 기술한다.

성명왕의 셋째 아들 임성태자가 스오 국周防国 연안에 상륙한 후에 쇼토쿠 태자로부터 오우치 지역의 영지와 다다라多多良라는 성씨를 하사받은 것으로 전해지고 있다. 이토 히로부미의 고향 히카리 시가 옛 스오 국에 속한다. 오우치 씨는 백제로부터 철기의 제련 기술을 일본에 전래하여 일본의 철기 발전에 기여한 바가 크다. 칼 등을 만드는 데 쓰이는 일본에서 가장 오래된 제련법도 '다다라 부키'라고 불린다.

『지봉유설』에 의하면, 그로부터 47대가 지나 임성태자의 대가 끊어지자

오우치 요시오키(大內義興, 1447~1528). 무로마치시대 후기부터 전국
시대 초기에 걸쳐 활약한 스오 국 다이묘. 오우치 가문 제15대 당주로,
백제 온조왕의 원손(元孫)이며 임성태자의 28대손이다.

가신이었던 모리 가문이 영지를 물려받았다. 모리 가문은 임성태자 가문의 가신이었던 만큼 역시 백제계나 그 후손이었을 것이다. 『지봉유설』은 '모리 데루모토의 풍속은 다른 왜인들과 달리 너그럽고 느려서 우리나라 사람의 기상이 있다고들 한다'고 했다.

그런 모리 가문의 혈통이 사이온지 가문에 계승되어, 그 혈통이 다시 히로히토 왕으로 이어졌다. 참으로 기가 막힌 역사의 아이러니 아닌가!

그 모리의 영지에서 졸지에 출세한 도래인渡來人이 메이지 일왕 오무로나 이토 히로부미만 있었던 것은 아니었다. 이승만의 완강한 배일정책에도 기시 노부스케가 적극적으로 국교 정상화를 하려고 한국에 대해 호의를 표명했을 때 그 까닭을 언젠가 이렇게 표현한 적이 있었다.

"나는 서부 일본의 야마구치 현 출신이다. 야마구치 현은 예로부터 한반도와 왕래가 잦았던 곳이다. 그런 만큼 내 고장인 야마구치 현 사람들의 피 속에는 한국인의 피가 적지 않게 섞여 있는 것이 사실이고 내 혈통에도 한국인의 피가 흐르고 있는 것으로 판단된다. 말하자면 한일 양국은 형제국이나 다름없다. 이러한 형제국이 오늘날 국교도 맺지 않고 서로 원수처럼 지내고 있는 것은 몹시 안타까운 일이다. 나는 일본의 과거 식민통치의 잘못을 깊이 뉘우치고 조속히 관계 정상화가 이루어질 수 있도록 최선의 노력을 다할 각오이다."

기시만 그런 말을 한 것은 아니다. 그의 동생 사토 에이사쿠도 14대 심수관과 대화할 때 본인 집안이 1600년대 이후에 건너온 조선인 출신이라고 말했다고 한다.

앞에서도 언급했지만 기시와 아베 가문에서 가정부로 40여 년을 지냈던 구보 우메는 2006년 「주간 아사히」와의 인터뷰에서 아베 신타로가 종종 "나는 조선인이다"라고 말했다고 전했다. 실제 신타로는 자신이 북한 지역에서 건너왔다고 생각했다고 한다. 구보 우메가 알아본 내역으로는 10세기 무렵 발해渤海에서 건너온 도래인이었던 것 같다고 한다.

여기에 한술 더 떠서 쇼와시대 일본의 최고 막후 실세의 한 명으로 한일 교섭 시초 단계에서 움직인 야쓰기 가즈오도 곧잘 "나는 원래가 한국인이다. 호적을 사서 국적을 속이는 데 애를 먹었다"고 이야기했다. 그러나 야쓰기의 말에는 신뢰가 가지 않는다. 그의 출신지가 사가 현 나가사키로 한국인의 피가 섞여 있을지도 모른다는 이야기는 있었으나 야쓰기는 한국과의 접촉에서 자신이 한국인의 피를 받았다고 내세움으로써 어떤 친근감을 끌어내려 했던 속셈이 엿보인다.

CHAPTER

8

야마구치의 꽃,
무궁화가
한국을 점령했다

일본 무궁화 품종을 이름만
'산처녀'로 바꿔놓다

박정희가 메이지유신을 모방한 유신독재를 개시하기 직전 1972년 6월 서울대학교 농과대학 유달영柳達永, 1911~2004 교수 팀은 전국에 산재한 무궁화 중 적단심계에서는 보기 드문 반겹꽃 '산처녀'를 선발했다고 발표했다.

산처녀는 수술을 제외한 옅은 분홍색의 꽃잎과 중심부단심의 분홍 혹은 붉은색 무늬가 아름답다. 품종 명으로 '산처녀'를 선택한 것은 재래종답게 짙은 붉은색의 넓적한 꽃잎이 첫눈에는 촌스러워 보이나 소박하고 아름다운 산촌의 처녀를 연상한다 하여 이름을 지었다는 자상한 설명을 덧붙였다.

그런데 1985년 산림청 임목육종연구소가 일본 오사카식물원으로부터 '히카리하나가사光花笠'를 도입했을 때 산처녀의 정체가 밝혀졌다. 산처녀가 한국의 산처녀가 아니라 일본 야마구치 남부 히카리 시 야산의 재래종인 히

히카리하나가사

카리하나가사였다. 그러니 일본 처녀가 이름만 바꿔 한국 처녀인 양 행색했던 것이다.

우리나라에서 무궁화는 예사 식물이 아니다. 국가 사회적 공적 식물이다. 공식 나라꽃은 아니지만 거의 국화國花로 취급받고 있는 무궁화는 국가 상징을 위시해 대통령 휘장, 무궁화대훈장, 국회의원과 지방의원의 금배지와 법원 마크, 1원짜리 동전, 경찰관과 교도관의 계급장 등 태극기 하나만 빼고 거의 모든 대한민국 국가 상징을 독점 지배하고 있다. 유엔 회원국 193개국은 물론 세계 인류 역사상 이처럼 지존의 지위를 누리는 공적 식물은 없었으며 앞으로도 없을 것 같다.

더군다나 무궁화는 박근혜 정권 말기인 2016년 12월 2일 '산림자원의 조성 및 관리에 관한 법률'에 특정, 별도로 제8설 '무궁화의 보급 및 관리'를 신설해 공적 지위와 권한이 극대화됐다.

이에 따라 무궁화는 중앙 행정 기관의 장, 지방자치단체의 장, 공공기관의 장, 관계 기관 및 각급 학교의 장 등이 무궁화의 품종 보존 연구 개발과 보급을 위한 노력은 물론, 그 소관에 속하는 토지에 확대 식재하고 이를 관리하도록 의무화된 특별 법정 식물이다. 한마디로 말해 엄청난 특권이 부여된 식물이다.

그런데 그런 무궁화가 한국 꽃이 아니라 일본 꽃이라면? 더구나 우리에

1 대한민국 최고의 영예인 무궁화대훈장

2 청와대 정문의 대통령 휘장인 봉황과 무궁화

게 철천지원수인 이토 히로부미와 그 졸개들, 조선 침탈에 앞장섰던 야마구치 현을 상징하는 대표적인 꽃이라면? 그 꽃을 일본 육사 출신의 박정희가 떠받든 상징 조작이 지금까지도 이어지고 있는 것이라면? 우리는 이토 히로부미와 박정희에 의해 일제의 꽃으로 계속 능욕당하고 있는 것이 아닌가?

우선 히카리하나가사의 명칭이 된 히카리 시는 앞에서도 여러 번 말했듯 이토 히로부미의 고향이다. 아울러 기시 노부스케와 사토 에이사쿠 형제 총리를 낳은 다부세초의 옆 동네다. 지금은 행정구역이 나뉘었지만 예전에는 하나의 행정구역으로 묶여 있었다. 따라서 히카리하나가사는 이토를 비롯해 일본 총리를 세 명이나 배출한 마을을 상징하는 꽃이다. 다시 강조하지만 일

'일본 육군의 아버지'로 야스쿠니 신사 정문 입구에 동상으로 서 있는 오무라 마스지로(大村益次郎) 생가에 피어난 야생 히비스커스 무궁화. 이곳은 옛 스오 국, 지금의 야마구치 시에 속하며, 히카리 시 바로 옆이다.

본 꽃이자 야마구치 현의 꽃이다.

그런데도 1990년 무궁화연구회는 산처녀와 히카리하나가사는 같은 품종으로 통일하기로 공식 발표했다. 정말 어처구니없는 매국적 행위다. 일본인들에게 무궁화는 아주 오래전부터 자신들의 야산에 무궁무진하게 피어나서 너무 익숙하고 친근한 꽃일 따름이다.

무궁화는
우리나라 꽃이 아니다

우선 무궁화라는 이름 자체가 '무쿠게むくげ, ムクゲ', 곧 '팽창'을 뜻하는 일본식 한자어다. 개나리, 진달래, 민들레처럼 순수 우리말 이름이 없는 꽃이다. 이 사실부터가 무궁화는 한민족 고유의 나라꽃이 아니라 영락없는 외래종이라는 사실을 드러낸다.

무궁화 문제를 오랫동안 연구한 경희대 법학대학원 강효백姜孝伯 교수에 따르면 2018년 말 현재 한국의 무궁화는 115종에 달하는 국내 품종과 104종의 외래종일본 도입 53종 등 총 219종이 있다. 1990년 기준 70종이던 국내 품종이 45종 늘어났고, 63종이던 외래종이 41종 증가했다.

그러나 산림청, 농촌진흥청, 한국무궁화연구회 등이 스스로 확인하고 있듯 한국 무궁화 품종 대다수는 주로 일본 무궁화를 도입 복제하거나 종간種間 교배한 것이 대다수다. 국내 품종의 원산지, 재배 시기, 육성 경위가 명확하게 표기된 것은 단 한 종류도 없다. 일본 등 해외에서 도입한 품종만 있지, 해외로 수출한 무궁화 품종은 전혀 없다. 우리나라 꽃이 아닌 까닭이다.

그렇다면 무궁화는 어느 곳이 원산지고, 우리나라에도 자생지가 있었는지 알아보는 것으로 이야기를 시작하도록 하자. 다음의 이야기들은 상당수 경희대 강효백 교수의 연구 자료를 근거로 몇 가지 조사를 덧붙인 것임을 미리 밝혀둔다. 강 교수는 무궁화가 왜구의 꽃이라는 사실을 널리 알리기 위해 자신의 연구에 대한 지적재산권을 주장하지 않겠노라고 누차 강조해왔다.

우선 세계 유수의 식물 사이트와 연구기관의 보고서는 무궁화의 원산지와 자생지를 중국 남부로 적시하고 있다. 영국의 정원수 백과사전과 왕립식물원 큐Royal Botanic Gardens, Kew는 무궁화 자생지를 중국 남부 혹은 남동부로 적고 있다. 한국은 재배 가능 지역에 속한다. 미국 하버드대학교 지원으로 펴낸 중국 식물지 역시 중국 동남부 지역인 안후이安徽, 광둥廣東, 광시廣西, 장쑤江蘇, 쓰촨四川, 윈난雲南, 저장浙江, 타이완으로 보고 있다. 미국의 미주리식물원 missouri botanical garden도 중국과 인도에 걸친 지역으로 적고 있다.

그 밖에 그리스의 자연식물문화원 칼리에게리아kalliergeia는 남중국으로 적고 있고, 인도의 생물 다양성 사이트indiabiodiversity.org도 중국을 원산지로, 인도는 재배지라고 알려준다.

이처럼 거의 모든 세계 식물학계가 공인하고 있는 무궁화의 원산지는 중국 남부 혹은 남동부다. 인도 원산지설은 소수 주장이다. 위에서 보았듯 인도의 식물다양성위원회조차도 인도는 무궁화의 재배지일 뿐 중국 남부를 원산지로 인정한다.

그럼 기타 지역의 무궁화는? 일본과 동남아, 하와이 등의 무궁화는 이전 재배되어 토착화된 것이고, 한반도의 남한 지역과 미주 및 유럽은 자생한 것이 아니라 인위적으로 재배된 것이다.

그런데 이런 세계적인 학설과 어긋나게, 서울대학교 원예학과 교수와 원

예학회 회장을 지낸 유달영과 그 제자들만 유독 한반도 원산지설을 주장해 왔다. 그것도 특히 박정희와 전두환 통치 시절에 강조됐다. 유달영이 박정희가 만든 관변단체 국민재건운동본부의 본부장을 맡아 소위 '새마을운동의 아버지'로 불릴 만큼 농촌 계몽활동과 무궁화 심기 운동에 열심이었다는 사실로 미루어보면 그가 왜 한반도 원산지설을 고집했는지 그 배경이 능히 짐작이 간다.

박정희는 유독 무궁화에 집착했다. 그래서 그의 두 딸 이름인 근혜槿惠와 근영槿令 모두 무궁화를 뜻하는 근화槿花에서 온 것임은 두말할 나위도 없다. 군인이었던 그가 어울리지도 않게 왜 이리 무궁화에 집착했을까? 그 이유는 조금 있다 살펴보도록 하자.

무궁화 품종에는 '근형槿亨'이라는 것도 있다. 이는 국립산림과학원이 일본의 '시치사이七彩'와 개량한 단심을 교배한 품종으로 박근혜 정권 시절인 2014년부터 본격 보급되었다.

사정을 모르고 보면 마치 근혜와 근영의 동생으로 세 자매라고 착각할 수도 있는 '근형'을 새 품종의 이름으로 붙인 이유가 도대체 무엇일까? 그것도 박근혜 정권 시절에 말이다.

박근혜 정권 시절인 2015년에 내놓은 품종에는 '근형'

산림청이 2014년부터 본격 보급할 목적으로 개발했던 홍단심계 무궁화 '근형'

과 배가 다른 형제인 '한결'이라는 것도 있다. '근형'과 '한결'은 부모가 같지만 '근형'은 홍색 시치사이를 대목^{뿌리가 있는 줄기}으로 하여, 여기에 백색 개량단심을 접수^{눈이 있는 줄기}한 것이고, 반면 '한결'은 백무궁화 개량단심 대목에다가 홍색 시치사이를 접수했다. 따라서 근형은 붉은색 바탕의 방사상으로 퍼진 욱광선 旭光線이 선명한 욱일기 모양인 반면 한결은 흰 바탕에 빨간 일장이 선연한 일장 기 모습이다.

식물학계는 무궁화가 한반도에 자생하지 않는다는 것이 정설이라는 사 실을 알면서도 박정희가 내세우는 꽃이었으므로 다들 침묵하면서 논의를 하 지 않았다. 뿐만 아니라 종일 권력자의 정치적 목적에 영합한 소수 어용 관변 학자들이 '한국 무궁화 원산지설'을 날조해 유포한 측면이 많다.

유달영과 그의 제자 염도의廉道義가 쓴 『나라꽃 무궁화』⁰¹는 무궁화가 옛 날에 참 많았는데 지각변동으로 없어졌다고 한다. '한반도와 중국 대륙이 원 래는 하나였으나 지각변동으로 중국은 부용과 하와이 무궁화로, 한국은 무 궁화 자생지로 서로 나누어졌다'고 하면서 '무궁화는 한반도만 자생지'라고 강조한다. 부궁화가 무슨 공룡도 아니고, 참으로 황당무계하기 짝이 없는 수 장이다.

**무궁화는 천박한 자질에 학질꽃이어서
빈 골짜기에 버려지리라**

그럼 옛 우리나라 사람들에게 무궁화는 어떤 존재였던가를 톺아보자.

---

01 학원사, 1987년

참을 수 없이 낭자한 벌레들이 안을 장식하고 꽃 속에 그득한 벌레 소리는 피리와 퉁소를 섞은 것 같다. 천박한 자질에 활기도 없어 빈 골짜기에 버려지리不禁狼藉蟲飾腹 總總已似芋混籟 薄質消沈委空谷.

- 정약용丁若鏞, 1762~1836, 『여유당전서與猶堂全書』

목근화는 어린아이가 무궁화를 가지고 노는 걸 금지해야 한다. 병과 학질에 걸리게 된다. 고로 목근화를 학질꽃瘧子花이라 한다. 목근은 일명 과매화裹梅花라고도 한다. 붉은 것과 흰색 두 종이 있다. 동방에서 무궁화라고 불리는 말이 이것이다木槿花. 小兒忌弄. 令病瘧. 故俗名木槿爲瘧子花. 木槿. 一名裹梅花. 有紅白二種. 我東方言無窮花是也.

-이규경李圭景, 1788~사망일 미상, 『오주연문장전산고五洲衍文長箋散稿』

정약용이 더 말할 나위도 없이 실사구시實事求是 학문을 지향한 것처럼, 이규경 역시 주자성리학에도 해박했지만 여러 사상을 포용, 통합하여 실사구시적으로 활용하는 특징이 있었다. 그는 우리의 역사 고증에 많은 비중을 두는 한편 물산物産, 향도香徒, 속악俗樂 등에 이르기까지 소홀해지기 쉬운 우리 것을 찾기 위한 많은 노력을 개진하였다. 따라서 1850년대에 나온 그의 무궁화에 대한 그의 해설도 정확하다 할 것이다.

그런데 이규경이 무궁화를 '목근화木槿花'라고 쓰고 있듯, 1890년대 이전 우리나라는 무궁화 나무를 '목근'으로, 무궁화 꽃을 '근화'로 표기해왔다. 이규경도 지적하고 있듯 동방에서 무궁화라는 말이 쓰이기는 하지만, 그 단어가 우리나라에 아직 정착하지는 않았다. 따라서 '무궁화'라는 표기가 정식으로 도입된 시기는 그 이후라 할 수 있다. 아울러 무궁화가 우리나라에서 일반적이지 않았다는 사실을 알 수 있다. 천박한 자질에 벌레가 가득하고, 아이들이 만지면 학질에 걸리는 나무와 꽃을 굳이 가까이 둘 이유가 전혀 없었던 것이다.

계속 반복되는 얘기지만 그런 점을 우리 선조들은 누누이 강조해왔다. 신채호申采浩, 1880~1936 선생도 『을지문덕전』에서 '부상扶桑은 무궁화 나무로서 일본을 지칭한다'고 했고, 더 거슬러 올라가면 명나라의 의사 이시진李時珍, 1518~1593도 『본초강목』에서 '부상은 남방에서 생산되는 무궁화의 별종이다'라고 했다.

이에 대해서는 일본 하이쿠 시인 소다 야쓰마사宗田安正, 1930~ 역시 하이쿠의 시제인 계어季語를 조사한 『계어를 이끌어내는 사전 : 식물편季語 무引き辞典 植物編』02에서 '무궁화 나무는 부상나무다. 히노마루日の丸 품종의 무궁화는 일본의 국기 히노마루의 원형이다'라고 밝히고 있다.

지금도 그렇지만 한국에 이식된 무궁화는 일본의 무궁화와 달리 진딧물 등 온갖 곤충들이 잘 끼고 학질과 안질 등 각종 병균을 옮기는 일종의 비위생 유해식물이었다. 일제 관헌이 무궁화를 보면 눈병이 난다고 경고한 것은 자신들이 무궁화를 강제 이식했음에도, 그 부작용으로 수탈해야 할 대상들을 질병에서 보호해야 하는 차원에서 어쩔 수 없이 강조한 계도였던 셈이다. '우리 민족의 꽃 무궁화'에 대한 탄압이 절대 아니었다.

그럼 목근화 대신에 무궁화라는 단어가 일반적으로 사용된 것은 어떤

---

02 가큐슈켄큐샤(学習研究社), 2003년

일본 전투함 '부상(扶桑)'. 1914년에 진수되어, 몇 차례의 보수를 거쳐 태평양전쟁 때 사용됐다. 1944년 10월 25일 필리핀 근처 레이테 만(Leyte Gulf) 전투에서 어뢰에 맞아 격침됐다. 일본이 자신들의 주력 전투함에 '부상'이라는 이름을 붙인 것 자체가 곧 일본은 '무궁화 부상의 나라'임을 말해준다.

연유인가. 그것은 당연히 일제 및 종일파와 관련이 있다.

다음은 「동아일보」 1925년 10월 21일자 '조선국화 무궁화의 내력' 제하에 실린 관련 기사다. 맞춤법 수정 없이 그대로 옮긴다.

〈現代에 無窮花〉

그러나 근화 즉 무궁화를 지금과 가치 무궁화無窮花라고 쓰게 되기는 극히 젊은 근대의 일이라 합니다. 아마 지금부터 이십오륙년전 조선에도 개화 풍이 붙게 되여 양인의 출입이 빈번하게 되자 그때의 선진이라고 하는 윤치호尹致昊씨 등의 발의로 우리 대한에도 국가가 잇서야 된다고 한편으로 양악가도 세우고 한편으로 국가도 창작(?)할대 태어난 --- 영원무궁하

소서. 附屬되어 생기었다고 하는(?) 마르고 닳도록 하는 애국가의 후렴인

「無窮花 三千里 華麗江山」이라는 구절이 끼일 때에 비로소 근화 즉 무궁

화를 「無窮花」라고 쓰기 시작한듯합니다.

이 기사는 다음의 세 가지 사실을 말하고 있다. 첫째, 1890년대 후반에서 1900년대 초가 되어서야 비로소 근화를 무궁화라고 사용하기 시작했다는 사실. 둘째, 무궁화라는 말이 쓰이기 시작한 것은 윤치호尹致昊, 1865~1945가 애국가에서 이를 사용하면서부터라는 사실. 셋째, 윤치호가 애국가의 작사가라는 사실이다.

이 세 가지 사항은 무궁화가 일본 꽃이고, 애국가 역시 일본 노래, 즉 왜국가倭國歌라는 사실의 증거이기도 하다. 다만 애국가가 왜 왜국가인가에 대해서는 이 책의 논의 밖이므로, 여기서는 생략하기로 한다. 이에 대해서는 강효백 교수가 그의 저서 『두 얼굴의 무궁화』에서 자세히 다룰 것이다.

'무궁화'라는 단어 자체가 우리 것이 아니라는 증거는 옛 문헌으로도 증병된다. 한국 6대 대표 사서인 『고려사』 『삼국사기』 『삼국유사』 『고려사설요』 『승정원일기』 『조선왕조실록』 약 2억 9천만 자 중에 무궁화는 단명短命과 불행의 상징으로 딱 한 글자만 나온다. 어떻게 그럴 수가 있는가. 다른 꽃들은 무수히 출현하는데 말이다. 무궁화가 오래전부터 국화國花를 상징할 만큼의 중요성을 가진 단어였다면, 이렇게 존재 자체를 깔아뭉개듯 야박하게 무시할 수는 없었을 것이다.

고려와 조선의 시구에도 매화, 연꽃, 모란, 동백, 진달래, 살구꽃, 배꽃 등등 온갖 꽃들이 만발했는데 무궁화만 피지 않았다. 이래도 무궁화가 한반도

에서 자생한 한민족 고유의 국화인가?

무궁화의 국화 자격 시비는 지금부터 60여 년 전인 1956년 2월에도 등장한 바 있다. 당시 화훼연구가 조동화趙東華 선생이 1956년 2월 3일 「한국일보」에 무궁화 부적격론을 제시했다. 그의 주장은 이러했다.

❶ 무궁화는 38선 이남에 주로 재배하는 꽃으로 황해도 이북에서는 심을 수 없는 지역적 한정성이 있다.

❷ 원산지가 인도로 외래식물이다.

❸ 진딧물이 많이 붙고 단명허세短命虛勢하다.

❹ 모든 꽃들이 움트는 봄에도 피지 않고 품격도 빈궁하며 가을꽃 중에서도 제일 먼저 시드는 실속 없는 식물이다.

그러자 닷새 후에는 저명한 식물학자 이민재李敏載 서울대학교 생물학과 교수가 1956년 2월 8일 「조선일보」에서 조동화의 의견에 적극 동조했다.

이민재 교수는 무궁화는 국화로서 적당하지 않을 뿐만 아니라 무궁화가 국화로 지정된 일도 없고 공식적으로 인정받은 일이 없는 꽃이라고 못을 박았다. 그러면서 진달래를 새 국화로 추천하면서 국화가 될 만한 꽃의 조건을 다음처럼 제시했다.

❶ 우리나라 원산지로 민족을 상징할 수 있을 것

❷ 국토 전역에 분포하고 있을 것

❸ 민족과 더불어 역사적 애환을 함께했을 것

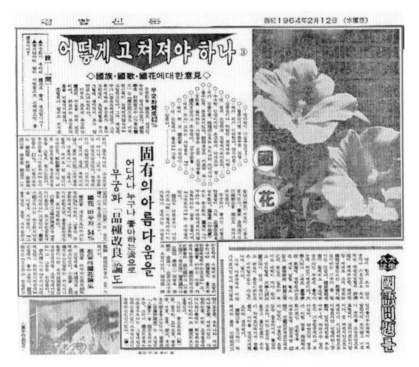

1964년 2월 12일자 「경향신문」이 보도한 국화와 국기, 국가를 어떻게 고칠 것인지에 대한 기사

❹ 되도록 다른 식물보다 이른 계절에 필 것

❺ 꽃 모양과 이름이 아름다울 것

무궁화를 이 조건에 비교해보자. 무궁화는 우리나라가 원산지도 아니고, 국토 전역에 분포하지도 않으며, 민족과 더불어 역사적 애환을 함께했다는 어떤 사실도 없다. 참으로 부적격 조건만 가득한 꽃이다.

이렇게 무궁화에 대한 부적격론이 나온 지 얼마 후 시인이자 언론인으로 당시 야당, 민주당 민의원이었던 주요한朱耀翰, 1900~1979도 1956년 2월 28일자 「조선일보」에 목소리를 보탰다. 그는 무궁화 대신 다른 꽃을 국화로 삼는다면 진달래보다 개나리를 추천하고 싶다고 했다. 진달래는 정열적인 대신에 번뇌상煩惱相이 있는데 개나리는 오직 명랑하고 쾌활하고 한 가지에 줄줄이 옹기종기 의좋게 피어나는 게 합심협동의 정신을 가르쳐주는 것 같다고 했다. 그는 덧붙여 봉선화, 도라지꽃과 버들꽃도 국화 후보로 추천했다.

5·16 군사정변 이후 급부상한 무궁화 예찬론

그런데 5·16 군사정변 이후 상황이 급전했다. 박정희과 유달영 팀은 한반도 전역에 그 많던 무궁화나무들이 일제의 수난으로 없어졌다는 허위 사실을 날조 유포했다. 그리고 일본의 무궁화 품종을 도입, 복제하고 품종 명까지 표절해 국내종으로 둔갑시켰다. 예를 들면 일본 대표 무궁화 '히노마루'를 한국 대표 무궁화 '신태양'으로 바꾸는 식이다. 그리고 그런 무궁화 보급을 위한 관변단체를 설립, 각 학교마다 관공서 중앙과 입구에 무궁화를 이식했다.

그러면서 이들은 무궁화 부적격론에 대한 반론을 다음처럼 내놓았다.

❶ 옛날에는 많았으나 한반도 지각변동으로 희소해졌다.

❷ 단군조선의 수도 아사달^{하얼빈 또는 백두산}에도 피었다.

❸ 오늘날 훗카이도나 캐나다 밴쿠버에서도 피므로 북한에서도 불가능
  하지 않다.

❹ 이미 토착화된 식물로 원산지를 따질 이유 없다

❺ 100일 동안 한 나무에서 수천 송이가 피고 지는 '생명력'이 있다.

①과 ②, 무궁화가 단군조선의 수도 아사달인 하얼빈이나 백두산 설산 빙벽에도 만발했다는 둥, 한반도 지각변동으로 없어졌다는 둥. 무궁화를 마치 공룡처럼 만들어버린 황당무계한 망상과 소설에는 더 이상의 논평이 불필요하다.

③은 무궁화의 재배 가능 북방 한계선으로 단순하게 위도만 내세우고 있다. 훗카이도에는 북태평양 쿠로시오 난류가 흐르고 캐나다 서남부 밴쿠버에는 태평양 난류가 흘러 냉대 기후여야 할 위도임에도 온대 기후가 형성된 사실을 무시하고 있다.

④ 역시 무궁화는 한국에 토착화된 식물이 아니라 구한말 이후 일본에서 이식된 것으로 인위적인 보급운동으로 겨우 유지되는 식물이다. 더구나 대한민국 국가 상징을 독점으로 지배하다시피 하는 꽃인데 원산지를 따질 이유가 없다는 논리가 말이 되는가? 대한민국에는 세계 학회가 인정하는 원산지 식물이 개나리를 비롯해 69개종이나 된다.

가장 흔하게 볼 수 있는 무궁화 '히노마루' 품종은 욱일기의 원형이다. 이름조차도 '히노마루', 곧 일장기다.

⑤ 또한 그런 생명력은 일본이나 남방에서나 볼 수 있다. 한반도에서는 전혀 그렇지 못하다. 이런 생명력 주장은 무궁화를 예찬한 일본 문헌을 그대로 직역해 도입한, 내선일체식의 세뇌 주입에 불과하다. 아울러 한 나무에서 오랫동안 피고 지는 생명력은 일본이 무궁화를 사무라이 지배 엘리트층의 '얼'로서 마음 깊이 진짜 나라꽃으로 숭상하는 이유다.

바로 뒤에서 자세히 보겠지만 일제는 자신들의 꽃 그리고 야마구치의 꽃 무궁화를 한반도에 인위적으로 식재하기 위해 무진 애를 썼다. 앞에서 소다 야쓰마사가 말했듯, '무궁화 나무는 부상日本 나무고, 히노마루 품종의 무궁화는 일본의 국기 히노마루의 원형'이기 때문이다.

그러나 그 결과는 그다지 신통치 않았다. 한반도에는 어울리지 않는 꽃이었기 때문이다. 그래서 일본을 대표하는 식물학자인 마쓰바라 마스타松原益太도 『소학식물교재연구小學校植物敎材研究』[03]에서 '야마구치 현에서 무궁화를

───────────

03   바이후우칸(培風館), 1935년

(조선에) 이식했지만, 잘 자라지 않고 시들어버렸다. 무궁화는 간단한 꽃이지만 토양이 맞아야 한다. 무궁화는 일본에 한한다'라고 쓰고 있다. 다른 곳도 아닌 야마구치, 우리에게 원수의 땅 야마구치에서 무궁화를 가져와 이식하려 했다는 것이다.

일제는 제국주의의 기틀을 잡기 위한 상징 조작을 위해 영국이나 프랑스 제국을 따라서 자국의 나라꽃 무궁화를 식민지 조선에 식수하기 위해 갖은 애를 썼다. 한반도 강점 초기, 조선총독부는 헌병과 일본인 관리를 동원해 암암리에 마을 입구마다 무궁화를 심었다.

또한 차령산맥 이남에서만 재배 가능했던 무궁화를 황해도 이남까지 생존 가능한 무궁화 북방한계선을 확장하도록 품종 개발에 나섰다. 이를 위해 조선총독부 식산국을 중심으로 영림청, 권업모범장, 농업시험장^{농촌진흥청의 전}신, 수원고등농림학교^{서울대학교 농업생명과학대학의 전신} 등 총독부 산하 기관들의 연구와 보급에 매달렸다. 서울대 교수들의 무궁화 사랑은 이때의 일본 정책이 최근까지도 여전히 이어지고 있음을 알려준다.

1919년 3·1 운동 여파로 시작된 '분화통치' 이후 일세는 무궁화 이식 정책 역시 '문화적'으로 전환했다. 자신들이 직접 나서서 무궁화를 심는 대신, 한국인의 손으로 무궁화를 심게 해서 무궁화가 자신들의 꽃이라고 인식하게끔 하는 '차도살인借刀殺人 책략'으로 전환한 것이다. 이 책략은 완전히 성공을 거두어 대한제국의 황실화 오얏꽃은 온데간데없이 사라져버리고, 지금 우리 국민 대부분이 무궁화를 우리 꽃이라고 생각한다. 그래서 왜구의 꽃이 국민의 마음에 새겨졌다. 너무 참담하고 기가 막힌 일이다.

지금도 산림청은 우리나라 행정수도 세종시와 함께 '나라꽃 무궁화 세종축제'를, 서울시와 함께 '우리의 꽃 무궁화축제'를 개최한다. 우리나라를 대표하는 수도 서울과 행정수도 세종시에서 모두 일본 꽃 무궁화를 기리는 축제를 여는 것이다. 뿐만 아니라 일본에서 해방된 광복절에도 떡하니 무궁화가 기념 꽃으로 등장한다. 심지어 천안 독립기념관에서도, 서대문 독립공원에서도 무궁화 축제가 열린다. 일본 책략의 완벽한 승리다. 우리는 광복절에도 일본을 여전히 떠받드는 꼴이다.

무궁화에는 단지 벌레 진딧물만 꼬인 것이 아니었다. 권력층의 입맛과 주문에 따라 일본 무궁화 품종의 도입과 복제, 얼토당토않은 허위로 날조해온 인간 진딧물도 지저분하게 꼬여서 '학질'과도 같은 허위의식을 퍼뜨려왔다.

그리하여 함석헌咸錫憲, 1901~1989[04] 선생은 그의 『씨알의 소리』에서 '무궁화를 내세우는 것도 근래에 된 일이요. 그나마 정치 기분으로 된 것이다'라고 강조했다.

야마구치의 꽃은 어떤 과정을 거쳐 우리 꽃이 되었나

무궁화는 중국 남부가 원산지라서, 일본에서도 아주 잘 자랐다. 지금도 잘 자란다. 원래 남방 기후에 맞는 나무 꽃이다. 그래서 일본은 도시를 벗어나면 어디를 가도 무궁화를 쉽게 볼 수 있다. 원예용 정원수로 키우는 가정집도 흔히 볼 수 있다. 자연에서 무궁화를 보기 힘들고, 가정집에서 무궁화를 거의 키우

---

[04] 1919년 3·1 운동에 참여한 후 평양고등보통학교에서 퇴학당한 후, 사무원과 교사 등을 전전하다 1928년 오산학교의 교사로 들어가 10년간 교직에 있었다. 광복 이후부터 제5공화국 시절까지 비폭력 인권운동을 전개하면서 언론인이자 문필가로 활동했다.

지 않는 우리나라와는 전혀 딴판이다.

일본 땅에서는 무궁화가 얼마나 잘 자랐는지 가와히가시 헤키고토河東碧
梧桐, 1873~1937라는 수필가 겸 하이쿠 시인은 '풀을 베면 무궁화가 자라는 풀밭
인가草刈れば木槿花さく草場かな'라는 하이쿠를 남기기도 했다. 요절한 천재 하이쿠
시인 마사오카 시키正岡子規, 1867~1902 역시 '길가에 덩굴 풀처럼 무궁화가 자라네
道ばたに蔓草まとふ木槿哉'라고 노래했다.

일본에는 예부터 무궁화를 미인의 얼굴에 비유하는 '무궁화의 얼굴芙蓉
の顔'이란 관용구도 있다. 그러나 무궁화는 심야부터 이른 아침까지 피기 시작
해, 저녁에는 꽃을 닫아버리는 하루의 꽃이기 때문에 이런 단명의 생애를 노
래한 유명 하이쿠 시인의 노래도 적지 않다.

길가의 무궁화, 말이 먹어버렸도다道のべの木槿は馬にくはれけり.

– 마쓰오 바쇼松尾芭蕉, 1644~1694

그것이 바로 하루살이 꽃 무궁화それがしも其の日暮らしぞ花木槿

– 고바야시 잇사小林一茶, 1763~1828

흰 무궁화 꽃말은 짧게 헤어졌도다白木槿言葉短く別れけり.

– 이시이 로게쓰石井露月, 1873~1928

이처럼 무궁화는 하루살이라서 우리나라나 중국의 꽃꽂이에서는 사용
되는 법이 거의 없다. 우리나라는 무궁화 축제 같은 특별한 행사가 아니면 무

궁화를 화재花材로 사용하지 않는다.
그러나 유독 일본에서만은 무궁화
가 다도와 연계되는 꽃꽂이 대상으
로 각광을 받아서, "겨울은 동백, 여
름은 무궁화冬はツバキ, 夏はムクゲ"로 불
릴 정도로 여름에 애용되는 화재가
되고 있다. 즉 그들에겐 무궁화가 생
활에서 꽃꽂이로 사용하는 일상의
꽃이다.

　　무궁화가 왜 다도의 핵심과 상
통하는 점이 있느냐 하면, '무궁화 하
루의 꿈槿花ー朝の夢'이 다도에서 말하

우리나라에서는 무궁화 꽃을 꽃꽂이에
거의 사용하지 않지만, 일본에서는 아주
흔하게 사용하는 화재다. 다도에서도 애
용한다.

는 '일기일회ー期ー会'의 정신과 같기 때문이다. 다도의 '일기일회'는 마치 이 세
상에서 처음이자 마지막으로 대접하는 사람일지도 모르는 마음으로 차를 내
놓는 마음가짐을 말한다. 일생에 한 번일지도 모르기 때문에 그만큼 정성을
다해야 하는 것이니, 무궁화 꽃이 가지는 일생 한 번 개화의 기회, 그것은 또한
사무라이의 숙명과도 같다. 사무라이는 일생 한 번의 기회에 자신의 목숨을
온전히 내던지는 존재들이다. 이 또한 무궁화가 일본의 꽃이 되는 사연이다.

　　바로 그래서 현대 일본의 저명한 시인 아카바네 마사유키赤羽正行, 1941~는
'하얀 무궁화는 충의로운 사무라이가 머무는 곳白木槿忠義の武士の館跡'이라고 하
이쿠를 지었다. 또 그는 시집『남랑화男郎花』에서 무궁화는 일본 민족의 얼로
서 피고 진다고 영탄했다.

일본 다도(茶道)와 무궁화

임진왜란 1년 전인 1591년, 일본 다도의 위대한 스승으로 일찍이 오다 노부나가와 도요토미 히데요시의 다두茶頭였던 센 리큐千利休, 1522~1591가 히데요시로부터 할복자살 명령을 받았다.

히데요시가 센 리큐에게 갑자기 할복자살을 명령한 것은 화려한 다도를 추구하는 히데요시에게 센 리큐가 제동을 걸었기 때문이라거나 딸을 바칠 것을 거부했기 때문, 혹은 다이토쿠지大德寺 삼문에 자신의 목상을 세우는 불경죄를 저질렀기 때문이라는 등 많은 가설이 있었지만, 최근에는 조선 출병 반대가 가장 결정적 이유로 굳어지고 있다.

야마모토 겐이치山本兼一는 그의 소설 『리큐에게 물어라利休にたずねよ』●에서 그의 마지막 날을 이렇게 묘사하고 있다.

일본 소설 『리큐에게 물어라』의 표지

리큐가 할복하기 전날 밤이다.

여자가 손을 내밀기에 붓과 화지를 건넸다. 무궁화 꽃을 바라본 다음, 붓을 눌렀다. 꽃은 물을 흡수해 생기를 조금 되찾았다.

"무궁화는 하루뿐이나 스스로 영화를 이룬다槿花一日自爲榮."

"백거이●●로구나."

리큐는 뛸 듯이 기뻐했다. 그도 아는 시였다. 언젠가 마당에 무궁화가 피었다. 그는 붓과 종이를 받아 여자가 쓴 옆에 한 줄 덧붙였다.

● 2010년 140회 '나오키 산주고 상(直木三十五賞)'을 수상했다. 일본 소설가 나오키 산주고를 기념하여 일 년에 두 번 가장 재밌는 대중문학을 쓴 작가에게 시상하는 문학상이다.

●● 백거이(白居易, 772-846). 중국 당나라 시대 가장 뛰어난 시인이다.

"어찌 세상에 연연하고 죽음을 근심하라何須戀世常憂死."

인간 세상을 애타게 그리워하고 죽음을 근심해봤자 소용없다. 그러나 제 몸을 부정하고 생을 혐오하는 것 또한 잘못이다. 삶과 죽음은 전부 몽환, 몽환 속의 슬픔과 기쁨에 어찌 연연하는가. 시는 그렇게 맺어졌다. 글을 써서 보여주자 여자가 만면에 웃음을 띠었다. 어지간히 기뻤는지 몇 번씩 거듭해 읽으며 눈물을 글썽였다.

센 리큐는 교토의 다이토쿠지 삼문에서 마지막 무궁화 차를 마시고 스스로 배를 갈라 죽었다. 백거이의 시 같은 죽음이었다. 무궁화는 하루 종일 스스로 영광스럽게 지내는데, 어찌 세상을 그리워하며 늘 근심하고 죽을 필요가 있겠는가.

센 리큐는 무궁화를 무척 좋아했다. 히데요시는 언젠가 센 리큐의 저택에 아름다운 무궁화가 많이 피었다고 해서 아침 일찍 일부러 보러 간 적이 있었다. 그런데 정원에 무궁화가 한 송이도 보이지 않았다. 작은 다실에 들어가니 도코노마床の間● 에 단 한 송이 무궁화가 장식돼 있을 뿐이었다. 그 한 송이를 인상적으로 보이게 하려고 정원에 핀 꽃을 리큐가 전부 꺾어버린 것이었다.

센 리큐는 무궁화 한 가지를 전문화된 다실에 장식해놓고 다도 교육을 시행하며 다도의 원칙을 세웠다. 무궁화는 하루 동안 피고 진다는 일기일회! 그 다회가 일생의 한 번뿐이라는 일본 다도의 기본정신과 닮았다. 일본인은 무궁화가 한 번에 만개하지 않고 순차적으로 피고 지는 걸 반복하는 걸 한결같이 피어 있는 것으로 본다. 따라서 무궁화를 정절과 절개의 상징이며 사무라이 정신, 일본의 얼로 받들고 있는 것이다.

아이러니하게도 센 리큐는 특히 흰 꽃잎 바탕에 붉은 꽃심의 무궁화를 사랑했다. 센 리큐는 무릎이 닿을 정도로 협소한 다실에서 무궁화 한 가지를 마주한 채 차를 나누길 즐겼다. 센 리

● 일본식 방의 상좌(上座)에 바닥을 한층 높게 만든 곳으로 벽에는 족자를 걸고 바닥에는 꽃이나 장식물을 꾸며놓는다.

무궁화 '소단' 품종은
센 리큐 다도 전통을 잇는 꽃꽂이의
정석이다.

큐의 가르침을 다시 부활시킨 손자의 이름은 소단宗旦인데, 그 이름이 바로 이 무궁화 품종의 이름이 되었다.

센 리큐 가문의 중흥은 3대 소단에 의해 이루어진다. 아버지 센 소안과 어머니 오가메센宗리큐딸 사이에 태어난 그는 할아버지센리큐의 요청에 따라 갓난아기 때부터 다이토쿠지에 가쓰지기喝食●로 맡겨졌다.

이는 아버지 센 소안이 후처 자식으로 리큐가 센 도안과의 상속 다툼을 염려했기 때문이다. 할아버지가 사망하면서 계속 불문에서 자랐고, 아버지가 칩거에서 풀려나면서 환속했다. 이후 아버지와 함께 와비차わび茶의 보급에

───────
● 어린아이가 선사에 들어가 머리를 깎지 않고 지내는 것. '가쓰시기'라고도 한다.

힘을 쏟았다.

소단은 1600년 무렵, 센 소안이 은거함에 따라 가문을 이어받았다. 할아버지의 경우를 교훈으로 삼아 정치와의 관계를 피하고 평생 동안 벼슬도 멀리 했다. 그의 다풍은 리큐의 와비차를 더욱 철저하게 지키는 것으로 마치 거지처럼 수행을 하고 청빈하다 해서 '고지키소단乞食宗旦'이라는 별명이 붙었다.

말년에 지은 다다미 2장 넓이의 다실은 와비차 정신을 나타낸 최고의 다실로 평가받는다. 센 가문 중흥의 시조로 매년 11월 19일에 제사를 지낸다.

소단의 네 아들 가운데 둘째인 소시쓰宗室가 우라센케裏千家를, 막내넷째인 소슈宗守가 무샤노코지센케武者小路千家를 각각 일으켜 적통인 오모테센케表千家와 더

도쿄의 다이토쿠지에서 센 리큐를 애도하기 위해 만든 품종의 하나인 '다이토쿠지 시로'

붙어 3개의 센케가 지금까지 이어지면서 일본 다도를 대표하고 있다.

센 리큐가 할복한 이듬해 1592년 6월 부산 앞바다에 일본 사상 최초의 일장기 히노마루가 출현했다. 그 깃발은 센 리큐가 사랑했던 붉은 태양을 실은 하얀 배, 히노마루, 흰 꽃잎 바탕에 붉은 꽃심의 무궁화를 평면에 펼쳐 형상화한 모습 그대로다.

그런데 도쿠가와 이에야스가 도요토미 가문을 궤멸시키고 일본 열도를 제패한 17세기 초 교토의 다이토쿠지는 백무궁화 다이토쿠지 시로大德寺白와 홍무궁화 계열의 다이토쿠지 히토에大德寺一重, 다이토쿠지 기온마모리大德寺祇園守, 다이토쿠지 하나가사大德寺花笠를 개발해냈다. 이들 4개 품종의 무궁화는 다이토쿠지 정원에서 할복한 센 리큐를 애도하기 위한 일종의 조화弔花였다.

일본 다도는 말차를 마실 때 반드시 화과자和菓子를 함께 내놓는다. 말차를 마시고 난 뒤의 쓸쓸한 뒷맛을 가시게 하기 때문에, 화과자를 만들 때도 여간 정성을 쏟는 게 아니다. 화과자 하나만 보면 그 집의 품격과 전통을 알 수 있다.

우리나라에서도 화과자를 만든다. 그러나 무궁화 모습으로 화과자를 만들지는 않는다. 그러나 일본은 무궁화 꽃 모양의 화과자가 매우 흔하다. 이것 하나만 보아도 무궁화는 일본 꽃이지 한국 꽃이 아니다.

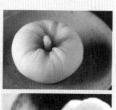

일본 다도의 무궁화 화과자

이렇게 본격적으로 예찬되었던 일본의 꽃 무궁화가 한반도에 접목된 과정은 다음과 같다.

- **1896년 11월 21일**

이토 히로부미를 멘토로 삼고 그와 오래전부터 내밀한 관계를 맺고 있던 윤치호, 일본 이름은 이토 지코伊東致昊는 무궁화를 애국가 가사에 넣고 나라꽃으로 작업했다.

- **1900년**

일제의 압력에 못 이겨 관복에 무궁화를 수식하는 칙령 제14호가 제정되었으나, 1906년광무 10년 고종황제는 무궁화 꽃을 대한제국의 황실화 오얏꽃으로 환원했다. 대한제국1897년 10월 12일~1910년 8월 29일의 각종 공문서에 표시하는 문장은 처음부터 끝까지 오얏꽃 문장이 사용되었다.

- **1904년 8월 22일**

이토 히로부미는 그의 오랜 조선인 심복인 외부대신서리 윤치호가 체결한 제1차 한일협약갑진늑약으로 대한제국의 정책결정권을 상납받았다.

- **1905년 11월 17일**

외부협판 윤치호가 총괄 기획하고 작성한 제2차 한일협약을사늑약으로 대한제국의 외교권을 탈취한 이토 히로부미는 1906년 3월 초대 조선 통감으로 취임했다.

- **1907년**

이토 히로부미 치하의 조선통감부는 경성의 백운동청운동 서쪽과 평양의 모란대 두 곳에 모범림을 설치하고, 수원, 대구, 평양 3곳에 묘포苗圃를 설치해 파종하는 한편, 무궁화 묘목을 포함 1, 2년생 일본산 묘목을 옮겨와 심었다.

• 1909년 7월 5일

소네 아라스케曾禰荒助, 1849~1910는 이토 히로부미로부터 조선통감을 이어받는 연회에서 "부상扶桑·무궁화 나라 일본과 근역槿域·무궁화 지역 한국을 어찌 다르다 논하리오扶桑槿域何論態"라고 읊었다. 소네 통감은 통감 취임 일주일 만인 7월 12일 기유각서를 체결, 대한제국 순종 황제의 모든 실권을 소네의 권력으로 전격 탈취했다.

• 1910년 5월

데라우치 마사다케가 3대 통감으로 부임했다. 그는 한일합방을 성사시키고 초대 조선총독부 총독이 되었고, 그 역시 조선이 무궁화 지역 즉 '근역槿域'임을 강조했다.

• 1912년 3월 26일

데라우치 총독은 1912년 3월 '태형은 조선인에 한한다'는 악명 높은 '조선태형령'을 공포하면서 '무궁화 묘목을 심는 것이 티격태격 싸우는 조선인의 의무'라는 조선인을 비꼬고 모욕하는 시문을 남겼다.

• 1912년 12월

조선총독부 식산국은 총독부 관할 국유림 일부를 도쿄제국대학, 교토제국대학, 규슈제국대학 등 일본 제국대학들에 연습림으로 대부해줬다. 도쿄제국대학에는 전라남도 구례군과 광양군의 백운산, 감토봉, 지리산 일대 총 4만 6천 685정보를 연습림으로 할당했다. 이곳에는 이듬해부터 무궁화, 금송高野槇, 고야마키, 적송赤松, 아카마쓰, 낙엽송唐松, 가라마쓰, 편백나무檜木,

히노키, 삼나무杉, 스기, 황매화 등 총 3만 3천 그루가 심어졌다.

- 1914년 3월

일제는 한국의 식물학계 일각이 아직도 스승으로 모시고 있는 관변 식물학자 나카이 다케노신中井猛之進, 1882~1952으로 하여금 전라남도 남부 지방에 무궁화 야생군락지가 존재한다고 발표하게 만들었다. 그런데 이는 1913년 봄, 조선총독부 식산국이 도쿄대학 연습림으로 불하한 전라남도 순천군과 구례군 일대에 미리 심어놓은 것이다.

- 1914년

미국의 플로렌스 헤들스톤 크레인Florence Hedleston Crane, 1887~1973이 전남 순천과 구례군 주변에 자생하는 무궁화를 발견했다고 주장한다. 1931년 이 무궁화를 보고 그렸다는 수채화를 실은 그림책『한국의 꽃 민간전래 이야기Flowers and Folklore from far Korea』가 도쿄에서 출판됐다. 실로 간교하고 조직적인 상징 조작이다.

- 1914년 ~ 2020년 현재까지

우리나라에서 어떠한 품종의 무궁화 사생시노 발견뇌시 않고 있다.

그렇다면 일본은 어떤지 아래를 보자.

- 1926년 12월

제124대 일왕으로 즉위한 히로히토의 쇼와시대 개막과 더불어 제국주의와 군국주의, 천양무궁天壤無窮, 일왕 영토의 무궁한 확장의 상징으로서의 무궁화는 일본 본토와 식민지에서 더욱 떠받들어진다.

대한제국의 훈장. 태극문양을 감싸고 있는 것은 무궁화가 아니라 오얏꽃
이다.

- 1928년 1월

하기 시 가와카미무라川上村의 야생 무궁화군락을 천연기념물로 지정했
다.

- 1930년

고쿄히가교엔, 신주쿠, 우에노, 요요기, 히가시, 하마리큐 진다이神代식물
공원 등 도쿄의 공원을 비롯한 일본 전역의 공원과 정원에 무궁화 화원을
별도로 조성하는 사업을 벌이기 시작했다.

- 1931년

대한제국의 황실화 오얏꽃을 폐지하고 무궁화를 한국의 국화로 이식 작
업을 했듯, 만주국을 건국하면서 청나라의 황실화 모란을 폐지하는 대신
살구꽃을 만주국의 국화로 설정해 보급하기 시작했다.

위와 같은 사실에서 명백하게 나타내듯, 무궁화는 일제의 꽃이다. 만약
무궁화가 진정 조선의 꽃이었다면, 일제가 위와 같은 공작과 작업을 통해 애
써서 무궁화를 우리나라에 억지로 식수하려 노력할 이유가 선혀 없다. '조선
의 얼'을 식민지 지배를 해야 할 일본이 왜 굳이 널리 알리려 애를 쓴단 말인
가. 아울러 조선을 무궁화 땅, '근역'이라고 강조할 필요도 없다. 이렇게 일제
의 날조에 의한 상징 조작에 부응해서 박정희와 그가 지원하는 관변 학술단
체들은 마치 무궁화가 진짜 조선의 얼인 것처럼 또 다른 조작을 해왔다. 이는
한 치도 묵과할 수 없는 민족 반역 행위로 반드시 처단해야 할 사안이다.

무궁화는 왜 '야마구치의 꽃'인가

무궁화가 현 일본 지배 세력의 본고장인 야마구치 현, 즉 '야마구치 막부의 꽃'이자 일본의 꽃이란 증거는 차고도 넘친다. 그 사실들을 톺아보자.

야마구치 현 하기 시의 가와시마川島, 옛 지명 아사히旭 촌에서 하급 사무라이의 아들로 태어난 야마가타 아리토모는 메이지유신 성립 이후 일본 육군의 실력자로 자리를

메이지유신의 심장이라 할 수 있는 하기 시 헤이케야마에는 자생적인 무궁화 군락지가 있고, 무궁화 품종 '헤이케야마'의 원산지다.

굳혀갔다. 1869년 3월에는 일본의 변방 하기의 촌놈이 유럽에 가서 프로이센의 철혈재상 비스마르크를 만나 군국주의와 팽창주의를 배우기도 했다.

그의 고향 하기 남쪽에는 무궁화 군락지가 있다. 하기에 속한 가와카미孫川上村[05] 아부阿武 강 양쪽 언덕 일대와 헤이케야마平家山에는 자생적인 무궁화 군락지가 생성돼 있어 1928년쇼와3년 1월 18일 국가 지정 천연기념물이 되었다. 별 모양의 분홍색 꽃잎에 중앙이 붉은 무궁화 품종 '헤이케야마'는 바로

---

05 이 부락 역시 '가와카미무라'가 아니라 '가와카미손'이라고 발음한다는 사실을 주목해야 한다. 이토의 고향인 다부세도 그렇고 왜 야마구치 현에서는 마을이 '무라'가 아닌 '손'이나 '존' 등으로 불릴까. 이는 우리 발음 '촌'이 그렇게 이어져왔다는 사실을 명확하게 드러냄과 동시에, 그렇게 불리는 마을은 한반도 도래인, 혹은 임진왜란 이후 납치된 조선인들의 집단 거주지였음을 나타낸다고 할 수 있다.

여기에서 비롯된 것이다.

무궁화는 중국에서 전래되어 나라시대에 야마구치 현과 와카야마 현和
歌山県에서 먼저 자리를 잡았다. 따라서 하기에 무궁화 군락지가 있는 것은 지
극히 당연한 일이다.

1870년 8월 유럽 연수에서 돌아와 국방차관보에 임명된 야마가타는 고
향에 만발해 있던 무궁화에 착안해서 16줄 욱일기를 제작했고, 1874년 1월
일본제국 통합 육군기로 공식 사용하도록 했다.

모두 잘 알고 있듯 욱일기는 일본의 침략 전쟁 당시 사용된 전범기戰犯旗
다. 그 깃발 아래 얼마나 많은 무고한 인명이 살상되었는지 헤아릴 수조차 없
다. 깃발에 피눈물이 배어 있고, 원성이 통곡이 되어 흐른다. 그런 끔찍한 깃
발의 원형이 바로 무궁화다. 그런데 그런 무궁화를 우리는 마치 국화처럼 칭
송하고 있다. 너무나 소름 끼치는 일이다.

일본의 국교 신도神道에서는 '무한'이라는 표현을 쓰지 않고 '무궁無窮'이
라는 단어를 사용한다. '천양무궁'이 신도의 최고신 아마테라스 오미카미天照
大御神06의 제1 신칙神飭이기에 그렇다. 야마구치 주민들은 아마테라스가 천양
무궁의 신칙을 내린 하늘이 야마구치 현 부근으로 여긴다.

1882년 야마가타는 '황군'의 복무규율을 규정한 군인칙유軍人勅諭를 선
포하고, 총리로 재직할 때인 1890년에는 군국주의적 교육관을 규정한 '교육
칙어'를 반포했다. 이 315자로 된 교육칙어의 핵심어는 천황 영토의 무궁한 확
장 '천양무궁'이다. 일제가 패망할 때까지 일본 본토인은 물론, 모든 식민지와

---

06 태양을 신격화한 신으로, 황실의 조상신의 일종으로 일컬어진다. 아마테라스는 일본 역대 천황
에게 삼종신기인 구술, 칼, 거울을 하사했다고 전해진다.

일본 에히메 현 마쓰야마 시
구바노다이에 있는 마사오카 시키의
무궁화 하이쿠 비석

통치 지역의 신민들까지도 이 교육칙어를 암송하면서 '천양무궁'을 외쳐야
했다.

　1891년 야마가타는 총리직을 그만두고 추밀원 의장, 육군대신 등을 맡
으며 천양무궁 군국주의 실행의 큰 그림을 그렸다. 1894년이 되면 청일전쟁을
도발, 56세의 야마가타는 육군 총사령관이 되어 평양전투를 직접 지휘해 대
승을 거두었다.

　청일전쟁 개전 즈음 일본 전역에서는 '천양무궁' 구호와 함께 '천양무궁'
의 상징 무궁화 꽃 관련 문학예술 활동이 폭증했다. 대표적인 예가 마사오카
시키의 하이쿠다. 하이쿠를 한 단계 도약시켰다는 평가를 받는 마사오카 시
키는 청일전쟁 당시 종군기자로 활약하면서 35세의 짧은 나이로 요절했는데
도, 무궁화를 주제로 한 하이쿠만 48수나 발표했다.

　그중 두 수는 사람의 키보다 높은 '무궁화 비석木槿塚'에 새겨 숭배를 받고
있다. 그 하나가 일본 에히메 현愛媛県 마쓰야마 시松山市 구마노다이久万ノ台에 세
워져 있다. 이 비석에 새겨져 있는 하이쿠 내용은 '무궁화 피어 있는 집의 베틀

소리花木槿家ある限リ機の音'다.

그가 청일전쟁에 참여해 지은 것으로 1894년 10월에 쓴 하이쿠의 하나는 이렇다.

'고지대와 아침 해가 이러하다. 무궁화 울타리山の手や朝日さしたる木槿垣.'

무궁화 울타리木槿垣는 무엇인가. 바로 일본의 꽃 무궁화가 피어나는 지역인 '근역'이다. 그런 근역이 산의 높은 곳이나 아침 해처럼 높이 올라 있다는 찬양가인 것이다.

무궁화가 민족의 꽃이라면서 우리나라에서는 그 흔한 시도 볼 수 없고, 더구나 무궁화 관련 시비는 눈 씻고 볼려야 볼 수도 없다. 진정 우리 꽃이었다면 이렇지는 않았을 것이다.

야마가타는 청일전쟁의 승전 전리품으로 대만을 획득함과 동시에 조선의 통치권을 획득하고 조선의 체제를 일본식으로 바꾸는 이른바 갑오경장[07]을 주도했다. 일본식 정치, 경제, 사회, 문화 체제로 전환됨과 동시에 수많은 일본식 한자어들이 쓰나미처럼 한반도에 밀려 들어왔다.

이런 야마가타의 후계자는 바로 가쓰라 다로와 데라우치 마사다케다. 이들 모두 야마구치 출신이다. 일본 역대 63명 총리 중 을사늑약, 경술국치 등

---

[07] 1895년 제2자 농학농민운농이 일어나고, 정이 조선에 군대를 파병하자 일본도 톈진조약을 구실로 조선에 군대를 파병한다. 조선 조정과 동학농민군은 청과 일본의 간섭에서 벗어나고자 전주화약을 맺고 교정청이라는 개혁 기구를 신설해 개혁 의지를 보였다. 하지만 1884년 갑신정변의 실패를 맛본 박규수(朴珪壽, 1807~1877) 등의 개화파들이 청일전쟁에서 승리한 일본의 위세를 업고 추진한 일본식 개혁 때문에 실패한다. 이를 갑오개혁이라고 하며 갑오경장이라고도 부른다. 내각의 변화에 따라 1894년에서 1895년까지 제1차에서 제3차까지 개혁이 이어졌다.

우리나라에 가장 몹쓸 짓을 많이 한 가쓰라 다로는 1848년 하기 시내 히야코
平安古에서 하급무사의 아들로 태어났다. 가쓰라의 출생지는 야마가타의 출
생지 바로 옆 동네다. 직선거리 1km도 채 안 되는 엎어지면 코 닿을 곳이다.

가쓰라는 1868년 열 살 연상의 동향 선배 야마가타의 평생 심복이 되어
메이지유신 출발에 공헌했다. 1894년 청일전쟁 때 야마가타는 가쓰라를 제3
사단장으로서 랴오닝 반도 침략을 맡겼으며, 청일전쟁 승전으로 획득한 전리
품 대만을 통치하는 제2대 대만총독으로 파견했다. 1901년 야마가타는 가
쓰라를 11대 총리로 만들어 그에게 조선을 대만에 이어 두 번째 식민지로 만
드는 과업을 부여했다.

1903년 4월 21일, 교토의 헤이안 신궁에서 난젠지南禪寺로 가는 거리에 있
는 야마가타의 별장 무린안無隣庵에 네 명의 거물이 모였다. 이토, 야마가타, 가
쓰라, 외무대신 고무라 주타로小村壽太郎, 1855~1911였다. 무린안 양관洋館 2층에서
이 넷은 만주는 러시아가, 조선은 일본이 차지하는 방향으로 추진하되, 여의
치 않을 경우 러시아와의 전쟁도 불사한다는 로드맵을 작성했다. 당시만 해
도 만주까지 점령할 계획은 아니었다.

이때 작성된 '무린안의 로드맵'에 따라 가쓰라는 이토가 길러낸 윤치호
를 움직여 1904년 8월 22일 제1차 한일협약갑진늑약을 체결, 대한제국의 정책
결정권을 박탈했다. 외교, 재정, 군사, 교육 등 대한제국의 모든 분야 정책을
일제가 파견한 고문관 재가를 받게끔 만든 이 협약으로 대한제국은 이날 사
실상 사망했다.

가쓰라는 러일전쟁 승리 직후인 1905년 7월 29일, 미국의 윌리엄 하워드
태프트 대통령과 한국은 일본이, 필리핀은 미국이 차지한다는 '가쓰라-태프

교토에 있는 야마가타의 별장 무린안. 위 사진이 이토 히로부미, 가쓰라 다로 등과 함께 조선 병탄을 모의한 2층 응접실. 밑의 왼쪽은 1985년에 완성한 다실로 야마가타가 '쓰키미다이(月見台)'라고 이름을 붙였다. 오른쪽은 별장 입구. 난젠지 일대의 별장들 중에서 유인하게 연중 공개되고 있다.

트 밀약'을 맺었다. 이어 1905년 11월 17일 을사늑약을 체결해 대한제국의 외교권마저 박탈, 보호국으로 만들었다. 이미 사망 상태의 대한제국에 한 번 더 사망 선고를 내린 것이다.

가쓰라 2차 내각^{1908년 7월~1911년 8월} 시절 가쓰라는 두 번째 한국 조선 통감 자리에 고향 야마구치의 후배 소네 아라스케를 앉혔다. 소네가 읊은 '부상무궁화 나라 일본과 근역무궁화 지역 한국을 어찌 다르다 논하리오'라는 시는 1909년 7월 5일 저녁 고종이 베푼 통감 취임식 축하연 자리에서 나온 것이다. 이 자리에서 천하의 매국노 이완용^{李完用, 1858~1926}은 "두 땅이 하나가 되니 천하가 봄이로다 兩地一家天下春"라고 소네에게 화답했다. 조선이 야마구치 막부에 무릎을 꿇은, 정말로 치욕적인 역사의 한 장면이다.

그리고 바로 그 다음 날인 1909년 7월 6일, 가쓰라 내각은 한국 병탄 방침을 확정했다.

가쓰라는 아베 신조를 제외하고 일본 역대 총리 63명 중 최장수 재임 기간 2,886일 동안 군비 확장과 대외 세력 확대에만 열중했다. 무궁화의 나라 일본답게 한국을 '무궁화 지역^{근역}'으로 변조하여 한국 병탄을 완수하고 내선일체의 사전 정지 작업을 전개하였다.

데라우치 마사타케도 하기 시와 야마구치 시의 경계를 이루는 야마구치-아사히선^{山口旭線} 62번 지방도가 지나는 산골에서 태어났다. 데라우치는 야마가타가 창립한 육군에 소위로 임관한 뒤 야마가타 군벌의 추천으로 고속 승진했다. 1882년 프랑스 주재무관이 되고, 일본 육군사관학교 교장을 거쳐 1898년 일본 육군교육 총감을 지냈다.

1900년대 초에는 남만주철도 설립위원장을 맡았다. 1902년 3월 육군대

일제가 1907년 2월 28일에 남산 왜성대(현재 서울특별시 중구 예장동 8번지 일대)에 르네상스 양식의 2층 목조 건물로 지은 통감부(총독부 전신) 청사

신이 되었으며, 러일전쟁에 승전한 공로로 자작이 되고 육군 대장까지 올랐나. 1910년 5월 제3대 조선통감부 통감으로 부임하여 한일합방을 성사시키고 조선총독부 초대 총독이 되었다.

이후 1911년까지 육군대신과 조선총독을 겸하여 조선과 일본을 오갔다. 데라우치는 헌병이 경찰 역할을 겸임하는 헌병 경찰 제도를 창시해 조선의 치안을 유지하는 무단정치를 펼쳤다. 1916년 데라우치는 18대 총리대신에 취임과 동시에 육군 원수로 승진했다.

데라우치 역시 야마가타와 가쓰라를 이어 강력한 군국주의와 팽창주의 대외 정책을 폈다. 1914년 제1차 세계대전이 발발하자 독일이 조차하고 있던 산둥반도와 독일의 식민지였던 태평양 섬들을 점령했다. 데라우치는 조선 총독 재임 기간 중 내밀히 헌병들과 총독부 관헌을 시켜 조선 마을 어귀마다 무궁화를 이식했다. 앞서도 말했지만 "티격태격 싸우며 무궁화를 심는 것이 조선인의 의무다"라는 그의 망언은 야마구치의 꽃 무궁화에 대한 변태적 집착의 발현이다.

대한제국이 망하고 데라우치 초대 총독이 무단정치를 행하는 이듬해 1911년 5월 일제 내각 문부성은 음악 교과서 맨 앞장에 '히노마루의 기'라는 동요를 실었다.

흰 바탕에 빨강 히노마루가 물들인다
아아 갓 만든 일본의 깃발은

'히노마루의 기' 가사처럼 당시 일본의 국기 히노마루는 '갓 만든' 것이었다. 히노마루의 기는 1872년메이지 5년에 비로소 일본 국기로 공식 사용하기 시

조선총독부 모체인 통감부의 깃발.
파란 바탕에 일장기가 선명하다.

작했다. 반면 무궁화 품종으로서의 히노마루는 꽃무늬가 '해를 실은 배日の丸' 와 같다고 해서 12세기 가마쿠라시대부터 불린 이름이다.

예나 지금이나 일본의 모든 동식물과 제품의 품종에 히노마루가 붙은 건 무궁화가 유일하다. 즉 '히노마루 기'는 히노마루 무궁화를 평면에 펼쳐 국기로 형상화한 것이다. 따라서 자국을 사랑하는 일본인이라면 자국의 국기 히노마루 기를 낳은 어머니라 할 수 있는 무궁화를 어찌 좋아하지 않을 수 있을 것인가. 더 나아가 그 무궁화를 해외에 널리 이식, 무궁 확산하고 싶지 않겠는가? 게다가 그것이 야마구치의 꽃이기도 한데 이토, 야마가토, 가쓰라, 데라우치의 바톤을 이어받은, 다나카 기이치, 기시 노부스케, 사토 에이사쿠로 이어지는 야마구치 실력자들이 이를 왜 가만히 두었겠는가.

앞에서 언급한 다나카 기이치는 기시 노부스케가 총애한 후배로, 그의 고향 역시 야마구치다. 앞서 나온 하기의 무궁화 군락지 가와카미 촌에서 1864년 하급 무사의 아들로 태어났다. 1927년 제26대 총리대신으로 등극한 다나카는 내실에 충실한 수렴정책에서 천황 영토의 확장을 노리는 천양무궁의 공격석 팽창으로 정책을 전환했다.

1927년 7월 25일 다나카는 세계 지배 전략이 담긴 '다나카 상주문田中上奏文'을 히로히토 일왕에 바쳤다. 다나카 상주문은 일본이 중국 전역을 정복하려면 만주와 몽골을 장악해야만 하고, 중국의 괴뢰정권을 어떻게 만들고 그것을 관리할 것인가에 대한 구상을 구체적으로 제시했다.

1928년 1월 18일 다나카는 자신의 고향 하기 시 남동쪽 가와카미 촌 아부강 상류의 얕은 여울에서 중류의 약 4㎞ 양안 일대와 헤이케야마의 석회 절벽에 자생하는 무궁화 군락을 국가 천연기념물로 지정했다. 그리고 자신의 친신親信 시라카와 요시노리白川義則, 1869~1932 육군대신으로 하여금 산둥반도 침략을 단행하게 했다.

시라카와는 천양무궁을 외치며 수많은 중국 양민을 학살하는 와중에 포탄 껍질로 만든 꽃병에 '천양무궁'을 새기기까지 했다. 그는 1932년 4월 29일 상하이 홍커우 공원에서 윤봉길 의사의 폭탄을 맞아 치명상을 입어 한 달 동안 앓다가 죽었다. 그의 마지막 한마디는 "천양무궁 천황폐하 만세"였다. 시라카와는 지금 다른 1급 전범들과 함께 도쿄의 야스쿠니 신사에 배향돼 있다.

앞에서 보았듯 62명 일본 역대 총리 중 초대 이토 히로부미부터 현직 아베 신조까지 8명의 총리가 무궁화 자생지 야마구치 출신으로 총 재임 기간이 2020년 9월 기준으로 약 44년에 달한다. 이 중 7년 이상 장기 집권한 악성 군국주의자들이 이토, 가쓰라, 사토 에이사쿠, 아베 신조다. 이들에게 무궁화는 일본의 꽃인 동시에 메이지유신 이후 지금까지 150년 이상 지속되고 있는 '야마구치 막부의 꽃'이다.

박정희는 이런 무궁화를 왜 찬양하고 우리 꽃으로 만들기 위해 혈안이 되었나. 무궁화가 바로 그가 정신적 지주로 떠받드는 기시 노부스케의 고향, 그의 종일 정신의 원형 '야마구치의 꽃'이기 때문이다.

이렇게 박정희와 박근혜에 의해 데즈카 미사手塚美佐, 1934~의 다음과 같은 하이쿠처럼 우리나라에는 무궁화 꽃, 일장기가 피어났다.

참 화창한 날에 일장기로구나

하얀 무궁화

よく晴れて日の丸といふ白木槿

일본 새 연호 '레이와'는
어째서 군국주의 망령의
부활인가!

2019년 5월 1일 일본 연호가 '헤이세이平成'에서 '레이와令和'로 바뀌었다. 그러나 일본을 연구하는 국내 학자나 전문가들은 대다수가 일본 새 연호의 본질을 잘 모르고 있는 듯하다. 아니면 알면서도 짐짓 모르는 제하고 있거나. 그래서 아베 전 총리가 강조하고 있는 그대로 레이와가 '아름다운 질서'를 뜻한다고 그대로 전하고 있는 형국이다.

일본 외무성은 지난해 4월 4일 새 연호 공표를 앞두고 재외공관에 레이와가 'Beautiful Harmony'임을 의미한다고 현지 언론에 적극적으로 설명하라는 긴급 지령을 보냈다. BBC나 「뉴욕타임스」를 비롯해 상당수 해외 언론이 '레이와'를 'Order and Harmony'라거나 'Command and Harmony'로 표기해, '령令'을 '지시'나 '명령'의 의미로 해석했기 때문이다. 「뉴욕타임스」는 아예 '이번 연호에는 규칙, 법의 의미도 있다. 군사적 역할 확대를 주장하는

'헤이세이' 연호 마지막을 기념하여 만들어진 야마구치 현 호후 시(防府市) 호후텐만구(防府天満宮)의 꽃 회랑 글자

아베 내각이 정했다'고 지적했다.

'령'은 형용사로 쓰이면 '좋다', '아름답다'라는 의미지만, 해외 언론들은 아베 정권의 일본은 이를 형용사보다는 '명령한다'는 동사의 뜻으로 사용하고 있다고 보는 쪽이 많은 것이다.

'레이와'는 분명 '일본의 질서를 명령한다'거나 '일본의 질서를 지시한다'고 해석할 수 있다. 그리고 그쪽이 아베의 본심에 가까울 것이며, 이 연호를 선택한 이유라고 보인다.

일본인은 아주 옛적부터 자신들의 나라를 '와和'로 지칭했다. 진무천황神武天皇, 일본의 초대 천황이 야마토大和 지방, 즉 지금의 나라 땅에 건국을 한 이후 그

들에게 일본은 '야마토大和의 나라'였다. 따라서 '대화혼大和魂', 즉 '야마토다마시이やまとだましい'는 일본의 근본을 이루는 건국과 일본인 본연의 정신을 나타내는 말이 되었다.

'대화혼'의 일본 민족정신은 '와和'로서 단결된 집단정신, 개성보다 협동, 부분보다 전체를 중시하는 단결심을 의미한다. 또한 적악을 힘으로 굴복시키고, 위기 앞에 발휘되는 용맹성과 돌격 정신 및 희생정신이며, 임무 수행을 위해 죽음을 초월해 패배를 배척하며, 사회질서를 유지하고 국가의 독립자존을 위해 단결하여 자위 영역을 구축하는 정신이다.

노벨문학상 후보로도 두 번이나 올랐으나 지금의 아베 총리와 마찬가지로 평화헌법 개정을 위한 일본 자위대의 총궐기를 주장하며 할복자살한 극우군국주의자 미시마 유키오三島由紀夫, 1925~1970[01]는 그의 「애국심」이란 수필에서 '미합중국과 달리 일본인에게 일본은 내재적內在的이고도 즉자적卽自的이라서…… 일본에게 기독교의 사랑전인류적인 사랑은 맞지 않고 일본어의 '연戀'이나 '대화혼'만으로도 충분하다'고 했다. 일본인은 전인류적인 보편적 사랑보다도 '대화혼'의 가치정신가 무엇보다 중요하다는 강조다.

무엇보다 '대화혼'은 천황제의 국수주의 사상, 전쟁 때 동원되는 군국주의 이념으로 널리 선전되었다. 이에 따라 조선 병탄은 물론 아시아 침략 전쟁 당시 나라를 위해 기꺼이 몸을 바치라는 일본 군인 정신을 부추기는 단어로 사용됐다.

---

01 태평양전쟁 후 일본 문학을 대표하는 작가 중 한 명으로, 우리나라에서도 『금각사』가 매우 유명하다. 우익 정치 활동에 적극적으로 활동하다가 1970년 11월 25일 미일안보조약과 헌법 개정을 요구하고, 자위대를 촉구하는 연설을 한 뒤 할복 자살했다.

친일민족반역자로 시인이자 국회의원, 예술원회원이었던 모윤숙毛允淑, 1910~1990이 1941년에 쓴 '지원병에게'라는 시는 총알받이로 쓰일 조선 장병들의 참전을 다음처럼 독려했다.

> 대화혼 억센 앞날 영겁으로 빛내일
>
> 그대들 이 나라의 앞잽이 길손
>
> 피와 살 아낌없이 내여바칠
>
> 반도의 남아男兒
>
> 희망의 화관입니다……

조선의 장병들에게 대화혼으로 자신의 피와 살을 아낌없이 받치라고 노래한 것이다.

'와和'는 자기 자신을 뜻하는 '아我'와도 같은 발음이다. 개인으로서의 '나'를 나라와 동일시하는 의미가 이 단어에는 들어 있다. 앞에서도 말했듯 나는 곧 집단이자 일본이다. 따라서 '와'가 최상의 정신인 일본에서는 집단의 행동과 사고가 곧 나의 행동과 사고가 된다. 집단을 벗어난 나는 존재할 수 없다.

그런데 일본에게 주변국은 '와'가 아니므로, '와'의 세계로 편입시켜야 하는 대상이 된다. '와'는 일왕천황을 중심으로 한 총화합, 조화, 통일이다. 그것이 곧 아름다운 질서다. 따라서 강제 무력을 써서라도 주변국을 '와의 질서', 곧 일본의 질서로 굴종시켜야 하는 것이다. 그것이 바로 '팔굉일우', 천황 영토의 무궁한 확장을 위한 '천양무궁'의 정신이다.

그러니 '레이와'라는 말은 곧, 일본 중심의 질서로 편입시키겠다는 '일본의 명령'이라는 말이다. 일본의 명령에 따르지 않는 사람ᄀᆞᆨ가은 일본에 편입시켜 조화를 꾀한다는 말이기도 하다. 즉, '천양무궁'과 같은 말이다. 그러니 이 어찌 아름답게 마음을 주고받는, 평화를 앞세우는 연호라고 할 수 있는가.

아베와 그의 후계자 스가 총리가 제 아무리 간교한 혓바닥으로 본심을 숨기고 이를 미화하려 하지만, '레이와'는 불가역적으로 침략 본성 군국주의 이빨을 드러낸 연호다. 정말로 통탄할 일이다.

'천지와 내외의 평화를 이룬다'는 뜻이었다는 '헤이세이' 시절에도 일본은 평화를 도모한 적이 없다. 하물며 '레이와'의 앞날은 어떠할까. 일본은 진

'레이와' 연호 시작을 기념하여 만들어진 야마구치 현 호후시 호후텐만구의 꽃 회랑 글자

정한 참회와 반성은 뒷전이고, 날이 갈수록 군국주의 망령에 사로잡혀 전쟁의 길로 돌입하고 있다!

그런데도 이 땅의 종일 세력들은 여전히 일본의 편에 서서 그들을 숭상하며 준동하고 있다. 심지어 일본군 성노예가 고급 일자리이며, 자발적 매춘이었다고 망발을 짖어대는 소위 대학교수도 있다. 이 모두 해방 이후 이승만과 박정희에 의해 종일 청산에 실패한 탓이다. 또한 자국민들을 학살해 정권을 불법 찬탈한 군부 쿠데타 독재 세력과 그들의 후예인 종일과 친일 정치세력들이 끊임없이 일본에의 예속과 굴종 상태를 지향해왔기 때문이다.

그렇기 때문인지 출판계에는 자주적 사관에 의한 한일관계사 역사서를 발견하기가 매우 어렵다. 일본 학자들 상당수가 일본 자본의 도움을 빌려서 일본에 유학을 가서, 일본인 스승들에게 가르침을 받았기 때문에 일본의 치부를 밝히는 역사서를 쓰기가 어려운 구조다. 그렇게 일본 사관의 굴종 상태가 우리 역사학계 상당 부분을 지배하고 있고, 당연히 일본 비판의 역사서가 나오기 힘들었다. 그런 상황에서 한일 정치세력의 결탁과 협잡을 다룬 책들은 더더욱 나오지 못했다. 이 땅에서 여전히 힘이 센 친일 자본가와 정치세력 눈치까지 봐야 하기 때문이다.

이 책은 전작 『메이지 유신이 조선에 묻다 : 일본이 감추고 싶어 하는 비밀들』의 후속편 성격이 짙다. 전작을 집필하면서 너무 고생했기에 다시는 쓰고 싶지 않다고 진저리를 냈으나 '역사책방'에 강의하러 갔다가, 백영란 대표가 "메이지 이후를 다룬 후속편을 내야 할 것 같다"고 부추기는 바람에 마음이 바뀌었다. 물론 전작에서 쓰지 못한 많은 이야기들을 이어가고 싶다는 욕망의 발현도 있었다.

이 책에는 아마 저술에서는 처음 등장하는, 언론 기사로 따지면 특종에 해당하는 내용들이 많이 등장한다. 예를 들자면 일본 왕실 재산에 대한 대목도 그렇다.

일본 왕실 재산은 여전히 미지의 영역이다. 일본 현대사를 쓰는 학자들은 대부분 왕실 재산 문제를 건드리지 않고 그냥 회피한다. 그들에겐 금기의 영역이다. 마르크스주의 관점의 일본 근대사 연구 선두주자로 활약했고, 『천황제의 역사天皇制の歴史』라는 책에서 천황제를 비판한 이노우에 기요시井上清, 1913~2001 전 교토대 교수가 얼마간 언급했을 정도다.

따라서 일본에 유학을 다녀온 국내 역사학자나 교수들 역시 약속이나 한 듯 이 사안은 절대 건드리지 않는다. 그러니 이에 대한 내용도 거의 없다. 정말 한심한 노릇이다. 아마 일본 왕실 재산의 축적 과정이나 그 규모 등에 대해 이토록 자세히 언급하는 것은 이 책이 처음일 것이다.

사실상 기시 노부스케가 만들었다고 해도 과언이 아닌 일본 자민당 창당 자금의 뿌리가 만주와 중국에서의 아편 판매대금이라는 사실도 그렇다. 자민당은 수많은 중국민을 도탄과 죽음으로 몰아넣은 아편 장사가 없었으면 나오지 못했을 부도덕한 정당이었다. 그러나 이제껏 우리 역사서들은 이 문제를 다루지 않았다.

기시가 수상이 되기까지 미국 정계와 CIA의 공작, 이를 둘러싼 패망 일본의 잉여재산 문제도 역시 잘 알려지지 않은 얘기들이다. 『황금 전사들』의 시그레이브스에 따르면 기시의 임기 동안 CIA는 'M-펀드'로 알려진 비자금을 매년 1천만 달러씩 자민당에게 지불해 정치적 운political fortunes을 확보하도록 도왔다고 한다.

메이지유신의 본고장이자 야마구치 출신 실력자들의 정신적 지주인 요시다 쇼인을 모신 쇼인 신사에 나부끼는 '레이와' 깃발

그 후 기시는 미일안보조약 추진에 대한 여론의 악화로 사임할 수밖에 없었지만 미 정부는 M-펀드의 지배권을 기시 개인에게 넘겨주었다고, 시그레이브스는 주장한다. 그리하여 기시가 1960년대 30억 달러라는 적지 않은 액수의 펀드 10%를 사용해서 평생 자민당의 킹메이커로 자리매김했다고 주장하고 있다.

당시 미국의 국무장관 존 포스터 덜레스는 "한 사회의 경제를 인수하는 방법에는 두 가지 방법이 있는데 무력과 금융 수단이다"라고 말했다. 미국은 이 두 가지를 다 사용해 일본을 지배해왔고, 우리나라도 마찬가지지만 굳건한 이 연결고리는 지금도 계속 이어지고 있다.

일본의 총리가 아베에서 스가로 바뀌었다고 해서 기존의 대한^{對韓} 정책이 변한 것은 아무것도 없다. 2020년 말 한국에서 열릴 예정이었던 한중일 정상회의와 관련해 스가는 일제 강제동원 배상과 관련해 일본이 수용 가능한 조치, 즉 한국 정부가 피고인 일본 전범기업의 자산을 매각하지 않는다고 약속하지 않으면 정상회의에 참석할 수 없다는 조건을 내걸었다. 그는 일제 강점기 징용 문제를 다룬 한국의 사법 절차가 '국제법 위반'이라는 주장을 되풀이해왔다. 기존의 아베와 조금도 다르지 않은 판박이에 찌질하다는 생각도 든다.

스가는 또 2013년 중국에 안중근기념관이 개관하자 "우리나라의 초대 총리를 살해, 사형 판결을 받은 테러리스트"라고 평가절하했다. 역사관마저

도 아베와 다르지 않다.

이 책을 쓰면서 혼자 분노하고 펄쩍 뛴 적이 한두 번이 아니다. 피가 거꾸로 치솟아 올라 며칠이고 앓아눕기도 했다. 우리의 기가 막힌 역사와 현실이 그렇게 울부짖도록 만들었다. 지금 우리나라는 매우 막중한 변혁의 과정을 지나치고 있다. 1905년 을사늑약 이후 지금까지 115년 동안이나 이 땅을 지배해온 일제의 관습과 체제가 상당하게 바뀌는 과정에 있기 때문이다. 또한 그렇기 때문에 그 동안 기득권을 차지해온 종일매국 적폐세력의 거센 저항이 들끓고 있다.

이제는 이 모든 적폐의 사슬을 끊어내야 한다. 종일 매국노들에 의해 왜곡되고 바뀐 역사관, 세계관도 바뀌어야 한다. 일본의 국력이 우리를 앞서 있기 때문에 일본의 부당한 압력에도 굴종해야 한다는 노예근성도 타파하고, 우리가 아시아의 등불이자 선도국가라는 자긍심으로 일본을 압도해야 한다. 이 땅의 진정한 주인, 시민들이 이 책을 읽고 그런 생각을 해준다면, 그것으로 내 지난한 고생에 대한 보상은 충분하다.

참고 문헌

- 알렉산드라 로빈스(Alexandra Robbins), 『무덤의 비밀: 해골단, 아이비리그, 파워의 숨겨진 길(Secrets of the Tomb: Skull and Bones, the Ivy League, and the Hidden Paths of Power)』, 리틀브라운, 2002년
- 팀 쇼록(Tim Shorrock), 『고용간첩: 첩보 활동의 은밀한 외주화(Spies for Hire: The Secret World of Intelligence Outsourcing)』, 딕 힐(Dick Hill), 2008년
- 마이클 샬러(Michael Schaller), 『미국이 좋아하는 전쟁범죄자: 기시 노부스케와 미일 관계의 변화(America's Favorite War Criminal: Kishi Nobusuke and the Transformation of U.S.-Japan Relations)』, 1995년
- 마이클 샬러, 『변경된 국면: 점령 이후 미국과 일본(Altered States: The United States and Japan Since the Occupation)』, 1997년
- 메이리온 해리스 & 수지 해리스(Meirion Harries & Susie Harries), 『태양의 후예들: 일본제국 군대의 흥망성쇠(Soldiers Of The Sun: The Rise and Fall of the Imperial Japanese Army)』, 랜덤하우스, 1994년
- 스털링 시그레이브(Sterling Seagrave) & 페이 시그레이브(Peggy Seagrave), 『황금전사들: 야마시타의 금을 찾으려는 미국의 비밀스런 작업(Gold Warriors: America's Secret Recovery of Yamashita's Gold)』, 버소(Verso), 2005년
- 로버트 휠팅, 『도쿄 언더월드: 일본 속 미국 갱단의 패스트타임스와 하드라이프(Tokyo Underworld: The Fast Times and Hard Life of an American Gangster in Japan)』, 빈티지, 2000년
- 허버트 P. 빅스(Herbert P. Bix), 『히로히토와 근대 일본 만들기(Hirohito and the Making of Modern Japan)』, 하퍼 퍼레니얼, 2001년
- 존 캐롤(John Caroll), '고다마 요시오의 수수께끼(The enigma of Yoshio Kodama)', 「도쿄저널」, 1988년 7월
- 마이클 케르먼(Michael Kerman), '몰 주변(Around the Mall)', 「스미스소니언 매거진」, 1995년 5월
- 팀 와이너(Tim Weiner), 'CIA, 50~60년대 일본 권익 지원에 수백만 달러를 썼다(CIA Spent Millions to Support Japanese Right in 50s and 60s)', 「뉴욕타임즈」, 1994년 10월 9일자
- '해골단의 변화: 유명한 예일클럽은 규모를 두 배로 늘렸다-오래된 관례의 증식(Change In Skull And Bones.; Famous Yale Society Doubles Size of Its House - Addition a Duplicate of Old Building)', 「뉴욕타임즈」, 1903년 9월 13일자
- 노버트 A. 슐레이, '일본의 M-fund 각서(191년 1월 7일)[Japan's 'M-fund' Memorandum(January7, 1991)]', 「일본정책연구소 워킹페이퍼(Japan Policy Research Institute Working Paper)」 No.11, 1995년 7월
- 파울 맨닝(Paul Manning), 『미 종군기자가 본 쇼와 천왕(米従軍記者が見た昭和天皇)』, 마르주사(マルジュ社), 2005년
- 에드워드 베어(Edward Behr), 『히로히토 천

황-신화의 뒤에서(裕仁天皇一神話に包ま
れて)』, 주니치분가쿠칸(駐文館), 1992년

- 벤자민 풀포드(Benjamin Fulford), 『짜여진
미국 해체의 진실(仕組まれたアメリカ解体
の真実)』, 청춘출판사(青春出版社), 2009년

- 강상중(姜尚中)·현무암(玄武岩), 『흥망의
세계사 18 : 대일본 만주제국의 유산(興亡の
世界史 18 : 大日本·満州帝国の遺産)』, 고
단샤(講談社), 2010년

- 아리오카 지로(有岡二郎), 『100인의 20세기
하.57. 요시다 시게루(100人の20世紀 下. 57.
吉田茂)』, 아사히분코(朝日文庫), 2001년

- 구보이 노리오(久保井規夫), 『전쟁과 차별
과 일본 민중의 역사 : 아시아태평양전쟁의
진실(戦争と差別と日本民衆の歴史 : アジ
ア太平洋戦争の真実)』, 아카시쇼텐(明石書
店), 1998년

- 이와이 다다쿠마(岩井忠熊), 『육군·비밀정
보기관의 사나이(陸軍·秘密情報機関の
男)』, 신일본출판사(新日本出版社), 2005년

- 도요시타 나라히코(豊下楢彦), 『쇼와 천황
의 전후 일본 '헌법·안보체제'에 이르는 길
(昭和天皇の戦後日本《憲法·安保体制》
にいたる道)』, 이와나미쇼텐, 2015년

- 사노 신이치(佐野眞一), 『아편왕 : 만주의 밤
(阿片王 満州の夜と霧)』, 신초샤(新潮社),
2005년

- 구사야나기 다이조(草柳大蔵), 『실록·만철
조사부(実録·満鉄調査部)』, 아사히분코,
1983년

- 우오즈미 아키라(魚住昭), '어둠에 묻힌 전
전 일본의 대중 아편정책~기시 노부스케의
돈줄을 파헤치다(闇に埋もれた戦前日本の
対中「アヘン政策」~岸信介の金脈を暴く)',

「주간현대(週刊現代)」, 2016년 8월 21일자

- 이치하시 후미야(一橋文哉), 『돈의 어둠(マ
ネーの闇)』, 가도카와쇼텐, 2013년

- 시오타 우소(塩田潮), 『기시 노부스케(岸信
介)』, 고단샤(講談社), 1996년

- 호소카와 모리사다(細川護貞), 『호소카와 일
기(細川日記)』, 주코분코(中公文庫), 1979년

- 다나카 류키치(田中隆吉), 『일본군벌암투사
(日本軍閥暗闘史)』, 주코분코, 1988년

- 아야와 겐타로 편(粟屋憲太郎 編), 『도쿄재
판자료·다나카 류키치 심문조서(東京裁判
資料·田中隆吉尋問調書)』, 오쓰기쇼텐(大
月書店), 1994년

- 아야와 겐타로 편, 『국제검찰국 IPS 심문조
서(国際検察局(IPS) 尋問調書)』, 일본도서
센터(日本図書センター), 1993년

- 에구치 게이이치(江口圭一), 『일중아편전쟁
(日中アヘン戦争)』, 이와나미쇼텐, 1988

- 무토 도미오(武藤富男), 『나와 만주국(私と
満州国)』, 문예춘추(文藝春秋), 1988년

- 후쿠다 가즈야(福田和也), 『악과 덕 그리고
기시 노부스케와 미완의 일본(悪と徳と 岸
信介と未完の日本)』, 산케이신문사(産経新
聞社), 2012년

- 기시 노부스케, 『기시 노부스케 회고록 : 보
수 합동과 안보 개정(岸信介回顧録 : 保守合
同と安保改定)』, 광제당출판(廣済堂出版),
1983년

- 하라 요시히사(原彬久), 『기시 노부스케-권
세의 정치가(岸信介―権勢の政治家)』, 이
와나미쇼텐, 1995년

- 이로카와 다이키치(色川大吉), 『일본의 역사
21 : 근대국가의 출발(日本の歴史 21 : 近代国

家の出発)』, 주코분코(中公文庫), 1984년

- 하시모토 후미오(橋本文夫), 『쇼와 역사를 움직이는 남자, 야쓰기 가즈오(昭和史を動かす男 矢次一夫)』, 야마테쇼보(山手書房), 1980년

- 다카노 하지메(高野孟), 『M자금, 알려지지 않은 지하금융의 세계(M資金─知られざる地下金融の世界)』, 「일본경제신문사(日本経済新聞社)」, 1980년

- 기노시타 미치오(木下道雄), 『측근일기─시종 차장이 본 종전 직후의 천황(側近日誌─侍従次長が見た終戦直後の天皇)』, 주코분코, 1990년

- 마크 게인(Mark Gayn), 『일본 일기(ニッポン日記)』, 이쿠마쇼보(筑摩書房), 1948년

- 후나쓰 아키오(船津明生), 「메이지기의 무사도에 대한 하나의 고찰(明治期の武士道についての一考察)」, 『말과 문화(言葉と文化)』, 나고야대대학원 국제언어문화연구과, 2003년 3월

- 해리스 고든 지음·야마다 마미 옮김, 『살아서 포로의 수모를 당하지 않으니─가우라 제12 전쟁포로수용소 탈주(生きて虜囚の辱めを受けず─カウラ第十二戦争捕虜収容所からの脱走)』, 청류출판(清流出版), 1955년

- 「중국 지폐 위조사건의 전모(中国紙幣偽造事件の全貌)」, 『역사와 인물(歴史と人物)』, 중앙공론사(中央公論社), 1980년 10월호

- 야기 다이스케(八木大介), 『미쓰비시상사를 변혁시킨 남자 후지노 주지로(三菱商事を変革した男 藤野忠次郎)』, 다이아몬드사(ダイヤモンド社), 1987년

- 세지마 류조(瀬島龍三), 『세지마 류조 회고록(幾山河瀬島龍三回想録)』, 산케이신문

뉴스서비스(産経新聞ニュースサービス), 1995년

- 기시 노부스케(岸信介), 야쓰기 가즈오(矢次一夫), 이토 다카시(伊藤隆), 『기시 노부스케의 회상(岸信介の回想)』, 문예춘추사(文藝春秋社), 1981년

- 오니즈카 히데아키(鬼塚英昭), 『천황의 묵주(天皇のロザリオ)』, 세이코쇼보(成甲書房), 2006년

- 오니즈카 히데아키, 『일본의 가장 추악한 날(日本のいちばん醜い日)』, 세이코쇼보, 2007년

- 야마다 메이코(山田盟子), 『토끼들이 건너간 단혼교-일본인 위안부의 궤적(ウサギたちが渡った断魂橋─日本人慰安婦の軌跡)』, 신일본출판사(新日本出版社), 1995년

- 후지와라 아키라(藤原彰) 외, 『철저검증 쇼와천황 독백록(徹底検証・昭和天皇独白録)』, 오쓰기쇼텐, 1991년

- '제국육군장군총람(帝国陸軍将軍総覧)', 「역사와 여행(歴史と旅)」 특별증간호(44), 아키타쇼텐(秋田書店), 1990년 9월

- 니즈민(倪志敏), 「오히라 마사요시와 아편문제(大平正芳と阿片問題)」, 『류코쿠대학교경제학논집(龍谷大学経済学論集)』, 제49권 제1호

- 사사키 겐지(佐々木健児), '사토미 하지메의 이것저것(里見甫さんのあれこれ)', 「신문통신조사회보(新聞通信調査会報)」, 1965년 5월호

- 오카다 요시마사(岡田芳政)·다다 이노키오(多田井喜生)·다카하시 마사에(高橋正衛) 편, 『속 현대사 자료 12-아편문제(続現代史資料-12 阿片問題)』의 부록, 「사토미의

일(里見甫のこと)」, 미스즈쇼보(みすず書房), 1986년

- 우오즈미 아키라(魚住昭), '기시 노부스케는 어떻게 극형을 면할 수 있었나. GHQ 신문의 진상(岸信介はこうして「極刑」を免れた~明かされる GHQ尋問の真相)', 「주간현대」, 2016년 9월 25일자

- 마쓰오 요시로(松尾芳郎), '한일 국교 정상화와 시이나 에쓰사부로(日韓国交正常化と椎名悦三郎)', 「도쿄익스프레스(Tokyo Express)」, 2015년 5월 22일자

- 역사검토위원회 편, 『대동아전쟁의 총괄(大東亜戦争の総括)』, 덴텐샤(展転社), 1995년

- 리 첵(李策), "한일국교50년 : 기시 노부스케에서 아베 신조까지 총리 가문의 '재일 인맥'과 '금맥'(日韓国交50年: 岸信介から安倍晋三まで…首相一族の「在日人脈」と「金脈」)", 「데일리NK」, 2015년 3월 5일자

- '아베와 카지노업계의 밀월(安部とカジノ業界の蜜月)', 「선택(選択)」, 2013년 9월호

- 스즈기 에이트(鈴木エイト), '자민당 아베 정권과 통일교회 : 2013년 참의원 선거 때 준동한 책동_정계 종교 오염~아베 정권과 문제 교단의 왜곡된 공존관계 제1회(自民党安倍政権と統一教会 : 2013年 参院選時に蠢いた策動 <政界宗教汚染~安倍政権と問題教団の歪な共存関係・第1回>)', 「주간아사히」, 2019년 1월 11일

- 마쓰다 가쓰미(益田勝実), 천황사의 일면(天皇史の一面)」, 『종말에서(終末から)』, 지쿠마쇼보(筑摩書房), 1974년 8월호

- 『침묵의 파일 '세지마 류조'는 무엇이었던가(沈黙のファイル―「瀬島龍三」とは何だったのか)』, 신초분코(新潮文庫), 1999년

- 이맹희, 『묻어둔 이야기』, 도서출판 청산, 1993년

- 박진희, 「韓日국교수립과정에서 '韓-日인맥'의 형성과 역할」, 『역사문제연구』 통권 9호, 역사비평사, 2002년 12월

- 오경환, 「한일회담 막후의 만주국 인맥-대일청구권 교섭이 이루어지기까지」, 『정경문화(政經文化)』, 1984년 9월

- 문명자, 「내가 본 박정희와 김대중」, 월간말, 1999년

- 이호, '김용태 증언 : 박정희, 6·25 때부터 군사혁명 구상했다', 「신동아」, 1989년 5월호

- 류순열·김태훈, '박정희의 일본식 이름은 왜 두 개였나', 「세계일보」, 2008년 1월 18일자

- 중앙일보 특별취재팀, 『실록 박정희』, 중앙 M&B, 1998년

- 정경모, '군부정권 파고든 세지마의 돈뭉치', 「한겨레」, 2009년 9월 14일자

- 이장희 교수 인터뷰, 「민중의 소리」, 2019년 10월 13일

- 김종필 증언록 '소이부답' 25, 「중앙일보」, 2015년 4월 29일자

- '최초 공개, 베일 속의 한일협정 문서, 한일 양국은 왜 40년 동안 침묵하나?', 「KBS 일요스페셜」, 2004년 8월 15일

- 「이제는 말할 수 있다 : 일본 커넥션 - 쿠데타 정권과 친한파」, MBC, 2000년 8월 6일

- 「JTBC 뉴스룸」, 2019년 8월 5일

메이지 후예들의 야욕

한일공동정부

초판 1쇄 인쇄 2020년 10월 28일
초판 1쇄 발행 2020년 11월 20일

지은이 조용준

발행인 최명희
발행처 (주)퍼시픽 도도

회장 이웅현
기획편집 홍진희
디자인 김진희
홍보·마케팅 강보람
제작 퍼시픽북스

출판등록 제 2014-000040호
주소 서울 중구 충무로 29 아시아미디어타워 503호
전자우편 dodo7788@hanmail.net
내용 및 판매문의 02-739-7656~9

ISBN 979-11-85330-94-5(03910)
정가 26,000 원

이 도서의 국립중앙도서관 출판예정도서목록(CIP)은 서지정보유통지원시스템 홈페이지(http://seoji.nl.go.kr)와
국가자료공동목록시스템(http://www.nl.go.kr/kolisnet)에서 이용하실 수 있습니다. (CIP제어번호 : CIP2020045463)